무량수경의소 외
無量壽經義疏 外

동국대학교 불교기록문화유산아카이브사업단(ABC)
본서는 문화체육관광부 지원으로 동국대학교 불교학술원에서 간행하였습니다.

한글본 한국불교전서 신라 29
무량수경의소 외

2022년 2월 14일 초판 1쇄 인쇄
2022년 2월 28일 초판 1쇄 발행

지은이 법위 · 태현 · 의상 · 신방 · 혜초
옮긴이 한명숙
발행인 박기련
발행처 학교법인 동국대학교 출판문화원

출판등록 제2020-000110호(2020. 7. 9)
주소 04626 서울시 중구 퇴계로36길2 신관1층 105호
전화 02-2264-4714
팩스 02-2268-7851
Homepage http://dgpress.dongguk.edu
E-mail abook@jeongjincorp.com

편집디자인 다름
인쇄처 네오프린텍(주)

ⓒ 2021, 동국대학교(불교학술원)

ISBN 979-11-91670-19-6   93220

값 24,000원

이 책의 무단 전재나 복제 행위는 저작권법 제98조에 따라 처벌받게 됩니다.

한글본 한국불교전서　신라 29

무량수경의소無量壽經義疏
법위 | 한명숙 옮김

본원약사경고적本願藥師經古迹
태현 | 한명숙 옮김

보살계본종요菩薩戒本宗要
태현 | 한명숙 옮김

의상화상일승발원문義相和尙一乘發願文
의상 | 한명숙 옮김

의상화상투사례義湘和尙投師禮
의상 | 한명숙 옮김

대승대집지장십륜경 서 大乘大集地藏十輪經序
신방 | 한명숙 옮김

대승유가금강성해만수실리천비천발대교왕경 서
大乘瑜伽金剛性海曼殊室利千臂千鉢大敎王經序
혜초 | 한명숙 옮김

하옥녀담기우표賀玉女潭祈雨表
혜초 | 한명숙 옮김

동국대학교 불교학술원

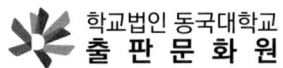

차례

무량수경의소 無量壽經義疏

무량수경의소 해제 / 11

무량수경의소 권상【복원본】......... 33
무량수경의소 권하【복원본】......... 107

찾아보기 / 140

본원약사경고적 本願藥師經古迹

본원약사경고적 해제 / 147

본원약사경고적 권상 165
본원약사경고적 권하 215

찾아보기 / 248

보살계본종요 菩薩戒本宗要

보살계본종요 해제 / 253

대현 법사의 덕의를 기록한 서문 265
보살계본종요 273

찾아보기 / 331

의상화상일승발원문 義相和尙一乘發願文

의상화상일승발원문 해제 / 337

의상화상일승발원문 343

찾아보기 / 347

의상화상투사례 義湘和尙投師禮

의상화상투사례 해제 / 351

의상화상투사례 357

찾아보기 / 371

대승대집지장십륜경 서 大乘大集地藏十輪經序

대승대집지장십륜경 서 해제 / 375

대승대집지장십륜경 서 379

찾아보기 / 387

대승유가금강성해만수실리천비천발대교왕경 서
大乘瑜伽金剛性海曼殊室利千臂千鉢大敎王經序

대승유가금강성해만수실리천비천발대교왕경 서 해제 / 391

대승유가금강성해만수실리천비천발대교왕경 서 397

찾아보기 / 407

하옥녀담기우표 賀玉女潭祈雨表

하옥녀담기우표 해제 / 411

하옥녀담기우표 415

찾아보기 / 417

무량수경의소
| 無量壽經義疏 |

법위法位 찬撰
한명숙 옮김

무량수경의소無量壽經義疏 해제

한명숙
동국대학교 불교학술원 조교수

1. 법위法位의 생몰 연대 : 다면적 접근에 의한 추정

현재 법위法位의 행적을 알려 주는 직접적인 기록은 전하지 않기 때문에, 생몰 연대는 여타 기록에 의거하여 추정하거나, 사상사적 맥락을 고려하여 추정할 수 있을 뿐이다.

첫째, 『정창원문서正倉院文書』[1]에 따르면 법위의 『무량수경의소』는 768년에 서사되었다.

둘째, 현존하는 『무량수경』 주석서에서 법위의 설을 인용한 가장 이른 시기의 문헌은 현일玄一의 『무량수경기』[2]와 경흥憬興의 『무량수경연의술문찬』[3]이다. 경흥의 저술에서 현일이라는 이름을 거론하지는 않았

---

[1] 『정창원문서正倉院文書』 : 일본 동대사東大寺 사경소寫經所에서 작성되어 정창원에 소장되어 온 8세기의 문서이다.
[2] 현일의 『무량수경기』 : 현일은 이 책에서 법위의 『무량수경의소』를 모두 13회 언급하였는데, 이 가운데 2회는 비판적인 입장을 제시하였고, 나머지는 모두 그대로 차용하고 있다.
[3] 경흥憬興의 『무량수경연의술문찬』 : 경흥은 이 책에서 법위의 『무량수경의소』를 6회 언급하였는데, 이 가운데 5회는 비판적 입장을 제시하였고, 1회만 수용할 수도 있다고 하였다.

만 '유설有說(어떤 학자의 설)'이라고 하여 현일의 설을 인용하는 모습이 보이는 것[4]에 따르면 현일이 경흥보다 앞선 것으로 볼 수 있다. 그런데 현일 또한 그 행적을 알려 주는 직접적인 기록은 전하지 않는다. 그러므로 그의 생몰 연대도 또한 다른 문헌을 통해 추정해야 하는데, 일본의 『정창원문서』에 따르면 현일의 『무량수경기』는 748년에 서사되었다. 또한 상대적으로 그 행적을 추론할 만한 기록이 많이 남아 있는 경흥의 생몰 연대는 620~713년으로 추정할 수 있다.[5]

셋째, 현재 『한불전』에 수록된 법위의 『무량수경의소』를 복원한 일본의 정토학자 에타니 류카이(惠谷隆戒)는 사상의 발전사적 관점에서 법위를 원효元曉(617~686)보다 앞선 시대의 인물일 것으로 추정하였다. 곧 원효의 『무량수경종요』의 사상이 법위의 사상보다 일보 전진하고 있다는 점에 의거하여 원효와 동시대의 선배였을 것으로 추정하였다.[6] 그러나 에타니 류카이는 여기에서 발전적 구조를 보이는 사상의 실체를 구체적으로 지목하지 않았기 때문에 주장 자체의 신빙성을 의심하게 만든다. 그 주장의 근거는 오히려 모치즈키 신코(望月信亨)가 『중국정토교리사』에서 "원효

---

[4] 경흥은 『무량수경연의술문찬』 권중(T37, 154b)에서 "어떤 사람은 '〈좋은 뜻을 앞세우고 질문을 받들었다〉라는 것은 의업이다'라고 했지만, 옳지 않다. 비록 '좋은 뜻을 앞세우고'라고 했지만 끝에서는 '질문을 받들었다'라고 했기 때문에 구업에 해당한다."라고 했는데, 이는 현일玄一이 『무량수경기』 권상(X22, 62c)에서 "'좋은 뜻을 앞세우고 질문을 받들었다'라는 것은 의업이니, 선의善意를 앞세우기 때문에 '좋은 뜻을 앞세우고'라고 하였다."라고 한 것과 일치한다.
또한 『무량수경연의술문찬』 권중(T37, 154c)에서 "어떤 사람은 '장자는 곧 수류생隨類生이고 크샤트리아 등은 곧 최승생最勝生(勝生)이며 육욕천(의 주인) 등은 곧 증상생增上生이다'라고 했지만 옳지 않다. 장자는 또한 승생일 수도 있고, 여러 하늘도 또한 어찌 승생勝生이 아니라고 단정할 수 있겠는가라는 (문제가 생겨나기) 때문이다."라고 했는데, 이는 현일이 『무량수경기』에서 "이 가운데 '장자'란 수류생隨類生이고 '크샤트리아'란 승생勝生이며 '육욕천의 주인' 등은 증상생增上生이다."라고 한 것과 일치한다.
[5] 한명숙 역, 『무량수경연의술문찬』(동국대학교출판부, 2014)의 해제 '1. 경흥의 생애와 저술'을 참조할 것.
[6] 惠谷隆戒, 「新羅法位の無量壽經義疏の硏究」(日本仏教学会年報, 1960).

가 이 '열 번의 생각(十念)'을 현료십념顯了十念과 은밀십념隱密十念 두 가지로 해석하고 『무량수경』의 열 번의 생각이 두 가지에 모두 통한다고 한 것은 대단히 교묘한 설이기 때문에, 혹 원효가 법위의 설에 대해서 다시 수정을 가한 것은 아닌가 생각된다."[7]라고 한 것에서 찾을 수 있다. 이는 원효가 『무량수경종요』에서 "『미륵소문경彌勒所問經』에서 설한 10념은 은밀의 10념이고, 『관무량수경』의 하하품下下品에서 설한 칭명의 10념은 현료의 10념이며, 『무량수경』의 제18원에서 설한 10념은 현료와 은밀의 두 가지를 포함하는 10념이다."[8]라고 한 것을 가리킨다.

넷째, 한보광은 "법위의 『무량수경의소』는 48원 각각에 대해 명칭을 붙이고 있는데, 원효의 『무량수경종요』에서는 이러한 명칭을 사용하지 않았다. 법위가 원효의 선배라고 한다면 그 명칭을 반영하지 않았을 리 없다. 그러므로 사상사적 맥락으로 볼 때, 원효가 법위보다 앞선 시대의 인물일 것이다."[9]라고 했다.

이상의 자료 및 연구 성과를 종합할 때 법위의 생몰 연대와 관련하여 다음과 같은 다양한 추정이 가능해진다.

첫 번째 자료에 의하면, 법위는 768년 이전에 생존하였지만 두 번째 자료에 따르면 현일보다 선배인데 현일의 글이 748년에 서사된 기록이 있기 때문에 그 생존 연대는 좀 더 올라가서 748년 이전이라고 할 수 있다.

---

7 이태원 역, 모치즈키 신코 지음, 『중국정토교리사』(운주사, 1997).
8 『무량수경종요』(T37, 129b8), "今此兩卷經說十念。具此隱密顯了二義。然於其中。顯了十念。與觀經意。少有不同。彼觀經中。不除五逆。唯除誹謗方等之罪。今此兩卷經中說言。除其五逆。誹謗正法。如是相違。云何通者。彼經說其雖作五逆。依大乘教。得懺悔者。此經中說不懺悔者。由此義故。不相違也。" 뒤에서 18원과 열 번의 생각(十念)을 서술한 것을 참조할 것.
9 韓普光, 「한국 정토사상의 특색」(『정토학연구』, 제13집, 2010); 前同, 『新羅淨土思想의 硏究』(東方出版, 1991).

또 경흥의 저술에 현일의 설이 인용된 것에 따르면, 현일은 경흥(620~713)보다 앞선 시대의 인물이다. 현일이 경흥보다 앞서고 법위가 현일보다 앞서는 것을 전제로 할 때 법위의 생존 시기는 6세기 중반~7세기 중반으로 추정할 수 있다.

세 번째 연구 성과에 따르면, 법위는 원효(617~686)와 동시대의 선배이다. 이것을 전제로 하면 6세기 후반~7세기 후반으로 추정할 수 있다. 네 번째 연구 성과에 따르면 원효가 법위의 선배이기 때문에 7세기로 추정할 수 있다.

2. 에타니 류카이가 복원한 『무량수경의소』의 성격 및 한계

현재 『한불전』에 수록된 법위의 『무량수경의소』는 에타니 류카이가 지은 『淨土敎の新硏究』에 실려 있는 것이다. 이는 일본에서 찬술된 여덟 가지 저술에서 언급한 법위의 『무량수경의소』를 모아서 엮은 복원본인데, 에타니 류카이 자신이 밝힌 여덟 가지 저술은 다음과 같다.

(1) 원융국源隆國(1004~1077)의 『안양집安養集』
(2) 양경良慶(1128~1202)의 『안양초安養抄』
(3) 요혜了慧(1243~1330)의 『무량수경초無量壽經鈔』
(4) 양충良忠(1199~1287)의 『관경소전통기觀經疏傳通記』
(5) 고변高辨(1173~1232)의 『최사륜摧邪輪』
(6) 장서長西(1184~1266)의 『염불본원의念佛本願義』
(7) 적혜寂慧(1251~1328, 휘는 양효良曉)의 『정토술문초淨土述聞鈔』
(8) 성총聖聰(1366~1440, 大蓮社酉譽라고도 부름)의 『대경직담요주기大經直談要註記』

이상 여덟 가지 문헌 가운데 적혜의 『정토술문초』는 복원된 본문에 언급되지 않고 있어서 문제의 소지가 있다. 유사한 문헌으로 성경聖冏 (1341~1420, 성총의 스승)의 『정토술문구결초淨土述聞口決鈔』가 1회 언급되고 있는데, 그 내용이 『정토술문초』에는 수록되어 있지 않다. 『정토술문구결초』는 『정토술문초』의 내용을 부연한 것이기 때문에 상호 밀접한 문헌이기는 하지만, 엄밀하게 말하자면 적혜의 『정토술문초』는 성경의 『정토술문구결초』라고 해야 한다.

현재의 복원본은 법위의 정토사상을 파악할 수 있는 유일한 문헌이지만 몇 가지 한계를 노정하고 있다.

첫째, 『한불전』에 수록된 복원본의 첫 번째 발췌문, 곧 "'『대본大本』 2권' 이하는……사문 승함僧含이 받아 적는 소임을 맡았다.[『안양집』 권10]"라고 한 발췌문은 두 가지 문제점이 있다.

먼저 이 문장은 지의智顗의 『관무량수불경소觀無量壽佛經疏』에 대한 당나라 법총法聰의 주석서 『석관무량수불경기釋觀無量壽佛經記』(X22, 247c)에 실린 것과 정확히 일치한다. 따라서 어떤 해명도 없이 법총의 것이 아닌 법위의 것이라고 단정 짓는 것은 무리가 있어 보인다. 다음에 설령 이 글이 법위의 것이라고 해도 그 내용이 『관무량수경』의 역자인 강량야사畺良耶舍와 관련된 내용을 실었기 때문에 『관무량수경』과 관련된 것이다. 그러므로 『무량수경』의 주석서에 실려야 할 이유가 없을 것으로 생각된다.

둘째, 『무량수경』을 열 단락으로 분과한 것은 여러 기록에 자주 나타나는 법위의 독자적 견해인데 이 글이 『한불전』에 수록된 복원본에는 수록되어 있지 않다. 에타니 류카이가 대상으로 삼았다고 밝힌 여덟 가지 문헌에는 이 글이 나오지 않지만 그 폭을 넓혀서라도 실어야 한다. 따라서 역자가 임의로 성경聖冏의 『전통기유초傳通記糅鈔』 권26(『정토종전서』 3권, 584b)에서, "법위의 『대경소』(『무량수경의소』) 등이라는 것은 그 소에서 말하기를(法位大經疏等者。彼疏云。)"이라고 하고, 열 단락으로 분과한 것을 발췌하여 본문에 수록하였다.
　이 문장이 법위의 글임을 알려 주는 근거는 또 있다. 경흥은 『무량수경연의술문찬』 권상(T37, 132a)에서 '有說'이라고 하여, 분과에 대한 두 가지 주장을 제시하고, 차례대로 비판한 후 자신의 견해를 제시했는데, 두 가지 주장 중 첫 번째 것은 본 문장과 내용이 일치한다. 요혜了慧는 『무량수경초』(『정토종전서』 14권, 5b)에서 "경흥이 『무량수경연의술문찬』에서 두 법사의 뜻을 파척한 것 가운데 처음의 것은 법위의 주장이고, 다음은 정영사 혜원慧遠의 주장이다."라고 하였다. 따라서 『무량수경』 본문을 열 단락으로 분과한 것은 법위의 설임을 알 수 있다.
　셋째, 『한불전』에 수록된 에타니 류카이의 복원본은 『무량수경의소』에서 언급하고 있는 『무량수경』의 해당 부분을 발췌하여 앞에 싣고, 이어서 『무량수경의소』를 싣는 형식으로 이루어져 있는데, 『무량수경의소』에 언급된 것이 『무량수경』의 발췌문에 누락되어 있는 부분이 종종 보이고 『무량수경』의 순서가 뒤바뀌어 있는 것도 보인다. 역자는 번역하면서 누락된 것을 보충하고 뒤바뀐 것을 바로잡았다.
　현행 복원본 『무량수경의소』는 최초의 집성이라는 점에서 그 의의가 크지만 성경의 『전통기유초』·지아持阿(?~1323)의 『선택결의초견문選擇決疑抄見聞』 등을 비롯한 여러 문헌에도 법위의 글이 종종 보이기 때문에 앞으로 이들 문헌을 좀 더 보충하여 완성도를 높여야 할 필요성이 있는 것으로 생각된다.

3. 『무량수경의소』에 나타난 법위의 사상

　『무량수경』과 관련하여 정토학자들의 주석서에서 서로 이견이 나타나는 주제들 중 몇 가지를 선별하여 그러한 주제에 대한 법위의 입장을 살펴보겠다. 이를 통해 여타 정토학자들과 비교할 때 법위의 정토사상의 독자적인 면모를 확인할 수 있을 것이다.

1)『무량수경』의 분과 : 열 단락으로 나눔

혜원과 길장은 법위보다 앞선 시대 중국의 영향력 있는 학자이다. 이들은『무량수경』을 서분·정종분·유통분의 세 단락으로 분과했고, 법위보다 후대의 신라 스님 의적義寂은 이러한 분과를 그대로 수용하였다. 그러나 법위는 이 분과를 그대로 답습하지 않고 본 경을 열 단락으로 나누었다. 경흥은 양자를 모두 수용하지 않고 새롭게 세 단락으로 분과하였다. 이를 도표로 나타내면 다음과 같다.

〈도표 1〉 전후 학자의『무량수경』분과

법위	혜원·길장·의적	경흥
서설분序說分(이와 같이 나는 들었다~일시에 와서 모였다)	서분(이와 같이 나는 들었다~아난아, 잘 들어라. 이제 너를 위해 말할 것이다. 예! 원하옵건대 듣고자 합니다.)	설경인기분說經因起分(이와 같이 나는 들었다~광채 나는 얼굴은 높고 뛰어났다.)
현상분現相分(그때 세존께서는 제근~광채 나는 얼굴은 높고 뛰어났다.)		
계청분啓請分(존자 아난은 부처님의 성스러운 뜻을 받들어~위신이 밝게 빛남이 이와 같은 것입니까.)		문답광설분問答廣說分(존자 아난은 부처님의 성스러운 뜻을 받들어~이제 그대를 위해 간략하게 이것을 설했을 뿐이다.)
서흥분叙興分(이에 세존께서 아난에게 말씀하셨다~일체법에 자유자재함을 얻었기 때문이다)		
정설분正說分(아난아, 잘 들어라. 이제 너를 위해 말할 것이다. 예! 원하옵건대 듣고자 합니다. 부처님께서 아난에게 말씀하셨다. 지나간 과거의 매우 오래된~부처님의 위없는 지혜는 분명하게 믿어야 한다)	정종분(부처님께서 아난에게 말씀하셨다. 지나간 과거의 매우 오래된~나는 이제 그대를 위해 간략하게 이것을 설했을 뿐이다.)	
왕생분往生分(미륵보살이 부처님께 여쭈었다. 이 세계에는 몇 명의 불퇴전의 지위에 오른 보살이 있어서 그 부처님의 국토에 왕생하는 것입니까. 부처님께서 미륵에게 말씀하셨다. 이 세계에는 67억의 불퇴전의 지위에 도달한 보살이 있어서~나는 이제 그대를 위해 간략하게 이것을 설했을 뿐이다.)		

법위	혜원·길장·의적	경흥
권신분勸信分(부처님께서 미륵에게 말씀하셨다. 어떤 사람이 그 부처님의 명호를 듣고 뛸 듯이 기뻐하면서~응당 믿고 수순하여 법대로 수행해야 할 것이다) 설익분說益分(그때 세존께서 이 경법을 설하시니~미래세에는 반드시 정각正覺을 이루었다) 권청분勸請分(그때 삼천대천세계가~한량없는 미묘한 꽃이 어지럽게 떨어져 내렸다.) 필희분畢喜分(부처님께서 경을 설하시고 나자~기뻐하지 않음이 없었다)	유통분(부처님께서 미륵에게 말씀하셨다. 어떤 사람이 그 부처님의 명호를 듣고 뛸 듯이 기뻐하면서~기뻐하지 않음이 없었다.)	문설희행분聞說喜行分(부처님께서 미륵에게 말씀하셨다. 어떤 사람이 그 부처님의 명호를 듣고 뛸 듯이 기뻐하면서~기뻐하지 않음이 없었다.)

    그런데 『무량수경의초』에서는 〈도표 1〉 중 두 번째 분과(혜원·길장·의적)를 서술하고, 세주에서 밝히기를 "혜원·길장·의적의 분과와 동일하다. 경흥은 '존자 아난은 부처님의 성스러운 뜻을 받들어' 이하를 정종분이라고 하였고, 법위와 현일은 '아난아, 잘 들어라' 이하를 정종분이라고 하였다. 유통분은 모두 동일하다."라고 하였기 때문에 이것에 의거하여 법위가 『무량수경』을 세 단락으로 분과하였다고 보는 학자도 있다.[10] 열 단락으로 나눈 것과 세 단락으로 나눈 것을 상호 배대하면 열 단락 가운데 서설분·현상분·계청분·서흥분은 서분, 정설분과 왕생분은 정종분, 권신분·설익분·권청분·필희분은 유통분에 속하는 것으로 볼 수 있다. 따라서 『무량수경의초』에서 설한 것은 법위가 별도로 세 단락으로 나눈 것을 진술한 것으로 보기보다는, 찬술자가 열 단락으로 나눈 것을 그 취지에 의해 세 단락으로 나눈 것으로 서술하였다고 추정하는 것이 더 타당할 것으로 생각된다.

---

[10] 안계현, 『신라정토사상사연구』(1987, 현음사)

2) 48원의 분류 및 명칭 부여

『무량수경』에서 가장 핵심적인 부분은 법장 비구가 세운 48원이다. 여러 학자들은 48원을 다양한 방법으로 범주화하여 자신의 정토사상을 드러내었다. 혜원은 48원을 세 부분으로 조직한 최초의 학자이다. 그는 48원을 섭법신원攝法身願(12·13·17), 섭정토원攝淨土願(31·32), 섭중생원攝衆生願(나머지 43원)으로 묶었는데 이는 후대에 큰 영향을 미쳤다.

법위는 48원을 새롭게 분류하고 조직하여 13가지 범주로 묶었는데 자세한 내용은 아래 도표와 같다. 48원을 분류하는 과정에서 법위는 48원 각각에 대해 그 자체 각 원의 명칭으로 정립될 수 있는 형태로 몇 글자로 집약했는데, 이는 각 원에 명칭을 부여한 최초의 시도로 후세 48원의 주석에 있어서 새로운 지침을 제공한 것으로 평가받고 있다. 예컨대 경흥의 경우에도 48원 각각에 대해 원무고고願無苦苦(고고苦苦가 없게 할 것을 서원한 것 ①)에서부터 자력불퇴원自力不退願(자신의 힘에 의해 불퇴전의 지위에 이르게 하려는 서원 ㊽)에 이르기까지 낱낱이 명칭을 부여한 것을 확인할 수 있다.

〈도표 2〉 법위 48원의 원명

	13범주 명칭	개별적 명칭
제1원	(1) 원무악취願無惡趣	원국중무삼악도願國中無三惡道
제2원		원유정후생불타삼악도願有情後生不墮三惡道
제3원	(2) 원색상제동願色相齊同	원동금색願同金色
제4원		원동상호願同相好
제5원	(3) 원득오통願得五通	원득숙명통願得宿命通
제6원		원득천안통願得天眼通
제7원		원득천이통願得天耳通
제8원		원득타심통願得他心通
제9원		원득신족통願得神足通

	13범주 명칭	개별적 명칭
제10원	(4) 원무탐착願無貪着	
제11원	(5) 원주정취願住定聚	
제12원	(6) 원자신광수무한 願自身光壽無限	원광무한願光無限
제13원		원수무한願壽無限
제14원	(7) 원성중급수무한 願聖衆及壽無限	원성중무한願聖衆無限
제15원		원수무한願壽無限
제16원	(8) 원무악명선명보문 願無惡名善名普聞	원중무악명願衆無惡名
제17원		원자신유선명願自身有善名
제18원	(9) 원원왕생자개득 願願往生者皆得	원십념성자개득왕생願十念成者皆得往生
제19원		원단령발심수복원생자개득왕생 願但令發心修福願往生者皆得往生
제20원		원약문명칭찬수덕회향원생자개득왕생 願若聞名稱讚修德廻向願生者皆得往生
제21원	(10) 원중생급칠덕만엄정 願衆生及七德滿嚴淨	원자국천인願自國天人 중상구족衆相具足
제22원		원타방국보살願他方國菩薩 래자지일생보처來者至一生補處
제23원		원국중보살역사제불願國中菩薩歷事諸佛
제24원		원국중보살현전공양심願國中菩薩現前供養心
제25원		원국중보살능연법장願國中菩薩能演法藏
제26원		원국중보살득나라연신願國中菩薩得那羅延身
제27원		원물절륜願物絕倫
제28원		원소덕자증상願少德者增上
제29원		원득변재願得辯才
제30원		원무능한량願無能限量
제31원		원국계엄정願國界嚴淨
제32원		원궁전보식願宮殿寶飾

	13범주 명칭	개별적 명칭
제33원	⑾ 원광명보익 願光名普益	원광명조익願光明照益
제34원		원문명자득무생인익願聞名者得無生忍益
제35원		원여인명문자득리익願女人聞名者得離益
제36원		원문명자수행불퇴익願聞名者修行不退益
제37원		원문명수행득타경익願聞名修行得他敬益
제38원	⑿ 원천인수락 願天人受樂	원의복수념익願衣服隨念益
제39원		원수세락자여무루익願受世樂者如無漏益
제40원	⒀ 원자계타방대사획익 願自界他方大士獲益	원조견시방익願照見十方益
제41원		원제근구족익願諸根具足益
제42원		원득삼매願得三昧
제43원		원생귀가願生貴家
제44원		원수행구족願修行具足
제45원		원상견제불익願常見諸佛益
제46원		원수욕득문願隨欲得聞
제47원		원문명자즉지불퇴지익願聞名者則至不退地益
제48원		원문명득인지불퇴지익願聞名得忍至不退地益

3) 열 번의 생각(十念, 혹은 열 가지 생각)과 관련된 다양한 주제에 대한 견해

『무량수경』제18원 : "만약 제가 부처가 되었을 때 시방세계의 중생이 정성스런 마음으로 믿고 좋아하면서 저의 국토에 태어나고자 하여 칭념하되, 열 번의 생각을 이루었는데도(乃至十念 : 번역은 범위의 입장에 의거한 것임) 저의 국토에 태어나지 못한 중생이 있다면 정각을 취하지 않겠습니다. 오직 오역죄를 짓고 정법을 비방한 이는 제외할 것입니다."

『관무량수경』 하품하생下品下生(하배의 삼품 중 하품) : "어떤 중생은 불선업不善業을 지어, 오역죄와 10악을 지으면서 모든 불선을 갖춘다. 이와 같이 어리석은 사람은 악업 때문에 악도에 떨어져 여러 겁 동안 한량없는 고통을 받는다. 이와 같은 어리석은 사람이 죽음이 임박했을 때 선지식을 만나 여러 가지 위안을 받고 선지식이 그를 위해 미묘한 법문을 설하는 것을 듣고 선지식이 그를 가르쳐 (A) 부처님을 생각하게 하였는데, 그 사람이 고통이 심하여 부처님을 생각할 겨를이 없기 때문에, 선지식이 말하기를 (B) '그대가 만약 그 부처님을 생각할 수 없다면 〈무량수불께 귀명합니다.〉라고 하면서 무량수불의 명호를 불러라'라고 하고, 이와 같이 지극한 마음으로 소리를 내어 끊어지지 않게 하면서 열 번의 생각을 온전히 갖추어서(具足十念) '나무아미타불'을 칭념하면 부처님의 명호를 칭념했기 때문에 생각마다 80억겁 동안 생사에 헤매는 무거운 죄업을 없애고 목숨을 마칠 때 마치 태양과 같은 황금의 연꽃이 그 사람 앞에 머무는 것을 보고 순식간에 바로 극락세계에 왕생한다. 연꽃 속에서 12대겁을 채우고 나면 연꽃이 비로소 피어나는데 꽃이 피어날 때 관세음보살과 대세지보살은 대비의 음성으로 곧 그를 위해 실상과 죄업을 소멸하는 법을 자세히 설해 준다. 그는 이를 듣고 기쁨에 넘쳐 바로 보리심을 낸다. 이것을 하품하생하는 것이라 한다."

이상은 두 경에서 설한 열 번의 생각(十念)과 관련된 내용이다. 이것과 관련하여 정토학에서 문제가 되는 주제는 다음과 같다.

첫째, 열 번의 생각은 부처님의 명호를 칭념하는 것인가, 『미륵소문경』에서 설한 열 가지 법[11]을 칭념하는 것인가? 둘째, 열 번의 생각은 열 번

---

11 열 가지 법 : 자애로운 마음, 깊이 슬퍼하는 마음, 법을 호지하려는 마음, 인욕 가운데

을 모두 갖추어야만 하는 것인가? 셋째, 명호를 칭념하는 것을 별시의別
時意12라고 한『섭대승론』의 설은 어떻게 이해해야 할 것인가?

첫 번째 문제는『관무량수경』에서는 분명하게 부처님의 명호를 칭념
할 것을 밝혔지만,『무량수경』에서는 단지 열 번의 생각이라고 하였을 뿐
이고, 그 생각의 대상을 밝히지 않은 데서 비롯된 것이다. 두 번째 문제는
『관무량수경』에서는 분명하게 열 번을 모두 갖추어야 함을 밝혔지만『무
량수경』에서는 "내지십념乃至十念"이라고 하여 분명하게 밝히고 있지 않
은 데서 비롯된 것이다. 세 번째 문제는『섭대승론』에서는 명호를 칭념하
는 것만 말하였고 좀 더 자세한 설명은 하지 않은 것에서 유래한 것이다.

① 열 번의 생각은 부처님의 명호(一法)를 열 번 칭념(十念)하는 것인가,『미
륵소문경』에서 설한 열 가지 법(十法)을 열 번 칭념(十念)하는 것인가? : 일
법십념一法十念과 십법십념十法十念

이 주제에 대해 법위는 일법십념과 십법십념의 두 가지를 모두 인정하

결정심을 내는 것, 깊은 마음을 청정히 하여 이양에 물들지 않는 것, 일체종지심一切
種智心을 내고 날마다 항상 생각하여 잊어버리지 않는 것, 일체중생에 대해 존중심을
일으키고 나에게 속하는 것이라는 마음을 제거하며 겸손하게 자신을 낮추어 말하는
것, 세상의 담화에 맞들여 집착하는 마음을 내지 않는 것, 각의覺意를 가까이하여 온
갖 선근의 인연을 깊이 일으키고 어수선하며 산란한 마음을 멀리 여의는 것, 정념正念
(바른 집중)으로 부처님을 관찰하여 모든 상념을 제거하는 것의 열 가지를 가리킨다.

12 별시의別時意 : 유식학파의 논서인『섭대승론』에서 제시한 사의취四意趣의 하나로, 부
처님의 가르침 가운데, 지금 당장 이익을 얻는 것이 아니고 먼 훗날에 이익을 얻는 것
인데도 중생교화라는 목적을 위한 방편으로 지금 당장 이익을 얻는 것처럼 설한 것을
말한다. 무착無著의『섭대승론』권중(T31, 121b)에서 "둘째, 별시의이다. 비유하면 어떤
사람이 말하기를 '어떤 사람이 다보불의 명호를 수지하고 염송하면 결정코 무상보리를
얻어 다시 물러나지 않는다'라고 하고, 다시 어떤 사람이 말하기를 '오직 안락安樂이라
는 부처님의 국토에 대해 서원을 일으키는 것으로 인해 그곳에 가서 생을 받을 수 있
다'고 한 것 등과 같은 것이다.(二別時意。譬如有說。若人誦持多寶佛名。決定。於無上菩
提。不更退墮。復有說言。由唯發願。於安樂佛土。得往彼受生。)"라고 한 것을 참조할 것.

는 입장을 제시하였다. 『무량수경』에서의 십념은 『미륵소문경』의 열 가지 법을 생각하는 것이고, 『관무량수경』에서는 부처님의 명호라는 한 가지 법에 대한 십념과 『미륵소문경』의 열 가지 법에 대한 십념의 두 가지 경우를 모두 설하였다는 것이다. 곧 앞의 인용문 중 (A)에서의 '생각'은 열 가지 법에 대한 생각이고 (B)에서의 '생각'은 부처님의 명호를 열 번 칭념하는 것이다. 그러나 그 주안점은 후자에 있기 때문에 결론적으로는 『관무량수경』은 한 법(부처님의 명호)을 열 번 칭념하는 것을 설한 것이라고 하였다. 법위는 "이렇게 두 가지의 다른 가르침이 있는데 이러한 차이가 생겨난 것은 『무량수경』의 십법십념은 상배의 삼품[13]을 대상으로 한 것이고, 『관무량수경』의 일법십념은 하품하생을 대상으로 한 것이기 때문"이라고 하였다.

    법위는 『관무량수경』의 열 번의 생각은 하품하생의 관법이고, 『무량수경』의 열 번의 생각은 상배의 삼품이기 때문에 양자의 열 번의 생각은 반드시 구별되어야 한다고 주장하였다. 법위의 이러한 입장은 확고하여 제18원에서 "열 번의 생각을 이루면 모두 왕생하지만, 오직 오역죄를 지은 이는 제외할 것입니다."라고 한 것은 상품의 삼품은 역죄를 짓는 이가 없기 때문이라고 풀었다. 『무량수경』에서 오역죄를 지은 이를 제외한 것과 『관무량수경』에서 오역죄를 지은 이를 포함시킨 것의 차이를 대상 근기의 차이, 곧 상배의 삼품과 하품하생의 차이에 의해 회통한 것이다.[14]

---

[13] 상배의 삼품 : 『관무량수경』에서 정토에 왕생하는 중생을 상품·중품·하품의 셋으로 분류하고, 다시 각 품을 상생上生·중생中生·하생下生의 셋으로 구분하여 모두 아홉 등급으로 분류한 것을 구품九品이라 한다. 상배의 삼품이란 상품상생·상품중생·상품하생의 셋을 가리킨다.

[14] 제18원을 하품에 배대하는 학자도 있는데, 이러할 경우 『관무량수경』에서는 하품의 중생에 오역죄를 지은 이를 포함시키고 있기 때문에 『무량수경』에서 오역죄를 지은 이를 제외한 것과 어긋나게 된다. 앞에서 서술한 법위의 주장은 이러한 문제를 벗어나도록 한다.

이러한 법위의 십법십념설에 대해 경흥은 "이 주장은 옳지 않다. 『미륵소문경』에서 '열 가지 법에 대한 생각은 범부의 생각이 아니다'라고 하였으니 반드시 상품의 삼생이 능히 닦을 수 있는 것이 아니기 때문이다. 지금 여기에서 말하는 열 번의 생각이라는 것은 다시 『관무량수경』에서의 열 번의 생각과 같으니, 상배도 열 번의 생각을 닦는다고 해도 이치에 어긋남이 없기 때문이다."[15]라고 하여 전면적으로 비판하는 입장을 보였다. 경흥은 『무량수경』의 '열 번의 생각'을 범부가 생각할 수 없는 것인 열 가지 법으로 이해한 법위의 주장을 비판하고 『무량수경』의 '열 번의 생각'도 단지 부처님의 명호를 칭념하는 것이라고 함으로써 정토왕생의 수행을 좀 더 용이한 것으로 파악하려고 하였음을 알 수 있다.

의적은 경흥과 달리 『미륵소문경』의 글을 "범부가 일상적으로 행하는 것이 쉽지 않다는 말이지 범부가 할 수 없다는 말은 아니다."라고 해석함으로써 양자를 일체화한다. 곧 의적은 전일한 마음으로 부처님의 명호를 칭하면 그 속에 『미륵소문경』의 열 가지 법에 대한 생각이 갖추어지는 것이라고 하였다. 의적은 또 한편으로 한 번 칭할 때마다 열 가지 법에 대한 생각을 모두 갖추어야 하는 것일 수도 있음을 인정하였는데, 이는 결과적으로는 전자와 동일한 의미이다. "『미륵소문경』의 열 가지 법에 대한 생각이 갖추어지도록 하는 『무량수경』의 일념"이나 "『무량수경』의 일념마다 『미륵소문경』의 열 가지 법에 대한 생각을 갖추는 것"이나 방법의 차이가 있을 뿐이고 양자가 일체화되어야 한다는 것에는 차이가 없다. 그리고 의적은 이렇게 『미륵소문경』의 열 가지 법에 대한 생각을 내재화한 염念이라면 염불의 숫자와 무관하게 왕생할 수 있다고 하였다. 의적에게 '열 번의 생각'이란 수직적으로는 열 번 부처님의 명호를 칭하는 것이고, 수평적으로는 『미륵소문경』의 열 가지 법에 대한 생각을 실현하는 것이었다.

---

15 『무량수경연의술문찬』 권중(T37, 152a).

② 열 번의 생각은 열 번을 모두 갖추어야만 하는가?

이 주제에 대한 법위의 해석은 다음과 같다.

『관무량수경』에서 "열 번의 생각을 온전히 갖추어서 부처님의 명호를 칭념하면"이라고 한 것은 입으로 부르고 마음으로 생각하면서 열 번을 채워야 하는 것이니, 공덕이 원만해짐으로 말미암아 죄가 소멸하고 복이 생겨나기 때문이다. 만약 열 번을 채우지 않으면 죄가 다 소멸하지 않아서 왕생할 수 없다. 예를 들면 (인계와 천계를) 일곱 번 (왕복하면서) 태어나야 (열반에 들어갈 수 있는) 수다원과須陀洹果를 얻은 성자가 일곱 번 (왕복하면서) 태어나는 것을 채우지 않았을 경우 태어남이 다하지 않았기 때문에 아라한과阿羅漢果를 얻지 못하는 것과 같고, 보살이 열 가지 무명無明[16]을 다하지 않으면 성불할 수 없는 것과 같다.

법위는 이어서 열 번을 모두 갖추어야 하고 한 번이라도 빠져서는 안 된다고 하여 열 번을 모두 채워야 함을 강조하였다. 그리고 더 나아가서 이 열 번의 생각은 어떤 간격도 없어야 한다고 하고 그 이유를 "열 번의 생각에 끊어짐이 없어야 하니, 만약 서로 이어지면 이것은 마음을 거두어 선정의 상태를 유지하는 것이기 때문이다. 여러 날에 걸쳐서 칭념을 쌓으면 선정의 뜻이 이루어지지 않아 공력을 발휘할 수 없기 때문이다."라고 하였다. 부처님의 명호를 칭념하는 것은 단지 입으로 외우는 것에 그치는 것이 아니고 그것을 통해 선정의 경지를 획득하는 것이어야 함을 밝힌 것이다.

---

16 열 가지 무명無明 : 보살이 십지十地의 계위에서 차례대로 대치해야 할 무명, 곧 장애를 가리키는 말. 예를 들어 제1지에서는 이생성異生性(凡夫性)의 장애를 대치하고, 제2지에서는 신업身業 등에 의해 일어나는 사행邪行의 장애를 대치한다. 자세한 것은 『섭대승론석』 권7(T31, 358a)을 참조할 것.

③ 열 번의 생각과 별시의

법위는 열 번의 생각을 별시의와 관련시켜서 "단지 부처님의 명호를 칭념하여 바로 왕생할 수 있다면 무엇 때문에『섭대승론』에서는 이것을 별시의라고 하였는가?"라는 의문을 제기하고 스스로 답하기를 "만약 한 번만 명호를 칭념하면 바로 왕생한다고 하면 이것은 별시의이다. 한 번의 칭념은 열 번의 칭념의 원인이기 때문이다. 뜻이 열 번의 칭념에 있을 때는 열 번의 칭념은 한 번의 칭념으로 말미암아 얻어지기 때문이다. 덕에 의해 한 개의 금전을 얻었을 때 바로 천 개의 금전을 얻었다고 말하는 것은 한 개의 금전이 곧 천 개의 금전은 아니지만 천 개의 금전이 한 개의 금전으로 말미암아 얻어지기 때문인 것과 같다."라고 하였다.

이미 서술한 것처럼 어느 경우에도 법위는 열 번의 생각을 모두 갖추어야 하고 또 그 열 번의 생각에는 어떤 간격도 없어야 함을 주장하였는데 별시의에 대한 해석에서도 이러한 취지가 드러나 있음을 확인할 수 있다. 한 번의 칭념만으로 정토에 왕생할 수 있다는 것을 별시의라고 함으로써 한 번의 칭념만으로는 정토에 왕생할 수 없다는 법위의 견해가 일관되게 이어지고 있기 때문이다.

4. 신라 정토교에서 법위의 지위 및 후대의 영향

에타니 류카이는 신라 정토학을 정영사 혜원 계통과 현장玄奘·자은慈恩 계통으로 구분하여 전자에는 자장·원효·의상·의적·법위·현일 등이 속하고, 후자에는 원측·경흥·태현·둔륜 등이 속한다고 하였다.[17] 이에

---

17 惠谷隆戒,『浄土教の新研究』「第五章 新羅法位の無量壽經義疏の研究」(山喜房仏書

대해 후카가이 지코(深貝慈孝)는 경흥의 글에는 혜원을 필두로 하여 그 계통에 속하는 학자들에 대한 비판적 태도가 보이기 때문에 이러한 주장을 수용할 수 있지만, 법위의 경우는 현장이 번역한 『불지경론』에 유식唯識에 기초한 정토가 설해져 있음을 인식하고 이를 전면적으로 수용하여 『무량수경』을 해석하고 있다는 점에서 유식가唯識家에 속하고 그 정토사상도 유식 계통이라고 보아야 한다고 주장하였다.[18] 실제로 『무량수경의소』에서는 정토의 체, 분량, 형색, 유루와 무루 등의 문제를 설명하면서 전적으로 『불지경론』에 의지하는 것을 확인할 수 있다.

이미 서술한 것처럼 48원 각각에 대해 원명을 지은 것은 법위의 『무량수경의소』가 시초이다. 이후 현일의 『무량수경기』, 의적의 『무량수경술의기』, 경흥의 『무량수경연의술문찬』에서도 각각 독자적으로 원명을 지었다. 일본 정토교에서도 원명을 짓는 경향을 수용하여 지광智光을 시작으로 양원良源, 정조靜照, 진원眞源 등도 원명을 지었다. 이렇게 원명을 짓는 것은 중국 정토교에는 없는 한국 정토교의 특성이고 그 시발점에 법위가 있다.

신라 정토교는 제18원, 제19원, 제20원을 중시하는 특성을 가지고 있는데 이는 중국 정토교와는 차별되는 것이다. 법위는 제18원은 상삼품의 왕생, 제19원은 중삼품의 왕생, 제20원은 하삼품을 보이는 것이라고 해석하였고, 현일과 경흥은 모두 법위의 설에 동조하였다.

이미 서술한 것처럼 법위는 열 번의 생각은 열 번을 모두 갖추어야 하는 것이라고 주장하였다. 신라 정토학자들의 경우 열 번의 생각의 내용에 대해서는 이견이 있지만 열 번의 생각을 모두 갖추는 것을 왕생의 필수조건으로 삼는 것은 동일하다. 이렇게 열 번의 생각 중 한 번이라도 결여되

林, 1976).
18 深貝慈孝,「新羅法位淨土敎の硏究」(『淨土敎論集:戶松啓眞敎授古稀記念論集』, 1987).

면 왕생이 불가하다는 것에 한국 정토교의 특성이 보이고 법위는 초기 신라 정토학자로서 이러한 흐름의 선구적 모습을 보여 주었다.

5. 참고문헌

안계현, 『신라정토사상사연구』(1987, 현음사).
惠谷隆戒, 『浄土教の新研究』「第五章 新羅法位の無戯寿経義疏の研究」(山喜房仏書林, 1976).
＿＿＿＿, 「新羅法位の無量壽經義疏の研究」(『日本仏教学会年報』, 1960).
深貝慈孝, 「新羅法位浄土教の研究」(『浄土教論集：戸松啓眞教授古稀記念論集』, 1987).
梯信曉, 「新羅淨土教の展開(一)(『印度學佛教學研究』通號 84, 1994).
松林弘之, 「朝鮮浄土教における十念説の展開」(『印度学仏教学研究』通号 31, 1967).
이태원 역, 모치즈키 신코 지음, 『중국정토교리사』(운주사, 1997).
韓普光, 「한국 정토사상의 특색」(『정토학연구』, 제13집, 2010).

차례

무량수경의소無量壽經義疏 해제 / 11
일러두기 / 31

무량수경의소 권상【복원본】 33
무량수경의소 권하【복원본】 107

찾아보기 / 140

일러두기

1 '한글본 한국불교전서'는 문화체육관광부의 지원을 받아 동국대학교 불교문화연구원에서 수행하고 있는 '불교기록문화유산아카이브(ABC)사업'의 결과물을 출간한 것이다.
2 이 책은 『한국불교전서』(동국대학교출판부 간행) 제2책의 『무량수경의소』를 저본으로 하였다.
3 번역문에 이어 원문을 병기하고 간단한 표점 부호를 삽입하였다.
4 본문에서 '問'은 ㉷으로 '答'은 ㉰으로 처리하였다.
5 원문의 교감 사항은 번역문의 각주와 별도로 원문 아래 부분에 제시하였다.
 ㉾은 『한국불교전서』 편찬자가 교감한 내용이다.
 ㉺은 번역자가 교감한 내용이다.
6 약물은 다음과 같다.
 『 』: 서명
 「 」: 품명
 T : 대정신수대장경
 X : 만속장경
 Ⓢ : 범어

무량수경의소 권상【복원본】
無量壽經義疏 卷上【復元】[*]

신라 법위新羅 法位 찬撰
에타니 류카이(惠谷隆戒)[**] 복원復元

---

[*] 阅 저본은 에타니 류카이(惠谷隆戒)가 지은 『淨土教の新研究』에 수록된 것이다. 출전은 원융국원隆國의 『안양집安養集』· 양경양경良慶의 『안양초安養抄』· 요혜了慧의 『무량수경초無量壽經鈔』· 양충량충良忠의 『관경소전통기觀經疏傳通記』· 고변高辨의 『최사륜摧邪輪』· 장서長西의 『염불본원의念佛本願義』· 적혜寂慧의 『정토술문초淨土述聞鈔』· 성총聖聰의 『대경직담요주기大經直談要註記』이다.

[**] 에타니 류카이(惠谷隆戒) : 1902~1979. 일본의 불교학자. 정토종 스님으로 정토교와 천태교학을 주로 연구하였다. 저술로 『淨土教の新研究』(東京 : 山喜房佛書林, 1976), 『신정토종사전新淨土宗辞典』 등이 있다.

"『대본大本』[1] 2권"[2] 이하는 번역 시대와 번역자를 (밝힌 것이다.) 사문 강량야사畺良耶舍(⑤ Kālayaśas 383~442)는 의역하여 시칭時稱이다. 서역 출신으로 성품이 강직하고 욕심이 적었으며, 삼장三藏을 잘 통달하여 아는 것이 많았고 선사禪思(선정)에 더욱 힘을 기울였다. 송나라 문제文帝 원가元嘉(424~453) 원년元年 세차歲次[3] 갑자甲子(424)에 경읍京邑에 도착하자 문제가 크게 상을 내리고 칙명을 내려 종산鐘山 도림정사道林精舍에 머물게 하였다. (이곳에서) 『약왕약상보살경藥王藥上菩薩經』 1권을 번역하고 『관무량수불경觀無量壽佛經』 1권을 번역하였는데 사문 승함僧含이 필수筆受[4]의 소임을 맡았다.【『안양집』 권10】

大本二卷下。翻譯時代翻譯者。沙門畺良耶舍。此云時稱。西域人。性剛直寡嗜欲。善通三藏。多所謂[1)]知。大[2)]功禪思。以宋文帝。永[3)]嘉[4)]年。歲次甲子。達于京邑。帝深加賞。勅佳鐘山道林精舍。譯出藥王藥上菩薩經一卷。

---

1 『대본大本』: 『무량수경』을 가리킨다. 이에 상대하여 정토삼부경 중 하나인 『아미타경』은 『소본小本』이라 한다.
2 『대본』 2권 : 이 글에 대해서는 추가설명이 필요하다. 첫째, 지의智顗의 『관무량수불경소』(T37, 188c)에서 "『대본』 2권은 진나라 영가년에 축법호가 한역하였고, 이 책은 송나라 원가년에 강량야사가 양주에서 한역하였다.(大本二卷。晉永嘉年中。竺法護譯。此本是宋元嘉時。畺良耶舍。於揚州譯。)"라고 하였다. 둘째, 『관무량수불경소』에 대한 당나라 소주蘇州 상락사常樂寺 법총法聰의 주석서인 『석관무량수불경기釋觀無量壽佛經記』(X22, 247c)에서 해당 문장에 대해서 "大本二卷下翻譯時代翻譯者沙門畺良耶舍此云時稱西域人性剛直寡嗜欲善通三藏多所諳知尤功禪思以宋文帝永[속장경 교감주 : 元]嘉元年歲次甲子達于京邑帝深加賞勅住鐘山道林精舍譯出藥王藥上菩薩經一卷譯觀無量壽佛經一卷沙門僧含筆受"라고 하였다. 셋째, 두 번째 글은 에타니 류카이가 법위의 글이라고 하여 발췌한 것과 정확하게 일치한다. 현재 역자는 『안양집』을 입수하지 못하였다. 다만 앞의 두 책에 의거하면 다음과 같은 결론이 가능해진다. 첫째는 이하의 발췌문은 법위가 아닌 법총의 글이라는 것이고, 둘째는 본문에서 "『대본』 2권"이라고 한 것은 지의의 『관무량수불경소』에 나오는 "『대본』 2권"을 가리킨다는 것이다.
3 세차歲次 : 간지干支를 따라서 정한 해의 순서를 가리키는 말이다.
4 필수筆受 : 역장譯場에서 역주譯主의 말을 한문으로 받아 적는 일을 담당하는 사람을 가리킨다.

譯觀無量壽佛經一卷。沙門僧含筆受。5)【安養集十】

1) ㉠『석관무량수불경기』에 따르면 '謂'는 '諸'이고 문맥상 후자가 맞는 것 같다. 이하 교감한 글자가 타당할 경우 특별한 경우를 제외하고는 별도로 밝히지 않는다. 2) ㉠ 『석관무량수불경기』에 따르면 '大'는 '尤'이다. 3) ㉠『석관무량수불경기』에 따르면 '永'은 '亢'이다. 4) ㉠『석관무량수불경기』에 따르면 '嘉' 뒤에 '亢'이 누락되었다. 5) ㉠ 각주 2번에서 제시한 역자의 추론이 타당하다면 이상의 발췌문은 법위의 글이 아니다. 다만 현재 『안양집』을 확인할 수 없기 때문에 법위의 글이 아니라고 확정하지 않았다.

크게 열 부분을 열어 보였다. 첫 번째는 서설분序說分(서론에 해당하는 부분)이고, 두 번째로 "그때 세존께서는 (제근諸根[5]은 기쁨이 넘치고)" 이하는 현상분現相分(상상을 나타낸 부분)이며, 세 번째로 "(존자) 아난阿難[6]은 (부처님의 성스러운 뜻을 받들어)" 이하는 계청분啟請分(상상을 나타낸 뜻을 설명해 줄 것을 요청한 부분)이고, 네 번째로 "이에 세존께서 (아난에게 말씀하셨다.)" 이하는 서흥분叙興分(부처님께서 가르침을 일으키는 이유를 서술한 부분)이며, 다섯 번째로 "아난아, 잘 들어라. (이제 너를 위해 말할 것이다.)" 이하는 정설분正說分(가르침을 설한 부분)이고, 여섯 번째로 "미륵보살彌勒菩薩[7]이 부처님께 여쭈었다. (세존이시여,) 이 세계에는" 이하는 왕생분往生分(왕생과 관련된 내용을 설한 부분)이며, 일곱 번째로 "부처님께서 미륵에게 말씀하셨다. '(어떤 사람이 그 부처님의 명호를 듣고 뛸 듯이 기뻐하면서)'" 이하는 권신분勸信分(믿음을 권한 부분)이고, 여덟 번째로 "그때 세존께서 (이 경

---

[5] 제근諸根 : 감각 능력을 가진 기관을 통틀어서 일컫는 말. 혜원慧遠의 『無量壽經義疏』 권상(T37, 99c1)에 따르면 안근眼根·이근耳根·비근鼻根·설근舌根·신근身根의 오근五根을 가리킨다.
[6] 아난阿難 : ⓢĀnanda의 음역어. 부처님의 십대제자 중 한 명. 다문제일多聞第一로 일컬어진다. 출가 후 20여 년 동안 부처님을 떠나지 않고 시봉하였다. 부처님께서 열반에 드신 후 개최된 교단의 1차 결집結集(경률의 편찬)에서 경장經藏 편찬의 중심인물로 참여하였다.
[7] 미륵보살彌勒菩薩 : ⓢMaitreya의 음역어. 자씨慈氏라고 의역한다. 현재 도솔천兜率天에 머물고 있으며 미래세에 이 세상에 태어나면 석가모니부처님의 뒤를 이어 성불한 후 중생을 구제할 것이 예정된 보살이다. 이 때문에 일생보처一生補處보살이라고도 한다.

법經法을 설하시니)" 이하는 설익분說益分(이익을 설한 부분)이며, 아홉 번째로 "그때 삼천대천(세계가 여섯 가지 형태로 진동하고)" 이하는 권청분勸請分(권청하는 부분)이고, 열 번째로 "부처님께서 경을 설하시고 나자" 이하는 필희분畢喜分(설법을 듣고 기뻐하는 부분)이다.【『전통기유초』[8] 권26】

大開十分。初序説分。二爾時世下現相分。三者阿難下啓請分。四於是世下叙興分。五阿難諦聽下正説分。六彌勒菩薩白佛言於此世界下往生分。七佛語彌勒下勸信分。八爾時世下説益分。九爾時三千下勸請分。十佛説經已下畢喜分。【『傳通記糅鈔』二十六】[1])

---

1) ㉠ 이 문장은 여러 기록과 학자들의 연구 결과에 따르면 법위의 글임이 분명하고 중요한 내용을 담고 있기 때문에 역자가 임의로 집어넣은 것이다. 본문은 성경聖冏의 『傳通記糅鈔』 권26(『정토종전서』 3권, 584b)에서 "법위의 『대경소』(『무량수경의소』) 등이라는 것은 그 『소』에 말하기를……(法位大經疏等者。彼疏云。……)"이라고 한 후, 법위가 『무량수경』을 열 단락으로 나눈 것을 서술한 글을 그대로 가져왔다. 이 문장이 법위의 『무량수경의소』에 실렸음을 지지하는 또 다른 근거를 제시하면 다음과 같다. 첫째, 경흥은 『무량수경연의술문찬』 권상(T37, 132a)에서 "有説"이라고 하여, 『무량수경』의 분과와 관련된 두 가지 주장을 제시하고 차례대로 비판한 후 자신의 견해를 제시하였는데, 그 두 가지 주장 중 첫 번째 것이 본 문장과 내용이 일치한다. 둘째, 요혜了慧는 『無量壽經鈔』(『淨土宗全書』 14권, 5b)에서 "경흥이 『무량수경연의술문찬』에서 두 법사의 뜻을 물리친 것 가운데, 처음의 것은 법위의 주장이고, 다음은 정영사 혜원慧遠의 주장이다."라고 하였다. 이 두 가지 문헌을 종합할 때 열 가지로 분과한 것은 법위의 설이라고 할 수 있다.

【경】 나는 이와 같이 들었다.

어느 때 부처님께서 왕사성 기사굴산에서 1만 2천 명과 함께 계셨는데, 이들은 모두 대성大聖으로 신통력을 이미 통달하였다. 그 이름은 존자尊者 요본제了本際·존자 정원正願·존자 정어正語·존자 대호大號·존자 인현仁賢·존자 이구離垢·존자 명문名聞·존자 선실善實·존자 구족具足·존자 우왕牛

---

8 『전통기유초』: 성경聖冏(1341~1420)이 지은 책이다.

王·존자 우루빈나가섭優樓頻螺迦葉·존자 가야가섭伽耶迦葉·존자 나제가섭那提迦葉·존자 마하가섭摩訶迦葉·존자 사리불舍利弗·존자 대목건련大目揵連·존자 겁빈나劫賓那·존자 대주大住·존자 대정지大淨志·존자 마하주나摩訶周那·존자 만원자滿願子·존자 이장애離障閡·존자 유관流灌·존자 견복堅伏·존자 면왕面王·존자 과승果乘·존자 인성仁性·존자 희락喜樂·존자 선래善來·존자 나운羅云·존자 아난阿難이다. 이와 같은 이들은 모두 상수上首[9]가 되는 이였다.

我聞如是。一時。佛住王舍城。耆闍崛山中。與大比丘。萬二千人俱。一切大聖。神通已達。其名曰。尊者了本際。尊者正願。尊者正語。尊者大號。尊者仁賢。尊者離垢。尊者名聞。尊者善實。尊者具足。尊者牛王。尊者優樓頻蠡[1)]迦葉。尊者伽耶迦葉。尊者那提迦葉。尊者摩訶迦葉。尊者舍利弗。尊者大目揵連。尊者劫賓那。尊者大住。尊者大淨志。尊者摩訶周那。尊者滿願子。尊者離障閡。尊者流灌。尊者堅伏。尊者面王。尊者果乘。尊者仁性。尊者喜樂。尊者善來。尊者羅云。尊者阿難。上首者也。[2)]

1) ㉠ 다른 판본에 따르면 '蠡'는 '螺'이다. 2) ㉠ 법위가 『무량수경』의 이역본 중 어느 것을 대본으로 삼았는지를 확정할 수 있는 근거가 될 만한 자료는 없다. 다만 지의의 『관무량수불경소』를 참조할 때 서진西晉의 축법호竺法護가 한역한 것일 가능성이 크기 때문에 축법호본을 집어넣어야 한다. 그런데 축법호본은 현재 전해지지 않고 여러 연구 성과에 따르면 축법호본은 조위曹魏의 강승개康僧鎧가 한역한 것과 그 내용이 거의 일치한다는 것이 밝혀졌다. 따라서 『대정신수대장경』에 수록된 강승개본으로 축법호본을 대체하였다. 또 『한불전』에서는 '乃至'라고 하여 경의 중간부분을 생략하였지만 역자는 법위의 주석을 보다 명확히 이해할 수 있게 하기 위하여 생략된 부분을 모두 집어넣었다. 이하에서 법위의 주석에 상응하는 『무량수경』 본문이 누락된 것도 역자가 보충하였다. 이하 경을 보충한 것은 별도로 밝히지 않는다.

소 때와 장소가 없으면 삿된 주장과 같기 때문에 다음에 설한 때를 서

---

9 상수上首 : 대중 가운데 가장 뛰어난 덕을 갖춘 이 또는 그에 상응하여 법회의 윗자리에 앉는 이를 가리킨다.

술하였다. 또 비록 좋은 때가 있어도 교주가 없으면 말씀의 근원이 없기 때문에 다음에 부처님을 서술하였다. 또 법은 사람에게 의지해야 하고 사람은 장소에 의지해야 하기 때문에 다음에 말씀하신 장소를 서술하였다.【『서분기』 권1】[10]

若無時處。同邪論故。次序說時。又雖有良時。若無敎主。說無由來故。次序佛。又法須依人。人須依處故。次序說處。【序分記一】

"우왕牛王"이라는 것은 음역어는 교범바제憍梵婆提[11]이다.【중략】("마하주나摩訶周那")에서 "주나"라는 것은 주타周陀라고도 하며, 의역어는 불락不樂이고 노생路生이라고도 한다. 갖춘 음역어는 주리반특가周利槃特迦[12]라고 한다. "만원자滿願子"라는 것은 음역어는 부루나미다라니자富樓那彌多羅尼子[13]이다.【대경직담요주기』 권4】

---

10 『서분기』 권1】: 정확하게 말하자면【『觀經序分義傳通記』 권1】이라고 해야 한다. 『觀經疏傳通記』 내부에서의 별권에 대한 명칭이다. 『관경소전통기』(T57, 566a)를 참조할 것.
11 교범바제憍梵婆提 : Ⓢ Gavāmpati의 음역어. 부처님의 제자. 벼의 낱알을 땅에 떨어뜨린 죄로 5백 년 동안 소로 태어났는데 현세에 인간으로 태어나서도 그 습기를 버리지 못하고 소처럼 수시로 입을 우물거리면서 양을 치는 버릇이 있었기 때문에 붙여진 이름이다.
12 주리반특가周利槃特迦 : Ⓢ Cūḍapanthaka의 음역어. 부처님의 제자. 중인도 사위성 바라문 출신. 부모가 그가 단명할 것을 염려하여 태어났을 때 길가에 버려두고 사문의 축복을 받도록 한 것에서 유래한 이름이다. 일설에는 어머니가 길에서 출산한 것에서 유래했다고도 한다. 여러 학문에 두루 능통하였는데 부처님의 설법을 듣고 출가하여 아라한과를 증득하였다. 그의 아우 역시 출가하여 아라한과를 증득하였다. 따라서 형인 주리반특가는 '마하'를 붙여서 양자를 간별하는 경우가 많다.
13 부루나미다라니자富樓那彌多羅尼子 : Ⓢ Pūrṇa-maitrāyanīputra의 음역어. 부처님의 십대제자 중 한 명. 설법제일說法第一로 일컬어진다. 의역어는 만자자滿慈子이다. '만'은 그 이름이고, '자'는 어머니의 성이다. 어머니의 성이 '자'이고 만 존자는 이 자씨 성을 가진 여인의 아들이기 때문에 이것으로 인해 이름을 붙인 것이다. 곧 부루나미다라니자는 '부루나라는 이름을 가진, 자씨 성을 가진 어머니의 아들'이라는 뜻이다.

牛王者。云憍梵婆提。【中略】周那者。又云周陀。此云不樂。又云路生。具應言周利槃特迦。滿願子者。本音云富樓那彌多羅尼子。【大經直談要註記四】。

경 자씨보살慈氏菩薩

慈氏菩薩。[1]

1) ㉠『무량수경』의 순서에 따르면 '慈氏菩薩'은 '妙德菩薩' 뒤에 두어야 한다.

소 음역어는 미륵彌勒이고 의역어는 자씨이다. 자삼매慈三昧를 행하였고 또 과거에 자씨불慈氏佛을 만나 처음으로 보리심菩提心을 일으키고 또 자애로운 성품을 일으켰기 때문에 "자씨"라고 한다.【『대경직담요주기』권4】

本音名彌勒。此云慈氏。行慈三昧。又宿值慈氏佛。初發菩提心。亦生慈性。故云慈氏。【大經直談要註記四】

경 보현보살普賢菩薩·묘덕보살妙德菩薩(文殊師利)·자씨보살慈氏菩薩(彌勒) 등이 있었으니, 이는 현겁賢劫의 일체의 보살이다. 또 현호 등 열여섯 분의 정사正士[14]와 선사의보살·신혜보살·공무보살·신통화보살·광영보살·혜상보살·지당보살·적근보살·원혜보살·향상보살·보영보살·중주보살·제행보살·해탈보살이 있었다.

普賢菩薩。妙德菩薩。慈氏菩薩等。此賢劫中一切菩薩。又賢護等十六正士。善思議菩薩。信慧菩薩。空無菩薩。神通華菩薩。光英菩薩。慧上菩薩。智幢菩薩。寂根菩薩。願慧菩薩。香象菩薩。寶英菩薩。中住菩薩。制行菩

---

14 정사正士 : 보살의 다른 이름. 정도正道를 추구하는 대사大士(ⓢ mahāsattva)라는 뜻이다.

薩。解脫菩薩。

소 첫째, "보현" 등은 현겁賢劫[15]에 성불한 보살이고 둘째, "현호" 등은 나머지 겁[16]에 성불한 보살이다.【『무량수경초』 권1】

一普賢等。賢劫成佛菩薩。二賢護等。余劫成佛菩薩。【無量壽經鈔一】

경 모두 보현 대사普賢大士의 덕을 좇아,

皆遵普賢大士之德。

소 "모두 보현을 좇아"라는 것은 그 높은 덕을 추존하여 상수로 삼았음을 밝힌 것이다.【『무량수경초』 권1】

皆遵普賢者。推其高德爲上首。【無量壽經鈔一】

경 모든 보살의 한량없는 행行과 서원(願)을 갖추었다.

具諸菩薩無量行願。

소 "행"은 여섯 가지 행(六行)[17]이다. "서원"은 열 가지 서원(十願)이니

---

15 현겁賢劫 : ⓢbhadrakalpa의 의역어. 삼겁三劫(三大劫)의 하나. 과거의 주겁住劫을 장엄겁莊嚴劫이라 하고 현재의 주겁을 현겁이라 하며 미래의 주겁을 성수겁星宿劫이라 한다.
16 나머지 겁 : 과거장엄겁과 미래성수겁을 가리킨다. 그 내용은 바로 앞의 각주를 참조할 것.
17 여섯 가지 행(六行) : 법위의 주석만으로는 무엇을 가리키는 것인지 분명하지 않다.

『홍맹해혜경弘猛海慧經』[18]에서 "(열 가지 서원을 일으키기를) 모든 법을 이해하고 반야般若의 배를 얻으며, 지혜의 바람을 만나고 훌륭한 방편을 얻으며, 모든 사람을 제도하고 큰 고통의 바다에서 벗어나게 하며, 계를 모두 갖추어서 온전하게 성취하고 열반涅槃의 산을 오르며, 무위無爲의 집에 들어가고 법성신法性身[19]을 얻을 것을 (서원합니다.)"라고 한 것과 같다.【『무량수경초』 권1】

行是六行。願是十願。如弘誓[1)]海慧經說。知一切法。得般若船。値智慧風。得善方便。度一切人。越大苦海。得戒具足。登涅槃山。會無爲舍。得法性身。【無量壽經鈔一】

1) ㉠ '誓'는 '猛'인 것 같다.

경 수학(算計)과 문학(文)과 예藝와 활쏘기(射)와 수레를 다루는 법(御)을 배우는 모습을 나타내 보였다.

示現算計文藝射御。

『金剛三昧經』(T9, 370a)에서 보살의 수행 계위를 10신행十信行·10주행十住行·10행행十行行·10회향행十迴向行·10지행十地行·등각행等覺行의 여섯 단계로 나누었는데, 이것을 가리키는 것일 수도 있다.

18 『홍맹해혜경弘猛海慧經』: 현재 전해지지 않는다. 다만 『法華義疏』 권12(T34, 628c)·『十一面神呪心經義疏』(T39, 1006c)·『法華經玄贊要集』 권10(X34, 403c) 등에서 바로 뒤에 나오는 내용을 포함한 글을 인용하면서 그 출처를 『弘猛海慧經』이라 하였다. 전체적으로 관세음보살이 과거세에 선수왕善首王의 첫 번째 아들 선광善光으로 태어났을 때 공왕관세음보살空王觀世音菩薩을 친견하여 열 가지 서원을 일으키고 미래세에 관세음이라는 이름의 부처가 되어 중생이 세 번 나의 명호를 칭념하였는데도 구제할 수 없다면 미묘한 색신을 얻지 않겠다고 발원한 내용을 담고 있다. 『開元釋敎錄』 권18(T55, 675b)에서 『觀世音十大願經』의 갖춘 이름은 『大悲觀世音弘猛慧海十大願品第七百』이라고 한 것에 따르면 양자는 같은 책일 것으로 추정된다.

19 법성신法性身: 제법의 본성을 증득함으로써 얻는 몸을 일컫는 말이다.

소 "수학(算計)"이라는 것은 수數이고 "문학"이라는 것은 곧 시詩와 글(書)이며, "예藝"라는 것은 예절과 음악(禮樂)이고 "활쏘기"라는 것은 활 쏘는 기술이며 "수레를 다루는 법"이라는 것은 수레를 다루는 것이다.【『무량수경초』 권1】

算計者數。文者卽詩書。藝者禮樂。射者射術。御卽御車。【無量壽經鈔一】

경 후원後園[20]에서 노닐면서 무예를 드러내고 기예를 시험하였다.

遊於後園。講武試藝。

소 "무예를 드러내고" 등이라는 것은 정영淨影[21]이 『수행본기경』에서 '(제바提婆[22]에 의해 죽은) 코끼리를 (성 밖으로) 던져 (그 힘을 보이고 나서 다시 살아나게 하고) 씨름을 하여 (최후의 승자가 되었다)'[23]라고 한 것과 같은 것을 '무예를 드러내고'라고 하였고, (같은 경에서) '(10리의 간격으로 늘어놓은 일곱 개의) 쇠북을 (한 개의 화살로) 한꺼번에 쏘아서 맞혔다'[24]고 한 것과 같은 것을 '기예를 시험하였다'고 하였다."[25]라고 하였

---

20 후원後園 : 성 밖에 있는 동산을 가리킨다.
21 정영淨影 : 523~592. 수나라 때 지론종 남도파 스님. 동진東晉의 여산廬山 혜원(334~416)과 구별하기 위하여 그가 머물던 절인 정영사淨影寺에 의거하여 정영이라고 부르기도 한다.
22 제바提婆 : ⓢ Devadatta의 줄인 음역어. 갖춘 음역어는 제바달다提婆達多이고 줄어서 달다達多라고도 하며 의역어는 조달調達이다. 싯다르타 태자의 사촌동생. 출가하여 승단의 일인자가 되려는 욕심을 내어 부처님에게 위해를 가하였고, 늘 부처님을 적대시했던 악비구惡比丘로 알려져 있다. 단 일부 기록에 의거하여, 계율에 대한 원리주의적 입장, 곧 철저히 걸식만 할 것·산속에만 머물 것 등을 주장함으로써 승단의 갈등을 유발한 것이 악비구로 설정된 배경이 되었다고 주장하는 학자들도 있다.
23 『修行本起經』 권상 「試藝品」(T3, 465b).
24 『修行本起經』 권상 「試藝品」(T3, 465b).

다.【『무량수경초』 권1】

講武等者。淨影云。如本起說。槃¹⁾象勐²⁾力。名爲講武。共射金³⁾鼓。說爲 試藝。【無量壽經鈔一】

1) ㉅『수행본기경』에 따르면 '槃'은 '擲'이다. 2) ㉅ '勐'은 '角'인 것 같다. 3) ㉅『수행본기경』에 따르면 '金'은 '鐵'이다.

경 나무 아래 단정하게 앉아 선정을 닦고 6년 동안 고행苦行에 정진했으며 배워야 할 것을 그대로 행하였다.

端坐樹下。勤苦六年。行如所應。

소 삿된 학문을 배우던 것에서 방향을 바꾸어서 바른 도를 알아가는 것이니, 닦고 배워야 할 것을 수순하여 행한 것이다.²⁶【『무량수경초』 권1】

飜邪學知正道。是其所應修學。順而行之。【無量壽經鈔一】

경 멸도滅度(열반)하는 모습을 나타내 보이며 중생을 구제하는 일을 그치지 않았다.

示現滅度。拯濟無極。

---

25 『無量壽經義疏』 권상(T37, 95b). 경흥憬興은 『무량수경연의술문찬』 권상(T37, 136c)에서 '유인有人'이라 하여 본 내용을 그대로 인용하고 해석에 미진한 것이 있다고 하면서 『方廣大莊嚴經』 권4 「現藝品」(T3, 561a)에 의해서 내용을 보충하였다.
26 혜원이 『무량수경의소』 권상(T37, 95c)에서 제시한 것과 같다.

소 "멸도하는 모습을 나타내 보이며"라는 것은 『섭대승론』에서 "화신化身이 멸도하는 것에 여섯 가지 뜻이 있다. 첫째는 일(事)을 완성했기 때문이고,²⁷ 둘째는 즐거움에 대한 전도된 견해를 제거하기 위해서이며,²⁸ 셋째는 (부처님에 대해) 지닌 경만輕慢한 마음을 버리게 하기 위해서이고,²⁹ 넷째는 (불신佛身에 대해) 갈망하고 우러르는 마음을 내도록 하기 위해서이며,³⁰ 다섯째는 자신을 구제하는 것에 지극히 정진하도록 하기 위해서이고,³¹ 여섯째는 (중생으로 하여금) 빨리 자신의 해탈을 성취할 수 있게 하기 위해서이다.³²"³³라고 하였다.【『무량수경초』 권1】

示現滅度者。攝論。化身滅度。有六意。一事究竟故。二爲除樂倒故。三令捨輕慢故。四爲生渴仰故。五爲身精進故。六欲速成就故.【無量壽經鈔一】

---

27 중생을 성숙시켜 모두 해탈하게 한 것을 말한다. 『攝大乘論』 권하(T31, 132b)를 참조할 것.
28 이미 해탈을 얻고 나서 무여열반無餘涅槃을 구하려고 하는 사람들에 대하여, 열반이 즐거운 것이라는 전도된 견해를 제거해 주기 위하여, 화신을 버려 그것의 무상함을 보이고 법신을 보여 상주하는 법신을 즐겨 추구하게 하는 것을 말한다. 『攝大乘論』 권하(T31, 132b)를 참조할 것.
29 부처님의 화신을 보고 부처님께도 생로병사生老病死가 있으니 자신들과 다르지 않다고 여기는 사람들에 대하여, 화신은 가명신假名身이고 법신은 진실신眞實身임을 보여 그러한 마음을 버리게 하는 것을 말한다. 『攝大乘論』 권하(T31, 132b)를 참조할 것.
30 화신은 일정한 모습이어서 시간이 흐르면 만족하여 싫어하는 마음을 내지만 법신은 다양하게 변화하여 여러 차례 보아도 만족하여 싫어하는 마음을 내지 않게 되는 것을 말한다. 『攝大乘論』 권하(T31, 132b)를 참조할 것.
31 부처님의 화신이 오래 머물면 만나기 어렵다는 생각을 하지 않아 나태해지는 중생에 대하여, 부처님께서 세상에 오래 머물지 않음을 보여서 그들로 하여금 자신의 해탈을 급히 추구해야 할 것으로 여기며 그것을 위해 부지런히 노력하게 하는 것을 말한다. 『攝大乘論』 권하(T31, 132b)을 참조할 것.
32 이미 정진하는 이들로 하여금 정진을 버리지 않고 더욱더 정진하여 속히 원만함을 얻게 하는 것을 말한다. 『攝大乘論』 권하(T31, 132b)를 참조할 것.
33 『攝大乘論』 권하(T31, 132b)의 취의 요약이다.

경 한량없는 모든 부처님이 모두 함께 호념하였고, 부처님이 머무는 것에 모두 이미 머물렀으며, 대성大聖이 세운 것을 모두 이미 세웠다.

無量諸佛。咸共護念。佛所住者。皆已得住。大聖所立。而皆已立。

소 부처님께서 공空·무상無相의 이치에 머무셨으니 대사大士(보살)도 모두 똑같이 머물렀으며, 내지 부처님께서 십이부경十二部經[34]을 세우셨으니 대사도 능력에 따라 가르침을 세우고 중생을 교화하였다.[35]【『무량수경초』권1】

佛住空無相理。大士亦皆齊住。乃至佛能立十二部經。大士亦能隨分立教化生。【無量壽經鈔一】

경 여러 형태의 극심한 어려움에 처한 중생과 가로막혀 있는 이나 가로막혀 있지 않은 이를 구제하였다.

濟諸劇難。諸閑不閑。

소 이승二乘은 중생을 구제하는 것에 있어서 가로막혀 있고, 대사(보살)는 가로막혀 있지 않다. 범부는 수행에 있어서 가로막혀 있고, 대사는

---

34 십이부경十二部經 : 불법을 문체·문장·기술 형식·내용 등에 의해 열두 가지로 분류한 것. 최초의 경전 분류법으로 일컬어진다. 열두 가지는 계경契經(長行)·응송應頌(祇夜·重頌)·기별記別·풍송諷頌(伽陀·孤起)·무문자설無問自說·인연·비유·본사本事·본생本生·방광方廣·희법希法(未曾有法)·논의論議이다.
35 경흥은 『무량수경연의술문찬』 권중(T37, 143c)에서 "어떤 사람은 '〈머무신 것〉은 곧 공·무상의 이치이고, 〈세우신 것〉은 곧 12분교이다'라고 하였는데 이것도 옳지 않다. 세속의 일도 응당 승의勝義와 마찬가지로 또한 부처님께서 머무시는 것이기 때문이다.(有說。所住即空無相理。所立即十二分教。此亦不然。世俗之事。應如勝義。亦佛所住故。)"라고 하여 본설을 비판하였다.

가로막혀 있지 않다. 이승과 범부는 무상보리無上菩提에 있어서 가로막혀 있고, 보살은 가로막혀 있지 않다.[36]【『무량수경초』 권1】

二乘於救生閑。大士則不閑。凡夫於修閑。大士則不閑。又二乘凡夫於無上菩提閑。大士則不閑。【無量壽經鈔一】

경 "그렇습니다. 위대한 성인이시여! 제가 마음속으로 생각한 것을 말씀드리겠습니다. 오늘 세존께서는 기특한 법에 머물고 오늘 세웅世雄께서는 여러 부처님이 머무는 것에 머물며, 오늘 세안世眼께서는 도사導師(중생을 이끄는 스승)의 행에 머물고 오늘 세영世英께서는 가장 뛰어난 도에 머물며, 오늘 천존天尊께서는 여래의 덕을 행하셨습니다."

唯然大聖。我心念言。今日世尊。住奇特法。今日世雄。住佛所住。今日世眼。住導師行。今日世英。住最勝道。今日天尊。行如來德。

소 "세존" 등은 부처님의 다른 명호를 나타낸 것이고 "기특" 등은 그 뜻을 풀이한 것이다. 신통력에 의해 상相을 나타낸 것이 기특하기 때문에 "세존"이라 한다. 삼매에 안주하여 온갖 마군을 제어하고 조복시키기 때문에 "세웅"이라 한다. 부처님은 오안五眼[37]을 갖추고 중생을 인도하기 때

---

36 경흥은 『무량수경연의술문찬』 권중(T37, 145a)에서 '유설有說'이라고 하여 본 내용을 제시한 후에 "이것은 모두 옳지 않다. 해석한 대로라면 (본문의 '제한불한諸閑不閑'은) 나태함과 정진을 말한 것이어야 하기 때문인데, '한閑'이란 곧 한가한 곳이라는 뜻으로 반드시 나태함을 가리키는 것은 아니기 때문이다.(此皆不然。若如所言。應說懈怠精進故。閑即閑處。必非嬾惰故。)"라고 비판하였다.
37 오안五眼 : 다섯 가지의 시각적 능력. 첫째는 육안肉眼(육체적인 눈)이고, 둘째는 천안天眼(色界의 天人이 선정을 닦음으로써 얻은 눈. 遠近·前後·內外·晝夜·上下를 막론하고 모두 볼 수 있는 눈)이며, 셋째는 혜안慧眼(二乘人의 눈으로 諸法平等과 性空을 분명히 아는 지혜의 눈)이고, 넷째는 법안法眼(보살이 일체중생을 구제하기 위해 일체의 法門

문에 "세안"이라 한다. 네 가지 지혜(四智)[38]에 머물러 홀로 빼어나며 짝할 것이 없기 때문에 "세영"이라 한다. 제일의천第一義天[39]으로 불성佛性이 불공不空인 뜻을 알기 때문에 "천존"이라 한다.【『무량수경초』권1】

世尊等是標佛異名。奇特等是釋其義也。謂依神通現相奇特。故名世尊。安住三昧。制伏衆魔。故名世雄。佛能具五眼。引導衆生。故名世眼。住於四智。孤秀無匹。故名世英。第一義天。解知佛性不空之義。故名天尊。【無量壽經鈔一】

경 한 끼의 음식을 먹어서 얻은 힘으로 억백천 겁의 셀 수 없고 칭량할 수 없으며 이것을 넘어서는 수명에 머물 수 있다.

을 비추어 보는 눈)이며, 다섯째는 불안佛眼(앞의 네 가지 눈의 작용을 갖춘 부처님의 눈. 보고 알지 못하는 것이 조금도 없는 눈)이다.

38 네 가지 지혜(四智) : 불과佛果를 증득함으로써 얻는 지혜를 총괄한 것. 대원경지大圓鏡智와 평등성지平等性智와 묘관찰지妙觀察智와 성소작지成所作智를 가리킨다. 첫째, 대원경지는 거울과 같은 지혜이다. 아뢰야식 안에서 모든 오염이 제거되어 마음이 깨끗하게 닦인 거울처럼 된 상태이다. 따라서 사물을 주체와 객체가 분화되지 않은 상태에서 있는 그대로 인식한다. 둘째, 평등성지는 평등한 본성을 보는 지혜이다. 말나식에서 근원적인 자아의식의 작용이 없어져서 자신과 타인이 평등하다고 보는 지혜이다. 이로써 대자비를 일으켜 중생을 구제하는 활동에 나아간다. 셋째, 묘관찰지는 관찰하는 지혜이다. 의식의 개별적이고 개념적인 인식 상태가 변화하여 모든 사물의 자상自相과 공상共相을 있는 그대로 관찰한다. 설법하여 중생을 구제한다. 넷째, 성소작지는 해야 할 일을 해서 마치는 지혜이다. 안식 내지 신식身識의 감각 작용적인 상태가 변화한다. 중생을 구제하기 위해 여러 장소에서 온갖 형태의 변화신變化身을 나타낸다.

39 제일의천第一義天 : 하늘을 다섯 가지로 분류한 것 중 하나. 나머지 네 가지는 세간천世間天·생천生天·정천淨天·의천義天이다. '세간천'은 사람 가운데 왕을 가리킨다. 예컨대 천자天子라고 칭하는 것과 같다. '생천'은 중생이 태어날 만한 하늘의 처소이다. 예컨대 사왕천四王天에서 비상천非想天에 이르기까지의 하늘이다. '정천'은 예류과預流果에서 벽지불辟支佛까지의 성자들을 가리킨다. '의천'은 대승에서 설한의 공의 심오한 이치를 깨달은 십주十住 이상의 보살을 가리킨다. '제일의천'은 부처님과 부처님께서 증득한 열반을 가리킨다.

以一浪之力。能住壽命。億百千劫。無數無量。復過於此。

소 무릇 음식에 네 가지가 있다. 첫째는 부정의지주식不淨依止住食[40]이니 욕계에 속하는 범부의 음식이다. 둘째는 청정의지주식淸淨依止住食[41]이니 모든 아라한阿羅漢의 음식이다. 셋째는 정부정의지주식淨不淨依止住食[42]이니 상계上界(욕계의 위, 곧 색계·무색계)에 속하는 중생과 유학인有學人[43]의 음식이다. 넷째는 능현의지주식能顯依止住食[44]이니 불세존佛世尊의 음식이다. 단지 여래께서는 음식을 빌려서 몸을 머물게 하는 모습을 나타낼 뿐이고 부처님께서 실제로 음식을 드시는 것은 아니다. 그러므로 부처님께 음식을 봉헌할 때 여러 하늘이 번갈아가며 가까이에서 모시고 나서 떠나려고 할 때 군생群生(중생)에게 나누어 베풀어 준다.[45]【『무량수경초』 권2】

---

40 부정의지주식不淨依止住食 : 번뇌를 여의지 못한 부정한 이가 의지하여 머무는 음식이라는 뜻으로 네 가지 음식(四食)을 말한다. 첫째, 단식段食은 분할하여 섭취하는 음식물이다. 입이나 코 등의 감각기관으로 나누어(分段) 먹고 맛본다. 둘째, 촉식觸食은 촉이라는 심소心所를 본질로 삼고 촉의 대상이 되는 경계에서 애착을 일으켜 몸을 기르는 것이다. 셋째, 사식思食은 제6식(意識)이 희망하는 대상을 생각하고 그것에 의해 목숨을 유지하게 하는 것이다. 이 경우는 생각이 음식이 되기 때문에 사식이라고 한다. 넷째, 식식識食은 유루의 식이 단·촉·사라는 세 가지 식의 세력에 따라 더욱 늘어남으로 말미암아 제8 아뢰야식을 본체로 삼아 중생의 생명을 잡아 지녀서 유지하게 하는 것이다.

41 청정의지주식淸淨依止住食 : 삼계의 번뇌를 끊은 청정한 이가 의지하여 머무는 음식이라는 뜻이다.

42 정부정의지주식淨不淨依止住食 : 청정하기도 하고 청정하지 않기도 한 이가 의지하여 머무는 음식이라는 뜻이다.

43 유학인有學人 : 성문聲聞의 사향사과四向四果 중 앞의 사향삼과四向三果(預流向·預流果·一來向·一來果·不還向·不還果·阿羅漢向)의 성자를 가리키는 말. 아직 닦고 배워야 할 법이 있다는 뜻에서 유학이라 한다. 제4과인 아라한과得阿羅果를 증득한 성자는 닦고 배워야 할 법이 없기 때문에 무학인無學人이라 한다.

44 능현의지주식能顯依止住食 : 중생에게 시현하기 위해 의지하여 머무는 음식이라는 뜻이다. 부처님께서는 본래 음식을 필요로 하지 않지만 중생으로 하여금 보시의 복을 짓게 하려는 목적으로 세간에 수순하여 음식을 수용하는 모습을 시현하는데 이를 위해 의지하여 머무는 음식을 가리키는 말이다.

45 네 가지 식에 대한 자세한 설명은 『섭대승론석』 권10(T31, 374a)을 참조할 것.

凡食有四種。一不淨依止食。謂欲界凡夫。二淸淨依止住食。謂諸羅漢。三淨不淨依止食。謂上界及有學。四能顯依止住食。謂佛世尊。但顯如來假食住身。而佛實不食。然獻佛食時。諸天傳¹⁾接。將去散施群生。【無量壽經鈔二】。

---

1) ㉠ '傳'은 '轉'인 것 같다.

경 그때 다음에 세자재왕世自在王⁴⁶ 여래如來·응공應供·등정각等正覺·명행족明行足·선서善逝·세간해世間解·무상사無上師·조어장부調御丈夫·천인사天人師·불세존佛世尊이라는 부처님이 계셨다.

爾時次有佛。名世自在王如來。應供。等正覺。明行足。善逝。世間解。無上士。調御丈夫。天人師。佛世尊。

소 부처님의 덕은 한량없고 덕에 의해 명호를 시설하니 명호도 한량없지만 경에서 한정된 수량을 따라서 간략하게 열 가지를 열거하였다.【중략】 모든 법 가운데 열반보다 나은 것은 없고 중생 가운데에 부처님보다 나은 것도 없다. 오직 부처님만이 그보다 나은 것이 없는 법을 증득할 수 있기 때문에 "무상無上"이라 한다. 부처님께서는 대자大慈·대비大悲·대지大智에 의해 어떤 때에는 부드럽고 아름다운 언어로 말씀하시고 어떤 때는 쓰리고 절박한 언어로 말씀하신다. 이렇게 조절하고 제어하여 도道를 잃지 않게 하기 때문에 "조어장부"라고 한다. "천인사"라는 것은 정법正法으로 하늘과 사람을 가까이하면서 가르칠 수 있기 때문에 "천인사"라고 한다.【『무량수경초』 권2】

---

46 세자재왕世自在王 : ⓢLokeśvararāja의 의역어로 세요왕世饒王이라고도 하고 음역어는 루이긍라樓夷亘羅이다. 아미타불의 전신인 법장 비구가 인위因位(성불 이전의 지위)에 있을 때 본사本師가 되어 가르침을 주었다.

佛德無量。依德施名。名亦無限。經隨一數。略列十種。【中略】。於諸法中。涅槃無上。於衆生中。佛亦無上。唯佛能証無上之法。故名無上。佛以大慈大悲大智。有時軟美語。有時苦切語。以此調御。令不失道。故調御丈夫。天人師者。能以正法。近訓天人。名天人師。【無量壽經鈔二】

경 이에 세자재왕불世自在王佛은 바로 법장 비구法藏比丘[47]를 위해 210억의 모든 부처님의 찰토에 거주하는 하늘과 사람의 선악과 국토의 거친 것과 미묘한 것을 자세히 설하고 그가 마음속으로 소원한 것에 응하여 그 모습을 모두 나타내 주었다

於是。世自在王佛。即爲廣說二百一十億諸佛刹土。天人之善惡。國土之粗妙。應其心願。悉現與之。

소 "바로 법장 비구를 위해 210억의 모든 부처님의 찰토에……자세하게 설하고"라는 것은 법장 비구로 하여금 상相에 의거하여 받들고 수순하여 수행하게 하기 위한 것이다. "(하늘과 사람의) 선악과 (국토의) 거친 것과 미묘한 것" 등이라는 것은 국토가 중생의 감感에 따라 정밀한 것과 거친 것이 같지 않음을 밝힌 것이다.【『최사륜』권상】

言卽爲廣說二百一十億諸佛刹土者。令其依相。奉順修行。善惡粗妙等者。明土隨物感。精粗不等。【摧邪輪上】

경 비구가 부처님께 말씀드렸다.【중략】마흔 여덟 번째 서원까지이다.

---

47 법장 비구法藏比丘 : '법장'은 ⓢ Dharmākara의 의역어이다. 무량수불無量壽佛(아미타불阿彌陀佛)의 인위因位에서의 이름으로 법적法積이라고도 한다.

比丘白佛。乃至四十八願。[1)]

1) ㉑『무량수경』에서는 '佛' 뒤에 마흔여덟 가지 서원을 설한 내용이 나온다. '乃至四十八願'은『무량수경』에서 나오는 문장은 아니고『한불전』의 편찬자가 "마흔 네 가지 서원을 설한 내용이 나오지만 원문은 생략한다."는 것을 나타내기 위해 진술한 글로 추정된다.

소 앞에 두 가지가 있다. 처음에는 총괄적으로 표시하여 제시하였고,[48] 두 번째로 "만약 제가 부처가 되었을 때"[49] 이하는 개별적으로 서원을 진술하였는데 여기에 마흔여덟 가지 큰 서원이 있다.

개별적인 것에 의해 말하면 마흔여덟 가지가 있다. 낱낱의 서원에는 모두 두 가지가 있으니 소원(願)과 맹세(誓)이다. 소원은 바라고 구하는 것이라는 뜻이 있고 맹세는 구하는 것을 얻기 위해 그 마음을 자제하는 것이라는 뜻이 있다. "만약 제가 부처가 되었을 때" 등이라고 한 것은 모두 곧 소원이고 "정각을 취하지 않겠습니다."라고 한 것은 곧 맹세이다.

前中有二。初惣標擧。二設我得佛下。別申願。於中四十八大願。若別而言之。則有四十八。就一一中。皆有二。謂願及誓。願是希求義。誓是邀制義。皆言設我得佛等卽是願。言不取正覺卽誓。

뜻에 의해 말하면 열세 가지 서원으로 묶을 수 있다.

첫째, 두 가지 서원[50]은 악취惡趣와 관련을 맺지 않게 할 것을 서원한

---

48 『무량수경』 권상(T12, 267c)에서 "비구가 부처님께 말씀드렸다. '듣고 살펴주십시오. 제가 원하는 것을 그대로 자세히 말씀드리겠습니다.'(比丘白佛。唯垂聽察。如我所願。當具說之。)"라고 한 것을 가리킨다.
49 『무량수경』 권상(T12, 267c)에서 첫 번째 서원으로 "만약 제가 부처가 되었을 때 그 국토에 지옥, 아귀, 축생이 있다면 정각을 취하지 않겠습니다.(設我得佛。國有地獄餓鬼畜生者。不取正覺。)"라고 한 것은 이하의 마흔여덟 가지 서원을 가리킨다.
50 두 가지 서원 : 제1원과 제2원을 가리킨다. 구체적인 것은 뒤의 해당 처 각주에서 서술한 내용을 참조할 것.

것이다. 둘째, 두 가지 서원[51]은 색상이 가지런하고 동일하게 할 것을 서원한 것이다. 셋째, 다섯 가지 서원[52]이 있으니 오통五通[53]을 얻게 할 것을 서원한 것이다. 넷째, 한 가지 서원[54]이 있으니 탐착이 없게 할 것을 서원한 것이다. 다섯째, 한 가지 서원[55]이 있으니 정정취正定聚[56]에 머물게 할 것을 서원한 것이다. 여섯째, 두 가지 서원[57]이 있으니 자신의 광명과 수명이 한량없을 것을 서원한 것이다. 일곱째, 두 가지 서원[58]이 있으니 성중聖衆(성문과 연각)의 숫자가 한량없을 것과 그 국토에 거주하는 중생의 수명이 한량없을 것을 서원한 것이다. 여덟째, 두 가지 서원[59]이 있으니 악한 이름(惡名)을 가진 이가 없을 것과 아미타불의 착한 이름이 사방 세계

---

51 두 가지 서원 : 제3원과 제4원을 가리킨다. 구체적인 것은 뒤의 해당 처 각주에서 서술한 내용을 참조할 것.
52 다섯 가지 서원 : 제5원~제9원을 가리킨다. 구체적인 것은 뒤의 해당 처 각주에서 서술한 내용을 참조할 것.
53 오통五通 : 사근본정려四根本靜慮에 의해 얻는 다섯 가지의 불가사의하고 자유자재한 능력. 신족통神足通(마음대로 걸림 없이 몸을 나타내는 능력)·천안통天眼通(일반인의 눈으로는 볼 수 없는 것을 보는 능력)·천이통天耳通(일반인의 귀로는 들을 수 없는 것을 듣는 능력)·타심지통他心智通(다른 사람의 마음을 분명하게 아는 능력)·숙명통宿命通(과거세의 일을 모두 알 수 있는 능력)이다.
54 한 가지 서원 : 제10원을 가리킨다. 구체적인 것은 뒤의 해당 처 각주에서 서술한 내용을 참조할 것.
55 한 가지 서원 : 제11원을 가리킨다. 구체적인 것은 뒤의 해당 처 각주에서 서술한 내용을 참조할 것.
56 정정취正定聚 : 중생을 불도의 성취 능력·성취 방법의 차이에 의해 세 부류로 나눈 것 중 하나. 세 부류란 사정취邪定聚·정정취正定聚(定趣)·부정취不定聚이다. 사정취는 기필코 전도를 무너뜨릴 수 없는 부류의 중생이고, 정정취는 기필코 전도를 무너뜨릴 수 있는 부류의 중생이며, 부정취는 좋은 인연을 만나면 전도를 무너뜨릴 수 있고 그렇지 못하면 무너뜨릴 수 없는 부류의 중생이다.
57 두 가지 서원 : 제12원과 제13원을 가리킨다. 구체적인 것은 뒤의 해당 처 각주에서 서술한 내용을 참조할 것.
58 두 가지 서원 : 제14원과 제15원을 가리킨다. 구체적인 것은 뒤의 해당 처 각주에서 서술한 내용을 참조할 것.
59 두 가지 서원 : 제16원과 제17원을 가리킨다. 구체적인 것은 뒤의 해당 처 각주에서 서술한 내용을 참조할 것.

에 두루 퍼지게 할 것을 서원한 것이다. 아홉째, 세 가지 서원[60]이 있으니 왕생을 원하는 이는 모두 왕생할 수 있게 할 것을 서원한 것이다. 열째, 열두 가지 서원[61]이 있으니 중생과 국토가 덕을 원만하게 이루고 장엄하고 청정하게 할 것을 서원한 것이다. 열한째, 다섯 가지 서원[62]이 있으니 광명과 명호에 의해 두루 이익을 얻게 할 것을 서원한 것이다. 열두째, 두 가지 서원[63]이 있으니 하늘과 사람이 즐거움을 누리게 할 것을 서원한 것이다. 열셋째, 아홉 가지 서원[64]이 있으니 자신의 세계와 타방 세계의 대사가 이익을 얻게 할 것을 서원한 것이다.

若約義言之。來[1]爲十三願。一兩願。願無惡趣。二兩願。願色相各[2]同。三有五願。願得五道[3]。四有一願。願無貪著。五有一願。願住定聚。六有二願。願自身光壽無限。七有二願。願聖衆及壽無限。八有二願。願無惡名善名普聞。九有三願。願往[4]生者皆得。十有十二願。願衆生及七[5]德滿嚴淨。十一有五願。願光名普益。十二有二願。願天人受樂。十三有九願。願自界他方大士獲益。

1) ⓔ '來'는 '束'인 것 같다. 2) ⓔ '各'은 '齊'인 것 같다. 3) ⓔ '道'는 '通'인 것 같다.
4) ⓔ '往' 앞에 '願'이 누락되었다. 5) ⓔ '七'은 '土'인 것 같다.

처음의 두 가지 서원에서 첫 번째 서원은 국토에 삼악도三惡道[65]가 없

---

60 세 가지 서원 : 제18원·제19원·제20원을 가리킨다. 구체적인 것은 뒤의 해당 처 각주에서 서술한 내용을 참조할 것.
61 열두 가지 서원 : 제21원~제32원을 가리킨다. 구체적인 것은 뒤의 해당 처 각주에서 서술한 내용을 참조할 것.
62 다섯 가지 서원 : 제33원~제37원을 가리킨다. 구체적인 것은 뒤의 해당 처 각주에서 서술한 내용을 참조할 것.
63 두 가지 서원 : 제38원·제39원을 가리킨다. 구체적인 것은 뒤의 해당 처 각주에서 서술한 내용을 참조할 것.
64 아홉 가지 서원 : 제40원~제48원을 가리킨다. 구체적인 것은 뒤의 해당 처 각주에서 서술한 내용을 참조할 것.

게 할 것을 서원한 것[66]이고, 두 번째 서원은 유정有情(중생)이 다음 생에 삼악도에 떨어지지 않게 할 것을 서원한 것[67]이다. 두 번째에 두 가지 서원이 있으니 색상이 가지런하고 동일하게 할 것을 서원한 것이다. 처음의 한 가지 서원은 모두 금색의 몸을 얻게 할 것을 서원한 것[68]이고, 두 번째 서원은 모두 뛰어난 형상을 얻게 할 것을 서원한 것[69]이다. 세 번째에 다섯 가지 서원이 있으니 오통을 얻게 할 것을 서원한 것이다. 첫 번째 서원은 숙명통宿命通을 얻게 할 것을 서원한 것[70]이고, 두 번째 서원은 천안통天眼通을 얻게 할 것을 서원한 것[71]이며, 세 번째 서원은 천이통天耳通을 얻게 할 것을 서원한 것[72]이고, 네 번째 서원은 타심통他心通을 얻게 할 것

---

65 삼악도 三惡道 : 삼악취三惡趣라고도 한다. 중생이 악행을 행한 것으로 말미암아 태어나는 세계. 곧 지옥·아귀·축생을 가리킨다.
66 제1원으로 『무량수경』에서 "만약 제가 부처가 되었을 때 그 국토에 지옥·아귀·축생이 있다면 정각正覺을 취하지 않겠습니다.(設我得佛。國有地獄餓鬼畜生者。不取正覺。)"라고 하였다.
67 제2원으로 『무량수경』에서 "만약 제가 부처가 되었을 때 국토에 거주하는 사람과 하늘이 수명을 마친 후 다시 삼악도에 떨어지는 일이 있다면, 정각을 취하지 않겠습니다.(設我得佛。國中人天。壽終之後。復更三惡道者。不取正覺。)"라고 하였다.
68 제3원으로 『무량수경』에서 "만약 제가 부처가 되었을 때 국토에 거주하는 사람과 하늘이 모두 진금색眞金色을 얻지 못한다면 정각을 취하지 않겠습니다.(設我得佛。國中人天。不悉眞金色者。不取正覺。)"라고 하였다.
69 제4원으로 『무량수경』에서 "만약 제가 부처가 되었을 때 국토에 거주하는 사람과 하늘이 형색形色이 동일하지 않고 아름다운 이와 못생긴 이의 차이가 있다면 정각을 취하지 않겠습니다.(設我得佛。國中人天。形色不同。有好醜者。不取正覺。)"라고 하였다.
70 제5원으로 『무량수경』에서 "만약 제가 부처가 되었을 때 국토에 거주하는 사람과 하늘이 숙명을 알지 못하여 최소한 백천억 나유타의 제겁諸劫에 이르기까지 일어난 일을 알지 못하게 된다면 정각을 취하지 않겠습니다.(設我得佛。國中人天。不識宿命。下至不知百千億那由他諸劫事者。不取正覺。)"라고 하였다.
71 제6원으로 『무량수경』에서 "만약 제가 부처가 되었을 때 국토에 거주하는 사람과 하늘이 천안天眼을 얻지 못하여 최소한 백천억 나유타의 여러 부처님의 국토를 보지 못하게 된다면 정각을 취하지 않겠습니다.(設我得佛。國中人天。不得天眼。下至不見百千億那由他諸佛國者。不取正覺。)"라고 하였다.
72 제7원으로 『무량수경』에서 "만약 제가 부처가 되었을 때 국토에 거주하는 사람과 하늘이 천이天耳를 얻지 못하여 최소한 백천억 나유타의 여러 부처님께서 설한 것을 듣고 모두 수지하지 못하게 된다면 정각을 취하지 않겠습니다.(設我得佛。國中人天。不得天

을 서원한 것[73]이며, 다섯 번째 서원은 신족통神足通을 얻게 할 것을 서원한 것[74]이다. 네 번째에 한 가지 서원이 있으니 탐착이 없게 할 것을 서원한 것[75]이다. 다섯 번째 한 가지 서원이 있으니 정취에 머물게 할 것을 서원한 것[76]이다

就初兩願中。初願。國[1)]中無三惡道。第二願。願有情後生不墮三惡道。第二有兩願。願色相各[2)]同者。初一願。願同金色。第二願。願同相好。第三。五願。願得五通。第一願。願得宿命通。第二願。願得天眼通。第三願。願得天耳通。第四願。願得他心通。第五願。願得神足通。第四一願。願無貪着。第五有一願。願住定聚。

1) ㉻ '國' 앞에 '願'이 누락되었다. 2) ㉻ '各'은 '齊'인 것 같다.

"만약 제가 부처가 되었을 때 광명이 한량이 있어" 이하는 여섯 번째로 두 가지 서원이 있는 것이니, 자신의 광명과 수명이 한량없을 것을 서원

耳。下至聞百千億那由他諸佛所說。不悉受持者。不取正覺。)"라고 하였다.

[73] 제8원으로 『무량수경』에서 "만약 제가 부처가 되었을 때 국토에 거주하는 사람과 하늘이 다른 사람의 마음을 꿰뚫어 보는 지혜를 얻지 못하여 최소한 백천억 나유타의 여러 부처님의 국토에 거주하는 중생의 심념心念을 알지 못하게 된다면 정각을 취하지 않겠습니다.(設我得佛。國中人天。不得見他心智。下至不知百千億那由他諸佛國中衆生心念者。不取正覺者。)"라고 하였다.

[74] 제9원으로 『무량수경』에서 "만약 제가 부처가 되었을 때 국토에 거주하는 사람과 하늘이 신족神足을 얻지 못하여 한순간에 최소한 백천억 나유타의 여러 부처님의 국토를 넘어서 지나갈 수 없게 된다면 정각을 취하지 않겠습니다.(設我得佛。國中人天。不得神足。於一念頃。下至不能超過百千億那由他諸佛國者。不取正覺。)"라고 하였다.

[75] 제10원으로 『무량수경』에서 "만약 제가 부처가 되었을 때 국토에 거주하는 사람과 하늘이 상념想念과 몸에 대한 탐욕과 계탁을 일으킨다면 정각을 취하지 않겠습니다.(設我得佛。國中人天。若起想念。貪計身者。不取正覺。)"라고 하였다.

[76] 제11원으로 『무량수경』에서 "만약 제가 부처가 되었을 때 국토에 거주하는 사람과 하늘이 정정취正定聚에 머물러 반드시 멸도를 성취하지 못한다면 정각을 취하지 않겠습니다.(設我得佛。國中人天。不住定聚。必至滅度者。不取正覺。)"라고 하였다.

한 것이다. 여기에서 첫 번째 서원은 광명이 한량없을 것을 서원한 것[77]이고, 두 번째 서원은 수명이 한량없을 것을 서원한 것[78]이다. 일곱 번째에 두 가지 서원이 있으니 성중의 숫자가 한량없을 것과 그 국토에 거주하는 중생의 수명이 한량없을 것을 서원한 것이다. 첫 번째 서원은 성중의 숫자가 한량없을 것을 서원한 것[79]이고, 두 번째 서원은 수명이 한량없을 것을 서원한 것[80]이다. 여덟 번째에 두 가지 서원이 있으니 악한 이름을 가진 이가 없을 것과 아미타불의 착한 이름이 시방세계에 두루 퍼지게 할 것을 서원한 것이다. 여기에서 첫 번째 서원은 대중이 악한 이름을 지닌 이가 없게 할 것을 서원한 것[81]이고, 두 번째 서원은 자신(아미타불)이 착한 이름을 지닐 것을 서원한 것[82]이다.

---

[77] 제12원으로 『무량수경』에서 "만약 제가 부처가 되었을 때 광명이 한량이 있어 최소한 백천억 나유타의 여러 부처님의 국토를 비추지 못하게 된다면 정각을 취하지 않겠습니다.(設我得佛. 光明有能限量. 下至不照百千億那由他諸佛國者. 不取正覺.)"라고 하였다.

[78] 제13원으로 『무량수경』에서 "만약 제가 부처가 되었을 때 저의 수명이 한량이 있어 최소한 백천억 나유타의 겁이 된다면 정각을 취하지 않겠습니다.(設我得佛. 壽命有能限量. 下至百千億那由他劫者. 不取正覺.)"라고 하였다.

[79] 제14원으로 『무량수경』에서 "만약 제가 부처가 되었을 때 국토에 거주하는 성문聲聞이 그 숫자를 헤아릴 수 있고, 내지 삼천대천세계의 성문과 연각에 이르기까지 백천 겁 동안 모두 함께 헤아려서 그 숫자를 알 수 있다면 정각을 취하지 않겠습니다.(設我得佛. 國中聲聞. 有能計量. 乃至三千大千世界聲聞緣覺. 於百千劫. 悉共計挍. 知其數者. 不取正覺.)"라고 하였다.

[80] 제15원으로 "만약 제가 부처가 되었을 때 국토에 거주하는 사람과 하늘이 수명이 한량이 없게 하되, 그 본원本願에 의해 수명의 길고 짧음을 자유자재하게 운용하는 경우는 제외할 것인데, 만약 이와 같이 되지 않는다면 정각을 취하지 않겠습니다.(設我得佛. 國中人天. 壽命無能限量. 除其本願脩短自在. 若不爾者. 不取正覺.)"라고 하였다.

[81] 제16원으로 『무량수경』에서 "만약 제가 부처가 되었을 때 국토에 거주하는 사람과 하늘이 착하지 않은 이름을 듣게 된다면 정각을 취하지 않겠습니다.(設我得佛. 國中人天. 乃至聞有不善名者. 不取正覺.)"라고 하였다.

[82] 제17원으로 『무량수경』에서 "만약 제가 부처가 되었을 때 시방세계의 한량없는 여러 부처님께서 모두 저의 명호를 찬탄하지 않는다면 정각을 취하지 않겠습니다.(設我得佛. 十方世界無量諸佛. 不悉諮嗟稱我名者. 不取正覺.)"라고 하였다.

設我得佛光明有能限量下。第六有二願。願自身光壽無限。於中初願。願光
無限。第二願。願壽無限。第七兩願。願從¹⁾衆及壽無限者。初願。衆²⁾無限。
二願。願壽無限。第八有二願。無惡名善名普聞者。於中初願。願衆無惡名。
第二願。願自身有善名。

1) ㉠ '從'은 '聖'인 것 같다.　2) ㉠ '衆' 앞에 '願聖'이 누락되었다.

아홉 번째에 세 가지 서원이 있으니 왕생을 원하는 이는 모두 왕생할 수 있게 할 것을 서원한 것이다.

여기에서 첫 번째 서원은 열 번의 생각(十念)을 이룬 이는 모두 왕생할 수 있게 할 것을 서원한 것[83]이다. 이것은 상배上輩[84]의 삼품三品에 해당하는 것이다. 여기에서 "열 번의 생각"이라는 것은 열 가지 법(十法)[85]에 의지하여 열 번의 생각을 일으키는 것이고 부처님의 명호를 열 번 칭념하는 것은 아니다. "오역죄五逆罪[86]를 지은 이는 제외할 것입니다."라고 한 것은 상배의 삼품 가운데는 역죄를 짓는 이가 없기 때문이다. 『관무량수경』에

---

83 제18원으로 『무량수경』에서 "만약 제가 부처가 되었을 때 시방세계의 중생이 정성스런 마음으로 믿고 좋아하면서 저의 국토에 태어나고자 하여 칭념하되 열 번의 생각을 이루었는데도 저의 국토에 태어나지 못한 중생이 있다면 정각을 취하지 않겠습니다. 오직 오역죄를 짓고 정법을 비방한 이는 제외할 것입니다.(設我得佛。十方衆生。至心信樂。欲生我國。乃至十念。若不生者。不取正覺。唯除五逆誹謗正法」"라고 하였다.
84 상배上輩 : 중생을 근기와 수행에 따라 셋으로 분류한 것 중 하나. 근기가 가장 뛰어난 것은 상배, 중간 정도인 것은 중배, 가장 낮은 것은 하배이다. 『관무량수경』에서는 상배를 다시 상품상생·상품중생·상품하생의 셋으로 나누고, 중배를 다시 중품상생·중품중생·중품하생의 셋으로 나누며, 하배를 다시 하품상생·하품중생·하품하생의 셋으로 나누어 모두 아홉 등급으로 분류하였는데 이를 구품九品이라 한다.
85 열 가지 법(十法) : 법위 자신이 뒤에서 상세하게 풀이하고 있으니 해당 부분을 참조할 것.
86 오역죄五逆罪 : 이치에 지극히 어긋나는 다섯 가지 죄. 오중죄五重罪라고도 한다. 소승에서는 어머니를 죽이는 것, 아버지를 죽이는 것, 아라한을 죽이는 것, 화합된 승가를 무너뜨리는 것, 악심惡心으로 부처님의 몸에서 피가 나게 하는 것을 가리키고, 대승에서는 삼보의 물건을 훼손하는 것, 성문·연각·대승법을 훼방하는 것, 출가인의 수행을 방해하는 것, 소승의 다섯 가지 역죄 중 하나를 범하는 것, 업보가 없다고 주장하는 것을 가리킨다.

준하면 하품하생下品下生으로 오역죄와 열 가지 악(十惡)[87]을 지은 사람이 죽음에 임박하여 열 번의 생각을 온전히 갖추어서 부처님의 명호를 칭념하면 또한 왕생할 수 있다.[88][89]【『안양집』권8·권10】

第九有三願。願[1)]往生者皆得者。於中初願。願十念成者皆得往生。此是上三品。此中十念者。是依十法。起十念。非是稱名十念。言除五逆等者。上三品中。無造逆罪者。若准觀經下品下生者。有五逆十惡人。臨終具足十念。稱佛名。亦得往生。【安養集八·十】

1) ⓔ '願' 앞에 '願'이 누락되었다.

그런데 그 경(『관무량수경』)에서는 하품하생의 관법觀法으로 오직 명호를 칭념하는 관법만 지었을 뿐이다.

그 경에서 "어떤 중생이 있는데 【중략】 목숨을 마친 후에 곧 왕생업往生業을 얻는다."[90]라고 하였는데, 그 경에서 "그 사람이 고통이 심하여 부처

---

87 열 가지 악(十惡) : 삼악도에 떨어지는 원인이 되는 일을 열 가지로 묶은 것. 살생·도둑질·삿된 음행·거짓말·이간질·거칠한 말(惡口)·꾸미는 말(綺語)·탐욕·분노·삿된 견해를 가리킨다.
88 『觀無量壽佛經』(T12, 346a)에서 하품하생下品下生을 설명하면서 오역죄를 지은 중생도 포함시킨 것을 말한다.
89 이는 『무량수경』에서 오역죄를 지은 이를 제외한 것과 『관무량수경』에서 오역죄를 지은 이도 왕생할 수 있다고 한 것을 회통하는 관점을 제시한 것이다. 경흥은 『무량수경연의술문찬』 권중(T37, 151b)에서 이와 관련된 다양한 견해를 제시하고 비판한 후 자신의 입장을 밝혔는데 범위와 그 입장이 동일하다.
90 『관무량수경』(T12, 346a)에서 "하품하생이란 다음과 같다. 어떤 중생은 불선업不善業을 지어 오역죄와 열 가지 악을 지으면서 모든 불선不善을 갖춘다. 이와 같이 어리석은 사람은 악업 때문에 악도에 떨어져 여러 겁 동안 한량없는 고통을 받는다. 이와 같은 어리석은 사람이 죽음이 임박했을 때 선지식을 만나 여러 가지 위안을 받고 선지식이 그를 위해 미묘한 법문을 설하고 그를 가르쳐서 부처님을 생각하게 하였는데, 그 사람이 고통이 심하여 부처님을 생각할 겨를이 없기 때문에, 선지식이 말하기를 '그대가 만약 그 부처님을 생각할 수 없다면 〈무량수불께 귀명합니다〉라고 하면서 무량수불의 명호를 불러라'라고 하고, 이와 같이 지극한 마음으로 소리를 내어 끊어지지 않

님을 생각할 겨를이 없기 때문에"라고 한 것에서 '생각'에는 여러 가지가 있다. 혹은 부처님의 명자名字를 생각하는 것이고, 혹은 부처님의 상호相好를 생각하는 것이며, 혹은 부처님의 광명을 생각하는 것이고, 혹은 부처님의 공덕을 생각하는 것이며, 혹은 부처님의 지혜를 생각하는 것이고, 혹은 부처님의 본원本願91을 생각하는 것이다. 여기에서 "생각할 겨를이 없기 때문에"라고 한 것은 상호·공덕 등을 생각할 수 없는 것이고, 또 부처님의 법신法身이 불생불멸不生不滅하여 생겨남이 없는 것임을 생각하고 관찰하는 것을 생각할 수 없는 것이다.

然彼下品下生觀法。唯作稱名觀。彼經云。或有衆生。乃至命終之後。卽得往生業。經云。彼人苦逼不能¹⁾念佛者。念有多種。或念佛名字。或念佛相好。或念佛光明。或念佛功德。或念佛智惠。或念佛本願。此言不能²⁾念者。不能念相好功德等。又不能念佛之法身。不生不滅。無生念觀也。

1) 囹『관무량수경』에 따르면 '能'은 '遑'이다.   2) 囹『관무량수경』에 따르면 '能'은 '遑'이다.

게 하면서 열 번의 생각을 온전히 갖추어서 '나무아미타불'을 칭념하면, 부처님의 명호를 칭념했기 때문에 생각마다 80억겁 동안 생사의 세계에서 윤회하는 무거운 죄업을 없애고, 목숨을 마칠 때 마치 태양과 같은 황금의 연꽃이 그 사람 앞에 머무는 것을 보고 순식간에 바로 극락세계에 왕생한다. 연꽃 속에서 열두 대겁을 채우고 나면 연꽃이 비로소 피어나는데 꽃이 피어날 때 관세음보살과 대세지보살은 대비의 음성으로 그를 위해 실상과 죄업을 소멸하는 법을 자세히 설해 준다. 그는 이 가르침을 듣고 기쁨에 넘쳐 바로 보리심을 일으킨다. 이것을 하품하생하는 것이라 한다.(下品下生者。或有衆生。作不善業。五逆十惡。……彼人苦逼。不遑念佛。善友告言。汝若不能念彼佛者。應稱歸命無量壽佛。如是至心。令聲不絶。具足十念。稱南無阿彌陀佛。稱佛名故。……時見金蓮花。猶如日輪。住其人前。如一念頃。卽得往生極樂世界。於蓮花中。滿十二大劫。蓮花乃開。當花敷時。觀世音。大勢至。以大悲音聲。卽為其人。廣說實相。除滅罪法。聞已歡喜。應時卽發菩提之心。是名下品下生者)"라고 한 것을 중략하고 취의 요약한 것이다.

91 본원本願 : ⓢpūrva-praṇidhāna. 과거에 세운 서원. 근원적인 서원. 예를 들어 아미타 부처님께서 과거에 법장 비구일 때 세운 마흔여덟 가지 서원을 가리킨다.

(그런데 그 경에서) "만약 (그 부처님을) 생각할 수 없다면 무량수불의 명호를 불러라."라고 한 것은 이것으로 오직 명호를 칭념하는 것을 밝힌 것이다. 여기에서 명호를 칭념하는 관법은 쉽게 이룰 수 있는 것이다. (그 경에서) "열 번의 생각을 온전히 갖추어서 부처님의 명호를 칭념하면"이라고 한 것은 입으로 부르고 마음으로 생각하면서 열 번을 채워야 하는 것이니, 공덕이 원만해짐으로 말미암아 죄가 소멸하고 복이 생겨나기 때문이다. 만약 열 번을 채우지 않으면 죄가 다 소멸하지 않아서 왕생할 수 없다. 예를 들면 (인계와 천계를) 일곱 번 (왕복하면서) 태어나야 (열반에 들어갈 수 있는) 수다원과須陀洹果[92]를 얻은 성자가 일곱 번 (왕복하면서) 태어나는 것을 채우지 않았을 경우 태어남이 다하지 않았기 때문에 아라한과阿羅漢果를 얻지 못하는 것과 같고, 보살이 열 가지 무명無明[93]을 다하지 않으면 성불할 수 없는 것과 같다.

또 부처님의 명호를 칭념하는 본원本願과 관련된 것을 (『무량수경』의) 마흔여덟 가지 서원에서 "만약 제가 부처가 되었을 때 시방세계의 중생이 정성스런 마음으로 믿고 좋아하면서 저의 국토에 태어나고자 하여 칭념하되 열 번의 생각을 이루었는데도 저의 국토에 태어나지 못한 중생이 있다면 정각을 취하지 않겠습니다."[94]라고 하였다. 이 글을 살펴보건대 열 번의 생각에서 한 번이라도 부족해서는 안 된다는 것을 알 수 있다.

---

92 수다원과須陀洹果 : ⓢ srota-āpanna. 성문승의 수행 계위인 사향사과四向四果 중 첫 번째 과果에 해당하는 것. '수다원'은 음역어이고 의역하여 예류預流라고 한다. 이 계위에 도달한 성자는 아직 번뇌를 모두 끊지는 못했기 때문에 가장 오래 걸리는 경우 인계人界와 천계天界를 일곱 차례 왕복하면서 태어나야 비로소 열반에 들어갈 수 있는데 이를 극칠반유極七返有라고 한다.
93 열 가지 무명無明 : 보살이 십지十地의 계위에서 차례대로 대치해야 할 무명, 곧 장애를 가리키는 말. 예를 들어 제1지에서는 이생성異生性(凡夫性)의 장애를 대치하고, 제2지에서는 신업身業 등에 의해 일어나는 사행邪行의 장애를 대치한다. 자세한 것은 『섭대승론석』 권7(T31, 358a)을 참조할 것.
94 『무량수경』에서 설한 열여덟 번째 서원이다.

言若不能念應稱無量壽佛者。此明唯稱名號。此稱名觀。易成就。言具足
十念稱佛名者。口稱心念。要須滿十。由功德圓滿。罪滅福生故。若不滿十。
罪不滅盡。不得往生。如七生須陀洹。若不滿七生。生不盡故。不得羅漢。
又如菩薩。十種無明不盡。不得成佛故。又稱佛本願。四十八大願云。設我
得佛。十方衆生。至心信樂。欲生我國。乃至十念。若不生者。不取正覺 案
此文。故知。十念不得闕一。

問 단지 부처님의 명호를 칭념하면 바로 왕생할 수 있다고 한 것에 대해, 『섭대승론』에서 "이것(부처님의 명호를 칭념하는 것)은 곧 별시의別時意[95]이다."[96]라고 한 이유는 무엇인가?

답 만약 한 번만 명호를 칭념하면 바로 왕생한다고 하면 이것은 별시의이다. 한 번의 칭념은 열 번의 칭념의 원인이기 때문이다. 뜻이 열 번의 칭념에 있을 때 열 번의 칭념은 한 번의 칭념으로 말미암아 얻어지기 때문이다. 덕에 의해 한 개의 금전을 얻었을 때 바로 천 개의 금전을 얻었다고 말하는 것은 한 개의 금전이 곧 천 개의 금전은 아니지만 천 개의 금전은 한 개의 금전으로 말미암아 얻어지기 때문인 것[97]과 같다.

---

95 별시의別時意 : ⓢ kālāntara-abhiprāya. 사의취四意趣의 하나. 사의취는 부처님의 교법을 문자 그대로가 아니라 그 뜻에 의해 파악하되 그 뜻을 네 가지 측면에서 분류한 것을 말한다. 별시의취別時意趣는 부처님의 가르침 가운데 지금 당장 이익을 얻는 것이 아니고 먼 훗날에 이익을 얻는 것인데도 중생을 교화하기 위하여 방편으로 지금 당장 이익을 얻는 것처럼 설한 가르침을 말한다. 예컨대 서원을 일으키는 것은 극락정토에 태어나기 위한 여러 원인 중 하나일 뿐인데 서원만 일으키면 즉시 극락정토에 태어날 수 있는 것처럼 설한 것을 별시의라고 한다.
96 무착無著의 『섭대승론』 권중(T31, 121b)에서 "둘째, 별시의이다. 비유하면 어떤 사람이 말하기를 '어떤 사람이 다보불의 명호를 수지하고 염송하면 결정코 무상보리를 얻어 다시 물러나지 않는다'고 하고, 다시 어떤 사람이 말하기를 '오직 안락安樂이라는 부처님의 국토에 대해 서원을 일으키는 것으로 인해 그곳에 가서 생을 받을 수 있다'고 한 것 등과 같은 것이다.(二別時意。譬如有說。若人誦持多寶佛名。決定。於無上菩提。不更退墮。復有說言。由唯發願。於安樂佛土。得往彼受生。)"라고 한 것을 취의 요약한 것이다.
97 『섭대승론석』 권6(T31, 194b)에서 비유에 의해 별시의를 풀이한 것과 취지가 같다.

『법화경』에서 "한 번 '나무불'이라고 칭념하여 모두 이미 불도를 이루었다."[98]라고 한 것과 같은 것은 별시의이다. 이것은 불도를 이루기 위한 첫 번째 원인을 밝힌 것이다. 또 (『법화경』에서) "어린 아이들이 장난하는 것처럼 모래를 쌓아 불탑을 만든 사람도 점점 공덕을 쌓고 대비심을 온전히 갖추어서 모두 이미 불도를 이루었다."[99]라고 하였다. 살펴보건대 이것은 원만하게 온전히 갖추어야 비로소 성불한다는 것을 밝힌 것이다. 지금 여기(『무량수경』)에서는 열 번의 칭념을 원만하게 온전히 갖추어야 비로소 왕생할 수 있음을 밝혔다.

問曰。直稱佛名。卽得往生者。作攝大乘論。是則別時意。答曰。若一念稱名卽往生者。此是別意。[1] 一念是十念因故。意在十念時。十由積一故。如德得一金錢。卽云得千金錢。非一卽是千。云[2] 由積一故。如法華經云。一稱南無佛。皆已成佛道。此是別時竟。[3] 此明成佛道初因也。又如童子戲。聚沙爲佛塔。漸漸積功德。具足大悲心。皆已成佛道。案此明滿足始成佛。今此十念滿足。始得往生。

1) ㉢ '意' 앞에 '時'가 누락되었다. 2) ㉢ '云'은 '千'인 것 같다. 3) ㉢ '竟'은 '意'인 것 같다.

㈎ 부처님의 명호는 어떤 신령스런 효험이 있기에 명호를 칭념하면 바로 죄를 소멸하고 왕생할 수 있는 것인가?

㈏ 모든 부처님은 다 명호를 칭념하는 것에 의지한다. 명호를 칭념하는 것은 곧 덕을 칭념하는 것이다. 덕은 죄를 소멸하고 복을 낳을 수 있다. 명호도 이와 같아서 부처님의 명호를 믿는 마음으로 칭념하면 선을 낳고 악을 소멸시킬 수 있다. 확실하게 믿어 의심하지 않고 명호를 칭념

---

98 『법화경』 권1(T9, 9a).
99 『법화경』 권1(T9, 8c).

하면 왕생할 수 있으니 이것에 어떤 의혹이 있을 수 있겠는가? 의심하여 믿지 않지만 죄복의 (인과는) 믿어서 선의 근본을 닦고 그 국토에 왕생하기를 원하는 이도 오히려 태생胎生[100]의 형태로라도 왕생하는데,[101] 하물며 지금 확실하게 믿고 좋아하면서 명호를 칭념하여 열 번의 생각이 서로 이어진다면 그곳에 왕생한다는 것은 의심할 것이 없다.

> 問曰。佛名有何神驗。稱名卽滅罪往生。答曰。諸佛皆依稱名。稱名卽稱德。德能滅罪生福。名亦如是。若信心佛名號。能生善滅惡。決定無疑。稱名往生。斯有何惑。疑惑不信。然由信罪福。修習善本。願生其國。尙得往生。名曰胎生。況今決定信樂。稱名號。十念相續。生彼不疑也。

문 열 번의 생각은 어째서 서로 이어져야 하는 것인가?

---

100 태생胎生 : 극락에 왕생하는 사람을 그 탄생의 양태에 따라 두 가지로 나눈 것 중 하나. 다른 하나는 화생化生이다. 부처님의 지혜가 가진 힘을 믿는 사람은 구품九品의 행업行業에 따라 각각 연꽃 속에 태어나며, 신상身相의 광명을 일시에 구족하므로 화생이라고 한다. 이에 상대하여 태생은 부처님의 타력他力(자신의 힘이 아닌 부처님의 힘)을 의심하여 자력으로 염불하는 이가 변지의 궁전에 태어나거나, 연꽃 속에 태어나지만 꽃이 피지 않은 상태로 머물러 5백 년 동안 삼보를 보고 들을 수 없는 것을 가리킨다. 이는 태생하는 사람이 모태 안에 갇혀서 해와 달을 볼 수 없는 것과 같기 때문에 붙여진 이름이다.

101 의심하여 믿지~형태로라도 왕생하는데 : 『무량수경』 권하(T12, 278a)에서 "어떤 중생은 의심하는 마음으로 여러 가지 공덕을 닦고 그 국토에 왕생하기를 원한다. 곧 불지佛智인 부사의지不思議智와 불가칭지不可稱智와 대승광지大乘廣智와 무등무륜최상승지無等無倫最上勝智를 분명하게 알지 못하기 때문에 이러한 여러 지혜를 의심하여 믿지 않지만, 죄복의 인과는 믿기 때문에 선의 근본을 닦고 그 국토에 왕생하기를 원하는 것이다. 이러한 모든 중생은 그 (국토의 변지에 있는) 궁전에 태어나 5백 년 동안 영원히 부처님을 친견하지 못하고, 경법經法을 듣지 못하며, 보살과 성문 등의 성중聖衆도 보지 못한다. 그러므로 그 국토에서 이것을 태생이라 한다.(若有衆生。以疑惑心。修諸功德。願生彼國。不了佛智。不思議智。不可稱智。大乘廣智。無等無倫最上勝智。於此諸智。疑惑不信。然猶信罪福。修習善本。願生其國。此諸衆生。生彼宮殿。壽五百歲。常不見佛不聞經法。不見菩薩聲聞聖衆。是故。於彼國土。謂之胎生。)"라고 한 것을 취의 요약한 것이다.

답 열 번의 생각에 끊어짐이 없어야 하니, 만약 서로 이어지면 이것은 마음을 거두어 선정의 상태를 유지하는 것이기 때문이다. 여러 날에 걸쳐서 칭념을 쌓으면 선정의 뜻이 이루어지지 않아 공력을 발휘할 수 없기 때문이다. 마치 흐르는 물이 끊어짐이 없음으로 말미암아 동해東海로 흘러갈 수 있고, 끊어짐이 있으면 끊어진 곳에서 소멸하여 없어지고 동해에 이르지 못하는 것처럼 이것도 이와 같다.

問曰。十念。若¹⁾爲相續。答曰。十念無間。若爲相續。此是斂心定故。若不多日積念。卽定義不成無力故。由如水流無間。得法注東海。若其間則隨處滅沒。不到東海。此亦如是。

1) ㉑ '若'은 '何'인 것 같다.

문 "열 번의 생각(十念)"이라는 것은 한 가지 법에 대해 열 번의 생각을 일으키는 것인가, 열 가지 법에 대해 열 번의 생각을 일으키는 것인가?¹⁰²
답 여기에 두 가지 뜻이 있다.

또한 한 가지 법에 대해 열 번의 생각을 일으키는 것이니 곧 부처님의 명호라는 한 법에 의지하여 열 번의 생각을 일으키고 입으로는 열 번 소리를 내어 부르는 것이다. 생각은 열 번이 있지만 법은 오직 하나의 법이다.

또한 열 가지 법에 대해 열 번의 생각을 일으키는 것이니 입으로 명호를 부르지 않고 단지 열 가지 생각을 일으키는 것이다. '생각'이란 지혜이다. "(열 가지 법에 대한) 열 번의 생각"이라고 한 것은 다음과 같다. 첫째, 일체중생에 대해 항상 자심慈心을 내는 것이다. 둘째, 일체중생에 대

---

102 법위가 앞에서 "여기에서 '열 번의 생각'이라는 것은 열 가지 법(十法)에 의지하여 열 번의 생각을 일으키는 것이고 부처님의 명호를 열 번 칭념하는 것은 아니다."라고 한 것과 관련된 질문이다.

해 깊이 비심悲心을 내는 것이다. 셋째, 법을 호지하려는 마음을 내고 그 행을 훼손하지 않는 것이다. 만약 그 행을 훼손하면 끝내 왕생할 수 없다. 【중략】 열째, 모든 상념을 제거하고 바로 부처님을 생각하고 관찰하는 것이다.[103]

> 問曰。言十念者。爲當一法起十念。爲當十法起十念。答。此有兩義。亦有一法起十念。卽是依佛名一法。生起十念。口稱十聲。念有十法。唯一法也。亦有十法起十念。口不稱名。但起十念。念者是智惠也。言十念者。一者於一切衆生。常生慈心。二者於一切衆生。深起悲心。三者發護法心。不毀其行。若毀其行。修[1]不往生。乃至十者除諸想。正念觀佛。

1) ㉑ '修'는 '終'인 것 같다.

🔵 지금 여기에서는 어떤 "열 번의 생각"을 취한 것인가.
🔴 명호를 칭념하는 관법이면 곧 한 가지 법(부처님의 명호)에 대해 열 번의 생각을 일으키는 것을 취한다. 열 가지 법에 대해 열 번의 생각을 일으

---

103 법위는 뒤에서 "열 가지 법"의 출처를 『미륵소문경彌勒所問經』이라고 했지만 현재 본 경은 전해지지 않는다. 따라서 법위가 생략한 부분, 곧 제4~제9를 현일의 『무량수경기』에 의해 보충하면 다음과 같다. 『무량수경기』 권상(X22, 60b)에서 "'열 번의 생각'이라는 것은 『미륵소문경』에서 설한 것과 같다. ……넷째, 인욕忍辱 가운데에서 확고한 마음을 낸다. 다섯째, 깊은 마음을 내고 청정함을 유지하여 이양에 물들지 않는다. 여섯째, 일체지심一切智心을 내고 날마다 항상 생각하여 없어지거나 잊어버리는 일이 없다. 일곱째, 일체중생에 대해 존중심을 일으키고 교만을 제거하며 겸손하게 자신을 낮추어 말한다. 여덟째, 세상의 담론에 맛들여 집착하는 마음을 내지 않는다. 아홉째, 각의覺意를 가까이하여 온갖 선근의 인연을 깊이 일으키고 어수선하며 산란한 마음을 일으키지 않는다.(言十念. 如彌勒所問經說. ……四者. 於忍辱中. 生決定心. 五者. 深心淸淨. 不染利養. 六者. 發一切智心. 日日常念. 無有發妄(廢忘). 七者. 於一切衆生. 起尊重心. 除去憍慢. 謙下言說. 八者. 於世談論. 不生味著心. 九者. 近於覺意. 深起種種善根因緣. 不生慣聞散亂之心.)"라고 하였다. 원효의 『무량수경종요』・『석정토군의론』・『법원주림』 등에도 동일한 내용이 나오는데 여기에서는 『彌勒發問經』이라고 하였다.

키는 것은 곧 『미륵소문경』에서 밝힌 것[104]에 의거한 것이다.

죽음에 임박했을 때 고통에 의해 핍박당할 경우에는 곧 명호를 칭명하는 것으로서의 열 번의 생각을 취한다. 그러므로 『관무량수경』에서 "이와 같이 지극한 마음으로 소리를 내어 끊어지지 않게 하면서 열 번의 생각을 온전히 갖추어서 '나무불'을 칭념하면 부처님의 명호를 칭념했기 때문에 생각마다 80억겁 동안 생사의 세계에서 윤회하는 무거운 죄업을 없앤다."[105]라고 하였다.【『안양집』 권2·「염불본원의」·「최사륜」 권상】

問曰。今此中取何十念耶。答曰。若稱名觀。卽取一法。起十念。若取十法起十念。卽依彌勒問經所明。若臨命終時。苦受所逼。卽取稱名十念。故觀經云。如是至心。令聲不絕。具足十念。稱南無佛。稱佛名故。於念念中。除八十億劫生死之罪【安養集二。念佛本願義。摧邪輪」上】

두 번째 서원은 단지 보리심을 일으키고 복을 닦기만 하면서 왕생을 원하는 이로 하여금 모두 왕생할 수 있게 할 것을 서원한 것[106]이다. 이것은 중배中輩의 삼품에 해당한다. 세 번째 서원은 명호를 듣고 칭찬하며 덕을 닦고 회향하여 왕생하기를 원하면 모두 왕생하게 할 것을 서원한 것[107]이다. 이것은 하배下輩의 삼품에 해당한다.

---

104 각주 103에서 『미륵소문경』에서 설한 열 가지 법을 설명한 것을 참조할 것.
105 『관무량수경』(T12, 346a). 자세한 것은 앞의 각주에서 『관무량수경』의 하품하생과 관련된 문장을 번역한 것을 참조할 것.
106 제19원으로 『무량수경』에서 "만약 제가 부처가 되었을 때 시방세계의 중생이 보리심을 일으키고 온갖 공덕을 닦고 정성스런 마음으로 서원을 일으켜 저의 국토에 태어나고자 하였는데, 그들이 수명을 마칠 때 제가 대중에게 둘러싸여 그 사람의 앞에 나타나 그를 맞이할 수 없다면, 정각을 취하지 않겠습니다.(設我得佛。十方衆生。發菩提心。修諸功德。至心發願。欲生我國。臨壽終時。假令不與大衆圍遶。現其人前者。不取正覺。)"라고 하였다.
107 제20원으로 『무량수경』에서 "만약 제가 부처가 되었을 때 시방세계의 중생이 저의 명

第二願。但¹⁾令發心修福。願往生者。皆得往生。此是中三品。第三願。若²⁾
聞名稱讚。修德廻向。願生者。皆得往生。此是下三品。

---

1) ㉚ '但' 앞에 '願'이 누락되었다. 2) ㉚ '若' 앞에 '願'이 누락되었다.

열 번째에 열두 가지 서원이 있으니 중생과 국토가 덕을 원만하게 이루고 장엄하고 청정하게 할 것을 서원한 것이다. 처음의 한 가지 서원은 자신의 국토에 머무는 하늘과 사람이 온갖 상相을 원만하게 갖추게 할 것을 서원한 것¹⁰⁸이다. 두 번째에 한 가지 서원이 있으니 타방 국토의 보살이 왔을 경우 일생보처一生補處¹⁰⁹의 지위에 이르게 할 것을 서원한 것¹¹⁰

호를 듣고 저의 국토를 늘 염두에 두어 여러 가지 덕의 근본을 심고 정성스런 마음으로 회향하여 저의 국토에 태어나고자 하는데 그 과果를 성취하지 못한다면 정각을 취하지 않겠습니다.(設我得佛。十方衆生。聞我名號。係念我國。植殖諸德本。至心迴向。欲生我國。不果遂者。不取正覺。)"라고 하였다.

108 제21원으로『무량수경』에서 "만약 제가 부처가 되었을 때 국토에 거주하는 사람과 하늘이 모두 서른두 가지 대인상大人相을 원만하게 갖추지 못한다면 정각을 취하지 않겠습니다.(設我得佛。國中人天。不悉成滿三十二大人相者。不取正覺。)"라고 하였다.

109 일생보처一生補處 : ⓢekajāti-pratibaddha. 최후로 윤회하는 사람이라는 뜻. 현시점에서의 삶을 마치고 나면 다음 생에는 성불할 것이 예정된 사람을 가리키는 말이다. 예를 들면 현재 도솔천에 머물고 계시면서 이곳에서의 생이 다하고 나면 인간 세상에 태어나 석가모니부처님의 뒤를 이어 성불할 것이 예정된 미륵보살과 같은 경우를 일생보처라고 한다.

110 제22원으로『무량수경』에서 "만약 제가 부처가 되면 다른 부처님의 국토에 머무는 여러 보살의 무리가 저의 국토에 와서 태어나 끝내 반드시 일생보처一生補處의 지위에 이를 것입니다. 다만 그 본원本願이 자재하게 교화하는 것에 있어서, 중생을 위하여 큰 서원의 갑옷을 입고 덕의 근본을 쌓으며, 일체중생을 제도하여 번뇌에서 벗어나도록 하며, 모든 부처님의 국토를 두루 다니며 보살행을 닦으며, 시방세계의 여러 부처님을 공양하며, 갠지스 강의 모래알처럼 한량없는 중생을 교화하여 그들로 하여금 위없는 바르고 참된 도리를 성취하게 하면서, 범부의 무리가 행해야 하는 여러 지위를 차례대로 낱낱이 행하는 실천행을 넘어서 자신이 지금 서 있는 바로 그곳에서 보현보살普賢菩薩의 덕을 닦는 이들은 제외할 것입니다. 만약 이와 같은 일이 이루어지지 않는다면 정각을 취하지 않겠습니다.(設我得佛。他方佛土。諸菩薩衆。來生我國。究竟必至一生補處。除其本願。自在所化。爲衆生故。被弘誓鎧。積累德本。度脫一切。遊諸佛國。修菩薩行。供養十方諸佛如來。開化恒沙無量衆生。使立無上正眞之道。超出常倫諸地之行。現前修習普賢之德。若不爾者。不取正覺。)"라고 하였다.

이다. 세 번째 서원은 국토에 머무는 보살이 모든 부처님을 두루 섬길 수 있게 할 것을 서원한 것[111]이다. 네 번째 서원은 국토에 머무는 보살이 공양하려는 마음을 일으키면 그에 상응하는 공양구가 저절로 나타나게 할 것을 서원한 것[112]이다. 다섯 번째 서원은 국토에 머무는 보살이 법장을 연설할 수 있게 할 것을 서원한 것[113]이다. 여섯 번째 서원은 국토에 머무는 보살이 나라연那羅延[114]과 같이 견고한 몸을 얻게 할 것을 서원한 것[115]이다. 일곱 번째 서원은 모든 중생이 두드러지게 뛰어나게 할 것을 서원한 것[116]이다. 여덟 번째 서원은 덕이 적은 이도 뛰어난 능력을 지니게 할 것을 서원한 것[117]이다. 아홉 번째 서원은 변재辯才를 얻게 할 것을 서원

---

[111] 제23원으로 『무량수경』에서 "만약 제가 부처가 되었을 때 국토에 거주하는 보살이 부처님의 신력神力을 받아 여러 부처님을 공양하되, 한 끼의 밥을 먹을 시간에 셀 수 없고 헤아릴 수 없는 나유타의 여러 부처님의 국토에 두루 이르지 못한다면, 정각을 취하지 않겠습니다.(設我得佛。國中菩薩。承佛神力。供養諸佛。一食之頃。不能遍至無數無量那由他諸佛國者。不取正覺。)"라고 하였다.

[112] 제24원으로 『무량수경』에서 "만약 제가 부처가 되었을 때 국토에 거주하는 보살이 여러 부처님 앞에서 그 덕의 근본이 되는 여러 가지 구하려는 공양구供養具를 나타내 보이려고 하였는데 뜻대로 되지 않는다면 정각을 취하지 않겠습니다.(設我得佛。國中菩薩。在諸佛前。現其德本。諸所欲求供養之具。若不如意者。不取正覺。)"라고 하였다.

[113] 제25원으로 『무량수경』에서 "만약 제가 부처가 되었을 때 국토에 거주하는 보살이 일체지一切智를 연설할 수 없다면 정각을 취하지 않겠습니다.(設我得佛。國中菩薩。不能演說一切智者。不取正覺。)"라고 하였다.

[114] 나라연那羅延 : Ⓢ Nārayaṇa의 음사어. 천력사天力士라고 의역한다. 매우 큰 힘을 지닌 인도 고대의 신이다.

[115] 제26원으로 『무량수경』에서 "만약 제가 부처가 되었을 때 국토에 거주하는 보살이 금강나라연金剛那羅延과 같은 견고한 신체를 얻지 못한다면 정각을 취하지 않겠습니다.(設我得佛。國中菩薩。不得金剛那羅延身者。不取正覺。)"라고 하였다.

[116] 제27원으로 『무량수경』에서 "만약 제가 부처가 되면 국토에 거주하는 사람과 하늘 및 일체 만물은 장엄하고 청정하며 찬란하게 빛나며, 형색이 뛰어나고 지극히 미묘하여 칭량할 수 없을 것인데, 그러한 여러 중생으로서 천안통을 얻은 이에 이르기까지 그들의 이름과 숫자를 분명히 구별하여 말할 수 있다면 정각을 취하지 않겠습니다.(設我得佛。國中人天。一切萬物。嚴淨光麗。形色殊特。窮微極妙。無能稱量。其諸衆生。乃至逮得天眼。有能明了辯其名數者。不取正覺。)"라고 하였다.

[117] 제28원으로 『무량수경』에서 "만약 제가 부처가 되었을 때 국토에 거주하는 보살로서 공덕이 적은 이에 이르기까지 그 도량수道場樹가 한량없는 빛과 형색을 지녔고 높이

한 것[118]이다. 열 번째 서원은 변재가 한량없게 할 것을 서원한 것[119]이다. 열한 번째 서원은 국토를 장엄하고 청정하게 할 것을 서원한 것[120]이다. 열두 번째 서원은 궁전을 보배로 꾸밀 것을 서원한 것[121]이다.

第十。有十二願者。衆[1)]生及土德滿嚴淨者。初一願。願自國天人。衆相具足。第二有一願。願他方國。菩薩來者。至一願願[2)]生補處。第三願。願國中菩薩。歷事諸佛。第四願。願國中菩薩。現前供養心。第五願。願國中菩薩。能演法藏。第六願。願國中菩薩。得那羅延身。第七願。願願[3)]物絶倫。第八

가 4백만 리나 되는 것을 알아보지 못한다면 정각을 취하지 않겠습니다.(設我得佛。國中菩薩。乃至少功德者。不能知見其道場樹。無量光色。高四百萬里者。不取正覺。)"라고 하였다.

118 제29원으로 『무량수경』에서 "만약 제가 부처가 되었을 때 국토에 거주하는 보살이 경법經法을 받아서 읽고 소리 내어 읽고 기억하여 지니며 베풀어 설하였으나 자유자재하게 설법할 수 있는 지혜를 얻지 못한다면 정각을 취하지 않겠습니다.(設我得佛。國中菩薩。若受讀經法。諷誦持說。而不得辯才智慧者。不取正覺。)"라고 하였다.

119 제30원으로 『무량수경』에서 "만약 제가 부처가 되었을 때 국토에 거주하는 보살로 하여금 자유자재하게 설법할 수 있는 지혜를 갖추게 할 것인데 만약 설법의 크기를 한정할 수 있다면 정각을 취하지 않겠습니다.(設我得佛。國中菩薩。智慧辯才。若可限量者。不取正覺。)"라고 하였다.

120 제31원으로 『무량수경』에서 "만약 제가 부처가 되면 국토가 청정하여 시방세계의 모든 헤아릴 수 없고 셀 수 없는 불가사의한 여러 부처님의 세계를 마치 밝은 거울에 그 얼굴을 비추어 보는 것처럼 모두 비추어 볼 수 있을 것입니다. 만약 이와 같이 되지 않는다면 정각을 취하지 않겠습니다.(設我得佛。國土清淨。皆悉照見十方一切無量無數不可思議諸佛世界。猶如明鏡。覩其面像。若不爾者。不取正覺。)"라고 하였다.

121 제32원으로 『무량수경』에서 "만약 제가 부처가 되면 땅 위에서부터 허공에 이르기까지 궁전·누각·연못·꽃과 나무 등을 비롯하여 국토에 있는 일체 만물은 모두 헤아릴 수 없는 다양한 보배와 백천 가지의 향을 함께 합한 것으로 만들어져서, 기묘하게 장엄한 모습이 모든 사람이나 하늘을 넘어서며, 그 향기가 시방세계에 두루 퍼져 보살로서 그 향기를 맡은 이는 모두 불도佛道를 성취하기 위한 행을 닦게 될 것입니다. 만약 이와 같이 되지 않는다면 정각을 취하지 않겠습니다.(設我得佛。自地以上。至于虛空。宮殿樓觀。池流華樹。國中所有一切萬物。皆以無量雜寶百千種香。而共合成。嚴飾奇妙。超諸人天。其香普薰十方世界。菩薩聞者。皆修佛行。若不如是者。不取正覺。)"라고 하였다.

願。願少德者增上。第九願。願得辨⁴⁾才。第十願。願無能限量。第十一願。
願國界嚴淨。第十二願。願宮殿寶餙。

1) ㉑ '衆' 앞에 '願'이 누락되었다.   2) ㉑ '願願'은 연자인 것 같다.   3) ㉑ '願'은 연자인 것 같다.   4) ㉑ '辨'은 '辯'인 것 같다.

    열한 번째에 다섯 가지 서원이 있으니 광명과 명호에 의해 두루 이익을 얻게 할 것을 서원한 것이다. 여기에서 첫 번째 서원은 광명을 비추어 이익을 얻게 할 것을 서원한 것[122]이고, 두 번째 서원은 명호를 듣는 이는 무생인無生忍[123]을 얻는 이익을 얻게 할 것을 서원한 것[124]이며, 세 번째 서원은 여인으로서 명호를 듣는 이는 여인의 몸을 여의는 이익을 얻게 할 것을 서원한 것[125]이고, 네 번째 서원은 명호를 듣는 이는 수행하여 물러나지 않는 이익을 얻게 할 것[126]을 서원한 것이며, 다섯 번째 서원은 명호

---

122 제33원으로 『무량수경』에서 "만약 제가 부처가 되면 시방세계의 헤아릴 수 없는 불가사의한 여러 부처님의 세계에 거주하는 중생의 부류로서 저의 광명을 받아 그 몸에 접촉한 이는 몸과 마음이 유연해져서 사람과 하늘을 넘어설 것입니다. 만약 이와 같지 않다면 저는 정각을 취하지 않겠습니다.(設我得佛。十方無量不可思議諸佛世界衆生之類。蒙我光明。觸其身者。身心柔軟。超過人天。若不爾者。不取正覺。)"라고 하였다.

123 무생인無生忍 : Ⓢanutpattika-dharmakṣānti. 무생법인無生法忍이라고도 한다. 일체법이 공하여 그 자체 고유한 성질을 갖지 않고, 생멸변화를 넘어서 있음을 깨달아 그 진리에 편안하게 머물며 마음이 흔들리지 않는 것을 말한다.

124 제34원으로 『무량수경』에서 "만약 제가 부처가 되었을 때 시방세계의 헤아릴 수 없고 불가사의한 여러 부처님의 세계의 중생의 무리가 저의 명호를 듣고 보살의 무생법인無生法忍과 여러 가지 심오한 총지總持를 얻지 못한다면, 정각을 취하지 않겠습니다.(設我得佛。十方無量不可思議諸佛世界衆生之類。聞我名字。不得菩薩無生法忍諸深總持者。不取正覺。)"라고 하였다.

125 제35원으로 『무량수경』에서 "만약 제가 부처가 되었을 때 시방세계의 헤아릴 수 없고 불가사의한 여러 부처님의 세계에 여인이 있어 저의 명호를 듣고 기뻐하고 믿고 좋아하면서 보리심을 일으키고 여인의 몸을 싫어하였는데 목숨을 마친 후에 다시 여인의 형상이 된다면 정각을 취하지 않겠습니다.(設我得佛。十方無量。不可思議諸佛世界。其有女人。聞我名字。歡喜信樂。發菩提心。厭惡女身。壽終之後。復爲女像者。不取正覺。)"라고 하였다.

126 제36원으로 『무량수경』에서 "만약 제가 부처가 되면 시방세계의 헤아릴 수 없는 불가

를 듣는 이는 수행하여 다른 사람의 공경을 받는 이익을 얻게 할 것을 서원한 것[127]이다.

열두 번째에 두 가지 서원이 있으니 하늘과 사람이 즐거움을 누리게 할 것을 서원한 것이다. 여기에서 첫 번째 서원은 의복을 생각대로 얻을 수 있는 이익을 얻게 할 것을 서원한 것[128]이고, 두 번째 서원은 세상의 즐거움을 누리는 것이 무루無漏를 얻은 이와 같게 되는 이익을 얻게 할 것을 서원한 것[129]이다.

第十一。有五願。願光[1]益。於中初願。願光明照益。第二願。願聞名者。得無生忍益。第三願。願女人聞名者。得離益。第四願。願聞名者。修行不退益。第五願。願聞名修行。得他敬益。第十二。有兩願。願天人愛樂。於中初願。衣[2]服隨念益。第二願。願受世樂者。如無漏益。

사의한 여러 부처님의 세계에 거주하는 여러 보살 대중이 저의 명호를 듣고 수명이 다한 후에 항상 범행梵行(청정한 행)을 닦아 불도를 이룰 것입니다. 만약 이와 같이 되지 않는다면 정각을 취하지 않겠습니다.(設我得佛。十方無量不可思議諸佛世界諸菩薩衆。聞我名字。壽終之後。常修梵行。至成佛道。若不爾者。不取正覺。)"라고 하였다.

127 제37원으로 『무량수경』에서 "만약 제가 부처가 되면 시방세계의 헤아릴 수 없는 불가사의한 여러 부처님의 세계에 거주하는 여러 하늘과 사람이 저의 명호를 듣고 온몸을 땅에 던져(五體投地) 머리를 조아려 예배를 드리며 환희심을 내고 믿음을 일으켜 즐거워하며 보살행을 닦아, 모든 하늘과 세상 사람이 그들을 지극히 공경하지 않음이 없게 될 것입니다. 만약 이와 같이 되지 않는다면 정각을 취하지 않겠습니다.(設我得佛。十方無量不可思議諸佛世界諸天人民。聞我名字。五體投地。稽首作禮。歡喜信樂。修菩薩行。諸天世人。莫不致敬。若不爾者。不取正覺。)"라고 하였다.

128 제38원으로 『무량수경』에서 "만약 제가 부처가 되면 국토에 거주하는 사람과 하늘이 의복을 얻고자 하면 생각에 따라 바로 이르러 부처님께서 찬탄하신 것과 같은 법에 상응하는 미묘한 의복이 저절로 몸에 입혀지게 될 것입니다. 만약 마름질하고 꿰매며 표백하고 물들이며 세탁해야 하는 일이 있다면 정각을 취하지 않겠습니다.(設我得佛。國中人天。欲得衣服。隨念即至。如佛所讚。應法妙服。自然在身。若有裁縫擣染浣濯者。不取正覺。)"라고 하였다.

129 제39원으로 『무량수경』에서 "만약 제가 부처가 되었을 때 국토에 거주하는 사람과 하늘이 누리는 쾌락이 누진비구漏盡比丘와 같지 않다면 정각을 취하지 않겠습니다.(設我得佛。國中人天。所受快樂。不如漏盡比丘者。不取正覺。)"라고 하였다.

1) ㉯ '光' 뒤에 '名普'가 누락되었다. 2) ㉯ '衣' 앞에 願이 누락되었다.

열세 번째에 아홉 가지 서원이 있으니 자신의 국토와 타방 세계의 대사가 이익을 얻게 할 것을 서원한 것이다. 첫 번째 서원은 시방세계에 있는 부처님의 국토를 비추어 볼 수 있는 이익을 얻게 할 것을 서원한 것[130]이다. 두 번째 서원은 모든 근根을 원만하게 갖추는 이익을 얻게 할 것을 서원한 것[131]이다. 세 번째 서원은 삼매三昧를 얻게 할 것을 서원한 것[132]이다. 네 번째 서원은 존귀한 가문에 태어나게 할 것을 서원한 것[133]이다. 다섯 번째 서원은 수행을 온전히 갖추게 할 것을 서원한 것[134]이다. 여섯

[130] 제40원으로 『무량수경』에서 "만약 제가 부처가 되면 국토에 거주하는 보살이 뜻에 따라 시방세계의 헤아릴 수 없는 장엄하고 청정한 부처님의 국토를 보려고 하면 그때마다 원하는 대로 보배 나무 가운데 모두 비추어져서 마치 밝은 거울에 그 얼굴을 비추어 보는 것과 같게 될 것입니다. 만약 이와 같이 되지 않는다면 정각을 취하지 않겠습니다.(設我得佛。國中菩薩。隨意欲見十方無量嚴淨佛土。應時如願。於寶樹中。皆悉照見。猶如明鏡。覩其面像。若不爾者。不取正覺。)"라고 하였다.
[131] 제41원으로 『무량수경』에서 "만약 제가 부처가 되었을 때 다른 국토의 여러 보살의 무리가 저의 명호를 듣고 부처가 되기에 이르기까지 여러 감각기관에 결함이 있거나 볼품이 없는 부분이 있어 온전한 모습을 갖추지 못하는 일이 있다면 정각을 취하지 않겠습니다.(設我得佛。他方國土諸菩薩衆。聞我名字。至于得佛。諸根缺陋。不具足者。不取正覺。)"라고 하였다.
[132] 제42원으로 『무량수경』에서 "만약 제가 부처가 되면 다른 국토의 여러 보살의 무리가 저의 명호를 듣고 모두 청정해탈삼매를 얻어서, 이 삼매에 머물러 한 번 뜻을 일으키는 짧은 시간 동안 헤아릴 수 없는 불가사의한 여러 불세존을 공양하면서도 선정을 잃지 않을 것입니다. 만약 이와 같이 되지 않는다면 정각을 취하지 않겠습니다.(設我得佛。他方國土諸菩薩衆。聞我名字。皆悉逮得清淨解脫三昧。住是三昧。一發意頃。供養無量不可思議諸佛世尊。而不失定意。若不爾者。不取正覺。)"라고 하였다.
[133] 제43원으로 『무량수경』에서 "만약 제가 부처가 되면 다른 국토의 여러 보살의 무리가 저의 명호를 듣고 수명을 마친 후 존귀한 가문에 태어날 것입니다. 만약 이와 같이 되지 않는다면 정각을 취하지 않겠습니다.(設我得佛。他方國土諸菩薩衆。聞我名字。壽終之後。生尊貴家。若不爾者。不取正覺。)"라고 하였다.
[134] 제44원으로 『무량수경』에서 "만약 제가 부처가 되면 다른 국토의 여러 보살의 무리가 저의 명호를 듣고 환희심을 내어 발을 구르면서 보살행을 닦고 덕본德本을 온전히 갖출 것입니다. 만약 이와 같이 되지 않는다면 정각을 취하지 않겠습니다.(設我得佛。他方國土諸菩薩衆。聞我名字。歡喜踊躍。修菩薩行。具足德本。若不爾者。不取正覺。)"라

번째 서원은 항상 모든 부처님을 친견하는 이익을 얻게 할 것을 서원한 것[135]이다. 일곱 번째 서원은 원하는 것에 따라 법을 들을 수 있게 할 것을 서원한 것[136]이다. 여덟 번째 서원은 명호를 듣는 이는 곧 불퇴지不退地[137]에 이르는 이익을 얻게 할 것을 서원한 것[138]이다. 아홉 번째 서원은 명호를 듣고 법인法忍을 얻어 불퇴지에 이르는 이익을 얻게 할 것을 서원한 것[139]이다.

第十三。有九願。願自界他方大士狹[1]益者。第一願。願照見十方益。第二願。願諸根者定[2]益。第三願。願得三昧。第四願。願生貴家。第五願。願修行具足。第六願。願常見諸佛益。第七願。願隨欲得聞。第八願。願聞名者。

고 하였다.

135 제45원으로『무량수경』에서 "만약 제가 부처가 되면 다른 국토의 여러 보살의 무리가 저의 명호를 듣고 모두 보등삼매普等三昧를 얻어서, 이 삼매에 머물러 불도를 이룰 때까지 항상 헤아릴 수 없고 불가사의한 일체의 여러 부처님을 친견할 것입니다. 만약 이와 같이 되지 않는다면 정각을 취하지 않겠습니다.(設我得佛。他方國土諸菩薩衆。聞我名字。皆悉逮得普等三昧。住是三昧。至于成佛。常見無量不可思議一切諸佛。若不爾者。不取正覺。)"라고 하였다.

136 제46원으로『무량수경』에서 "만약 제가 부처가 되면 국토에 거주하는 보살은 그 소원에 따라 듣고자 하는 법을 저절로 들을 수 있을 것입니다. 만약 이와 같이 되지 않는다면 정각을 취하지 않겠습니다.(設我得佛。國中菩薩。隨其志願。所欲聞法。自然得聞。若不爾者。不取正覺。)"라고 하였다.

137 불퇴지不退地 : [S] avaivartika-bhūmi. 악도惡道와 이승지二乘地(성문과 연각의 지위)로 물러나지 않는 지위를 가리킨다.

138 제47원으로『무량수경』에서 "만약 제가 부처가 되었을 때 다른 국토의 여러 보살의 무리가 저의 명호를 듣고 바로 불퇴전不退轉의 지위에 이르지 못한다면, 정각을 취하지 않겠습니다.(設我得佛。他方國土諸菩薩衆。聞我名字。不即得至不退轉者。不取正覺。)"라고 하였다.

139 제48원으로『무량수경』에서 "만약 제가 부처가 되었을 때 다른 국토의 여러 보살의 무리가 저의 명호를 듣고 바로 제1·제2·제3의 법인法忍을 얻지 못하고 여러 불법佛法에 대해서 바로 불퇴전의 지위를 얻지 못한다면 정각을 취하지 않겠습니다.(設我得佛。他方國土諸菩薩衆。聞我名字。不即得至第一第二第三法忍。於諸佛法。不能即得不退轉者。不取正覺。)"라고 하였다.

則至不退地益。第九願。願聞名得忍。至不退地益。

1) ㉠ '狹'은 '獲'이다.　2) ㉠ '者定'은 '具足'인 것 같다.

　　(제48원에서) "제1·제2·제3의 법인法忍"이라는 것은 살펴보건대『인왕경』에서 "다섯 가지 인忍이 있으니 복인伏忍[140]·신인信忍[141]·순인順忍[142]·무생인無生忍[143]·적멸인寂滅忍[144]이다. 복인은 그 계위가 지전地前에 있고 (여섯 가지 종성[145] 중에서는) 습종성習種性·성종성性種性·도종성道種性에 해당한다. 신인은 그 계위가 초지·2지·3지에 있고, 순인은 그 계위가 4지·5지·6지에 있으며, 무생인은 그 계위가 7·8·9지에 있고, 적

---

[140] 복인伏忍 : 지전地前(십지 이전)의 삼현三賢의 계위(三賢位 : 보살 수행의 52계위 중 제11~제40까지에 해당하는 十住·十行·十回向을 일컫는 말)에 있는 사람이 아직 무루無漏를 얻지 못하여 번뇌를 아직 끊지 못하고, 단지 번뇌를 조복시켜 일어나지 못하게만 할 수 있는 것. 그 가운데 십주를 하품, 십행을 중품, 십회향을 상품이라 한다.
[141] 신인信忍 : 지상地上(초지 이후)의 보살이 무루신無漏信을 얻어 수순하여 의심하지 않는 것. 그 가운데 초지를 하품, 2지를 중품, 3지를 상품이라 한다.
[142] 순인順忍 : 보살이 보리도菩提道에 수순하여 무생無生의 과果를 향해 나아가는 것. 그 가운데 4지를 하품, 5지를 중품, 6지를 상품이라 한다.
[143] 무생인無生忍 : 보살이 망혹妄惑을 이미 다하고 제법이 모두 불생不生임을 분명히 아는 것. 그 가운데 7지를 하품, 8지를 중품, 9지를 상품이라 한다.
[144] 적멸인寂滅忍 : 모든 미혹을 끊어 없애고 청정하고 무위無爲이며 맑고 적멸한 것. 그 가운데 10지를 하품이라 하고 불지를 상품이라 한다.
[145] 여섯 가지 종성 :『菩薩瓔珞本業經』권상(T24, 1012b)에서 보살이 인因에서 과果에 이르는 행위行位를 여섯 종성으로 분류한 것을 가리킨다. 제1 습종성習種性, 제2 성종성性種性, 제3 도종성道種性, 제4 성종성聖種性, 제5 등각성等覺性, 제6 묘각성妙覺性이다. 앞의 네 가지 종성을 보살 수행의 52계위에 배대하면, 차례대로 십해十解(十住)·십행十行·십회향十迴向·십지十地이다. 제1 습종성은 공관空觀을 수습하여 견혹과 사혹을 무너뜨리는 지위의 보살이고, 제2 성종성은 공에 머물지 않고 중생을 교화하고 일체법의 성품을 분별하는 지위의 보살이며, 제3 도종성은 중도中道의 묘관妙觀을 닦고 이것으로 인해 일체의 불법을 통달하는 지위의 보살이고, 제4 성종성은 중도의 묘관에 의거하여 일분一分의 무명을 무너뜨리고 성위聖位를 증득하여 들어가는 지위의 보살이며, 제5 등각성은 묘각妙覺에는 약간 미치지 못하지만 앞의 40위보다는 뛰어난 지위의 보살이고, 제6 묘각성은 불과佛果를 증득한 지위이다.

멸인은 그 계위가 10지와 불지佛地에 있다."¹⁴⁶라고 하였다. 지금 여기에서 "제1·제2·제3의 법인"이라고 한 것은 처음의 세 가지 인을 가리킨다.¹⁴⁷【『안양집』 권8】

言第一忍第二第三法忍者。案仁王經。有五忍。謂伏忍信忍順忍無生忍寂滅。¹⁾ 伏忍位在地前習種²⁾道種。信忍位在初二三地。順忍位四五六地。無生忍位在七八九地。寂滅忍位在第十地及佛地。今此中言得第一第二第三忍。則是初三忍。【安養集八】

1) ㉭ '滅' 뒤에 '忍'이 누락되었다. 2) ㉭ '種' 뒤에 '性種'이 누락되었다.

경 한결같이 미묘한 국토를 장엄하는 것에 뜻을 기울였다.

一向專志。莊嚴妙土。

---

146 『인왕경』(T8, 836b).
147 현일玄一은 『무량수경기』(X22, 61b)에서 법위라는 이름을 적시하여 그 견해를 제시하고 별다른 비판은 하지 않고 바로 자신의 견해를 제시하여 "지금 여기에서는 이 경의 뒤에서 밝힌 세 가지 인을 말하는 것이니 음향인音響忍·유순인柔順忍·무생인無生忍이다."라고 하였다. 곧 『무량수경』 권상(T12, 271a)에서 서원을 설하고 난 후 "아난아, 그 국토의 사람과 하늘로서 이 나무를 보는 이는 세 가지 법인을 얻으니, 첫째는 음향인이고 둘째는 유순인이며 셋째는 무생법인이다."라고 한 것을 가리킨다. 경흥은 『무량수경연의술문찬』 권중(T37, 153a)에서 어떤 사람의 견해라고 하여 법위의 견해를 제시하고, "신인은 곧 (보살의 수행 52계위 중 제41~제50에 해당하는 십지十地 중) 초지初地·2지·3지에서 얻는 것이고, 순인은 곧 4지·5지·6지에서 얻는 것이다. 어찌 단지 그 부처님의 명호를 듣는 것만으로 이 두 가지 인忍을 얻겠는가. 명호를 듣고 점차로 얻는 것을 말한 것이라고 한다면 또한 응당 오인五忍을 얻는다고 말했어야 하기 때문이다."라고 하여 비판적 견해를 제시하고, 바로 이어서 자신의 견해를 제시하기를 "지금 곧 복인의 세 가지 지위(복인의 하품·중품·상품)를 '세 가지 법인'이라 한 것이다. 『유가사지론』 권47(T30, 554b)에서 또한 '승해행지勝解行地(해행주解行住·해행지解行地 등이라고도 한다. 해해에 의지하여 수행하면서 아직 진여眞如를 증득하지 못한 지전地前의 삼현三賢 보살의 계위를 가리킴)에 하품·중품·상품의 삼인三忍이 있다'고 하였기 때문이다."라고 하였다.

소 일곱 번째로 중생의 감感에 따라 정밀하게 응하여 동일하게 이루어지지 않은 것이 없음을 밝혔다. 그 가운데 정토의 뜻은 세 가지 문으로 분별한다. 첫째는 이름을 풀이하고, 둘째는 체를 나타내며, 셋째는 여러 가지 문으로 분별한다.

明七隨物咸.¹⁾ 精無不等. 其中空²⁾義. 三門分別. 一釋名. 二出體. 三諸門分別.

1) ㉠ '咸'은 '感'인 것 같다. 2) ㉠ '空'은 '淨土'인 것 같다.

첫째, 이름을 풀이하는 것은 다음과 같다. '정'은 더러움을 여의는 것을 뜻으로 삼고 '토'는 거주하는 것을 뜻으로 삼는다.

第一釋名者. 淨離穢爲義. 土者居爲義也.

둘째, 체를 나타내는 것은 다음과 같다. 정토에 두 가지가 있다. 첫째는 변화정토變化淨土[148]이고, 둘째는 수용토受用土[149]이다. 변화정토는 부처님의 화신력化神力을 증상연으로 삼음으로 말미암아 중생이 식識에 나타난 상像을 감感하여 상相이 보이는 것이니, 중생의 식을 체로 삼는다. 수용토에 두 가지가 있다. 첫째는 자수용토自受用土이고, 둘째는 타수용

---

[148] 변화정토變化淨土 : 변화신變化身이 의지하여 머무는 정토. 지전地前의 보살·이승·범부 등을 교화하기 위해 변현한 국토이다.

[149] 수용토受用土 : 수용신이 의지하여 머무는 국토. 두 가지가 있다. 첫째는 자수용토自受用土이다. 자수용신自受用身이 의지하여 머무는 정토를 가리킨다. 불과佛果에 의해 얻은 무루無漏의 제8식위에 현현한 무루의 순수하고 청정한 국토로 오직 부처님만이 알 수 있는 것이다. 둘째는 타수용토他受用土이다. 타수용신他受用身이 의지하여 머무는 정토를 가리킨다. 부처님께서 큰 자비의 힘으로 십지十地 보살에게 응하여 적절한 양태의 정토와 불신佛身으로 변화하여 나타냄으로써 법락法樂을 향유할 수 있도록 하는 것이다.

토他受用土이다. 자수용토는 부처님께서 삼무수겁三無數劫[150] 동안 수행하여 얻은 것이니 부처님의 대원경지大圓鏡智에 상응하는 청정한 식(淨識)을 체로 삼는다. 타수용토는 그것을 증상연으로 하여 여러 보살이 식에 나타난 상을 감하여 상相이 생겨나는 것이니, 곧 여러 보살의 식을 체로 삼는다.

第二出體者。淨土二種。一變化淨土。二受用土。若變化淨土。由佛化神力。爲增上緣。衆生有感識上顯像相見。則以衆生識爲體。若受用淨土。有二種。一者自受用。二者他受用。若自受用。由佛三無數劫所修得。以佛圓鏡智相應淨識爲體。若他受用。以爲增上緣。諸菩薩。有感識上顯像相生。卽以諸菩薩識爲體。

셋째, 여러 가지 문으로 분별하는 것은 다음과 같다. 여섯 가지 문으로 분별하니 첫째는 색상色相이고, 둘째는 분량分量이며, 셋째는 누漏와 무루無漏이고, 넷째는 원인(因)을 밝히며, 다섯째는 유로遊路(다니는 길)이고, 여섯째는 승문乘門이다.

第三諸門分別者。六門分別。一色相。二分量。三漏無漏。四明因。五遊路。六乘門。

첫째, 색상이라는 것은 다음과 같다. 형색形色[151]에 의거하면 칠보七寶

---

150 삼무수겁三無數劫 : 삼아승기겁三阿僧祇劫이라고도 한다. 보살이 발심한 뒤 수행을 완성하여 불과佛果를 증득하는 것에 이르기까지 필요한 시간을 일컫는 말이다. 음역어 '아승기'는 헤아릴 수 없을 정도로 많다는 뜻으로 무수無數·무량수無量數·무앙수無央數 등으로 의역하고 '겁'은 지극히 장구한 시간을 나타내는 단위이다.
151 형색形色 : 색을 크게 두 가지로 분류한 것 중 하나. 곧 형태를 이루는 극미를 가리키는 말. 예컨대 장長·단短·방方·원圓 등을 말한다.

로 장엄하였고 현색顯色[152]에 의거하면 큰 광명을 낸다.

> 第一色相者。若據形色。卽是七寶莊嚴。若據顯色。放大光明。

問 그 부처님의 정토는 대원경지의 소의所依인 정심淨心을 체로 한다. 그렇다면 (정토는) 정심의 지위에서 각상覺想으로 분별하여 이루어진 것이라고 해야 한다. 그런데 정심의 체는 상想이 없으니 정토는 응당 상相이 없어야 하는데 지금 상相으로 장엄한 모습이 있다고 하였고, 이것은 공교한 장인에 의해 이루어진 것이 아니고 (부처님에 의해) 이루어진 것이다. 만약 정심을 체로 한다는 견해를 따르면 정심의 본성에 따라 (정토의) 상은 없어야 한다. 만약 장엄한 법이 있다는 견해에 따르면 (부처님이 아닌) 공교한 장인에 의해 이루어지는 일이 있어야 한다. 지금 이미 그 두 가지가 성립되지 않으니 이치는 어디에 있는 것인가?

答 그 부처님께서 보살이었을 때 각혜覺惠를 일으키고 가행加行하여 불국토를 장엄할 것을 서원하였다. 앞서 가행하고 서원한 힘으로 말미암아 과위果位에서 비록 옛날의 희론인 각혜와는 같지 않더라도 부처님의 청정한 식이 이와 같이 변현變現하여 (정토의 상이) 이루어진 것이다.[153] 천고天鼓가 두드리지 않아도 저절로 울리지만 '천고가 울린다'고 하는 것처럼 청정한 식도 무심無心하게 정토를 나타내지만 '청정한 식이 변현하였다'고 하는 것이다.

---

152 현색顯色 : 색을 크게 두 가지로 분류한 것 중 하나. 곧 색깔을 이루는 극미를 가리키는 말. 예컨대 청·황·적·백 등을 말한다. 이 네 가지는 본색本色이고, 이 본색의 차별에 의해 시설되는 운운雲·연연煙·진진塵·무무霧·영영影·광광光(햇빛)·명명明(별·보주寶珠·전기 등에 의해 일어나는 빛)·암암闇의 여덟 가지를 더해 모두 12가지가 있다.
153 이상은 『佛地經論』 권1(T26, 293a)을 취의 요약한 것이다.

問曰。其佛淨土。乃以鏡智所依淨心爲體。然淨心位。於覺想分別。然心體無想。淨土應無相。而今有想[1]莊嚴。而非巧匠所成。若其從於淨心。則應問[2]心無相。若從莊嚴之法。則有巧匠所成。今旣不從其二。徒理安有。答曰。白[3]佛。爲菩薩時。發覺惠。加行誓願莊嚴佛土。由失[4]加行誓願力。於果位中。雖無如共[5]戲論覺惠。而佛淨識。如是顯[6]現。由如天鼓。不繫[7]自鳴。而言天鼓鳴。淨識。無心現土。而言淨識現也。

1) ㉯ '想'은 '相'인 것 같다. 2) ㉯ '問'은 '隨'인 것 같다. 3) ㉯ '白'은 '其'인 것 같다. 4) ㉯ 『불지경론』에 따르면 '失'은 '先'이다. 5) ㉯ 『불지경론』에 따르면 '共'은 '昔'이다. 6) ㉯ 『불지경론』에 따르면 '顯'은 '變'이다. 7) ㉰ '繫'는 '擊'인 것 같다.(편).

둘째, 분량이라는 것은 다음과 같다. 두 가지가 있는데 첫째는 자신의 이익을 위한 국토(自利土)[154]의 분량이고, 둘째는 다른 사람의 이익을 위한 국토(利他土)[155]의 분량이다.

자신의 이익을 위한 국토의 분량이라는 것은 그 분량이 끝이 없으니 법계와 일치하게 이루어지기 때문이다. 다른 사람의 이익을 위한 국토의 분량이라는 것은 그 분량이 일정하지 않으니 교화의 대상인 중생의 근기에 따라서 (다르게) 나타내기 때문이다. 초지 이상의 보살은 (정토라는 것이) 지위의 차이에 따라 나타내는 것도 다르기 때문에 (초지 이상의 보살에 있어서는 변제가 있어서) 분량이 없는 것이 아니지만 지전地前의 보살은 헤아릴 수 없으니 또한 '무량無量'이라고 한다.[156]

第二分量者。有二種。一[1]分量。二別[2]他土分量。言自利七[3]分量。其量無際。稱法界成故。利他土量者。其量無定。隨所化成[4]宜而現故。初地已上。

---

154 자신의 이익을 위한 국토(自利土) : 자수용토를 가리킨다.
155 다른 사람의 이익을 위한 국토(利他土) : 타수용토를 가리킨다.
156 이상은 『불지경론』 권1(T26, 293b)을 취의 요약한 것이다.

地不同所現異故。非無分量。望地前不側。⁵⁾ 亦所言無量。

1) ㉄ '一' 뒤에 '自利土'가 누락된 것 같다. 2) ㉄ '別'은 '利'인 것 같다. 3) ㉄ '七'은 '土'이다. 4) ㉄『불지경론』에 따르면 '成'은 '生所'인 것 같다. 5) ㉄『불지경론』에 따르면 '側'은 '測'이다.

셋째, 누루漏와 무루無漏라는 것은 다음과 같다. 여기에 두 가지가 있는데 첫째는 여래와 관련된 것이고, 둘째는 보살과 관련된 것이다.

第三漏無漏者。此有二種。一約如來。二約菩薩。

첫째, 여래와 관련된 것이라고 한 것은 다음과 같다. 그 정토는 삼계의 애착에 의해 집수執受되는 것이 아니기 때문에, 두 가지 속박¹⁵⁷을 떠난 것이기 때문에, 그것들(속박)의 이숙과異熟果나 증상과增上果가 아니기 때문에, (열반 등과 같이 삼계의 이숙과지異熟果地를 넘어선 것이다. 이와 같이 정토는 삼계에 섭수되지 않기 때문에)¹⁵⁸ 무루이다.

言一約如來者。其淨土。非三界攝¹⁾所執受故。離二縛故。非異²⁾熟增上果故。是無漏也

1) ㉄『불지경론』에 따르면 '攝'은 '愛'이다. 2) ㉄『불지경론』에 따르면 '異' 앞에 '彼'가 누락되었다.

---

157 두 가지 속박 :『불지경론』에 따르면 소연박所緣縛과 상응박相應縛이다. 곧『불지경론』 권1(T26, 293b)에서 "삼계에 있어서 자신이 속한 지지에 대한 모든 애착을 자기의 소유라고 집착하고 소연박과 상응박이 따라서 늘어나며 그것의 이숙과와 증상과를 내는 것과 같지 않다.(非如三界自地諸愛。執為己有。所緣相應二縛隨增。是彼異熟及增上果)"라고 하였다. 소연박이란 심식이 인식의 대상 때문에 그 작용에 제약을 받아 속박되는 것이고, 상응박이란 마음이 그와 상응해서 일어나는 견혹見惑이나 수혹修惑에 속박되는 것이다.

158 괄호 안의 내용은『불지경론』 권1(T26, 293b)에서 "如涅槃等。超過三界異熟果地。若爾淨土。非三界攝。"이라고 한 것에 의해 역자가 보충한 것이다.

問 만약 무루라면 곧 도제道諦에 포함되어서 (선성善性이다.) 곧 이와 같다면 경에서 어떻게 색·성·향 등을 체로 삼는다고 말하는 것인가? (이것이 문제가 되는 것은 다른 곳에서) 십팔계十八界[159] 가운데 열다섯 가지[160]는 유루有漏이고 여덟 가지[161]는 무기無記라고 하였기 때문이다.

答 지금 십팔계는 누와 무루에 통하고 모두 선성善性이 있다. 그런데 이승의 경계에 의거하여 "십팔계 가운데 열다섯 가지는 유루이고 여덟 가지는 무기이다."라고 한 것이다. 또한 정토는 정심定心이 변현한 것이다. 비록 색 등이 있지만 십처十處(오근五根·오경五境)와 유사한 것일 뿐이고 십처에 포함되는 것은 아니다. 세간의 오식五識에 의해 얻는 것은 아니니 법계에 포함되기 때문이다. (그러므로 정토는 비록 색 등을 체성으로 삼지만) 무루선無漏善이니 (서로 어긋나지 않는다).[162]

問曰。若是無漏。卽是道諦攝。便是若。經云何得用色聲香等爲體。以十八界中。十五有漏。八無記故。答曰。今以十八界。通漏無漏。皆有善性。然據二乘境界。說言十八界中。十五有漏。八無記也。又淨土。定心所變。雖有色等。似十處相[1]攝。非世間五識所得。法界所攝故。是無漏善也。

1) 역 『불지경론』에 따르면 '相' 뒤에 '非十處'가 누락되었다.

問 (수용토가) 세간의 오식의 경계가 아니라면 보살의 오식五識이 반연하는 대상도 아니라고 할 수 있는가?

答 비록 자신의 식이 변이한 것이라고 해도 상相의 거칢과 미묘함(麤妙)

---

159 십팔계十八界 : 육근六根(인식기관)·육경六境(인식대상)·육식六識(인식작용)을 합하여 일컫는 말이다.
160 열다섯 가지 : 육근·육경·육식 중 의근·의경·의식을 제외한 나머지를 가리킨다.
161 여덟 가지 : 오근五根이 다섯 가지이고, 오경五境 가운데 향경·미경·촉경이 세 가지여서 모두 여덟 가지가 된다.
162 이상은 『불지경론』 권1(T26, 293b)을 참조할 것.

이 서로 유사하지 않기 때문에 오경五境과 관련된 것은 아니다.

> 問曰。若非世間五識境者。可非菩薩五識所緣也。答曰。雖是自識變異。然相無¹⁾妙。不相似故。非彼五境攝。
>
> 1) ㉑『불지경론』에 따르면 '無'는 '麤'이다.

問 여래의 오식이 반연하는 대상이 아니라고 할 수 있는가?
答 부처님께서 사법事法을 반연하는 마음이 일어날 때 이 의식意識은 오식과 서로 유사하기에 오식이라고 하지만 실제로 오식인 것은 아니니 항상 선정에 머물기 때문이다.¹⁶³

> 問曰。如來五識。可不緣也。答曰。佛緣則¹⁾心。是意識。與五識相似。名五識。實非五識。恒在宜²⁾故。
>
> 1) ㉑『불지경론』에 따르면 '則'은 '事'이다.   2) ㉑『불지경론』에 따르면 '宜'는 '定'이다.

問 여래의 오근과 색 등의 오경이 (정심定心이 변현한 것이어서) 아울러 자재한 색色이라면 (다음과 같은 문제가 발생한다. 여래는) 네 가지 지혜(四智)를 지니고 있는데 이는 동시에 작용하고 통할 수 없는 것이다. 부처님의 네 가지 지혜는 각각 하나의 식에 의지한다. 지금 별도의 오식이 없다고 하면 성소작지成所作智는 의식에 의지해야 한다. 이와 같다면 바로 두 가지 지혜가 하나의 식에 의지하는 것이 된다. 하나의 식이 두 가지 지혜에 동시에 의지하는 것이 있을 수 없다면, 네 가지 지혜가 동시에 작용할 수 없다는 측면에서 문제가 있는 것은 아닌가?

---

163 이상은 『불지경론』 권1(T26, 293c)을 참조할 것.

답 여래의 의식은 동시에 여러 가지 작용이 있으니 어떤 허물이 있겠는가? 또 여래의 몸과 국토는 매우 미묘하여 있는 것도 아니고 없는 것도 아니며 유루도 아니고 무루도 아니며 계界·입入 등에 포함되는 것이 아니다. 단지 기연機緣에 따라 여러 가지로 다르게 설한 것이다.[164]

問曰。若如來五攝[1]及色等。竝是自在色者。卽有四智。不得同時用通。由佛四智。各依一識。今言無別五識。成所作智。須依意識。若爾卽二智依一識。不可識二智一時依。卽無四智同時用過。答曰。如來意識。一時有多用。有何過也。又如來身土。甚深微妙。非有非無。非漏非無漏。非界入等所攝。位[2]隨所宜。種種異說。皆是[3]現也。

1) 囹『불지경론』에 따르면 '攝'은 '根'이다. 2) 囹『불지경론』에 따르면 '位'는 '但'이다. 3) 囹『불지경론』에 따르면 '是' 뒤에 '示'가 누락되었다.

문 이러한 정토는 삼계와 동일한 공간에 있는 것인가, 각별한 공간에 있는 것인가?

답 어떤 사람은 "각별한 것이다. 어떤 곳에서는 '정거천淨居天[165]에 있다'고 하였고, 어떤 곳에서는 '서방西方에 있다'고 하였기 때문이다."라고 하였다. 어떤 사람은 "동일한 공간이다. 『법화경』에서 '겁이 다하여 큰 불

---

164 이상은 『불지경론』 권1(T26, 293c)을 참조할 것. 단 문에 해당하는 부분은 법위 자신이 『불지경론』에서 많은 부분을 보충하였다. 또 답에서는 『불지경론』에서 뒷부분, 곧 "다른 곳에서 '18계 중 열다섯 가지는 유루이고 여덟 가지는 무기이다'라고 한 것은 이승·범부 등의 경계인 거친 상(麤相)에 의거하여 분별한 것이고, 부처님·보살의 깊은 경계에 의거한 것은 아니다. 다른 곳에서는 말하기를 '여래는 진실로 온蘊·계·처 등에 섭수되는 것은 아니지만 모든 선을 다 나타내 보인다'라고 하였다."라고 한 부분이 생략되었다.

165 정거천淨居天 : 색계의 제4선에 속하는 아홉 하늘 중 상위에 해당하는 다섯 하늘을 일컫는 말. 곧 무번천無煩天·무열천無熱天·선견천善見天·선현천善現天·색구경천色究竟天 등으로 보통 오정거천五淨居天이라고 한다. 성문 사과四果 중 제3 아나함과阿那含果(不還果)를 증득한 성자가 태어나는 곳이다.

이 일어나고 모든 것을 태울 때 나의 국토는 평안하다'¹⁶⁶라고 한 것과 같다."¹⁶⁷라고 하였다.

진실한 뜻은 다음과 같다. 실수용토實受用土¹⁶⁸는 법계에 두루하여 있지 않은 곳이 없으니 삼계를 여의었다고도 할 수 없고 여의지 않았다고도 할 수 없다. (타수용토는¹⁶⁹) 다만 기연에 따라 나타낸 것일 뿐이니 혹은 정거천에 있기도 하고 이밖에 여러 곳에 있기도 한 것이다.¹⁷⁰

> 問曰。如是淨土。爲與三界同一處所。爲各別也。答曰。有說。¹⁾ 各別。有處有²⁾說。在淨居天上。有³⁾說。在西方等也⁴⁾。有說同所。如法華經說。劫火所燒時。我此土安隱也。有說。⁵⁾ 實受用土。周遍法界。無處不有。不可說普⁶⁾離三界及不離也。但隨所宜現。或在淨居等也。

1) ㉠『불지경론』에 따르면 '說'은 '義'이다. 2) ㉠『불지경론』에 따르면 '有'는 연자이다. 3) ㉠『불지경론』에 따르면 '有' 뒤에 '處'가 누락되었다. 4) ㉠『불지경론』에 따르면 '也'는 '故'이다. 5) ㉠『불지경론』에 따르면 '有說'은 '如實義'이다. 『불지경론』에서는 다른 학자의 설은 '有義'라고 하고, 자신의 견해는 '如實義'라고 하였다. 6) ㉠『불지경론』에 따르면 '普'는 '言'이다.

---

166 『법화경』권5(T9, 43c)에서 "중생이 겁이 다하여 큰 불이 일어나 모든 것을 태우는 것을 볼 때 나의 이 국토는 평안하고 하늘과 인간이 항상 가득하다.(衆生見劫盡。大火所燒時。我此土安隱。天人常充滿。)"라고 한 것을 취의 요약한 것이다.

167 이 부분은『불지경론』권1(T26, 293c)에서 "어떤 사람은 '동일한 공간이다. 정토는 두루하고 원만하여 변제가 있지 않고 법계에 두루하기 때문이다'라고 하였다.(有義。同處。淨土周圓。無有邊際。遍法界故。)"라고 한 것과는 내용이 다르다. 다만『설무구칭경소』권2(T38, 1030c14)에서 타수용토는 색계의 정거천에도 있고 서방에도 있어서 공간이 일정하지 않은 것이라고 하고, 동일하게『법화경』본문을 경증으로 인용하고 있어서 유사한 내용을 보이고 있다.(若他受用土。或在色界淨居天上。或西方等。處所不定。法花亦言。衆生見劫盡。大火所燒時。我此土安穩。天人常充滿。)

168 실수용토實受用土 : 규기窺基의『설무구칭경소』권2(T38, 1030c)에서『불지경론』의 세 가지 견해를 인용하면서 본문의 실수용토를 자수용토라고 하였다. 따라서 실수용토는 자수용토와 같은 것으로 볼 수 있다.

169 규기의『설무구칭경소』권2(T38, 1030c)에 의해 보충하였다.

170 『불지경론』권1(T26, 293c)을 참조할 것.

둘째, 보살과 관련된 것은 다음과 같다.

십지의 보살이 자신의 마음에 의해 변현한 정토는 (두 가지가 있다.) 만약 제8식에 의해 변현한 정토라면, 유루식有漏識의 상분相分(인식대상)에 섭수되기 때문에, 유루신有漏身의 소의처所依處이기 때문에, 십지 이전의 아뢰야식阿賴耶識[171]은 유루무기성有漏無記性에 섭수되니 변현한 정토는 무루를 얻지 못하고 미묘한 유루고제有漏苦諦에 포섭된다.[172]

> 第二約菩薩者。十地菩薩。自心所變淨土。由[1)]第八識所變淨土。是有漏[2)]相分攝故。是有漏身所依處故。以十地已還阿賴耶識。是有漏無記性攝。所變淨土。不得無漏。是妙有漏苦諦所攝也。
>
> 1) ㉠『불지경론』에 따르면 '由'는 '若'이다. 2) ㉠『불지경론』에 따르면 '漏' 뒤에 '識'이 누락되었다.

(어떤 사람은 말하기를 "유루이다. 곧) 보살이 자신의 마음 가운데 가행유루정토종자加行有漏淨土種子인 서원의 힘(願力)이라는 자량 때문에 변현하여 정토를 낳고 그 가운데에서 대승법의 즐거움을 수용한다. 그 보살이 비록 진여를 증득하여 진무루眞無漏를 얻었다고 해도 7지七地에 이르

---

[171] 아뢰야식阿賴耶識 : '아뢰야'는 Ⓢālaya의 음역어. 구역에서는 무몰식無沒識이라 의역하고 신역에서는 장식藏識이라 의역하였다. 팔식八識 혹은 구식九識의 하나. 제법의 근본이 되기 때문에 본식本識이라 하고, 제법을 집지執持하여 심성心性을 잃지 않게 하기 때문에 무몰식이라 하며, 모든 식의 작용에 있어서 가장 강력하기 때문에 식주식主라 하고, 우주만물의 근본으로 만물을 함장하여 존속하여 잃지 않게 하기 때문에 장식이라고 한다.

[172] 『불지경론』 권1(T26, 294c). 십지보살과 관련하여 정토의 유루·무루에 대한 세 가지 논의에 있어서 진실한 뜻(如實義)을 설한 것이다. 바로 뒤에 "후득後得의 무루심無漏心에 따라서 변현한 정토의 영상이라면 무루식無漏識의 상분에 포섭되기 때문에, 무루의 선종자善種子로부터 생겨났기 때문에 체는 무루도제無漏道諦에 포섭된다.(若隨後得無漏心變淨土影像。是無漏識相分攝故。從無漏善種子生故。體是無漏道諦所攝)"라고 한 것이 생략되었다.

기까지 번뇌가 현기하며, 내지 십지에 이르러도 닦아서 끊어야 할 번뇌의 종자와 소지장所知障[173]이 있다. 제8식의 체가 그것을 지지支持하기 때문에, 현행을 일으키고 훈습을 받기 때문에 미묘한 유루고제에 포섭된다." 라고 하였다.[174]

> 以菩薩自心中。加行有漏淨土種子願力資故。變生淨土。於中。受用大乘法樂。以彼菩薩。雖証眞如如[1)]無漏。而七地已[2)]來。煩惱現起。乃至十地。猶有修斷斷[3)]種子及所知障。第八識[4)]能相[5)]彼故。現受薰故。是[6)]苦諦攝。
>
> 1) ⓔ『불지경론』에 따르면 '如'는 '得眞'이다. 2) ⓔ『불지경론』에 따르면 '已'은 연자이다. 3) ⓔ『불지경론』에 따르면 '斷'은 '煩惱'이다. 4) ⓔ『불지경론』에 따르면 '識' 뒤에 '體'가 누락되었다. 5) ⓔ『불지경론』에 따르면 '相'은 '持'이다. 6) ⓔ『불지경론』에 따르면 '是' 뒤에 '妙有漏'가 누락되었다.

넷째, 원인(因)을 밝힌다는 것은 부처님의 정토의 원인을 밝히는 것이다. 본래의 무분별지無分別智와 후소득지後所得智의 무루선법종자無漏善法

---

173 소지장所知障 : ⓢ jñeya-avaraṇa. 법집法執(法我見)으로 말미암아 발생하는 장애. 탐욕·분노·어리석음 등의 여러 번뇌에 의해 미혹됨으로써 보리의 묘지妙智를 장애하여 제법의 사상事相과 실성實性을 알지 못하게 한다. 상대어는 번뇌장煩惱障(ⓢ kleśa-avaraṇa)으로 아집我執(人我見)으로 말미암아 발생하는 장애를 가리킨다. 곧 탐욕·분노·어리석음 등의 여러 번뇌에 의해 업을 일으키고 생사을 윤회하게 함으로써 중생의 몸과 마음을 괴롭히고 삼계를 생사윤회하게 하여 열반涅槃의 과과를 얻는 것을 장애한다.

174 『불지경론』 권1(T26, 294c)을 참조할 것. 십지보살에 있어서 정토의 유루·무루에 대한 세 가지 논의 중 유루를 주장한 것이다. 법위는 세 가지 가운데 무루라는 견해는 제시하지 않았는데 『불지경론』 권1(T26, 294b)에 따르면 다음과 같다. "어떤 사람은 '무루이다. 자신의 마음 가운데 후득무루정토종자인 서원의 힘이라는 자량 때문에 변현하여 정토를 낳고 그 가운데에서 대승법락을 수용한다. 초지 이상의 보살중은 진여의 이치를 증득하고 진무루처眞無漏處·진법류眞法流를 얻고, 진정토眞淨土에 머물러 항상 모든 부처님을 친견한다. 그러므로 변현한 국토는 진무루도제眞無漏道諦에 포섭된다'라고 하였다.(有義。無漏。謂自心中。後得無漏淨土種子願力資故。變生淨土。於中。受用大乘法樂。以初地上諸菩薩衆。證眞如理。得眞無漏處眞法流。住眞淨土常見諸佛。故所變土。是眞無漏道諦所攝。")

種子를 삼무수겁 동안 닦아서 증대하게 한 것을 이 정토가 변현하여 생겨나는 원인으로 삼는다.¹⁷⁵ (중생의) 각별한 식이 원인이 되어서 (변현한 것이지만 모든 중생이) 동일한 처소인 것처럼 수용한다. (각별한 식이 원인이 되어서 변현한 것이) 모두 법계에 두루하여 동일한 처소인 것처럼 수용하기 때문에 중생이 함께하는 것이라고 말한다.¹⁷⁶

第四明因者。明佛淨土因。用本來無分別智。後得無漏善法種子。三無數劫。修今¹⁾增廣。爲²⁾淨土變化³⁾生因。各別有因。同處受用。皆遍法界。同處相似。說爲苦⁴⁾也。

1) ⓨ『불지경론』에 따르면 '今'은 '슈'이다. 2) ⓨ『불지경론』에 따르면 '爲' 뒤에 '此'가 누락되었다. 3) ⓨ『불지경론』에 따르면 '化'는 '現'이다. 4) ⓨ『불지경론』에 따르면 '苦'는 '共'이다.

다섯째, 유로遊路라는 것은 다음과 같다. 여기에 두 가지가 있다. 첫째는 보살의 유로이다. 문혜聞慧·사혜思慧·수혜修慧¹⁷⁷를 일으키는 것이니, (이것으로 인해) 정토에 들어갈 수 있기 때문에 유로라고 한다. 둘째는 여래의 유로이다. 무분별지無分別智¹⁷⁸와 후득지後得智¹⁷⁹를 말하니 이 두 가

---

175 이상은 『불지경론』 권1(T26, 294a)를 참조할 것.
176 이상은 『불지경론』 권1(T26, 294a)에 서술된 내용을 간단하게 요약한 것이다.
177 문혜聞慧·사혜思慧·수혜修慧 : 사리事理를 간택하는 세 가지 정신작용. 문혜는 문소성혜聞所成慧의 줄임말로 다른 이가 설하는 것을 직접 들음으로써 성취된 지혜를 뜻하고, 사혜는 사소성혜思所成慧의 줄임말로 들은 교법의 의미를 스스로 깊이 사유함으로써 성취된 지혜를 뜻하며, 수혜는 수소성혜修所成慧의 줄임말로 듣고 사유한 것을 직접 닦아 익힘으로써 성취된 지혜를 뜻한다. 문·사·수에 의해 얻어진 지혜의 본성은 유루有漏의 세속지世俗智이지만 이는 무루無漏의 지혜를 낳는 근본적인 역할을 하는 것이기도 하다.
178 무분별지無分別智 : 진여와 계합하여 객관과 주관의 차별이 없는 참된 지혜를 가리킨다. 정체지正體智·근본지根本智 등이라고도 한다.
179 후득지後得智 : 근본지根本智에서 인발引發하는 지혜. 의타기성依他起性이 허깨비와 같은 것임을 통달하는 지혜로, 능분별能分別과 소분별所分別의 작용이 있다. 이와

지 지혜로 말미암아 정토에 태어나기 때문에 유로라고 한다.[180]

第五遊路者。有二種。一菩薩遊路。謂廢[1]聞思修惠。得入淨土。故名遊路。
二如來遊路。謂以無分別及後得智。由此二智。通生淨土。故名遊路。

1) ㉠ '廢'는 '發'인 것 같다.

여섯째, 승문乘門이라는 것은 지관止觀을 탈것(所乘)으로 삼고 삼공三空[181]을 문으로 삼는 것이다.[182]【『안양집』 권6】

달리 근본지는 능분별도 없고 소분별도 없다.
180 이상은 『불지경론』 권1(T26, 295b)에서 "어떤 도로道路가 있어서 정토를 왕래하는 것인가?"라는 질문을 설정하고 이에 답변한 내용을 취의 요약한 것이다.
181 삼공三空 : 공空·무상無相·무원無願의 삼마지를 가리키는 말이다. 그 자세한 뜻은 바로 다음 각주에서 『불지경론』을 인용·번역한 것을 참조할 것.
182 『불지경론』 권1(T26, 295c9)에서 "이와 같이 정토에 있어서 길이 이미 원만하면 탈것이 있어야 그 탈것을 조어하여 이 도로를 다닐 수 있기 때문에 (『불지경』에서) 다음에 '큰 지止와 미묘한 관觀을 탈것으로 삼는다'라고 하였다. '지'란 삼마지이고 '관'이란 반라야般羅若(반야)이며 '큰'의 뜻은 앞에서 설한 것과 같다. 이 두 가지가 균등하게 실어 나르기 때문에 '탈것'이라 한다. 이 지관을 타고 그 응하는 것에 따라 앞의 도로를 다닌다. 길은 총체적 지위인데 지위 가운데 지관을 별도로 탈것이라 한 것이다. 이와 같이 정토에 있어서 탈것이 이미 원만하면 응당 들어가는 문이 있어야 그 들어가는 문을 좇아 이 탈것을 조어하여 들어갈 수 있기 때문에 (『불지경』에서) 다음에 '대공·무상·무원해탈을 들어가는 문으로 삼는다'라고 했으니 대궁전은 삼해탈문을 들어가는 소입처所入處로 삼는 것을 말한다. 해탈은 곧 출리열반이니 곧 대공 등을 해탈문이라 한다. 이 문을 좇는 것에 의지하여 정토에 들어간다. 변계소집으로 생겨난 법의 무아를 '공'이라 하고, 이 공을 반연하는 삼매를 공해탈문이라 한다. '상'이란 열 가지 상을 말한다. 첫째는 색이고, 둘째는 성이며, 셋째는 향이고, 넷째는 미이며, 다섯째는 촉이고, 여섯째는 남자이고, 일곱째는 여자이며, 여덟째는 생이고, 아홉째는 노이고, 열째는 사이다. 곧 열반은 이러한 상이 없기 때문에 '무상'이라 한다. 이러한 무상을 반연하는 삼매를 무상해탈문이라 한다. '원'은 구하고 원하는 것이다. 삼계가 고통임을 관찰하여 구하고 원하는 것이 없기 때문에 '무원'이라 한다. 이 무원을 반연하는 삼매를 무원해탈문이라 한다. 이 공 등의 삼해탈문으로 말미암아 정토에 들어갈 수 있기 때문에 '문'이라 한다.(如是淨土。路旣圓滿。應有所乘。御彼所乘。行此道路。故次說言。大止妙觀。以爲所乘。止謂三摩地。觀謂般羅若。大義如前。此二等運。故名所乘。乘此止觀。隨其所應。行前道路。路是總位。位中止觀。別名所乘。如是淨土。乘旣圓

第六乘門者。以正[1]觀爲所乘。以三空爲門也。【安養集六】

1) ㉠『불지경론』에 따르면 '正'은 '止'이다.

문 그 국토가 삼계도三界道를 넘어선다면 계외界外에 있다는 것인데 여기에 어떻게 보살이 있는 것인가?

답 그 국토가 삼계를 넘어선다고 말하는 것은 형색이 있기 때문에 무색계가 아니고 대지에 거주하므로 색계도 아니며 순수하게 화생한 여인만 존재하여 (욕망이 없으니 욕계도 아니기) 때문이다. 미혹을 끊는 것에 의거하여 삼계에서 벗어나는 것과 같은 의미에서 (삼계를 넘어서는 것을) 밝힌 것은 아니다.[183]

問曰。彼國出過三界道。界外由[1]有菩薩耶。答曰。彼云云出過三界。由有色故。非無色界。地居故。非色界。純化生女人故。非是約斷惑。明出三界。

1) ㉠ '由'는 '何'인 것 같다.

滿。應有入門。從彼入門。御此乘入。故次說言。大空無相無願解脫為所入門。謂大宮殿。三解脫門為所入處。解脫即是出離涅槃。即大空等名解脫門。依從此門而入淨土。遍計所執生法無我說名為空。緣此三摩地名空解脫門。相謂十相。一色。二聲。三香。四味。五觸。六男。七女。八生。九老。十死。即是涅槃無此等相。故名無相。緣此三摩地名無相解脫門。願謂求願。觀三界苦無所求願。故名無願。緣此三摩地名無願解脫門。由此空等三解脫門。得入淨土。故名為門。"라고 한 것을 요약한 것이다.

183 규기의 『阿彌陀經疏』(T37, 312a)에서 "문 화토라면 무엇 때문에 『대지도론』에서 삼계에 포함되지 않는다고 하였는가? 답 그곳에서 삼계에 포함되지 않는다고 한 것은 삼계를 벗어나는 것을 말한 것이 아니고 단지 삼계와 다르기 때문이다. 그러므로 『대지도론』에서 '대지에 거주하므로 색계가 아니고 형색이 있으므로 무색계가 아니며 욕망이 없으므로 욕계가 아니다'라고 하였다. 그러므로 삼계에 포함되지 않는다고 하였다.(問若是化土。何故大論云非三界攝。答彼言非三界攝者。非謂出過三界。但謂異三界故。故大論云。地居故非色界。有形故非無色界。無欲故非欲界。故言非三界攝。)"라고 한 것과 『대지도론』 권38(T25, 340a)에서 "이와 같은 세계는 대지 위에 있기 때문에 색계가 아니고 욕망이 없기 때문에 욕계가 아니며 형색이 있기 때문에 무색계가 아니다.(如是世界在地上。故不名色界。無欲故。不名欲界。有形色故。不名無色界。)"라고 한 것을 참조할 것.

둘째, 이치에 의거하면 항상 마음의 본성이 공함을 관찰하기 때문이니, (『무량수경』) 본문에서 "그 마음은 고요하고 뜻은 집착함이 없었다."[184]라고 하였고, 또 『법화경』에서 "또 보니 어떤 불자들은 마음에 집착이 없고 이 미묘한 지혜로 위없는 도를 구합니다."[185]라고 하였다. 이것들은 모두 시방 정토에 왕생하는 원인이다.【『안양집』 권5】

第二約理者。常觀心性空故。文云。其心寂靜。悉[1)]無所着。又法華經云。又有[2)]佛子。心無所着。以此妙惠。[3)] 求無上道。此等通十方淨土因也。【安養集五】

1) ㉠『무량수경』에서 따르면 '悉'은 '志'이다. 2) ㉠『법화경』에 따르면 '有'는 '見'이다. 3) ㉠『법화경』에 따르면 '惠'는 '慧'이다. 뜻은 서로 통한다.

경 수행해서 얻으려는 부처님의 국토는 거칠 것 없이 트이고 넓고 크며 매우 뛰어나고 홀로 미묘하며 세워지면 항상 그대로여서 쇠잔하지 않고 변화하지 않는 것이다.

所修佛國。恢廓廣大。超勝獨妙。建立常然。無衰無變。

소 여기에서 "넓고 크며"라는 것은 곧 자수용토이다.【중략】[186] 모든

---

184 『무량수경』 권상(T12, 267c). 법장 비구가 서원에 의지하여 수행한 것을 설한 내용이다.
185 『법화경』 권1(T9, 3b18).
186 【중략】: 이는 『무량수경초』에서 법위의 주장 이외의 부분을 생략한 것을 말한다. 전후 문맥의 연결을 위해 생략된 부분의 일부를 번역하면 다음과 같다. 『무량수경초』에서 "법위가 말하였다. '여기에서 〈넓고 크며〉라는 것은 곧 자수용토이다.' 현일이 (법위의 주장을) 파척하여 말하였다. '앞에서 소원한 국토는 중생이 태어나는 곳이니 어떻게 자수용토를 얻겠는가? 이것은 응화토라고 말할 수 있다. 비록 응화토이지만 수미산·칠금산 등은 없기 때문에 〈거칠 것 없이 트이고〉라고 하였다. 이상은 모두 채용하지 않는다. 두 법사(법위와 현일)는 혹은 허물이 있거나 혹은 (이치에) 미치지 못하기

보살의 경계가 아니기 때문에 ("홀로 미묘하며"라고 하였다.) 【중략】 한 번 얻으면 영원히 머물러 삼재三災[187]에 의해 흩어지고 무너지지 않기 때문에 "쇠잔하지 않고 변화하지 않는 것이다."라고 하였다.[『무량수경초』 권5]

此言廣大者。卽自受用。【中略】非諸菩薩境故。【中略】。一得永常。不爲三災之所散壞。故云無衰無變【無量壽經鈔五】。

경 인忍의 능력을 성취하여 어떤 고통도 마음에 두지 않았고 욕심이 적고 만족할 줄 알았다.

忍力成就。不計衆苦。少欲知足。

소 "인"에 세 가지가 있다. 첫째는 안고인安苦忍이니 세간에서 겪는 어긋나는 일을 받아들일 수 있기 때문이다. 둘째는 타불요익인他不饒益 忍이니 다른 사람이 자신에게 어긋나고 훼손하는 일을 해도 받아들일 수 있기 때문이다. 셋째는 법사유인法思惟忍이니 법에 대해 분별함이 없기 때문이다. 이 세 가지 인을 성취하기 때문에 "어떤 고통도 마음에 두지 않았고"라고 하였다. "욕심이 적고"라는 것은 미래의 일에 대해 많은 이

때문이다. 의적은 '지전의 이생을 넘어선 지위이기 때문에 〈홀로 미묘하며〉라고 했으니 이승이 서로 얽혀서 섞이지 않기 때문이다'라고 하였다. 법위는 '모든 보살의 경계가 아니기 때문이다'라고 하였다.(法位云。此言廣大者。卽自受用。玄一破云。前所願國土。是衆生所生。如何得是自受用土。可說此應化土。雖應化土。而無須彌七金山等。故言恢廓等。已上。並非所用。兩師或過或不及故。然義寂云。超以過地前異生位。故獨玅。以不二乘相交雜故。法位云。非諸菩薩境故。)

187 삼재三災 : 사겁四劫이 순환하는 겁말劫末에 나타나는 소삼재小三災와 대삼재大三 災를 일컫는 말. 소삼재는 화재火災·수재水災·풍재風災이고, 대삼재는 기근·질병· 도병刀兵이다.

익을 추구하지 않는 것을 "욕심이 적고"라고 하였다. 현재의 일에 대해 바라는 이익이 적어 만족하는 것은 "만족할 줄 알았다."라고 하였다.【『무량수경초』권5】

忍有三種。一者安苦忍。謂於世違事能受故。二他不饒益忍。謂他於已[1])有 違損能受故。三法思惟忍。謂於法無分別故。此三忍成就。故言不計衆苦。 少欲者。於未來不多求。名少欲。於現在希望滿。名知足。【無量壽經鈔五】

1) ㉕ '已'는 '己'인 것 같다.

경 목련目連[188]과 같은 신통력을 가진 이들이 백천만억 나유타 겁 동안 그 첫 번째 법회에 모인 성문과 보살을 헤아린다고 해도 알 수 있는 숫자는 물 한 방울처럼 적고 그렇게 헤아려도 알 수 없는 것은 큰 바닷물처럼 많을 것이다.

如目連等。於百千萬億那由他劫。計彼初會聲聞菩薩。所知數者。猶如一 渧。其所不知。如大海水。

소 문 『왕생론』에서 "이승二乘(성문승과 연각승)의 종성種姓을 지닌 이는 태어나지 않는다."[189]라고 하였는데 어떤 연유로 회상에 성문중이 있을 수 있는 것인가?
답 네 종류의 성문[190]이 있는데 여기에서 말하는 것은 응화성문應化聲聞

---

188 목련目連 : ⓢMahāmaudgalyāyana의 줄인 음역어. 갖춘 음역어는 마하목건련摩訶目 犍連으로 줄여서 목건련이라고도 한다. 부처님의 십대제자 중 한 명으로 신통제일神 通第一로 일컬어졌다.
189 『왕생론』(T26, 231a).
190 네 종류의 성문 : 첫째는 결정성문決定聲聞이니 소승의 법을 전생에 오랫동안 익힌 공덕으로 현생에 소승의 교법을 듣고 아라한과를 얻어 그 경지에서 물러나지 않지만

이니 대중을 장엄하기 위한 것이다. 예를 들면 그곳에는 삼악취가 없지만 빼어난 새가 있으니 장엄하여 법음이 끊어지지 않게 하기 위해서 그렇게 하는 것[191]과 같다.[192]

問。往生論云。二乘種不生。何因會中。得有聲聞衆。答曰。聲聞有四種。此是應化聲聞。爲莊嚴衆故。如彼無三趣。而有好鳥。爲莊嚴令法音無絶故。

또 본래 다른 국토의 성문이었으나 바라밀을 성취하여 그곳에 왕생한 것이다. 그러므로 『대지도론』에서 "절묘한 국토가 있으니 아라한이 그곳에 태어나면 대심大心을 일으킨다."라고 하였다. 그러므로 본래의 이름을 따라서 "성문"이라 한 것이다. 『왕생론』에서 "이승의 종성은 태어나지 않는다."라고 한 것은 이 국토에는 이승의 종성을 지닌 이는 태어나지 않는 것을 말한 것이다. 마치 여인과 같으니 이 국토에는 여인이 왕생할 수 없

그 뒤에 대승의 법을 추구하지 않는 성문을 말한다. 둘째는 퇴보리退菩提성문이니 본래 보살로서 이전에 보리심을 일으켜 겁의 세월 동안 불도를 닦은 끝에 생사를 싫어하는 마음 때문에 대승을 추구하는 마음에서 물러나 소승의 과를 증득한 성문을 말한다. 셋째는 응화應化성문이니 본래 불보살로서 안으로는 진실한 경지를 은밀히 감추고 밖으로 성문의 몸을 드러내어 앞의 두 성문을 인도하여 대승으로 귀의시키고 중생을 널리 교화하여 불도를 깨우치도록 하는 성문이다. 넷째는 증상만增上慢성문이니 제대로 깨닫지 못하고서도 이미 증상의 법을 성취하였다고 스스로 생각하며 남들을 업신여기는 것을 특징으로 하는 성문이다.

191 『관무량수경』(T12, 343b)에서 "행자는 흐르는 물과 광명과 모든 보배 나무와 기러기와 원앙이 모두 미묘한 법문을 설하는 것을 듣는다.(行者。當聞水流。光明及諸寶樹。鳧鴈鴛鴦。皆說妙法。)"라고 한 것을 참조할 것.
192 원효元曉는 『兩卷無量壽經宗要』(T37, 126b)에서 "『왕생론』에서 말하기를 '여인과 근根이 결여된 이, 이승의 종성은 태어나지 않는다'라고 한 것은 결정종성決定種性인 이승을 말하는 것이지, 부정근성不定根性인 성문을 말하는 것이 아니다. 이를 간별하기 위해서 '이승의 종성'이라 하였다. 이러한 뜻으로 말미암아 서로 어긋나지 않는다.(論說云。女人及根缺。二乘種不生者。是說決定種性二乘。非謂不定根性聲聞。爲簡此故。名二乘種。由是義故。不相違也。)"라고 하였다.

다. 비수멸자非數滅者[193]는 왕생할 수 없기 때문이다.【『안양집』 권9】

又本是餘國聲聞。由成度生彼。故大論云。有絶妙國土。阿羅漢。當生其中。則發大心。仍本名。故號聲聞。往生論云 明[1] 二乘種不生者 在此國中。有二乘種姓者。不生。如女人。此不得女人。非數滅者。不得往生。【安養集九】

1) ㉷ '明'은 연자인 것 같다.

경 맑은 바람이 때맞추어 일어나면서 다섯 가지 음성을 낸다.

淸風時發。出五音聲。

소 "다섯 가지 음성을 낸다."라는 것은 첫째는 분명히 알아들을 수 있는 것이고, 둘째는 쉽게 이해할 수 있는 것이며, 셋째는 산만하지 않은 것이고, 넷째는 싫증이 나지 않는 것이며, 다섯째는 듣기 좋은 것이다.[194]【『무량수경초』 권5】

出五音響[1]者。一諦了。二易解。三不散。四無厭。五悅可。[2]【無量壽經鈔五】

1) ㉷ '響'은 '聲'이다. 2) ㉷ 『무량수경연의술문찬』에 따르면 '可'는 '耳'인 것 같다.

경 이것[195]은 모두 무량수불의 위신력에 의지하기 때문이고, 본원의 힘

---

193 비수멸자非數滅者 : 비택멸자非擇滅者와 같다. '비수멸'은 구역이고 '비택멸'은 신역이다. 택멸이란 지혜의 간택력에 의해 번뇌를 소멸하는 것이고, 비택멸이란 생연生緣을 결여함으로써 나타나는 적멸법을 가리킨다.
194 경흥은 『무량수경연의술문찬』 권중(T37, 156b)에서 법위의 해석을 제시하고 성인의 말씀에서 찾을 수 없기 때문에 인정할 수 없다고 하였다.
195 이것 : 『무량수경』 본문에 따르면 아미타 정토의 중생이 얻는 이익을 가리킨다.

때문이니, (그것[본원]은) 원만하게 구족한 서원이기 때문이며, 분명한 서원이기 때문이고, 견고한 서원이기 때문이며, 마지막까지 지니고 있는 서원이기 때문이다.

此皆無量壽佛威神力故。本願力故。滿足願故。明了願故。堅固願故。空¹⁾ 竟願故。

1) ㉑『무량수경』에서 따르면 '空'은 '究'이다.

소 "위신력"이란 그 여래의 현재의 위력으로 말미암기 때문이고, "본원의 힘" 등은 그 과거의 본원의 힘으로 말미암기 때문이다.【『무량수경초』 권5】

威神力者。由彼如來現在威力故。本願力等。由其過去本願之力故。【無量壽經鈔五】

"본원"이라는 것은 총괄적인 것이고 나머지 넷은 개별적인 것이다. "원만하게 구족한 서원"이라는 것은 마음이 원만함을 나타낸 것이고, "분명한 서원"이라는 것은 이것을 추구함이 헛되지 않기 때문이며, "견고한 서원"이라는 것은 무너뜨릴 수 없는 것을 인연으로 삼은 것이고, "마지막까지 지니고 있는 서원"이라는 것은 이 서원을 처음부터 끝까지 지니고 있는 것이 바로 "마지막까지 지니고 있는 서원"이다.[196]【『무량수경초』 권5】

---

196 "본원"이라는 것은~"마지막까지 지니고 있는 서원"이다. :『한불전』에서는 본 번역에 해당하는 원문을 뒤에 놓았는데『무량수경』에 의거하면 이곳에 두어야 한다. 역자가 상응하는 곳에 옮겨서 번역하였다. 원문은『한불전』 해당 처에 그대로 두고 교감주를 통해 밝혔다.

경 탐욕과 분노와 어리석음이 없다.

無染恚痴。

소 "탐욕과 분노와 어리석음이 없다."라는 것은 삼독三毒을 끊은 것이다.【『무량수경초』권5】

無染恚痴者。絶三毒。【無量壽經鈔五】

경 그 부처님의 국토는 저절로 금·은·유리·산호·호박·차거硨磲·마노碼磁와 같은 칠보가 합해져서 대지를 이루었는데 크고 넓고 탁 트이고 끝을 경계 지을 수 없다.

其佛國土。自然七寶。金銀琉璃珊瑚琥珀硨磲碼磁。合成爲地。恢廓曠蕩。不可限極。

소 "크고 넓고" 이하는 경계가 끝이 없는 것이다.【『안양집』권5】

恢廓下。界無齊限。【安養集五】

경 어떤 부처님의 광명도 그것에 미칠 수 없다.
(예컨대) 어떤 부처님의 광명은 백 부처님의 세계를 비추고, 혹은 천 부처님의 세계를 비추니, 요점을 취하여 말하면, 동방의 갠지스 강의 모래알처럼 많은 부처님의 국토를 비추고, 남방·서방·북방 그리고 사유四維(서북·서남·동북·동남)와 상·하에도 다시 이와 같으며, 어떤 부처님의 광명은 일곱 자를 비

추고, 혹은 1유순, 2유순, 3유순, 4유순, 5유순을 비추며, 이와 같이 점차 배가하여 한 부처님의 찰토를 비추기에 이르니 (모두 한도가 있는 것이다.)

그러므로 무량수불을 무량광-불無量光佛·무변광-불無邊光佛·무애광-불無礙光佛·무대광-불無對光佛·염왕광-불炎王光佛·청정광-불清淨光佛·환희광-불歡喜光佛·지혜광-불智慧光佛·부단광-불不斷光佛·난사광-불難思光佛·무칭광-불無稱光佛·초일월광-불超日月光佛이라고 부른다.

諸佛光明。所不能及。或有佛光照百佛世界。或千佛世界。取要言之。乃照東方恒沙佛刹。南西北方四維上下。亦復如是。或有佛光照于七尺。或照一由旬二三四五由旬。如是轉倍。乃至照於一佛刹土。是故。無量壽佛。號無量光佛。無邊光佛。無礙光佛。無對光佛。炎王光佛。清淨光佛。歡喜光佛。智慧光佛。不斷光佛。難思光佛。無稱光佛。超日月光佛。

소 "어떤 부처님" 이하에서부터 "(한 부처님의) 찰토를 비추기에 이르니 (모두 한도가 있는 것이다.)"까지는 다른 부처님의 하열함을 제시한 것이다. "그러므로" 이하에서부터 "(초일월)광불"까지는 아미타불의 뛰어남을 나타낸 것이다.【『무량수경초』 권5】

從諸佛下至刹土者。擧餘佛劣。從是故下至光佛者。顯彌陀勝。【無量壽經鈔五】

本願是總。餘四是別。滿足願者。顯心圓滿。明了願者。求之不虛故。堅固願者。緣不能壞。究竟願者。此願有於始終。即是究竟願。【無量壽經鈔五】[1]

---

1) ㉮ '本願是總。……究竟願'은 『무량수경』에 따르면 앞에 나오는 소 가운데 '由其過去本願之力故' 뒤로 옮겨야 한다.

경 안과 밖, 왼쪽과 오른쪽에는 목욕을 할 수 있는 연못들이 있다. 어떤 것은 10유순이고, 어떤 것은 20유순, 30유순이며, 내지 백천 유순에 이르기까지 다양한 크기로 이루어졌다. 길이와 너비, 깊고 얕음은 각 연못이 모두 차별 없이 평등하다.

여덟 가지 공덕을 지닌 물이 가득 채워져 있는데 청정하고 향취가 깨끗하며 맛은 감로와 같다.

황금 연못은 바닥이 백은 모래이고 백은 연못은 바닥이 황금 모래이며, 수정 연못은 바닥이 유리 모래이고 유리 연못은 바닥이 수정 모래이며, 산호 연못은 바닥이 호박 모래이고 호박 연못은 바닥이 산호 모래이며, 차거 연못은 바닥이 마노 모래이고 마노 연못은 바닥이 차거 모래이며, 백옥 연못은 바닥이 자금 모래이고 자금 연못은 바닥이 백옥 모래이다. 어떤 것은 두 가지 보배나 세 가지 보배에서부터 일곱 가지 보배가 서로 바꾸어 가며 합해지면서 만들어졌다.

그 연못 언덕에 전단수가 있는데, 꽃과 잎이 드리워지고 향기가 두루 퍼져 나간다. 천상의 꽃인 우발라화·발담마화盋曇摩華[197]·구물두화拘物頭華[198]·분타리화分陀利華[199]가 여러 색과 빛으로 밝게 빛나며 물 위를 두루 덮었다.

그 모든 보살과 성문의 무리가 보배 연못에 들어가서 물에 발을 담그려고 하면 발이 바로 물에 잠기고, 무릎을 담그려고 하면 바로 무릎이 잠기며, 허리를 담그려고 하면 바로 허리가 잠기고, 목을 담그려고 하면 목이 바로 물에 잠기며, 몸을 적시려고 하면 저절로 몸이 적셔지고, 원래 상태로 돌아가려고 하면 물은 바로 본래 상태로 돌아간다.

---

197 발담마화盋曇摩華 : '발담마'는 Ⓢpadma의 음역어. 연꽃의 일종. 의역어는 홍련화紅蓮華이다.
198 구물두화拘物頭華 : '구물두'는 Ⓢkumuda의 음역어. 연꽃의 일종. 의역어는 백련화白蓮華이다.
199 분타리화分陀利華 : '분타리'는 Ⓢpuṇḍaīka의 음역어. 연꽃의 일종. 의역어는 백련白蓮인데 구물두화와 구별하기 위해 대백련大白蓮이라고도 한다.

차가움과 따뜻함이 조화를 이루어 저절로 뜻에 맞고, 정신을 열고 몸을 기쁘게 하여 마음의 때를 모두 제거하며, 맑고 밝고 정결하니 형체가 없는 것처럼 깨끗하고, 보배로 이루어진 모래가 밝게 빛나니 아무리 깊은 곳도 비치지 않는 곳이 없으며, 미세하게 물결이 일어나면서 휘돌아 흐르고 전전하면서 서로 부딪치고, 평온하게 흘러가니 느리지도 않고 빠르지도 않다. 파도가 한량없이 일렁이면서 저절로 미묘한 소리를 내고 그 응해야 할 대상에 따라서 울려 퍼져 어디든 들리지 않는 곳이 없다. 어떤 이는 부처님의 소리를 듣고, 어떤 사람은 법의 소리를 들으며, 어떤 이는 스님의 소리를 듣고 어떤 사람은 적정寂靜의 소리, 공무아空無我의 소리, 대자비大慈悲의 소리, 바라밀波羅蜜의 소리를 듣고, 어떤 사람은 십력十力[200]·사무외四無畏 등과 같은 불공법不共法[201]의 소리, 모든 신통과 지혜의 소리, 무소작無所作의 소리, 불기멸不起滅의 소리, 무생인無生忍의 소리 내지는 감로를 뿌리는 관정灌頂의 지위[202]를 얻는 것과 관련된 온갖 미묘한 법의 소리를 듣는데, 이와 같은 소리는 듣는 사람의 기연機緣과 일치하는 것이어서 한량없는 기쁨을 얻는다.

청정하고 욕심을 여의며 적멸한 경지에 도달하는 진실한 뜻에 수순하고 삼보와 열 가지 힘(十力)과 네 가지 두려움 없음(四無所畏)과 같은 함께하지 않는 법[203]에 수순하며, 신통력·지혜 등의 보살과 성문이 행해야 할 도에 수

---

200 십력十力 : 부처님만이 갖추고 계신 열 가지 지혜의 힘. 처비처지력處非處智力, 업이숙지력業異熟智力, 정려해탈등지등지력靜慮解脫等持等至智力, 근상하지력根上下智力, 종종승해지력種種勝解智力, 종종계지력種種界智力, 변취행지력遍趣行智力, 숙주수념지력宿住隨念智力, 사생지력死生智力, 누진지력漏盡智力이다.
201 불공법不共法 : 오직 부처님만이 얻는 것으로 성문·연각 등과 함께하지 않는 법. 출처에 따라 다른데 일반적으로 십력·사무소외·삼념주三念住·대비大悲의 열여덟 가지가 여기에 해당하며, 갖추어서 십팔불공법十八不共法이라 한다.
202 감로를 뿌리는 관정灌頂의 지위 : 보살 수행 52위 계위 중 제50위에 해당하는 제10 법운지法雲地를 가리키는 말이다.
203 함께하지 않는 법 : 부처님·보살만이 갖추고 있고 성문·연각과는 함께하지 않는 법이라는 뜻. 18가지, 140가지, 180가지 등으로 다양하게 제시된다.

순하게 된다. 삼도三塗(三惡道)와 같은 고통과 재난을 받는 곳은 이름조차 없다. 단지 저절로 나오는 즐거운 소리만 있다. 그러므로 그 국토를 안락安樂이라고 한다.

內外左右。有諸浴池。或十由旬。或二十三十。乃至百千由旬。縱廣深淺。各皆一等。八功德水。湛然盈滿。清淨香潔。味如甘露。黃金池者。底白銀沙。白銀池者。底黃金沙。水精池者。底琉璃沙。琉璃池者。底水精沙。珊瑚池者。底琥珀沙。琥珀池者。底珊瑚沙。車璩池者。底碼磝沙。瑪瑙池者。底車璩沙。白玉池者。底紫金沙。紫金池者。底白玉沙。或二寶三寶。乃至七寶。轉共合成。其池岸上。有栴檀樹。華葉垂布。香氣普熏。天優鉢羅華。鉢曇摩華。拘物頭華。分陀利華。雜色光茂。彌覆水上。彼諸菩薩及聲聞衆。若入寶池。意欲令水沒足。水即沒足。欲令至膝。即至于膝。欲令至腰。水即至腰。欲令至頸。水即至頸。欲令灌身。自然灌身。欲令還復。水輒還復。調和冷煖。自然隨意。開神悅體。蕩除心垢。清明澄潔。淨若無形。寶沙映徹。無深不照。微瀾迴流。轉相灌注。安詳徐逝。不遲不疾者。波揚無量。自然妙聲。隨其所應。莫不聞者。或聞佛聲。或聞法聲。或聞僧聲。或寂靜聲。空無我聲。大慈悲聲。波羅蜜聲。或十力無畏。不共法聲。諸通慧聲。無所作聲。不起滅聲。無生忍聲。乃至甘露灌頂衆妙法聲。如是等聲。稱其所聞。歡喜無量。隨順清淨離欲寂滅眞實之義。隨順三寶力無所畏不共之法。隨順通慧菩薩聲聞所行之道。無有三塗苦難之名。但有自然快樂之音。是故。其國。名曰安樂。

소 "안과 밖, 왼쪽과 오른쪽에는" 이하는 두 번째로 연못이 거리를 끼고 흐르는 것이다. 여기에 여섯 가지가 있다. 첫째 목욕을 할 수 있는 연못의 수량을 밝혔고, 둘째 "여덟 가지 공덕을 지닌 물" 이하는 덕의 물이 연못을 채운 것을 밝혔으며, 셋째 "황금 연못" 이하는 연못이 여러 가지 보배가 합해져서 이루어졌음을 밝혔고, 넷째 "그 연못 언덕" 이하는 향기로운 나무가 연못에 드리워진 것을 밝혔으며, 다섯째 "천상의 꽃인 우발(라화)" 이하는 빼어난 꽃이 물 위를 덮은 것을 밝혔고, 여섯째 "그 모든 보살" 이하는 물의 공덕을 자세히 밝혔다.

內外左右下。第二池流狹[1]衢。於中有六。初明浴池數量。二八功德下。德水盈池。三黃金下。明池間錯。四其池岸上下。香樹映池。五天得[2]鉢下。名華覆水。六彼諸菩薩下。廣明水德。

1) ㉘ '狹'은 '挾'인 것 같다.　2) ㉘ 『무량수경』에서 따르면 '得'은 '優'이다.

지금 첫 번째는 본문에 써진 것과 같다.
"여덟 가지 공덕" 이하는 두 번째로 덕의 물이 연못을 채운 것을 밝힌 것이다. "여덟 가지 공덕을 지닌 물"이라고 한 것은 다음과 같다. 첫째는 청정한 것이고, 둘째는 향취가 깨끗한 것이며, 셋째는 가벼운 것이고, 넷째는 차가운 것이며, 다섯째는 부드러운 것이고, 여섯째는 감미로운 것이며, 일곱째는 마셨을 때 조화롭고 적절한 상태를 만들어 주는 것이고, 여덟째는 마시면 근심이 없어지는 것이다. 청정한 것은 색입色入에 포섭되고, 향취가 깨끗한 것은 향입香入이며, 가벼운 것·차가운 것·부드러운 것은 촉입觸入이고, 감미로운 것은 미입味入이며, 마셨을 때 조화롭고 적절한 상태를 만들어 주는 것과 마시면 근심이 없어지는 것은 법입法入이다. (『무량수경』에서는) 이 가운데 단지 세 가지 덕만 두었으니, "청정하고"라는 것은 색입이고 "향취가 깨끗하며"라는 것은 향입이며 "맛은 감로와 같다."라는 것은 미입이다. 이 여덟 가지는 물로서 고요한 공功과 능능한 덕을 지니고 있다. 그러므로 "공덕"이라고 하였다.

今初如文。八功德下。二明德水盈池。六[1]八功德水者。一者淸淨。二者香潔。三輕。四冷。五濡。[2] 六美。七餘[3]時調適。八飮已無漏。[4] 淸淨是色入攝。香潔是香入。輕冷濡[5]是觸入。美是味入。餘[6]時調適。飮已病[7]是法入。此中。但有三德。淸淨者是色。香潔者是香。味如甘露者是味。此八是水。寂功能德。是故云功德。

1) ㉑ '六'은 '言'인 것 같다. 2) ㉑ 혜원의 『무량수경의소』(T37, 106a)에 따르면 '濡'은 '濡'인 것 같다. 3) ㉑ '餘'는 '飮'이다. 4) ㉑ 혜원의 『무량수경의소』(T37, 106a)에 따르면 '漏'는 '患'인 것 같다. 5) ㉑ 혜원의 『무량수경의소』(T37, 106a)에 따르면 '濡'은 '濡'인 것 같다. 6) ㉑ '餘'는 '飮'이다. 7) ㉑ '病'은 '無患'인 것 같다.

"황금" 이하는 세 번째로 보배 연못이 여러 가지 보배가 합해져서 이루어졌음을 밝혔다. "그 연못 언덕" 이하는 네 번째로 향기로운 나무가 연못에 드리워진 것을 밝혔다. "천상의 꽃인 우발(라화)" 이하는 다섯 번째로 빼어난 꽃이 물 위를 덮은 것을 밝혔다.

黃金下。三明寶池間錯。其池岸上下。四明香樹映池。天覆[1]鉢下。五名華覆水。

1) ㉑ '覆'는 '優'이다.

"그 모든 보살과" 이하는 여섯 번째로 물의 공덕을 자세히 밝혔다. 여기에 여덟 가지가 있다. 첫째, 물의 흐름이 정情을 따르는 것이다. 둘째, "(차가움과 따뜻함이) 조화를 이루어" 이하는 조화를 이루어 뜻에 따르는 것이다. 셋째, "정신을 열고" 이하는 번뇌를 제거하고 몸을 기쁘게 하는 것이다. 넷째, "맑고 밝고" 이하는 더러운 것을 제거하여 맑고 밝은 것이다. 다섯째, "보배로" 이하는 모래의 광명이 밝게 비치는 것이다. 여섯째, "미세한 (파도)" 이하는 휘돌아 흐르면서 물결이 응하는 것이다. 일곱째, "평온하게" 이하는 부딪치며 흐르지만 사납지는 않은 것이다. 여덟째, "파도가 (한량없이) 일렁이면서" 이하는 물결치는 파도가 소리를 내는 것이다.

後¹⁾諸菩薩下。第六度²⁾明水德。於中有八。初流注隨情。二調和下。調和適皆³⁾。三開神下。除煩惱悅體。四情⁴⁾明下。去濁澄明。五寶下。沙光映徹。潤⁵⁾下。廻流下磨。⁶⁾ 七安祥⁷⁾下。激流無驚。八波揚下。揚波有響。⁸⁾

1) ㉠ '後'는 '彼'이다. 2) ㉠ '度'는 '廣'이다. 3) ㉠ '皆'는 '意'인 것 같다. 4) ㉠ '情'은 '淸'이다. 5) ㉠ '潤'은 '瀾'이다. 앞에 '六'이 누락되었다. 6) ㉠ '下磨'는 '水應'인 것 같다. 7) ㉠ '祥'은 '詳'이다. 8) ㉠ '響'은 '聲'인 것 같다.

처음과 두 번째 문장은 알 수 있을 것이다. "정신을 열고" 이하는 세 번째로 번뇌를 제거하고 몸을 기쁘게 하는 것이다.

㉮ "마음의 때를 모두 제거하며"라는 것은 무릇 마음의 때는 번뇌이다. 자비와 지혜에 의해 제거하지 않았는데도 여기에서 "마음의 때를 모두 제거하며"라고 한 것은 그 이유가 무엇인가?

㉯ (연못의 언덕에) 이미 향기가 모두 퍼져 있으니 언덕에 올라 맡으면 (번뇌의 세력은) 쇠잔해지고 이 상태에서 물을 접촉하면 번뇌가 제거된다. 여기에 다른 무엇이 있겠는가?

어떤 사람은 "이것은 물을 접촉한 것을 연으로 하고 자비를 인으로 하여 지혜를 발생함으로써 마음의 때를 모두 제거하는 것이다."²⁰⁴라고 하였는데 이러한 뜻은 근거로 삼을 만한 것이 없다.

初二章可見。開神下。三明除煩惱¹⁾悅體。六²⁾除心垢者。凡心垢是煩惱。悲惠不除。此云水陸³⁾除垢心 其故何也。旣有皆香。入律⁴⁾聽響⁵⁾消偕。⁶⁾ 觸水除煩。斯有何。或此以觸水爲緣。因慈發惠。蕩除心垢。此義無或。⁷⁾

---

204 경흥의 『무량수경연의술문찬』 권중(T37, 157a)에서 "마음의 때'라는 것은 번뇌의 다른 이름이니 오직 지혜에 의해서 제거된다. 그런데 여기에서 물에 의해 제거한다고 한 것은 물을 접촉한 것을 연으로 하여 지혜를 일으켜 번뇌를 모두 제거하기 때문이다.(心垢者. 卽煩惱之名. 唯慧所除. 而水除者. 觸水爲緣. 發慧蕩除故.)"라고 하였다. 동일하지는 않지만 취지는 같다. 경흥은 비록 후대의 인물이지만 제시된 견해를 좀 더 분명히 이해하기 위해 그 주장을 소개하였다.

1) ⓔ '腦'는 '惱'이다. 2) ⓔ '六'은 '蕩'인 것 같다. 3) ⓔ '水陸'은 '蕩'인 것 같다. 4) ⓔ '律'은 '岸'인 것 같다. 5) ⓔ '聽響'은 '聞香'인 것 같다. 6) ⓔ '僭'은 '散'인 것 같다. 7) ⓔ '或'은 '據'인 것 같다.

"맑고 밝고" 이하는 네 번째로 더러운 것을 제거하여 맑고 밝은 것을 밝혔다. "보배로 이루어진 모래" 이하는 다섯 번째로 모래의 광명이 밝게 비치는 것을 밝혔다. "(미세하게) 물결이" 이하는 여섯 번째로 휘돌아 흐르면서 물결이 응하는 것을 밝혔다. "평온하게" 이하는 일곱 번째로 부딪치며 흐르지만 사납지는 않은 것을 밝혔다.

淸明下。四明去濁澄明。寶沙下。五明沙光映徹。瀾下。六明廻流水應。安祥¹⁾下。激²⁾流無驚。

1) ⓔ '祥'은 '詳'이다. 2) ⓔ '激' 앞에 '七'이 누락되었다.

"파도가 한량없이 일렁이면서" 이하는 여덟 번째로 물결치는 파도가 소리를 내는 것이다. 여기에 다섯 가지가 있다. 첫째, 총괄적으로 미묘한 소리를 내는 것을 서술하였다. 둘째, "그 응해야 할 대상에 따라서 울려 퍼져" 이하는 개별적으로 소리의 종류를 밝혔다. 셋째, "(청정하고 욕심을 여의며 적멸한 경지에 도달하는 진실한 뜻에) 수순하고" 이하는 소리가 뜻에 따라 구르는 것을 밝혔다. 넷째, "(삼도와 같은 고통과 재난을 받는 곳은 이름조차) 없다."라는 것은 고통과 관련된 것은 이름조차 없음을 밝혔다. 다섯째, "단지" 이하는 나라의 이름이 안락임을 밝혔다.

지금 첫 번째는 본문에 써진 것과 같다. "그 응해야 할 대상에 따라서 울려 퍼져" 이하는 두 번째로 소리의 종류를 밝혔다. 여기에 세 가지가 있다. 처음은 총괄적인 것이고, 두 번째는 개별적인 것이며, 세 번째로 "이와 같은 소리를 듣는 사람" 이하는 맺은 것이다. "청정하고 (욕심을 여의며 적멸한 경지에 도달하는 진실한 뜻에) 수순하고" 이하는 세 번째로 소리가 뜻에 따라 변화하여 울리는 것을 밝혔다.【『안양초』권7·『안양집』권7】

波揚無量下。第八揚彼有響。[1] 於中。有五。初想[2]叙妙音。二隨其下。別明聲類。三隨順下。聲隨義轉。四無有下。云無苦名。五但下。國號安樂。今初如文。隨其所應下。第二別明聲類。於中。有三。初惣。二別。三如等下結。隨順淸淨。不[3]明聲隨義轉。【安養抄七·安養集七】

1) ㉯ '響'은 '聲'인 것 같다. 2) ㉯ '想'은 '惣'인 것 같다. 3) ㉯ '不'은 '下三'인 것 같다.

『무량수경의소』【복원본】권상을 마침.

無量壽經義疏【復元】。卷上。終。

무량수경의소 권하 【복원본】
無量壽經義疏 卷下 【復元】

신라 법위新羅 法位 찬撰
에타니 류카이(惠谷隆戒) 복원復元

경 부처님께서 아난에게 말씀하셨다.

"시방세계의 모든 하늘과 사람으로서 지극한 마음으로 그 국토에 태어나기를 소원하는 이는 무릇 세 무리가 있다. 상배인 사람은 다음과 같다. 집(세속)을 버리고 욕망을 버리고 사문이 되어 보리심을 일으키고 한결같이 오로지 무량수불만 생각하면서 온갖 공덕을 닦으며 그 국토에 왕생할 것을 서원한다. 이들 중생은 죽음이 임박했을 때 무량수불께서 여러 대중과 함께 그 사람 앞에 나타나서 즉시 그 부처님을 따라 그 국토에 왕생한다. 문득 일곱 가지 보배로 이루어진 꽃 속에서 저절로 화생化生[1]하여 불퇴전의 지위에 머물고 지혜롭고 용맹스러우며 신통력이 자유자재함을 얻는다. 그러므로 아난아, 어떤 중생이 지금 세상에서 무량수불을 친견하고자 한다면 반드시 위없는 보리심을 일으키고 공덕을 닦으면서 그 국토에 왕생할 것을 서원해야 한다."

부처님께서 아난에게 말씀하셨다.

"중배인 사람은 다음과 같다. 시방세계의 여러 하늘과 사람이 지극한 마음으로 그 국토에 태어나기를 원하면서, 비록 사문이 되어 크게 공덕을 닦는 일은 행할 수 없을지라도, 위없는 보리심을 일으키고 한결같이 오로지 무량수불을 생각하면서 많거나 적게 선을 닦는다. 재계齋戒를 받들어 지니고 탑과 불상을 건립하고 사문에게 공양하며 비단 휘장을 걸고 등불을 켜며 꽃을 뿌리고 향을 태우며, 이것을 회향하여 그 국토에 왕생하기를 서원한다. 그 사람은 임종할 때 무량수불이 그 몸을 변화하여 나타난다. 광명과 상호

---

1 화생化生 : 극락에 왕생하는 사람은 그 탄생의 양태에 따라 태생胎生과 화생으로 나눌 수 있다. 부처님의 지력智力을 믿는 사람은 구품의 행업行業에 따라 각각 연꽃 속에 태어나며, 신상身相의 광명을 일시에 구족하므로 화생이라고 한다. 이에 상대하여 태생은 부처님의 타력他力을 의심하여 자력으로 염불하는 이가 변지의 궁전에 태어나거나, 연꽃 속에 태어나지만 꽃이 피지 않은 상태로 머물러 5백 세 동안 삼보를 보고 들을 수 없는 것을 가리킨다. 이는 태생하는 사람이 모태 안에 갇혀서 해와 달을 볼 수 없는 것과 같기 때문에 태생이라고 한다.

가 모두 진불眞佛과 같은 모습을 하고 여러 대중과 함께 그 사람 앞에 나타난다. 바로 화불化佛을 따라 그 국토에 왕생하여 불퇴전의 지위에 머문다. 공덕과 지혜는 상배인 사람의 다음에 해당한다."

부처님께서 아난에게 말씀하셨다.

"하배인 사람은 다음과 같다. 시방세계의 여러 하늘과 사람이 지극한 마음으로 그 국토에 왕생하고자 하여 가령 온갖 공덕을 지을 수는 없더라도 위없는 보리심을 일으켜 한결같이 뜻을 가울여서 열 번의 생각에 이르기까지 무량수불을 칭념하고 그 국토에 왕생하기를 원한다. 만약 심오한 법을 듣고 기뻐하고 믿고 즐거워하며 의혹을 일으키지 않고, 내지 한 생각이라도 그 부처님을 칭념하며 지극히 정성스런 마음으로 그 국토에 왕생하기를 원한다면 이 사람은 죽음이 임박했을 때 꿈에 그 부처님을 친견하고 또한 왕생한다. 공덕과 지혜는 중배인 사람의 다음에 해당한다."

佛告阿難。十方世界。諸天人民。其有至心。願生彼國。凡有其三輩。其上輩者。捨家棄欲。而作沙門。發菩提心。一向專念無量壽佛。修諸功德。願生彼國。此等衆生。臨壽終時。無量壽佛。與諸大衆。現其人前。即隨彼佛。往生其國。便於七寶華中。自然化生。住不退轉。智慧勇猛。神通自在。是故。阿難。其有衆生。欲於今世。見無量壽佛。應發無上菩提之心。修行功德。願生彼國。佛告阿難。其中輩者。十方世界。諸天人民。其有至心。願生彼國。雖不能行作沙門大修功德。當發無上菩提之心。一向專念無量壽佛。多少修善。奉持齋戒。起立塔像。飯食沙門。懸繒然燈。散華燒香。以此迴向 願生彼國。其人臨終。無量壽佛。化現其身。光明相好。具如眞佛。與諸大衆。現其人前。即隨化佛。往生其國。住不退轉。功德智慧。次如上輩者也。佛語阿難。其下輩者。十方世界。諸天人民。其有至心。欲生彼國。假使不能作諸功德。當發無上菩提之心。一向專意。乃至十念。念無量壽佛。願生其國。若聞深法。歡喜信樂。不生疑惑。乃至一念。念於彼佛。以至誠心。願生彼國。此人臨終。夢見彼佛。亦得往生。功德智慧。次如中輩者也。

소 "부처님께서 아난에게 말씀하셨다. '시방세계의'" 이하는 두 번째로 시방세계에 있는 세 무리의 중생이 왕생하는 모습을 밝혔다. 【중략】『관무량수경』에 의거하면 상배의 왕생은 세 품이 있는데 상품상생·상품중생·상품하생이고 그 행상은 각각 같지 않다. 【중략】 여기(『무량수경』)에서는 세 품(상품상생·상품중생·상품하생)을 합하여 한 품(상배)으로 삼았다. 두 경에서 설한 행상을 논하면 대체적인 특징은 대개 동일하다. 【중략】『관무량수경』에 의거하면 중품을 나누어 세 품(중품상생·중품중생·중품하생)으로 삼았다. 【중략】『관무량수경』에 의거하면 하배 가운데 세 품을 나눴으니 하품상생·하품중생·하품하생이다.[2]【『안양집』 권4】

佛告阿難十方世界下。第二明十方三輩往生相。乃至。若依觀經。上輩生。有其三品。謂上中下。其行相。各各不同。乃至。此中三品爲一品。論其行相。大相大同。乃至。若依觀經。分中品爲三品。乃至。安[1)]觀經。下輩中。分三品。謂上中下。【安養集四】

1) ㉯ '安'은 '若依'인 것 같다.

『관무량수경』에 의거하면 그(중배) 상품과 중품의 두 품[3]은 모두 '아미타

---

2 『觀無量壽經』의 16관 중 제14는 상배관上輩觀, 제15는 중배관中輩觀, 제16은 하배관下輩觀인데, 상배관에서 상배上輩에 상품상생·상품중생·상품하생의 셋을 두고, 중배관에서 중배中輩에 중품상생·중품중생·중품하생의 셋을 두며, 하배관에서 하배下輩에 하품상생·하품중생·하품하생의 셋을 두어, 모두 구품九品을 세운 것을 말한다.
3 『정토술문구결초』(『정토종전서』 11권, 634a)에 따르면 이 문장은 중배에 대해 『무량수경』에서는 "아미타불께서 그 몸을 화현한다."라고 하였고, 『관무량수경』에서는 화불이라고 하지 않아서, 서로 어긋나는 것에 대해 의문을 제기하고 이를 풀어 가는 과정에서 인용

불께서 스스로 나타낸다'고 했을 뿐이고 진신眞身인지 화신化身인지는 말하지 않았다.⁴ 그리고 하품(중품하생)에서는 부처님께서 맞이하는 것을 말하지 않았다.⁵ 여기(『무량수경』)에서는 (중배에 대해) 화신이 와서 맞이하고 진신眞身이 아님을 밝혔다.⁶ 『관무량수경』에서는 이미 진신인지 화신인지를 말하지 않았으니 이 글(『무량수경』의 글)을 바른 것으로 삼는다.【『정토술문구결초』권하】

依觀經。其上中六¹⁾品。皆言彌陀佛自現。不言眞化。然下品中。不言佛迎。此中。明化身來迎。非眞身。觀經。旣不言眞化。似²⁾此文爲正.【淨土述聞口決鈔下】

1) ㉠ '六'은 '二'인 것 같다. 2) ㉠ '似'는 '以'이다.

(중배에서 개별적으로 풀이하는 가운데 네 가지가 있다.) 처음은 본유本有⁷의 단계에서 인因을 닦는 것이다. 둘째, "그 사람은 (임종할 때)" 이하는 사유死有⁸의 단계에서 좋은 상이 있는 것이다. 셋째, "바로 (화불을) 따라" 이하는 중유中有⁹의 단계에서 나아가는 것이다. 넷째, "불퇴전의 지

된 것이다. 그러므로 여기에서 상품과 중품이란 중배의 상품과 중품, 곧 중품상생과 중품중생을 가리킨다. 이 책에서는 『관무량수경』에서 중배를 서술하면서 비구승을 권속으로 삼는다고 했기 때문에 본경의 중배에게 나타난 부처님도 응화불이라고 하여 양자를 회통하였다. 법위의 주장은 바로 이 뒤에 소개된다.

4 『관무량수경』(T12, 345b)에서 중품상생과 중품중생을 설한 것을 참조할 것.
5 『관무량수경』(T12, 345c)에서 중품하생을 설한 것을 참조할 것.
6 본문에서 "무량수불이 그 몸을 변화하여 나타내는데, 광명과 상호가 모두 진불眞佛과 같은 모습으로 여러 대중과 함께 그 사람 앞에 나타나니, 바로 화불化佛을 따라 그 국토에 왕생하고"라고 한 것을 참조할 것.
7 본유本有 : ⓢ pūrva-kāla-bhava. 한 번의 윤회 과정을 존재의 양태에 따라 넷으로 나눈 것 중 하나. 태어난 이후부터 죽음에 이르기까지의 존재를 일컫는 말이다.
8 사유死有 : ⓢ maraṇa-bhava. 한 번의 윤회 과정을 존재의 양태에 따라 넷으로 나눈 것 중 하나. 죽는 순간의 존재를 일컫는 말이다.
9 중유中有 : ⓢ antarā-bhava. 한 번의 윤회 과정을 존재의 양태에 따라 넷으로 나눈 것

위에 머물고" 이하는 생유生有¹⁰의 단계에서 이익을 얻는 것이다.[『안양집』 권4]

初本有修因。二其人下。死有善相。三卽隨下。中有所趣。四住不退下。生有護答。¹⁾【安養集四】

1) ㉑ '護答'은 '獲益'인 것 같다.

경 부처님께서 아난에게 말씀하셨다.

"그 부처님의 국토에 태어나는 여러 보살들은 강설을 할 수 있는데 항상 정법正法을 연설하고, (아미타불의) 지혜에 수순하여 어긋나는 것이 없고 잃어버리는 것도 없다."

佛語阿難。生彼佛國諸菩薩等。所可講說。常宣正法。隨順智慧。無違無失。

소 "어긋나는 것이 없고" 등이라는 것은 성인의 가르침에 어긋나지 않고 바른 이치를 잃지 않는 것이다.[『무량수경초』 권6]

不¹⁾違聖敎。不失正理。【無量壽經鈔六】

1) ㉑ 『무량수경초』에 따르면 '不' 앞에 '無違等者'가 누락되었다.

경 육화경六和敬¹¹을 닦는다.

중 하나. 죽어서 다시 태어나기까지 그 사이의 존재, 곧 사유와 생유生有 사이의 존재를 일컫는 말이다.
10 생유生有 : ⓢupapatti-bhava. 한 번의 윤회 과정을 존재의 양태에 따라 넷으로 나눈 것 중 하나. 태어나는 순간, 즉 모태에 탁태托胎·결생結生하는 찰나의 존재를 일컫는 말이다.
11 육화경六和敬 : 불도를 닦는 수행자들이 서로 행해야 할 여섯 가지 형태의 화경和敬

修六和敬.

소 『보살영락본업경』에서 "신업·구업·의업을 함께하고, 계를 함께하며, 견해를 함께하고, 행을 함께하는 것이다."¹²라고 하였다. '행을 함께하는 것'은 이익을 함께하는 것이라고도 한다. 계와 견해와 이익을 이미 함께하고 신업·구업·의업이 다시 자애롭기 때문에 어긋나고 다투는 일이 없다. 어긋나고 다투는 일이 없기 때문에 "화경"이라 하였다.【『무량수경초』 권6】

瓔珞經云. 謂身業口業意業. 同戒同見同學.¹⁾ 同學²⁾亦名同利. 戒見利既同. 身口意復慈. 故無乖爭. 以無乖爭. 故名和敬.【無量壽經鈔六】.

1) ㉠『보살영락본업경』에 따르면 '學'은 '行'이다.　2) ㉠『보살영락본업경』에 따르면 '學'은 '行'이다.

경 이와 같이 세상 사람들은 선을 지으면 선을 얻고 도를 행하면 도를 얻는 것을 믿지 않고 사람이 죽으면 다시 태어나고 은혜를 베풀면 복을 얻는 것을 믿지 않는다. 선악의 일을 도무지 믿지 않고 이것을 "그렇지 않다."고 말하며 끝내 이러한 일을 인정하지 않는다. 단지 이러한 생각으로 말미암아 살아가기 때문에 자신의 견해에만 집착한다.

如是世人. 不信作善得善爲道得道. 不信人死. 更生惠施得福. 善惡之事. 都不信之. 謂之不然. 終無有是. 但坐此故. 且自見之.

(조화를 이루고 공경하는 것)을 일컫는 말. 곧 신화경身和敬(예배 등을 함께하는 것)·구화경口和敬(讚詠 등을 함께하는 것)·의화경意和敬(信心 등을 함께하는 것)·계화경戒和敬(戒法을 함께하는 것)·견화경見和敬(견해를 함께하는 것)·이화경利和敬(옷·음식 등의 이익을 함께하는 것)이다.
12 『보살영락본업경』 권상(T24, 1013b).

소 "사람이 죽으면……믿지 않는다." 이하는 보인보과報因報果를 부정하는 것이다. "선악의 일" 이하는 총괄하여 부정하면서 모두 없다고 하는 것이다.【『무량수경초』권6】

不信人死下。撥無報因報果。善惡之不。[1] 總撥並無。【無量壽經鈔六】

1) ㉠ '不'은 '下'인 것 같다. '不' 앞에 '事'가 누락된 것 같다.

경 삼계를 유유자적하게 노닐며 교화함에 있어서 구애받는 것이 없었고 경전의 핵심적인 뜻을 취하여 지혜를 얻게 하고 온갖 도리의 요체를 알게 하였다. 강유綱維(법도)를 제시하여 행위를 제어하고 바른 것과 삿된 것을 밝게 드러내어 분명하게 알도록 하며, 오취五趣(五道)의 중생에게 도리를 열어 보임으로써 아직 건너지 못한 이를 건네주어 생사를 끊어서 다스리고 열반의 도를 얻게 하였다.[13]

遊步三界。無所拘礙。典攬智慧。衆道之要。執持綱維。昭然分明。開示五趣。度未度者。決正生死。泥洹之道。

소 생사의 온갖 흐름을 끊고 바로 열반의 도에 들어가게 할 수 있기 때문에 "(생사를) 끊어서 다스리고" 등이라고 하였다.【『무량수경초』권6】

能決生死衆流。正涅槃之道。故云決正等。【無量壽經鈔六】

경 "너희들은 각각 정진하여 마음에 세운 소원을 이룰 것을 추구하고, 의

---

13 이것은 석가모니부처님께서 자신이 교화하여 중생에게 이익을 준 것에 대해 설한 부분이다.

혹을 일으키고 중도에 후회하여 스스로 허물이 되는 일을 지음으로써 극락
정토의 변지邊地에 있는 칠보로 이루어진 궁전에 태어나 5백 년 동안 온갖
불행을 겪는 일이 없도록 해야 한다."

미륵이 말씀드렸다. "부처님의 귀중한 가르침을 받았으니 오로지 정밀하게
닦고 배우며 가르치신 대로 받들어 행하며 감히 의심하는 마음을 품지 않겠
습니다."

汝等。宜各精進。求心所願。無得疑惑中悔。自爲過咎。生彼邊地。七寶宮
殿。五百歲中。受諸厄也。彌勒白言。受佛重誨。專精修學。如教奉行。不敢
有疑。

소 "극락정토의 변지에 있는 칠보로 이루어진 궁전에 태어나 5백 년
동안 온갖 불행을 겪는 일"이라는 것은 다음과 같다.

生彼邊地七寶宮殿五百歲中受諸厄者。

이러한 한 종류의 왕생이 있어서 앞에서 말한 세 무리에 들어가지 않
는다. 곧 (『무량수경』에서) "(어떤 중생은) 의심하는 마음으로 공덕을 닦
고 안락정토에 왕생하기를 원한다. 불지佛智인 부사의지不思議智와 불가
칭지不可稱智와 대승광지大乘廣智와 무등무륜최상승지無等無倫最上勝智[14]를

---

14 불지佛智인 부사의지不思議智와 불가칭지不可稱智와 대승광지大乘廣智와 무등무륜
최상승지無等無倫最上勝智 : 혜원이 『無量壽經義疏』 권하(T37, 115b)에서 "여기에서
처음에 '불지를 알지 못하고'라고 하였는데, 이 구절은 총괄적인 것이다. '부사의지 등
을 알지 못하고'란 개별적인 것이다. 불지는 매우 깊어서 다른 사람은 헤아릴 수 없기
때문에 부사(의)지라고 하고, 불지는 매우 많아 언설로 다 말할 수 없기 때문에 불가칭
지라고 하며, 모든 법문을 끝까지 다 알기 때문에 대승광지라고 하며, 그 지위가 높고
빼어나기 때문에 무등(무)륜최상승지라고 한다.(於中。初言不了佛智。此句。是總。不思

분명하게 알지 못하기 때문에 이러한 여러 지혜를 의심하여 믿지 않지만 또한 죄복罪福의 인과는 믿기 때문에 선의 근본을 닦고 안락정토에 왕생하기를 원한다. (이러한 모든 중생은) 그 국토의 칠보로 이루어진 궁전에 태어나는데 (그 크기가) 혹은 백 유순이고 혹은 5백 유순이다. 각각 그 속에서 살면서 온갖 쾌락을 누리는데 도리천忉利天[15]과 같다. 아울러 5백 년 동안 살면서 부처님을 친견하지 못하고 경법經法을 듣지 못하며, 보살과 성문 등의 성중聖衆도 보지 못한다. 이것을 변지에 태어나는 것이라고 하고 또한 태생胎生이라 한다."[16]라고 하였다.

"변지"라는 것은 그곳에 사는 5백 년 동안 삼보를 보지도 듣지도 못한다고 하였으니 의미상으로는 변지난邊池難[17]과 같다. 혹은 안락국토에서

等。別。佛智淵深。餘不能測。名不思智。佛智衆多。非言能盡。言不可稱。於諸法門。知之窮盡。名爲廣智。位分高出。名無等倫最上勝智)"라고 한 것을 참조할 것.
15 도리천忉利天 : 욕계에 속하는 여섯 하늘 중 두 번째 하늘. 제석천이 머무는 하늘, 혹은 그곳의 중생의 이름. 이곳에 태어나는 이는 처음 태어날 때 여섯 살 정도 되는 아이 모습을 하며, 색이 원만하고 옷은 저절로 입혀진다.
16 (어떤 중생은) 의심하는 마음으로~태생이라 한다. : 『무량수경』 권하(T12, 278a)에서 "어떤 중생은 의심하는 마음으로 여러 가지 공덕을 닦고 그 국토에 왕생하기를 원한다. 곧 불지佛智인 부사의지不思議智와 불가칭지不可稱智와 대승광지大乘廣智와 무등무륜최상승지無等無倫最上勝智를 분명하게 알지 못하기 때문에 이러한 여러 지혜를 의심하여 믿지 않지만, 죄복罪福의 인과는 믿기 때문에 선의 근본을 닦고 그 국토에 왕생하기를 원하는 것이다. 이러한 모든 중생은 그 (국토의 변지에 있는) 궁전에 태어나 5백 년 동안 살면서 영원히 부처님을 친견하지 못하고, 경법經法을 듣지 못하며, 보살과 성문 등의 성중聖衆도 보지 못한다. 그러므로 그 국토에서 이것을 태생이라 한다.(若有衆生。以疑惑心。修諸功德。願生彼國。不了佛智。不思議智。不可稱智。大乘廣智。無等無倫最上勝智。於此諸智。疑惑不信。然猶信罪福。修習善本。願生其國。此諸衆生。生彼宮殿。壽五百歲。常不見佛不聞經法。不見菩薩聲聞聖衆。是故。於彼國土。謂之胎生)"라고 한 것과, 같은 책 권하(T12, 278a)에서 "'그 국토의 인민으로 태생에 의해 왕생하는 이도 있는데 너희는 보았느냐?' 대답하였다. '이미 보았습니다.' '그곳에 태생에 의해 왕생한 이들이 거주하는 궁전은 혹은 백 유순이고, 혹은 5백 유순이며, 각각 그 속에서 살면서 온갖 쾌락을 누리는데, 도리천에서처럼 그 모든 것이 저절로 이루어진다.'(彼國人民。有胎生者。汝復見不。對曰已見。其胎生者。所處宮殿。或百由旬。或五百由旬。各於其中。受諸快樂。如忉利天上。皆自然)"라고 한 것을 합한 것이다.
17 변지난邊地難 : 팔난八難 중 하나. 팔난이란 『증일아함경』 권36(T2, 747a)에서 "첫째는

도 가장 변두리에 있는 것이다. "태생"이라는 것은 비유하면 태생하는 사람이 처음에 태어났을 때 인·법이 아직 이루어지지 않은 것과 같은 것이다. "변"은 그곳에서의 어려움(難)을 말하고 "태"는 그곳에서의 어두움을 말한다. 이 두 가지 이름은 이것을 빌려서 그것을 비유했을 뿐이다.[18]

"변지"라는 것은 이곳에서의 변지난邊地難과 (꼭) 일치하는 것은 아니니 5백 년이 지난 뒤에 다시 삼보를 보고 들을 수 있기 때문이다. "태생"이란 이곳에서의 포태胞胎(잉태)와 같지 않으니 나중에 그 국토에서 한결같이 화생化生하는 것이기 때문이다.[19]

有此一種往生。不入前三輩中。謂以疑惑心。修[1)]功德。願生安樂。由[2)]不了佛智。不思議智。不可稱智。大乘廣智。無等無倫最上勝智。於此諸智。疑惑不信。仍[3)]信罪福。修習善本。願生安樂。生彼國中。七寶宮殿。或百由

지옥에 태어나는 것이고, 둘째는 축생으로 태어나는 것이며, 셋째는 아귀로 태어나는 것이고, 넷째는 장수천長壽天(하늘에 속한 대중의 하나. 색계·무색계의 어느 하늘에 속하는 것인지에 대해서는 이설이 있다.)으로 태어나는 것이다.(역자주: 여기까지는 부처님께서 출현하신 때라고 해도, 부처님께서 설법하시는 곳에 태어나지 않았기 때문에 겪는 어려움을 말한 것이다.) 다섯째는 변지邊地(문화의 중심지에서 멀리 떨어진 변두리 지역)의 하천한 종족으로 태어나서 설법을 들을 기회가 없는 것이고, 여섯째는 육정六情(육근六根)을 온전히 갖추지 못하여 설법을 해도 들을 수 없는 것이며, 일곱째는 마음과 인식이 사견에 물들어 설법을 해도 믿지 않는 것이고,(역자주: 여기까지는 부처님께서 출현하신 때에, 부처님께서 설법하시는 곳에 태어났지만, 자신이 처한 문제 상황에 의해서 그 말씀을 받아들이지 못하는 어려움을 말한 것이다.) 여덟째는 부처님께서 출현하지 않으셨을 때 태어나는 것이다."라고 했다.

18 이러한 한 종류의~비유했을 뿐이다. : 이 부분은 담란曇鸞의 『略論安樂淨土義』(T47, 1c)와 문장과 내용이 거의 동일하다.

19 『略論安樂淨土義』(T47, 2a)에서 바로 이어서 "팔난 중의 변지난이 아니고 포태 가운데의 태생도 아니다. 어떻게 그것을 아는가? 안락국토는 한결같이 화생이기 때문이다. 그러므로 실제로 태생한다는 것을 말하는 것은 아님을 알 수 있다. 오백 년 뒤에 다시 삼보를 보고 들을 수 있기 때문이다. 그러므로 팔난 중의 변지난은 아니라는 것을 알 수 있다.(非是八難中邊地。亦非胞胎中胎生。何以知之。安樂國土。一向化生故。故知非實胎生。五百年後。還得見聞三寶故。故知非八難中邊地也。)"라고 한 것과 문장은 다르지만 뜻은 동일하다.

旬。或五百由旬。各於其中。受諸快樂。如忉利天。並[4)]於五百歲。不見佛。不聞法。不見菩薩聲聞衆。謂之邊地。首[5)]胎生。邊地者。言其五百歲中不見聞三寶。義聞[6)]邊地之難。或亦於安樂國土。衆[7)]在其邊。胎生者。譬如胎生人。初生之時。人法未成。邊言其難。胎言其闇。此二名皆借此況彼耳。邊地者。不同此方邊地難。由五百歲後。還得見聞三寶故。胎生者。不同此方胞胎。由後彼國一向化生者。[8)]

1) ㉻『무량수경』에 따르면 '修' 뒤에 '諸'가 누락되었다. 2) ㉻『무량수경』에 따르면 '由'은 연자이다. 3) ㉻『무량수경』에 따르면 '仍'는 '然猶'이다. 4) 『무량수경』에 따르면 '並'은 '壽'이다. 5) 『略論安樂淨土義』에 따르면 '首'는 '亦曰'이다. 6) ㉻『略論安樂淨土義』에 따르면 '聞'은 '義同'이다. 7) ㉻『略論安樂淨土義』에 따르면 '衆'은 '最'이다. 8) ㉻ '者'는 '故'인 것 같다.

㉲ 그곳에 태생하는 사람은 칠보로 이루어진 궁전에 머물며 쾌락을 누리기만 하는 것이 아닌가, 다시 무엇을 억념하게 되는 것인가?

㉰ 경에서 비유하여 말하기를 "비유컨대 전륜성왕의 왕자가 왕에게 죄를 지었을 경우 바로 그 궁전에 가두고 금으로 만든 쇠사슬로 묶은 채로 모든 공양구를 모자람이 없게 하기를 전륜성왕처럼 한다고 해도, 왕자는 이때 비록 미묘하고 좋은 여러 가지 오락 도구가 있더라도 마음으로 쾌락을 받아들이지 못하고 단지 벗어날 것을 추구하고 나갈 것을 바랄 뿐인 것과 같다. 그곳에 태생하는 이도 이와 같아서 비록 칠보로 이루어진 궁전이 있고 미묘한 색·향 등의 경계가 있어도 이것을 즐거워하지 않고 단지 삼보를 보지 못하여 공양하여 온갖 선의 근본을 닦는 일을 하지 못하는 것을 고통으로 여길 뿐이다. 만약 그가 과거에 지은 죄를 알아 깊이 후회하고 그곳에서 떠날 것을 추구하면 바로 뜻대로 되어 다시 세 무리의 왕생하는 사람들과 같아진다."[20]라고 하였다. 5백 년의 마지막에 이르러

---

20 『무량수경』 권하(T12, 278b)의 취의 요약이다.

서 비로소 죄를 알고 허물을 참회할 뿐인 것이다.²¹

處¹⁾寶宮中。受快樂不。²⁾ 後³⁾何所憶念。答曰。經喩曰。譬如轉輪王子。得罪於王。內於後⁴⁾宮。繫以金璅。⁵⁾ 一切供具。無所色⁶⁾少。猶如王子。⁷⁾ 王子于時。雖有妙好種種自娛樂具。心不受樂。但念設諸方便。求勉⁸⁾希出。彼胎生者。復如是。雖有⁹⁾七寶閣¹⁰⁾宮殿。有妙色聲等。不以爲樂。但以不見三寶。不得供養修諸善本。以之爲苦。若識其本罪。深自悔責。求離彼處。卽得如意。遂¹¹⁾同三輩生者。當是五百年末。方識罪悔過耳。

1) ㉯『略論安樂淨土義』에 따르면 '處' 앞에 '問曰彼胎生者'가 누락되었고 뒤에는 '七寶'가 누락되었다. 2) ㉯『略論安樂淨土義』에 따르면 '不'는 '否'이다. 3) ㉯『略論安樂淨土義』에 따르면 '後'는 '復'이다. 4) ㉯『무량수경』에서 따르면 '內於後'는 '輒內彼'이다. 5) ㉯『무량수경』에서 따르면 '璅'는 '鎖'이다. 6) ㉯『무량수경』에서 따르면 '色'은 '乏'이다. 7) ㉯『무량수경』에서 따르면 '子'는 연자이다. 8) ㉯『무량수경』 미주에서 유포본에 따르면 '勉'은 '免'이라고 하였는데, 후자가 맞는 것 같다. 9) ㉯『略論安樂淨土義』에 따르면 '有'는 '處'이다. 10) ㉯『略論安樂淨土義』에 따르면 '閣'은 연자이다. 11) ㉯『略論安樂淨土義』에 따르면 '遂'는 '還'이다.

㊂ 의심하는 마음으로 안락정토에 왕생하는 것을 태생하는 사람이라고 하였는데, 무엇을 의심을 일으키는 것이라고 하는 것인가?

㊁ 경에서는 단지 "의심을 일으키고 믿지 않는다."라고만 하고 그 이유는 나타내지 않았다. 지금 생각해 보면 경에서 "불지佛智인 부사의지不思議智와 불가칭지不可稱智와 대승광지大乘廣智와 무등무륜최상승지無等無倫最上勝智를 분명하게 알지 못하여 이러한 모든 지혜에 대해 의심을 일으키고 믿지 않는다."²²라고 했으니 의심이라는 것은 이 지혜에 대해 의심하는 마음을 일으키는 것이다.

21 ㊂ 그곳에 태생하는~참회할 뿐인 것이다. : 『略論安樂淨土義』(T47, 2a)와 문장과 내용이 동일하다.
22 『무량수경』 권하(T12, 278a23).

이제 의심하는 것을 낱낱이 서술하고 지혜에 의해 버리는 것을 말해 보겠다.

"불지를 분명하게 알지 못하여"라는 구절은 의심하는 것을 총괄적으로 밝힌 것이다. (뒤의 네 가지 지혜를) 총괄하는 것이 불지이기 때문이다. 뒤의 네 구절은 의심하는 것을 낱낱이 서술하고 버리는 것을 말한 것이다.[23]

問曰。以疑惑心。往生安樂。名曰胎生者。奇[1]起疑。答曰。經中。但云疑惑不信。不出所由。今尋。經云。不了佛智。不思議智。不可稱智。大乘廣智。無等無倫最上勝智。於此諸智。疑惑不信。惑者。約此智赴[2]疑惑心。今一一叙疑。以智對遣言。不了佛智者。此句惣斥[3]所疑。惣是佛智故。下四句。一一叙叙[4]疑勤[5]遣。

1) ㉠『略論安樂淨土義』에 따르면 '奇'는 '云何'이다. 2) ㉠ '赴'는 '起'인 것 같다. 3) ㉠『略論安樂淨土義』에 따르면 '斥'은 '辨'이다. 4) ㉠ '叙'는 '所'인 것 같다. 5) ㉠ '勤'은 '對'인 것 같다.

첫 번째 의심하는 뜻은 다음과 같다.

만약 단지 부처님의 명호를 억념하기만 한다면 반드시 그 국토에 왕생한다고 할 수는 없다. 무엇 때문인가? 경에서 "선악과 그에 따른 죄복은 저울처럼 정확하게 상응하여 무거운 것을 먼저 끌어당긴다."[24]라고 하

---

23 ㉠ 의심하는 마음을~말한 것이다. : 이상은 내용에 약간의 가감이 있기는 하지만 『略論安樂淨土義』(T47, 2a29)와 취지가 동일하다.
24 『兩卷無量壽經宗要』(T37, 130b)에서 "如佛經說。善惡業道。罪福不朽。重者先牽。", 『無量壽經優婆提舍願生偈註』 권상(T40, 834b)에서 "業道經言。業道如秤。重者先牽。", 『略論安樂淨土義』(T47, 2b3)에서 "經言。業道如秤。重者先牽。", 『安樂集』 권상(T47, 10c)에서 "大乘經云。業道如秤。重處先牽。"이라고 하여 동일한 내용을 인용했지만 해당 경전은 분명하지 않다. 정토부 경전 이외에 업의 이치를 설한 경전을 일괄적으로 지칭하는 것으로 생각된다. 앞의 책은 모두 그 뒤를 이어서 온갖 악한 행위와 열 번 동안 상속하면서 명호를 생각한 것은 경에서 선악에 상응하는 죄복의 과보가 저울

였다. 어떻게 악을 지은 때가 많아서 악을 지음이 무거운데도 단지 열 번의 생각을 서로 이어서 일으키는 것만을 선으로 삼아서 바로 왕생하여 삼악도와 영원히 격리될 수 있다고 하겠는가? (만약 이 말이 맞다면) "무거운 것을 먼저 끌어당긴다."라고 한 것과 (서로 일치하지 않으니 이 말은) 그 뜻이 어디에 있는 것인가? 또 아미타불의 국토는 삼계를 넘어서 있다. (만약 이 말이 맞다면) 삼계의 혹업을 끊지 않고 부처님의 명호를 억념하는 것만으로 바로 그 국토로 넘어 올라가서 바로 삼계를 벗어난다고 하는 것과 (서로 일치하지 않으니) 이러한 뜻은 믿기 어렵다.

지금 이러한 의심을 버리게 하기 위해 "부처님께서는 부사의지를 지니고 있다."라고 말한 것이다.

'부사의지'라는 것은 대원경지大圓鏡智이다. 팔식八識(아뢰야식)을 전의轉依[25]하여 얻는 것이다. 한 면의 거울이 영상을 나타낼 수 있는 것처럼 한 지혜의 힘으로 온갖 미혹을 소멸시킬 수 있다. 비유하면 가는 털이 만 근이나 쌓여 있어도 콩알만 한 불로 태울 수 있고, 큰 광명이 천 갈래로 빛나도 달이 뜨면 바로 광명이 가려지는 것과 같으니, (어떻게 그렇게) 큰 광명과 (만 근이나 되는) 가는 털이 (콩알만 한 불과 달에 의해 사라질 수 있다는 말인가라고 하면서) 헤아리겠는가?[26] 지금 열 번의 생각을 서로

처럼 준엄한 이치를 설한 것에 의거할 때, 전자가 무겁고 후자는 가벼운 것이기 때문에 전자가 우선적으로 과보에 적용되어 지옥에 떨어져야 한다고 하여 십념염불十念念佛에 의해 정토에 왕생하는 가르침에 대해 의심을 일으키는 사람의 사례를 들고, 이러한 의심을 제거하기 위해 부사의지를 설한 것이라고 하였다. 법위 역시 이를 따르고 있다.

25 전의轉依 : '전의'란 소의所依를 전환시키는 것을 뜻한다. '의'란 염정染淨·미오迷悟 등과 같은 제법의 소의所依를 가리킨다. '전의'란 곧 하열한 법의 소의를 전사轉捨하고 뛰어나고 청정한 법의 소의를 전득轉得하는 것이다. 유식학파에 따르면 성도聖道를 닦음으로 말미암아 번뇌장와 소지장을 끊고 열반과 보리의 과를 증득하는데, 이 두 가지 과를 이전의과二轉依果라고 한다.

26 원효가 『兩卷無量壽經宗要』(T37, 130c)에서 "가까운 것을 먼 것으로 하고 먼 것을 가까운 것으로 하며, 무거운 것을 가벼운 것으로 하고 가벼운 것을 무거운 것으로 할 수

이어지게 하면 생각마다 80억겁을 생사 윤회할 죄를 없앨 수 있다고 하는 것은 뜻이 여기에 있다.

부처님의 명호를 억념하는 것과 영상을 나타내는 일은 업을 제어할 수 있는 것에 견줄 수 있다. 이미 공을 관찰하지 않으면 아직 의심을 제거할 수 없으니 그러한 종자를 지니고 왕생한다고 한다면 이러한 뜻은 근거가 없다. '삼계를 벗어난다'라고 한 것은 그곳에는 욕망이 없기 때문에 욕계가 아니고, 대지에 의지하여 머물기 때문에 색계가 아니며, 색형色形이 있기 때문에 무색계가 아니니, 그러므로 '삼계에서 벗어난다'라고 한 것이고 미혹을 제거하였음을 말하는 것은 아니다. 삼계를 벗어나면 변역신變易身[27]을 받는데 그곳(정토)에는 분단신分段身[28]이 있기 때문이다.

있다. 비록 진실로 이러한 일이 있지만 생각으로 헤아릴 수 있는 경계가 아니다. 그러므로 단지 우러르며 믿어야 한다. 경에서 설한 것을 자신의 얕은 지식으로 판단해서는 안 된다. 믿음을 내게 하고자 하여 일로써 비유하면 다음과 같다. 비유컨대 천 년 동안 땔감을 쌓아 높이가 100리나 되어도 콩알만 한 불에 타면 하루 만에 모두 사라지는 것과 같은데, (이것에 대해) 천 년 동안 쌓아 온 섶이 어떻게 하루 만에 다한다는 말인가라고 말할 수 있겠는가? 또한 걷는 것에 장애가 있는 사람이 스스로의 힘으로 부지런히 걸으면 여러 날을 지나서야 1유순의 거리에 도달하지만, 다른 사람의 배를 타고 바람과 돛의 힘에 의지하면 하루 만에 천 리를 가는 것과 같으니, (이것에 대해) 걷는 것에 장애가 있는 사람의 몸으로 어떻게 하루에 천 리를 갈 수 있다는 말인가라고 말할 수 있겠는가? 세간의 뱃사공의 몸으로도 오히려 이와 같이 생각을 넘어서는 일을 행하는데 어찌 하물며 여래 법왕의 힘으로 부사의한 일을 하지 못하겠는가?(能以近爲遠。以遠爲近。以重爲輕。以輕爲重。雖實有是事。而非思量境。所以直應仰信。經說不可以自淺識思惟。若欲生信。應以事況。譬如千年積薪。其高百里。豆許火燒。一日都盡。可言千年之積薪。如何一日盡耶。又如躄者。自力勤行。要逕多日。至一由旬。若寄他船。因風帆勢。一日之間。能至千里。可言躄者之身。云何一日至千里耶。世間船師之身。尚作如是絶慮之事。何況如來法王之勢。而不能作不思議事耶)"라고 한 것을 참조할 것.
27 변역신變易身 : 변역생사變易生死하는 몸을 일컫는 말. 상대어는 분단신分段身이다. 삼계 안에서 생사 윤회하는 몸을 여읜 이후부터 성불成佛에 이르기 이전까지의 성자가 받는 몸이다. 무루無漏의 비원력悲願力으로 말미암아 분단생사分段生死(삼계를 윤회하는 범부의 생사. 자신이 지은 業因에 따라 신체에 大小, 長短 등의 분한이 있어 分分段段으로 생사하는 것)하는 거칠고 하열한 몸을 변화하여 미세하고 미묘하며 색형色形·수명 등에 있어서 한정을 갖지 않는 몸을 받기 때문에 변역신이라 한다.
28 분단신分段身 : 분단생사分段生死하는 몸. 분단생사란 계내(界內 : 삼계의 안)에서 윤

第一疑意云。若但誦[1]念佛名。不必得生彼國。何以故。經云。業道如稱。[2] 重者先牽。云何作惡時多。爲惡卽重。今[3]以十念相續爲善。卽經[4]便得往生。與三塗永隔。重者先牽。其義安在。又彌陀國。於過三界。不改[5]其惑業。以誦[6]念佛名。卽得超昇。帶[7]出界。此義難信。今爲遣此疑。故言佛有不思議智。不思議智者。是大圓鏡智。轉八識依得。一面之鏡。能現永[8]像。一智之力。能消萬惑。女[9]豪[10]毛萬行[11]。豆大[12]能焚。皇光千曜。百[13]便掩光。皇毛之所擬。今以十念相續。念念之中。能除八十億劫生死之罪。義在玆乎。然念佛像事。准可制業。旣不觀空。未得除惑。帶種往生。此義無宮。[14] 言出三界者。彼無欲故非欲界。依地住故非色界。有色形故非無色界。故云出三界。非謂除惑。出三界。受變易身。彼有分段身故。

1) ㉡『略論安樂淨土義』에 따르면 '誦'은 '憶'이다. 2) ㉡『略論安樂淨土義』에 따르면 '稱'은 '秤'이다. 3) ㉡『略論安樂淨土義』에 따르면 '今'은 '但'이다. 4) ㉡『略論安樂淨土義』에 따르면 '經'은 연자이다. 5) ㉡『略論安樂淨土義』에 따르면 '改'는 '斷'이다. 6) ㉡『略論安樂淨土義』에 따르면 '誦'은 '憶'이다. 7) ㉡ '帶'는 '便三'인 것 같다. 8) ㉡ '永'은 '影'인 것 같다. 9) ㉡ '女'는 '譬如'인 것 같다. 10) ㉡ '豪'는 '毫'인 것 같다. 11) ㉡ '行'은 '斤'인 것 같다. 12) ㉡ '大'는 '火'인 것 같다. 13) ㉡ '百'은 '月'인 것 같다. 14) ㉡ '宮'은 '據'인 것 같다.

두 번째 의심은 다음과 같다.

부처님을 각覺이라 하는 것은 불각不覺에 상대하는 것이고, 생사 윤회하는 범부를 불각不覺이라 하는 것은 각을 상대하여 세운 것이다. 어떻게 (부처님과 범부가) 현격하게 단절된 면이 있어서 (부처님을) 칭념하면 많은 복을 얻는다고 하는 것인가?

지금 이러한 의심을 버리게 하기 위해 부처님께서 불가칭지不可稱智를 갖추고 있음을 밝혔다.

회하는 범부의 생사를 가리키는 말로, 자신이 지은 업인業因에 따라 몸집의 크고 작음, 수명의 길고 짧음 등에 있어서 한정이 있는 형태의 신체로 생사하는 것을 말한다.

이 지혜는 평등성지平等性智이다. 칠식七識(말나식)을 전의하여 얻는다. 진실로 지혜는 거울과 같고 거울이 지혜와 같아서 평등하여 분별할 수 없으니 칭위를 끊었다. 그리하여 말을 한다고 해도 소리에 의해 소리를 끊었으니 소리에 머물지 않는다. 단지 세간의 이름을 빌려서 현묘한 뜻(玄旨)을 나타내었을 뿐이니, 뜻을 얻으면 바로 말은 버려야 한다. 그런데 각은 불각에 상대하여 일컬어질 수 있는 것이어서 현격하게 단절된 것이 아니라고 집착하면서 칭념해도 많은 복을 얻을 수 없다고 한다면 옳지 않다. 문자는 성품이 여의는 것에 있음을 안다면 어찌 문자를 여의고 해탈이 있다고 하겠는가? 그리하여 경계를 여의고 명칭을 끊으니 경계가 불가칭이기 때문에 지혜도 불가칭이라고 한다. 곧 이것이 평등성지이니, 어떻게 인시因時에서의 칠식七識이라는 불각不覺에 해당하는 명칭으로 과시果時에서의 각지覺智에 해당하는 명칭을 헤아릴 수 있겠는가?【『안양집』 권7·권5. 『안양초』 권1·권4·권6·권7】

後彼有。[1] 佛名覺。待不覺。而生死凡。名不覺。待覺而立。有何懸絶。念得多福。今爲遣此疑。佛明有不可稱智。此智。是平等性智。轉七識依得。良由智如鏡。鏡如智。平等不可分別。絶於稱謂。而言者。以聲止聲。非住聲也。且[2] 假世名。以詮玄旨。得意卽須已[3] 言。而執覺待不覺。得爲可稱。不爲懸絶。念無多福者。不然。若知文字性離。豈離文字而有解脫乎。然講[4] 境絶名。境不可稱故。智亦名不可稱。卽是平等性智。如何。以因時七識不覺之名而擬。【安養集七·五。安養抄一·四·六·七】

1) ㉮ '後彼有'는 '第二疑'인 것 같다. 2) ㉯ '且'은 '但'인 것 같다. 3) ㉰ '已'는 '亡'인 것 같다. 4) ㉱ '講'은 '離'인 것 같다.

세 번째는 다음과 같이 의심한다.
부처님께서는 일체중생을 제도할 수 없다. 과거의 한량없는 부처님께서 이미 멸도하셨지만 중생은 다 제도되지 않았고, 현재의 시방세계에 또한 한량없는 명호의 부처님이 계셔서 각각 중생을 제도하시지만 중생은 다 제도되지 않았다. (만약 부처님께서 일체중생을 제도하신다면) 만약 첫 번째 부처님께서 중생을 제도하시면 중생이 다 제도되어 아직 제도되지 않은 중생은 없어야 하지만, 두 번째 부처님께서 국토를 섭수하고 중생을 교화하는 상황이 생겨났으니, 어떻게 아미타불을 생각한다고 해서 모두 왕생할 수 있겠는가?

이러한 의심을 다스리기 위해서 대승광지大乘廣智를 말하였다. 이는 부처님께서는 어떤 법도 알지 못하는 것이 없고 어떤 미혹도 바꾸게 하지 않음이 없으며 어떤 선도 짝하지 않음이 없고 어떤 중생도 제도하지 않음이 없음을 밝힌 것이다.

이것은 묘관찰지妙觀察智이다. 제6식(의식意識)을 전의하여 얻는다. 이 지혜가 없으면 일체중생을 제도할 수 없다. 만약 한 부처님에게 능력이 있으면 일체의 부처님도 능력이 있는 것이니 모든 부처님은 평등하기 때문이다. 형상에 나아가서 중생을 섭수함에 거주하는 방위가 같지 않고, 이로움을 위해 나타냄에 있어서 기연을 따르니 어느 것이 오든 응應하지 않음이 없다. 어찌 한 부처님이 중생을 다 제도할 수 있는 것이 바로 다른 부처님에게 그런 능력이 있는 것을 장애하겠는가? 예컨대 아비지옥阿鼻地獄[29]을 한 사람이 가득 채우는 것과 같으니 (그렇다고 해서) 어찌 다른 사람이 그곳에 태어나는 것을 장애하겠는가?

---

[29] 아비지옥阿鼻地獄 : '아비'는 [S] Avici의 음역어로 무간無間이라 의역한다. 팔열지옥八熱地獄의 여덟 번째 지옥이다. 남섬부주의 지하로 2만 유순 내려간 곳에 있다. 이 지옥의 중생은 한 순간도 쉴 틈 없이 고통을 받기 때문에 붙여진 이름이다. 다섯 가지 역죄를 지으면 이곳에 태어나기 때문에 다섯 가지 역죄를 다섯 가지 무간죄無間罪라고도 한다.

果時覺智之稱.¹⁾ 三者疑. 三²⁾佛不能實度一切衆生. 過去無量佛. 已滅度.
生不盡. 現在十方. 亦有無量佛名. 各度衆生. 而亦不盡. 若第一稱³⁾佛度
生. 盡不應有. 第二佛攝土化生. 云何念彌陀佛者. 皆得往生. 爲對此疑.
故言大乘廣智. 此明佛無法不知. 無惑不改. 無善不倫. 無生不度. 此是妙
觀察智. 由轉第六識依得. 若無此智. 則不能度蓮⁴⁾衆生. 若於一佛有能.
則是一切佛能. 諸佛平等故. 然約像攝物. 居方不同. 利現隨機. 無來不應.
易⁵⁾得一佛盡. 則碍餘佛能乎. 如阿毘地獄一人滿. 豈碍餘人. 不得生.

1) ㉠ 전후문맥상 '果時覺智之稱'은 앞의 '擬' 뒤에 놓여야 한다. 2) ㉠ '三'은 연자인 것 같다. 3) ㉠ '稱'은 연자인 것 같다. 4) ㉠ '蓮'은 '一切'인 것 같다. 5) ㉠ '易'은 '豈'인 것 같다.

네 번째는 다음과 같은 의심을 일으키는 것이다.
부처님께서는 모든 법을 두루 알지 못한다. 오진五塵의 경계는 또한 알 수 있지만 법진경계法塵境界의 경우에는 열네 가지 어려운 질문(十四難)³⁰에 대해 대답할 수 없었다. 어떤 뛰어남이 있어서 칭념하면 많은 복을 얻을 수 있다고 하는 것인가?

---

30 열네 가지 어려운 질문(十四難) : 십사불가기사十四不可記事라고도 한다. 외도가 찾아와서 질문했으나 부처님께서 답변하지 않으신 열네 가지 질문. ① 세간과 자아는 상주하는가, ② 무상한가, ③ 상주하기도 하고 무상하기도 하는가, ④ 상주하지도 않고 무상하지도 않은가, ⑤ 끝이 있는가, ⑥ 끝이 없는가, ⑦ 끝이 있기도 하고 없기도 한가, ⑧ 끝이 있지 않기도 하고 없지 않기도 한가, ⑨ 부처님은 사후에 존재하는가, ⑩ 존재하지 않는가, ⑪ 존재하기도 하고 존재하지 않기도 하는가, ⑫ 존재하는 것도 아니고 존재하지 않는 것도 아닌가, ⑬ 영혼과 신체는 동일한가, ⑭ 다른가 하는 등이다. 부처님의 이러한 태도의 이유에 대한 학자들의 연구는 크게 셋으로 분류할 수 있다. 첫째, 이러한 주제에 대한 논의는 고통으로부터의 해탈이라는 불교의 이상을 실천하는 데 전혀 도움이 되지 않는다는 판단 때문이다. 둘째, 이러한 주제는 형이상학적 문제로서 인식이나 경험의 영역을 벗어난 것이고, 따라서 어떤 논의를 통해서도 정답을 얻을 수 없다는 판단 때문이다. 셋째, 실재는 이성적 사유를 넘어선 것이라는 판단에 기초하여 이성의 독단적 진행을 폐기하는 비판주의적 입장을 드러내려고 했기 때문이다.

이러한 의심을 다스리기 위하여 '부처님께서 무등무륜최상승지를 지니고 있다'고 말한 것이다. 이 지혜는 범부와 비교하면 "무등"이고 이승과 비교하면 "무륜"이며 보살과 비교하면 "최상승"이니, 범부·이승·지전의 보살은 모두 수왕樹王(보리수) 아래서 성도한 것이 그 화신化身임을 알지 못함을 밝히려고 하였다.

이것은 성소작지成所作智이다. 오식五識(前五識)을 전의하여 얻는다. 오진五塵을 수용함이 범부가 오욕五欲에 집착하는 것과 같지 않기 때문이니, 그러므로 "무등"이라 한 것이다. 그 지혜가 항상 깊은 선정에 머물면서 만법萬法을 두루 비춤이 이승이 선정에 드는 것은 알지만 선정에서 나오는 것은 알지 못하여 한계가 있는 것과 같지 않기 때문에 "무륜"이라 하였다. 두 가지 장애(二障)[31]를 모두 다하는 이치를 알아 미혹을 뒤집어 없애고 나서 법을 비춤에 사사로움이 없어지고 가르침을 세워서 중생을 교화하니, 보살이 지전의 지위에 두 가지 장애를 모두 가지고 있는 것, 칠지 이전의 뛰어난 마음, 혹은 십지에서 두 가지 장애가 다하려고 하고 그것으로 인해 십지에서 불성佛性을 보는 것과는 같지 않기 때문에 "최상승"이라고 하였다.

그대는 "열네 가지 어려운 질문에 대답할 수 없었다."라고 하였지만 이것은 알면서도 대답하지 않은 것이니 대답해도 아무런 이익이 없음을 알았기 때문이다.

---

31 두 가지 장애(二障) : 궁극적 경지에 도달하기 위해 끊어야 할 두 가지 장애. 첫째, 번뇌장煩惱障(S kleśa-avaraṇa)이니, 중생의 몸과 마음을 어지럽혀 열반에 이르는 것을 방해하고 생사 윤회하게 만드는 모든 번뇌를 가리킨다. 혹장惑障이라고도 한다. 둘째, 소지장所知障(S jñeya-avaraṇa)이니, 알아야 할 경계를 가려 바른 지혜를 낳는 것을 장애하는 모든 번뇌를 가리킨다. 지장智障·지애智礙 등이라고도 한다. 『성유식론』 권1(T31, 1a8)에서 본 논서는 두 가지 장애를 끊는 것을 목적으로 한다고 하고, 아집我執에 의해 번뇌장이 생겨나고, 법집法執에 의해 소지장이 생겨나며, 번뇌장을 끊음으로 인해 해탈을 증득하고, 소지장을 끊음으로 인해 대보리大菩提를 증득한다고 하였다.

四生疑。佛不能遍知諸法。若¹⁾塵境界亦覺知。若法塵境界。不能答十四難。有何勝。能念念得多福。爲對此疑 故言佛有無等無倫最上勝智。欲明此智。於凡夫無等。於二乘無倫。於菩薩最上勝。凡夫二乘地前菩薩。並不知樹王成道。是其化身。此曰²⁾成所作智。轉五識依得。受用五塵。不同凡夫着五欲故。故言無等。智常在深定。遍照萬法。不同二乘。入定乃知。出定不知。而有限。故言無倫。知二障都盡覆惑已。照法無私。立教化物。不同菩薩地前二障都在。七地已還上心。或在十地。二障欲盡。仍十地。見於佛性。由如罪聲中覺故。³⁾言最上勝智。汝言不能答十四難者。知而不益。⁴⁾益⁵⁾卽無益故。

1) ㉠ '若'은 '五'인 것 같다. 2) ㉠ '曰'은 '是'인 것 같다. 3) ㉠ '由如罪聲中覺故'에는 오자가 있는 것 같다. 4) ㉠ '益'은 '答'인 것 같다. 5) ㉠ '益'은 '答'인 것 같다.

만약 네 가지 지혜를 의심하지 않으면 상품·중품·하품의 근기에 따라 세 무리의 왕생에 들어갈 수 있지만 만약 의심을 일으키면 변지에 태생한다. 지금 이것이 진실한 말씀이니 의심하고 중도에 후회하여 스스로 허물을 짓는 일을 하지 말아야 한다.

若不疑四智。隨上中下。得入三輩生中。若生疑惑。得生邊地胎生故。今誠言。無得疑惑。中悔自爲過咎。¹⁾

1) ㉠ 『무량수경』에서 따르면 '咎'은 '答'이다.

"미륵이 말씀드렸다." 이하는 네 번째로 가르침을 받아들이고 받들어 행하는 것이다.【『안양집』 권7】

彌勒自¹⁾言下。四受敎奉行。【安養集七】

1) ㉠ 『무량수경』에서 따르면 '自'는 '白'이다.

경 중생을 교화하여 다섯 가지 악(五惡)을 버리게 하고 다섯 가지 통(五痛)을 떠나게 하며 다섯 가지 소(五燒)를 여의게 할 것이다.

敎化群生。令捨五惡。令去五痛。令離五燒。

소 ("다섯 가지 악"이라는 것은) 다섯 가지 계(五戒)[32]에 의해 방호해야 하는 것이다. 몸과 관련된 것에 세 가지[33]가 있으니 셋이 되고, 입과 관련된 것에 네 가지[34]가 있으니 하나로 삼으며, 술을 마시는 것을 더하기 때문이다.[35] "통"은 지옥과 같은 고통을 받는 것이고 "소"는 지옥地獄(苦具)[36]의 과보를 받는 것이다.【『무량수경초』 권7】

五攝七支。[1) 身三爲三。口四爲一。及飮酒故。痛地獄苦。燒者苦具。【無量壽經鈔七】

1) ㉭ '攝七支'는 '戒所防'인 것 같다.

경 선을 닦을 줄 모르고, 악하고 어긋나며 도리를 지키지 않으니, 나중에 재앙과 벌을 받아 저절로 향하여 나아간다. 신명神明(신령)에 기록되어 죄를

---

32 다섯 가지 계(五戒) : 재가신자가 수지해야 하는 계. 첫째는 살생을 하지 않는 것이고, 둘째는 도둑질을 하지 않는 것이며, 셋째는 삿된 형태의 음행을 하지 않는 것이고, 넷째는 거짓말을 하지 않는 것이며, 다섯째는 술을 마시지 않는 것이다.
33 세 가지 : 『무량수경연의술문찬』에 따르면 살생·도둑질·삿된 형태의 음란한 행위를 가리킨다.
34 네 가지 : 『무량수경연의술문찬』에 따르면 이간질하는 것·추악한 말을 하는 것(惡口)·거짓말·꾸미는 말(綺語)이다.
35 경흥의 『무량수경연의술문찬』 권하(T37, 166a20)에서 유설有說이라 하여 제시한 것과 내용이 같다.
36 지옥地獄(苦具) : '지옥'과 '고구'는 모두 ⓢ naraka의 의역어이다. 불락樂·가염厭 등이라고도 하고 음역어는 나락가那落迦이다. 윤회의 여섯 길 중 가장 하위에 속하는 것. 온갖 형태의 고통을 받는 것으로 묘사되는 곳이다.

법한 이는 사면되는 일이 없다. 그러므로 가난하고 궁색한 사람이 있고 신분이 낮고 천한 사람이 있으며, 걸식하는 사람이 있고 부모가 없는 사람과 자녀가 없는 사람이 있으며, 청각장애인과 시각장애인과 언어장애인이 있고 어리석은 사람과 포악한 사람이 있으며, 왜소한 사람과 미친 사람과 모자라는 사람이 있기에 이른다.[37]

不知修善。惡逆無道。後受殃罰。自然趣向。神明記識。犯者不赦。故有貧窮。下賤。乞匃。孤獨。聾盲。瘖啞。[1] 愚癡。憋惡。至有尫狂不逮之屬。

1) ㊃ 법위의 주석에 따르면 '啞'는 '瘂'이다. 뜻은 같다.

소 만약 살생의 업이 초래하는 것에 의거하면, 먼저 삼악도에 떨어지고 나중에 인간 세상에 태어나도 병이 많고 단명한다. "청각장애인과 시각장애인" 등의 병을 지닌다고 한 것과 같은 것이 모두 그 업에 해당한다. 지금 "가난하고 궁색한 사람"이라고 한 것은 도둑질의 업이 초래하는 것이다. 그런데 여기에서 모두 살생한 사람의 과보라고 한 것은, 기필코 은혜를 베푸는 것을 좋아하지 않기 때문에, 중생의 가죽과 고기 등을 찾아다니는 것이 도둑질하는 것에 견줄 수 있기 때문에, 가난하고 궁색한 사람의 고통을 겸하여 받는 것을 밝힌 것이다.【중략】[38] ("언어장애인(瘖瘂)"이라는 것은) "음瘖"은 소리를 내지 못하고 말도 하지 못하는 것이고 "아瘂"는 소리는 내지만 말로 표현하지 못하는 것이다.【『무량수경초』권7】

若據殺業所招。先墮三途。後於人中。多病短命。若言聾盲等病。並當其業。

---

37 이상은 다섯 가지 악 중 첫 번째 악에 해당하는 부분으로 살생과 관련된 내용을 설한 것이다.
38 【중략】: 『무량수경초』 권7에서 법위의 해석을 소개한 부분이 여기서 끝나는데, 그 다음 법위의 해석이 나온 부분까지의 사이에 다른 학자의 해석이 있는 것을 생략하였다는 말이고, 법위의 주석을 생략하였다는 말은 아니다.

今言貧窮。乃是盜業所招。然此中。明凡爲殺之者。必不好惠施故。尋衆生皮肉等。準偸盜故。兼受貧窮之苦。【中略】。瘖無聲不言。瘂者有聲無詮表。
【無量壽經鈔七】

경 사치하고 탐닉하며 교만하고 방종하며 각각 자신이 즐거워하는 것을 하고자 한다.[39]

奢婬[1]縱。各欲快意。

1) ㉠『무량수경』에서 따르면 '婬' 뒤에 '憍'가 누락되었다.

소 탐욕스런 마음을 다스리지 못하는 것을 "사치하고"라고 하고, 재물에 탐닉하여 즐겨 얻고자 하는 것을 "탐닉하며"라고 한다.[『무량수경초』권7]

不勒[1]貪心名奢。耽財樂得名嬌。[2]【無量壽經鈔七】

1) ㉤ '勒'은 '勤'인 것 같다.(편) ㉠ '勒'이 맞는 것 같다. 2) ㉠『무량수경』에서 따르면 '嬌'는 '婬'이다.

경 마음에 맡겨 멋대로 행동하며 서로 속인다. 마음과 말이 각각 다르며 말과 생각에 진실이 없다. 아첨하며 비위를 맞추고 진실하지 않으며 교묘한 말로 아양을 부린다. 현명한 이를 질투하고 착한 사람을 비방하여 원망스럽고 억울한 처지에 빠뜨린다. 임금(主上)은 사리를 판별하지 못하고 신하를 임용하고 신하는 자유자재하게 온갖 형태로 기교를 부리며 거짓을 만들어 낸다. 법도를 짓밟는 일을 거리낌 없이 행하고 그 형세를 헤아려 안다. 임금의 지위에 있는 이가 바르지 않으니 그러한 신하에 의해 기만당하고, 망령

---

[39] 이상은 다섯 가지 악 중 두 번째 악에 해당하는 부분으로 도둑질과 관련된 내용이다.

되비 충성스럽고 선량한 신하를 해침으로써 천심天心을 벗어난다. 신하는 그 임금을 기만하고 자식은 그 아버지를 기만하며, 형제와 부부, 친가(中)와 외가(外)의 친척과 서로 알고 지내는 사람들도 번갈아서 서로 속인다. 각각 탐욕·분노·어리석음을 품은 채 자신을 두텁게 하고자 하여 많은 것을 소유하려고 탐욕을 부린다. 존귀한 이나 비천한 이나, 윗사람이나 아랫사람이나 마음은 모두 똑같이 그러하다.[40]

任心自恣。更相欺惑。心口各異。言念無實。佞諂不忠。巧言諛媚。嫉賢謗善。陷入怨枉。主上不明。任用臣下。臣下自在。機僞多端。踐度能行。知其形勢。在位不正。爲其所欺。妄損忠良。不當天心。臣欺其君。子欺其父。兄弟夫婦。中外知識。更相欺誑。各懷貪欲瞋恚愚癡。欲自厚己。欲貪多有。尊卑上下。心俱同然。

소 비록 마음에는 욕망이 있지만 입으로는 만족한다고 말하기 때문에 "마음과 말이 각각 다르며"라고 하였다. 입으로는 착한 말을 하고 마음으로는 악한 생각을 품기 때문에 "아첨하며"라고 하였고, 자신의 본성을 덮어서 감추기 때문에 "비위를 맞추고"라고 하였으며, 행위에 믿음이 없기 때문에 "진실하지 않으며"라고 하였다. 【중략】 진실로 임금이 바르지 못하기 때문에 신하에게 기만을 당한다. 하늘의 뜻은 사사로움이 없이 똑같이 대하여 죄 없는 이를 베어 내는 일은 하지 않는다. 이미 망령되게 충성스럽고 선량한 신하를 해쳤기 때문에 "천심을 벗어난다."라고 하였다.【『무량수경초』 권7】

雖有心欲。而言足。故心口異。口出善言。心懷惡計。故云佞。覆藏自性。故

---

[40] 이상은 다섯 가지 악 중 두 번째 악에 해당하는 부분으로 도둑질과 관련된 내용이다.

云諂。爲行無信。故云不忠。【中略】。良由爲君不正。故被臣欺。天意平均。不伐無辜。旣妄損忠良。故云不當天心。【無量壽經鈔七】

경 세간의 사람들은 서로 인연을 짓고 의지하여 살아가면서 함께 이 세상에 머문다. 그곳에 머무는 햇수와 수명은 얼마 되지 않는다.

위로는 현명한 이·장자長者·존귀한 이·세력이 있는 부유한 이가 있고, 아래로는 가난하고 궁색한 이·신분이 낮고 천한 이·몸이 약하고 하열한 이·어리석은 이가 있다. 이 가운데 착하지 않은 사람이 있어 항상 삿되고 악한 마음을 품는다.[41]

世間人民。相因寄生。共居天地之間。處年壽命。無能幾何。上有賢明長者尊貴豪富。下有貧窮斯賤尫劣愚夫。中有不善之人。常懷邪惡。

소 "위로는 현명한 이가 있고" 이하는 두 번째로 중생(衆生)에 세 품이 있는데 세 품이 모두 욕심이 있음을 밝히고자 한 것이다.『무량수경초』권7】

上有賢明下。第二衆生三品。欲明三品俱有欲心。【無量壽經鈔七】

경 선을 닦으려는 생각은 하지 않고 전전하며 서로 가르쳐서 함께 온갖 악을 짓는다. 이간질하는 말과 추악한 말과 거짓말과 꾸미는 말을 일삼는다.[42]

---

41 이상은 다섯 가지 악 중 세 번째 악에 해당하는 음란한 행위와 관련된 내용이다.
42 이상은 오악 중 네 번째 악에 해당하는 거짓말과 관련된 내용이다.

不念修善。轉相教令。共爲衆惡。兩舌惡口。妄言綺語。

소 『잡아비담심론』에서 "'뜻도 없고 이루는 것도 없는 말'이라는 것은 착한 마음이 없고 뜻이 없고 시의적절하지도 않으며 법과 상응하지 않는 말이니, 일체의 입으로 짓는 악행에 따라 들어간다."[43]라고 하였다. 또 독두기어獨頭綺語[44]가 있으니 시가詩歌를 읊는 것 등을 말한다.【『무량수경초』 권7】

雜心云。不[1]成說。[2] 不善心。非義非時。不應法言。隨入一切口惡。[3] 亦有獨頭綺語。謂歌詠等。【無量壽經鈔七】

1) ㉠『잡아비담심론』에 따르면 '不' 앞에 '無義'가 누락되었다. 2) ㉠『잡아비담심론』에 따르면 '說' 뒤에 '者'가 누락되었다. 3) ㉠『잡아비담심론』에 따르면 '惡' 뒤에 '行'이 누락되었다.

경 수명이 다하면 자신이 했던 온갖 악이 자신에게 돌아와 (악업이) 저절로 닥치고 (귀신이) 재촉하면서 함께 나아가 악도에 이른다. 또한 그 명적名籍이 신명神明에 기록되어 있어서 재앙이 그를 끌어당기면 그곳을 향해 나아간다. 죄의 과보가 저절로 이루어져 어떤 곳에서도 버리거나 여의는 일이 없다. 단지 이전에 행한 것에 의해 불가마 속으로 들어가 몸과 마음이 꺾이고 부수어지며 정신은 고통에 시달린다. 이러한 일을 당하고 나서야 후회한들 또한 무슨 소용이 있겠는가? 천도天道[45]는 분명하여 어긋나는 일이 없다. 그러므로 저절로 삼악도에 태어나 한량없는 고통을 받으며 그 속을 전전하면서 오랜 세월이 흘러도 빠져나올 기약이 없으니, 벗어나기 어렵고 고통은 말

---
43 『雜阿毘曇心論』 권3(T28, 893c3).
44 독두기어獨頭綺語 : 다른 것과 함께하지 않고 홀로 일어나는 기어를 가리킨다.
45 천도天道 : 법위의 주석에 따르면 여기에서는 천지天地 자연의 도리를 가리키는 말로 사용되었다.

로 표현할 수 없다.[46]

壽命終盡。諸惡所歸。自然迫促。共趣頓之。又其名籍。記在神明。殃咎牽引。當往趣向。罪報自然。無從捨離。但得前行。入於火鑊。身心摧碎。精神痛苦。當斯之時。悔復何及。天道自然。不得蹉跌。故有自然三塗無量苦惱。展轉其中。世世累劫。無有出期。難得解脫。痛不可言。

소 "천도"라는 것은 세속의 언어에 의해 말한 것이다. 천도와 똑같아서 베풀어 행함을 폐기할 수 없기 때문이다.【『무량수경초』 권7】

言天道者。就世俗言。等如天道。布行不可廢故。【無量壽經鈔七】

경 마음을 멋대로 풀어헤쳐 방탕하고 방일하게 살아가며, 아둔하고 제멋대로 날뛰며, 아무 생각 없이 살아간다. 인정人情을 알지 못하고 강제로 억눌러 제압하고자 한다. 어떤 사람이 착한 일을 하는 것을 보면 이것을 미워하고 질투하며 싫어한다. 의리도 없고 예의도 없으며, 자신의 행위를 돌아보고 새겨보는 일은 하지 않는다. 자신이 한 행위를 알고 있지만 충고하여 깨닫게 할 수는 없다. 육친六親[47]과 권속이 생활해 나가는 데 필요한 물자가 있는지 없는지는 걱정하지 않는다. 부모님의 은혜도 생각하지 않고 스승과 벗과의 의리도 염두에 두지 않는다. 마음은 항상 악한 것만 생각하고,

---

46 다섯 가지 악 중 네 번째 악인 거짓말을 설한 것 가운데, 악에 따른 통痛을 설한 내용이다.
47 육친六親 : 출처에 따라 그 내용이 일정하지 않다. 일반적으로 부父·모母·형兄·제弟(손아랫형제)·자姉(손윗자매)·매妹(손아랫자매)를 말한다. 이밖에 아버지·어머니·손윗형제·손아랫형제·아내·자식이라고 하는 경우도 있고, 아버지·어머니·손윗형제·손아랫형제·남편·아내라고 하는 경우도 있다.

입으로는 항상 추악한 말을 내뱉으며, 몸은 항상 악을 행하니, 일찍이 어떤 선도 행한 적이 없다. 옛 성인과 모든 부처님께서 설하신 경법經法을 믿지 않고, 도道를 실천하여 세간을 넘어 열반의 피안에 도달할 수 있다는 것을 믿지 않으며, 죽은 뒤에 신명神明이 다시 태어난다는 것을 믿지 않고, 선을 행하면 선한 과보를 얻고 악을 행하면 악한 과보를 얻는다는 것을 믿지 않는다. 진인眞人을 살해하고 중승衆僧을 교란시키려고 하며, 부모와 형제와 권속을 해치려고 하니, 육친이 증오하면서 그가 죽는 것을 바란다.[48]

肆心蕩逸。魯扈抵突。不識人情。強欲抑制。見人有善。憎嫉惡之。無義無禮。無所顧錄。自用職[1]當。不可諫曉。六親眷屬。所資有無。不能憂念。不惟父母之恩。不存師友之義。心常念惡。口常言惡。身常行惡。曾無一善。不信先聖諸佛經法。不信行道可得度世。不信死後神明更生。不信作善得善爲惡得惡。欲殺眞人。鬪亂衆僧。欲害父母。兄弟眷屬。六親憎惡。願令其死。

---
1) ㉘『大正藏』미주에 따르면 여러 판본에서 '職'을 '識'이라 하였다.

소 "진인"이라는 것은 아라한阿羅漢이다. 이 글에는 단지 네 가지 역죄만 나온다.[49]【『무량수경초』권7】

眞人者羅漢也。此文中。但出四逆。【無量壽經鈔七】

경 미래세에 경도經道가 소멸하여 없어질 것이다. 나는 자비에 의해 중생

---
48 다섯 가지 악 중 다섯 번째인 술을 마시는 것과 관련된 내용이다.
49 소승 오역죄 가운데, 어머니를 살해하는 것, 아버지를 살해하는 것, 아라한을 살해하는 것 승가를 파괴하는 것의 네 가지만 설하였고, 악한 마음으로 부처님의 몸에 피를 내는 것은 설하지 않은 것을 말한다.

을 불쌍히 여겨 특별히 이 경만을 남겨두어 백 년 동안 더 머물러 있게 할 것 이다. 어떤 중생이 이 경을 만난다면 소원하는 대로 모두 열반의 세계로 건너 갈 수 있을 것이다. ……부처님께서 경을 설하시고 나자 미륵보살과 시방세 계에서 온 여러 보살의 무리와 장로 아난과 여러 대성문 등 일체의 대중이 부 처님께서 말씀하신 것을 듣고 기뻐하지 않음이 없었다.

當來之世。經道滅盡。我以慈悲哀愍。特留此經。止住百歲。其有衆生。値 斯經者。隨意所願。皆可得度。……佛說經已。彌勒菩薩。及十方來諸菩薩 衆。長老阿難。諸大聲聞。一切大衆。聞佛所說。靡不歡喜。

소 셋째, "미래세에" 이하는 자비에 의해 남겨두는 것이니 곧 "특히 이 경만을 남겨두고"라고 하였다. "백 년 동안 머물러 있게 할 것이다."란 석 가불께서 설한 법이 정법正法 시대 5백 년, 상법像法 시대 천 년, 말법末法 시대 만 년을 머물고, 말법 시대가 다한 후에 다시 백 년을 머물면서 중 생을 접인하여 그 국토에 왕생하게 한 후에야 비로소 다하도록 한 것이 다.【안양집』 권10】[50]

『가야산정론伽耶山頂論』[51]에서 밝힌 것에 의거하면 "기뻐하는 것"에는 세 가지 뜻이 있다. 첫째는 말한 사람이 청정하니 제법諸法에 대해 자재함 을 얻었기 때문이다. 둘째는 설한 법이 청정하니 여실하게 청정한 법체를 증득하여 알기 때문이다. 셋째는 설한 법에 의지하면 과를 얻어 청정해지

---

50 셋째, "미래세에"~【안양집』 권10】: 체제에 따르면 아래에 원문이 들어가야 하지만 『무량수경』 본문의 순서에 의거하여 역자가 앞으로 옮겨서 번역하였다. 해당 원문은 『한불전』 해당 처에 두고 교감주를 달아 이를 밝혔다.
51 『가야산정론伽耶山頂論』: 세친世親(天親)이 짓고 보리류지菩提流支가 한역한 『文殊師利菩薩問菩提經論』의 다른 이름이다.

니 청정하고 미묘한 경계를 얻기 때문이다.[52]【『무량수경초』 권7】

依伽耶山頂論明。歡喜有三義。一說者淸淨。於[1]諸法得自在故。二所說法得淸淨。以如實[2]淸淨法體故。三所依[3]說法。得果淸淨。以能証[4]得淸[5]淨妙境界故。【無量壽經鈔七】

1) ㉠『文殊師利菩薩問菩提經論』에 따르면 '於' 앞에 '以'가 누락되었다. 2) ㉠『文殊師利菩薩問菩提經論』에 따르면 '實' 뒤에 '證知'가 누락되었다. 3) ㉠『文殊師利菩薩問菩提經論』에 따르면 '所依'는 '依所'이다. 4) ㉠『文殊師利菩薩問菩提經論』에 따르면 '能証'은 연자이다. 5) ㉠『文殊師利菩薩問菩提經論』에 따르면 '淸'은 연자이다.

三當來之世下。悲留。則言特留此經。止住百歲者。釋迦佛法。正法五百年。像法一千年。末法一萬年。末法盡後。更留百年。接引衆生。有像[1]方盡也。【安養集十】[2]

1) ㉠ '有像'는 의미상 '生彼國'인 것 같다. 2) ㉠ '當來之世下……【安養集十】'은 앞의 소 가운데 '依伽耶山頂論明' 앞으로 옮겨야 한다. 해당 처로 옮겨서 번역한 것을 참조할 것.

『무량수경초』【복원본】 권하를 마침.

無量壽經義疏【復元】。卷下。終。

---

52 『文殊師利菩薩問菩提經論』 권하(T26, 337a14).

찾아보기

『가야산정론伽耶山頂論』 / 138
가행유루정토종자加行有漏淨土種子 / 86
각覺 / 124
강량야사畺良耶舍 / 15, 35
계외界外 / 90
계청분啓請分 / 17, 36
『관무량수경』 / 24, 58, 111
교범바제憍梵婆提 / 39
구물두화拘物頭華 / 99
권신분勸信分 / 36
권청분勸請分 / 37

나라연那羅延 / 69
네 가지 지혜(四智) / 48, 83
네 종류의 성문 / 93
누漏와 무루無漏 / 78, 81
능현의지주식能顯依止住食 / 49

다른 사람의 이익을 위한 국토(利他土) / 80
다섯 가지 계(五戒) / 130
다섯 가지 소(五燒) / 130

다섯 가지 악(五惡) / 130
다섯 가지 음성 / 95
다섯 가지 통(五痛) / 130
『대본大本』 / 15, 35
대승광지大乘廣智 / 116, 126
대원경지大圓鏡智 / 78, 79, 122
『대지도론』 / 94
도리천忉利天 / 117
도제道諦 / 82
도종성道種性 / 75
독두기어獨頭綺語 / 135
두 가지 속박 / 81
두 가지 장애(二障) / 128

만원자滿願子 / 39
말법末法 / 138
목련目連 / 93
묘관찰지妙觀察智 / 126
무기無記 / 82, 84
무등무륜최상승지無等無倫最上勝智 / 116, 120, 128
무루선無漏善 / 82
무루선법종자無漏善法種子 / 87
무분별지無分別智 / 87, 88
무생인無生忍 / 71, 75
문혜聞慧 / 88
미륵보살彌勒菩薩 / 36

『미륵소문경』 / 67

발담마화盆曇摩華 / 99
법사유인法思惟忍 / 92
법성신法性身 / 42
법장 비구法藏比丘 / 51
법진경계法塵境界 / 127
『법화경』 / 91
변역신變易身 / 123
변지邊地 / 64, 116, 117
변지난邊池難 / 117
변화정토變化淨土 / 77
별시의別時意 / 62
『보살영락본업경』 / 114
보인보과報因報果 / 115
복인伏忍 / 75
본원本願 / 60
본유本有 / 112
부루나미다라니자富樓那彌多羅尼子 / 39
부사의지不思議智 / 116, 120, 122
부정의지주식不淨依止住食 / 49
분단신分段身 / 123
분량分量 / 78, 80
분타리화分陀利華 / 99
불가칭지不可稱智 / 64, 116, 120, 124
불각不覺 / 124
불공不空 / 48
불성佛性 / 48, 128
불지佛智 / 116
비수멸자非數滅者 / 95

사유死有 / 112
사혜思慧 / 88
삼공三空 / 89
삼독三毒 / 97
삼무수겁三無數劫 / 78, 88
삼재三災 / 92
상계上界 / 49
상배上輩 / 58, 109, 110
상배의 왕생 / 111
상법像法 / 138
상분相分 / 86
상수上首 / 38
색상色相 / 78
생유生有 / 113
서설분序說分 / 17, 36
서흥분敍興分 / 17, 36
선성善性 / 82
설익분說益分 / 37
『섭대승론』 / 23, 45, 62
성소작지成所作智 / 83, 128
성종성性種性 / 75
세자재왕世自在王 / 50
『소본小本』 / 35
소의처所依處 / 86
소지장所知障 / 87
수다원과須陀洹果 / 26, 61
수용토受用土 / 77, 82, 85
수혜修慧 / 88
순인順忍 / 75
습종성習種性 / 75
승문乘門 / 78, 89
승함僧含 / 35

시칭時稱 / 35
신명神明 / 130, 135, 137
신인信忍 / 75
실수용토實受用土 / 85
십력十力 / 100
십이부경十二部經 / 46
십처十處 / 82
십팔계十八界 / 82

아난阿難 / 36
아뢰야식阿賴耶識 / 86, 122
아비지옥阿鼻地獄 / 126
안고인安苦忍 / 92
여섯 가지 종성 / 75
여섯 가지 행(六行) / 41
열 가지 무명無明 / 61
열 가지 법(十法) / 58
열 가지 서원(十願) / 41
열 가지 악(十惡) / 59
열네 가지 어려운 질문(十四難) / 127
오경五境 / 83
오식五識 / 82
오안五眼 / 47
오역죄五逆罪 / 22, 24, 58, 59
오진五塵 / 127
오통五通 / 53
『왕생론』 / 93, 94
왕생분往生分 / 17, 36
우왕牛王 / 39
원인(因) / 78, 87
유로遊路 / 78, 88

유루有漏 / 82
유루고제有漏苦諦 / 86, 87
유루무기성有漏無記性 / 86
유루식有漏識 / 86
유루신有漏身 / 86
유학인有學人 / 49
육친六親 / 136
육화경六和敬 / 113
응화성문應化聲聞 / 93
의식意識 / 83
이숙과異熟果 / 81
『인왕경』 / 75
일생보처一生補處 / 68

자수용토自受用土 / 77, 78, 85, 91
자신의 이익을 위한 국토(自利土) / 80
자씨보살慈氏菩薩 / 40
자씨불慈氏佛 / 40
『잡아비담심론』 / 135
적멸인寂滅忍 / 75
전의轉依 / 122
정거천淨居天 / 84, 85
정법正法 / 138
정부정의지주식淨不淨依止住食 / 49
정설분正說分 / 17, 36
정영淨影 / 43
정정취正定聚 / 53
제1·제2·제3의 법인法忍 / 75
제8식 / 86, 87
제근諸根 / 36
제바提婆 / 43

제일의천第一義天 / 48
주리반특가周利槃特迦 / 39
중배中輩 / 58, 67, 109, 111, 112
중유中有 / 112
증상과增上果 / 81
지관止觀 / 89
진무루眞無漏 / 86

천도天道 / 135, 136
청정의지주식淸淨依止住食 / 49
청정한 식(淨識) / 78
칠식七識 / 125

타불요익인他不饒益忍 / 92
타수용토他受用土 / 77, 78, 85
태생胎生 / 64, 109, 117, 118, 119

팔식八識 / 122
평등성지 / 125
필희분畢喜分 / 37

하배下輩 / 58, 67, 110, 111
하품하생下品下生 / 59, 122, 124
현겁賢劫 / 41
현상분現相分 / 17, 36
현색顯色 / 79
형색形色 / 78
『홍맹해혜경弘猛海慧經』 / 42
후득지後得智 / 88
후소득지後所得智 / 87

7지七地 / 86

본원약사경고적
| 本願藥師經古迹 |

태현太賢 찬撰
한명숙 옮김

본원약사경고적 本願藥師經古迹 해제

한명숙
동국대학교 불교학술원 조교수

1. 개요 및 특성

『본원약사경고적』(『약사경고적기』라고도 함)은 약사신앙藥師信仰의 소의경전인 『약사경』의 다섯 가지 한역본 중 제4역[1]인 현장 역玄奘譯 『약사경』에 대한 신라 스님 태현의 주석서이다.

약사신앙은 약사여래가 세운 열두 가지 큰 서원에 의해 모든 중생이 구제될 수 있음을 믿는 것으로, 정토왕생이라는 내세적 측면과 치병治病과 속명續命(수명의 연장) 등과 같은 현실적 고통으로부터의 구제라는 현세적 측면을 모두 갖추고 있다는 점에서 여타 신앙과 차별성을 갖는다.[2] 약사신앙은 통일신라시대에 들어 보편화된 이후 고려·조선 시대에 이르기까지 한국불교의 주요 신앙의 하나로 자리 잡아 왔다. 특정 신앙이 특정 공간에 정착되기 위해서는 그 신앙의 내용에 대한 이해가 선행되어야 한

---

1 이하 『약사경』에 대한 제1역~제6역은 뒤의 "3. 가치와 영향"에서 서술한 것을 참조할 것.
2 정병삼, 「7~8세기 동아시아 『약사경』 해석의 특징 - 『사분의극략사기』에 의탁하며」, 『불교학보』 65집, 2013), pp.105-106

다. 그러한 의미에서 『약사경』에 대한 학자들의 주석서는 약사신앙의 수용 및 발전에 큰 역할을 한다.

11세기 이전에 성립된 『약사경』에 대한 주석서로 현재 전해지는 것은 네 가지가 있다. 처음의 두 가지는 돈황본으로 『대정신수대장경』 85권에 수록되어 있다. No.2766은 제1역본에 대한 주석서인데 저자 미상으로 그 일부만 남아 있다.[3] No.2767은 제3역본에 대한 주석서로 당나라 때 유식학자인 혜관慧觀이 지은 것인데 이것도 역시 그 일부만 남아 있다. 나머지 두 가지는 제4역본에 대한 주석서로 태현의 『본원약사경고적』과 일본 스님 선주善珠(724~797)의 『약사경소』가 그것인데 모두 온전한 형태로 전해지고 있다.[4] 이러한 현황에 의거할 때, 『본원약사경고적』은 중국과 한국에서 찬술된 『약사경』에 대한 주석서 중 온전한 형태로 전해지는 유일한 문헌이라고 할 수 있다. 또 약사신앙이 활발하게 전개되었던 신라시대 신라인의 『약사경』에 대한 이해의 양상을 확인할 수 있는 유일한 자료로서 그 의미가 자못 크다고 할 수 있다.

태현은 정토종과 관련된 저술로 본서 이외에도 『무량수경고적기無量壽經古迹記』·『관경고적기觀經古迹記』·『아미타경고적기阿彌陀經古迹記』·『칭찬경고적기稱讚經古迹記』가 있었던 것으로 전해지는데 현재 모두 전하지 않는다. 본서는 태현의 정토사상을 확인할 수 있는 유일한 자료이다.

현재 전해지는 여타 주석서와 비교할 때 『본원약사경고적』은 다음과 같은 특징을 갖는다. 첫째, 『약사경』을 체계적이고 상세하게 분과分科하여

---

3 정병삼, 「신라 약사신앙의 성격-교리적 해석과 신앙 활동」(『불교연구』 제39집, 2013), p.74. 단 『본원약사경고적』에서 태현은 정매의 『약사경소』를 3회 인용하였는데 그 내용을 No.2766에서 모두 찾을 수 있다. 따라서 본서의 성격에 대해서는 추후 논의의 여지가 있는 것으로 보인다.
4 선주는 그 글에서 『약사경』의 제5역본, 곧 707년 한역된 의정 역본에 대하여 언급하였고, 태현의 글에서는 의정 역본을 언급하지 않기 때문에 태현의 글이 선주보다 앞서 찬술된 것으로 추정된다.

본경의 내용을 분명하게 이해할 수 있게 하였다. 둘째, 계율과 관련된 내용은 비교적 자세하게 해석하였는데 태현의 계율에 대한 일관성 있는 관심을 확인할 수 있다. 셋째, 공양법에서 경에서 설한 형식을 모두 갖추지 않아도 상황에 따라 최선을 다하면 뛰어난 이익을 얻을 수 있다고 한 것, 계를 한 해 동안 수지한 것보다 죽음에 임박하여 명호를 한 번 외우는 것이 더 공덕이 뛰어나다고 한 것 등에서 형식보다는 마음을 중시한 것을 확인할 수 있다. 넷째, 약사신앙의 중심인 열두 가지 큰 서원에 대해서는 주로 그 취지를 해석하는 것에 그치고 있다. 다섯째, 주석서임에도 불구하고 본문을 낱낱이 상세하게 해석하지는 않아서 여타 주석서와 비교할 때 그 분량이 상대적으로 적다. 여섯째, 선행 학자의 글로는 유일하게 당 나라 때 유식학자로 정관 연중(627~649)에 이루어진 현장의 역장譯場에도 참여한 정매靖邁의 『약사경소』를 인용한 점,『불지경론』(호법의 문인인 친광親光 등이 호법 계통의 유식사상으로 『불지경』을 해석한 논서)·『유가사지론』·『대지도론』의 세 가지 논서만 인용한 점 등을 통해서 유식학자로서의 태현의 면모를 확인할 수 있다.

2. 내용

태현은 『약사경』을 크게 세 단락으로 나누어서 주석하였다.

첫째 단락【Ⅰ】에서는 경의 제목을 풀이하였다. 먼저 『약사경』에 『약사유리광여래본원공덕경藥師琉璃光如來本願功德經』,『십이신장요익유정결원신주十二神將饒益有情結願神呪』,『발제일체업장拔除一切業障』의 세 가지 이름이 있는데, 본경에 대한 다섯 가지 한역본 중 제2역본은 세 번째 이름을 취하였고, 제3역본은 첫 번째 이름을 간략하게 취하였으며, 태현이 대본으로 삼은 제4역본, 곧 현장 역본은 첫 번째 이름을 갖추어서 취하였음을 밝혔다. 다음에 "약사유리광여래"는 귀의해야 할 대상으로, "약사"는 고통을 구제함을, "유리광"은 어떤 대상에도 통하지 않음이 없음을 나타내며, "본원공덕"은 감응해야 할 덕으로, "본원"은 여래가 닦은 미묘한 행을, "공덕"은 증득한 뛰어난 과보를 나타내는 것임을 밝혔다. 또 여래의 원인과 과보를 종宗으로 삼고 중생에게 귀의하여 고통에서 벗어날 것을 권하는 것을 취趣로 삼는다고 하였다.

둘째 단락【Ⅱ】에서는 교판론, 즉 『약사경』이 부처님의 가르침 중 어느 것에 포함되는 것인지를 밝혔다. 먼저 강남 지역에서 성행하였던 돈교·점교·부정교의 삼시에 의한 교판론을 소개하고, 이것에 따르면 『약사경』은 연을 따라 그에 적합한 것을 설하였으니 부정교에 속하지만, 실제로 돈교와 점교 이외에 별도의 깨달음은 없기 때문에 삼시의 교판론은 불합리하다고 지적하였다. 그리고 대승과 소승 이외에 별도의 가르침은 없기 때문에, 이를 기준으로 삼으면 『약사경』은 요의대승교了義大乘敎에 포함된다고 하였다.

셋째 단락【Ⅲ】에서는 『약사경』 본문을 풀이하였다. 먼저 본문을 경을 설하게 된 인연을 제시한 부분(說經因起分)과 질문에 대답하여 자세하게 설한 부분(對問廣說分)과 경의 이름을 듣고 기뻐하며 행한 부분(聞名喜行分)의 세 단락으로 나누었다.

첫 번째로 경을 설하게 된 인연을 제시한 부분【1】은 서분에 해당한다. 본경을 설한 주체인 "박가범薄伽梵"을 『불지경론』에서 설한 여섯 가지 뜻에 인용하여 풀이하였다.

두 번째로 질문에 대답하여 자세하게 설한 부분【2】은 정종분에 해당한다. 실제적으로 본경의 내용을 설한 부분이어서 그 분량도 가장 많다. 태현은 이 부분을 크게 다섯 단락으로 나누었다.

첫째, 보살이 청문을 성취하는 것【2-1)】이다. 만수실리가 청문한 내용을 부처님의 명호, 인위에서 세운 서원, 증득한 과果의 뛰어난 공덕 세 가지로 구분하였다. 경의 본문에서 본경은 상법 시대의 중생에게 이익을 주기 위한 것임을 밝혔는데, 여기에서 "상법"의 의미를 『대방등대집경』에서 설한 여섯 가지의 견고함을 인용하여 밝혔다.

둘째, 법왕께서 칭찬하며 허락함을 성취하는 것[2-2)]이고 셋째, 대중이 즐겨 듣는 것을 성취하는 것[2-3)]이다. 앞의 분과에서는 둘째와 셋째를 구분하였지만, 여기에서는 둘째와 셋째는 하나로 묶은 뒤, 그 내부에서 둘로 나누었기에 앞과 뒤가 서로 어긋나 문제의 소지가 있다.

넷째, 여래께서 설법하는 것을 성취하는 것[2-4)]이다. 이 부분은 다시 크게 두 가지로 나누었다.

첫째는 청문한 것에 바로 대답한 문[2-4)-(1)]으로 본경의 핵심 내용을 담고 있는 부분이다. 앞에서 만수실리의 질문을 세 가지로 나눈 것에 상응하여 대답한 부분도 첫 번째 질문에 대답한 것, 두 번째 질문에 대답한 것, 세 번째 질문에 대답한 것으로 나누었다.

첫 번째 질문에 대해 대답한 부분[2-4)-(1)-①]에서 부처님의 열 가지 명호를 해석하면서 『유가사지론』을 참조할 것을 권하였다.

두 번째 질문에 대해 대답한 부분[2-4)-(1)-②]은 약사여래가 세운 열두 가지 큰 서원을 설한 내용을 담고 있다. 경의 분량에 비해 그 해석은 간략하다는 특징이 있다. 태현은 이를 여섯 가지 상대에 의해 풀이하였다. 첫 번째 상대는 첫째와 둘째 서원이다. 전자는 정토를 이익되게 하는 것이고, 후자는 예토를 이익되게 하는 것이다. 두 번째 상대는 셋째와 넷째 서원이다. 전자는 세간의 문으로 인간과 하늘에 태어나는 가르침(人天乘)과 관련된 것이고, 후자는 출세간의 문으로 삼승의 보리도에 안주하게 하고 부정이승不定二乘을 모두 대승으로 이끌어 안립시키는 것과 관련된 것이다. 세 번째 상대는 다섯째와 여섯째 서원이다. 전자는 계를 보존하는 것이고, 후자는 몸을 보존하는 것이다. 네 번째 상대는 일곱째와 여덟째 서원이다. 전자는 내적인 고통을 제거하는 것이고, 후자는 외적인 고통을 제거하는 것이다. 다섯 번째 상대는 아홉째와 열째 서원이다. 전자는 내적인 속박, 곧 악견惡見에서 벗어나는 것이고, 후자는 외적인 속박, 곧 형벌에서 벗어나는 것이다. 여섯 번째 상대는 열한째와 열두째 서원이다. 전자는 음식을 뜻대로 얻는 것이고, 후자는 옷을 뜻대로 얻는 것이다.

　세 번째 질문에 대해 대답한 부분【2-4)-⑴-③】은 다시 두 가지로 나누었다. 첫째 부분은 본처本處에서 장엄의 공덕을 성취한 것【A】인데, 본문을 여덟 가지 공덕, 곧 집착과 더러움이 없는 것, 두려운 것과 싫어하는 것을 여의는 것, 의지하는 곳이 청정한 것, 도로가 잘 꾸며져 있는 것, 큰 성인이 끊어지는 일이 없는 것, 이로움과 즐거움이 끊어지는 일이 없는 것, 태어나기를 원하면 누구나 태어나는 것을 성취한 것으로 해석하였다. 둘째 부분은 본처 밖의 세계에서 명호를 듣는 공덕을 성취한 것【B】이다. 본처 밖의 세계에서 명호를 듣는 이가 얻는 공덕을 설한 부분인데, 본문을 다섯 가지, 곧 보시와 계와 수행과 열 가지 선업과 즐거운 곳에 왕생하는 것의 다섯 가지를 실현하는 데 장애가 되는 것을 제거하는 것으로 나누어서 해석하였다. 두 번째, 곧 경에서 계의 실현을 장애하는 것을 설한 부분【B】】에 대해서, 먼저 삼취정계三聚淨戒(섭률의계·섭선법계·섭유정계)를 장애하는 것을 나타내고, 다음에는 이것이 허물과 근심이 되는 것을 나타내었으며, 마지막으로는 부처님의 명호를 들음으로써 이러한 장애에서 벗어나는 것을 나타낸 것이라고 해석하였다. 다섯 번째, 곧 즐거운 곳에 왕생하는 것을 장애하는 것을 설한 부분【E】에 대해서, 정토 중 즐거운 곳에 왕생하는 것【Ⓐ】과 예토 중 즐거운 곳에 왕생하는 것【Ⓑ】의 장애를 제거하는 것으로 나누었다. 전자는 경에서 "팔분재계八分齋戒를 한 해 혹은 세 달 동안 수지하고 그 선근으로 극락정토에 왕생하기를 원하였으나 아직 결정이 되지 않은 사람이 약사여래의 명호를 들으면 여덟 분의 보살이 영접하는 가운데 화생한다."라고 한 부분이다. 태현은 이 부분에 대해 논란의 여지가 있는 세 가지 문제를 제시하고 그에 대한 자신의 견해를 밝혔다. 하나는 팔재계와 오계五戒의 차이라는 의문을 설정하고 이는 인연에 따른 것일 뿐 가치적으로 차이가 없다고 대답하였다. 다른 하나는 '팔재계를 한 해 동안 수지했어도 왕생하지 못한다는 것이 가능한가?' 하는 의문을 설정하고 용맹스러운 마음으로 행하는지의 여부에 달린 것이지 그 기간은 무의미한 것이라고 대답하였다. 다른 하나는 '꽃에 의해 태어나는 것은 습생인데 화생이라고 한 이유는 무엇인가?'라는 의문을 설정하고 정매靖邁의 글을 인용하여 정토는 습기를 빌리지 않고 없었던 것이 갑자기 생겨나기 때문에 화생이라고 대답하였다.

둘째는 이익을 들어 중생에게 수지할 것을 권한 문【2-4)-(2)】이다. 태현은 이 부분을 다섯 단락으로 나누었다.

첫째, 깨어 있게 할 것을 서원한 문【2-4)-(2)-①】으로 만수실리가 상법이 유포될 때 중생을 늘 깨어 있게 하여 부처님의 명호를 듣지 못하는 일이 없게 할 것을 서원한 내용을 담고 있다.

둘째, 여래께서 진술하여 이해를 이루게 한 문【2-4)-(2)-②】인데 다시 두 가지로 나누었다. 첫째는 부처님께서 직접 약사여래를 공양하는 법을 설한 것【A】으로 공양을 다시 재물로 공양하는 것, 정행正行으로 공양하는 것, 세 가지 업(신업·구업·의업)으로 공양하는 것의 셋으로 나누었다. 둘째는 공양을 통해 얻는 이익을 밝힌 것【B】으로 다시 세 가지로 나누었다. 첫째는 원하는 것을 이루는 문【A)】이고, 둘째는 싫어하는 것을 없애는 문【B)】이며, 셋째는 계를 훼손했어도 고통을 여의는 문【C)】이다. 마지막은 다시 둘로 나누었다. 첫째는 현생의 몸으로 계를 훼손한 경우【Ⓐ】이다. 계율을 받았지만 훼범하였을 때 고통에서 구제받는 것을 설한 부분이다. 태현은 경론에서 설한 경계와 중계의 조목의 차이를 서로 자세하게 대조하여 설명하였는데, 이를 통해 태현의 계율 관련 문헌에 대한 지식을 확인할 수 있다. 둘째는 전생의 몸일 때 계를 훼손한 경우【Ⓑ】이다. 이는 경에서 여인이 출산할 때 받는 고통에서 구제받는 것을 설한 부분을 분과한 것인데, 여기에서 태현은 출산의 고통을 전생에 계를 훼범한 결과로 파악하였음을 알 수 있다.

셋째, 믿음을 훼손하고 이익을 덜어내는 문[2-4)-(2)-③]으로 믿음이 훼손된 중생도 약사여래의 명호를 듣고 수지하여 의심을 일으키지 않으면 악취에 떨어지지 않는다고 하고 믿고 받아들일 것을 권한 것이다.

넷째, 상법 시대에 자량의 도움을 받는 것을 개시한 문[2-4)-(2)-④]이으로 경의 해당 부분을 다시 둘로 나누었다. 첫째는 자량의 도움을 필요로 하는 상황을 설한 문[A]이다. 경에서 죽음에 임박하여 염마법왕 앞에 가서 재판을 받는 것을 설한 부분인데, 염마의 사신, 자신의 신식神識, 염마왕, 구생신俱生神의 네 가지 상분相分은 자신이 지은 업에 의해 그 의식에 나타난 것이라고 하여 유식의 관점에서 해석하였다. 둘째는 자량의 도움으로 뛰어난 이익을 얻는 것을 설한 문[B]이다. 경에서 설한 자량, 곧 도움의 연이 되는 것을 부처님께 귀의하는 것, 스님들을 초청하는 것, 법을 굴리는 것, 칠층七層의 등을 밝히는 것, 오색五色의 번기를 거는 것의 다섯 가지로 나누어서 설명하였다. 본문에서 "칠층"과 "오색"을 칠지죄七支罪[5]를 조복시키고 오방五方을 조화시키는 것을 나타낸다고 풀이하였다.

다섯째, 질문하고 대답하고 이해하기 어려운 것을 풀이한 문[2-4)-(2)-⑤]으로 두 가지로 나누었다.

첫째는 질문하고 대답한 것[A]으로, 경에서 아난이 구탈보살에게 질문한 약사여래 공양법에 대한 답변을, 병에 의한 재난에서 벗어나기 위한 공양법을 대답한 부분[A]과 국가의 재난에서 벗어나기 위한 공양법을 대답한 부분[B]의 둘로 나누었다. 경에서 설한 공양법은 최상의 의례에 의거한 것일 뿐이라고 하고 『법사경』에서 "가난한 사람의 한 개의 등불로도

---

5 칠지죄七支罪 : 신업身業과 구업口業에 속하는 일곱 가지 죄. 몸으로 짓는 살생殺生·투도偸盗·사음邪淫의 세 가지 악업과 입으로 짓는 망언妄言·기어綺語·악구惡口·양설兩舌의 네 가지 악업을 가리킨다.

소원을 이룰 수 있다."라고 한 것에 의거하여 형식을 모두 갖추지 않아도 뛰어난 이익을 얻을 수 있다고 해석하였다. 이는 형식보다는 마음을 중시한 것으로, 앞에서 계율을 한 해 동안 지녔어도 죽음에 임박하여 한 번 명호를 외우는 것보다 공덕이 적을 수 있다고 한 것과 그 맥락을 같이하는 해석이다. 국가의 재난으로 『약사경』에서는 "사람들이 질병에 시달리는 재난, 다른 나라가 침략하는 재난, 자신이 다스리는 영역에서 반역이 일어나는 재난, 성수星宿가 변괴變怪를 보이는 재난, 일식日蝕과 월식月蝕이 일어나는 재난, 때가 아닌데 바람과 비가 몰아치는 재난, 비올 때가 지났는데도 비가 오지 않는 재난"의 일곱 가지 재난(七難)를 제시하였는데 이에 대해서는 바로 다음에 나오는 문장과의 구조적 상응 관계만 밝히고 구체적인 해석은 하지 않았다.

둘째는 이해하기 어려운 것을 풀이한 것[B]이다. 경에서 아난은 구탈보살에게 "수명을 다하였는데 어떻게 수명을 늘릴 수 있는가?"라고 질문하고 구탈보살은 "아홉 가지 뜻밖의 죽음(九橫死)이 있는데 이러한 경우 공양법에 의해 수명을 연장하고 온갖 재난에서 벗어날 수 있다."라고 대답하였다. 아난은 수명은 업과 관련된 것으로 그 업의 과보로 수명이 다하는 것인데, 연장이 가능하다면 업의 인과에 어긋나는 것이라는 의문을 제기하였는데, 태현은 구탈보살의 대답에 덧붙여서 아홉 가지의 뜻밖의 죽음은 모두 부정업不定業[6]으로 숙업宿業의 상사등류과相似等流果이기 때문에 만약 도움이 되는 복덕을 지으면 연장할 수 있는 것이라는 자신의 견해를 제시하였다. 다만 아홉 가지 뜻밖의 죽음 자체에 대해서는 자세한 해석을 하지 않았다.

다섯째, 야차가 보은하는 것을 성취하는 것[2-5)]이다. 이 부분에 대해

---

6 부정업不定業 : 반드시 이숙과異熟果를 초래하는 것은 아닌 업을 가리킨다. 부증장업不增長業이라고도 한다. 상대어는 정업定業으로 반드시 이숙과를 초래하는 업이다. 이는 증장업增長業이라고도 한다.

서는 간략하게 분과만 행하고 본문에 대한 해석은 하지 않았다.

세 번째로 경의 이름을 듣고 기뻐하며 행한 부분【3】은 유통분에 해당한다. 이 부분에 대해서도 매우 간략하게 설명하고 글을 맺었다.

3. 가치와 영향

경록에 따르면 『약사경』은 다섯 차례에 걸쳐서 한역되었다. 제1역은 동진東晉 때 백시리밀다라帛尸梨密多羅 삼장이 번역하였다. 단행본으로 전하지 않고 『관정경』 12권 중 제12권에 『관정발제과죄생사득도경灌頂拔除過罪生死得度經』이라는 이름으로 수록되어 있다. 제2역은 유송劉宋 때 혜간慧簡이 번역한 『약사유리광경藥師琉璃光經』(457년 역)으로 본경은 『발제과죄생사득도경』이라고도 불렸다고 한다. 제3역은 수나라 때 달마급다達摩笈多가 번역한 『약사여래본원경藥師如來本願經』(615년 역)이다. 제4역은 당나라 때 현장玄奘이 번역한 『약사유리광여래본원공덕경』(650년 역)이다. 제5역은 당나라 때 의정義淨이 번역한 『약사유리광칠불여래본원공덕경藥師琉璃光七佛如來本願功德經』(707년 역)이다. 이 중 제2역을 제외한 나머지 네 가지 번역본이 현재 전해진다. 혹은 제1역과 제2역은 동일한 것이어서 실제로는 네 차례에 걸쳐 한역된 것으로 보아야 한다는 주장도 있다.[7]

제1역본과 제2역본에 대한 주석서는 확인되지 않는다. 제3역본에 대한 주석서로는 당나라 때 유식학자인 혜관慧觀이 지은 『약사경소』(682년)가 전해지고 있는데 앞부분의 많은 분량이 일실되어 일부만 남아 있고 당대 학자들의 연구 성과가 반영되어 있지 않다는 한계를 지니고 있다.[8]

---

7 이은경, 「한국 약사정토사상에 관한 연구-신라 태현의 『본원약사경고적』을 중심으로」 (원광대학교 박사학위논문, 2004), p.25
8 정병삼, 「7~8세기 동아시아 『약사경』 해석의 특징-『사분의극략사기』에 의탁하며」(『불교

제4역본에 대한 주석서는 『신편제종교장총록』과 『동역전등목록』에 따르면 총 12부가 있었던 것을 확인할 수 있는데 그 목록은 다음과 같다.

① 唐,　　靖邁, 『약사경소』
② 唐,　　神泰, 『약사경소』
③ 백제, 義榮, 『약사경소』
④ 唐,　　窺基, 『약사경소』
⑤ 신라, 遁倫, 『약사경소』
⑥ 신라, 憬興, 『약사경소』
⑦ 신라, 極太, 『약사경소』
⑧ 신라, 태현, 『본원약사경고적』
⑨ 일본, 善珠, 『약사경소』
⑩ 미상, 神雄, 『藥師經集異鈔』
⑪ 미상, 智開, 『약사경소』
⑫ 미상, 圓鏡, 『藥師經義玄鈔』, 『藥師經科』[9]

이 중 현재 전해지는 것은 태현의 『본원약사경고적』과 일본 스님 선주의 『약사경소』뿐이다. 우리나라 학자들에 의해서 현장 역본 『약사경』에 대한 주석서가 총 5부 찬술되었지만 현재 남아 있는 것은 『본원약사경고적』뿐이다. 『본원약사경고적』에서 태현은 중국의 유식학자인 정매의 『약사경소』를 3회 인용하여 『약사경』 본문을 해석하고 있다. 당나라와 신라에서 약사신앙에 대한 연구가 활발하게 전개되었지만 현재 그 실상을 확인할 수 있는 자료가 거의 없는 상태에서 『본원약사경고적』의 가치는 매우 크

학보』 65집, 2013), p.112
[9] 박용진, 「신라 태현 찬 『약사경고적기』의 유통과 의의」(『불교학보』 82집, 2018), pp.69-70, p.75

다고 할 수 있다.

제5역본에 대한 주석서는 기록상으로 확인되지 않고 있다. 이는 비록 현장 역본보다 뒤늦게 번역되었지만 현장 역본의 영향이 더욱 강하였던 것에 그 원인이 있었던 것으로 추정된다.

12세기 이후 현장 역본에 대한 주석서는 모두 다섯 가지가 있다.

① 淸, 淨延, 『藥師經燈焰』(1667~1670)
② 淸, 靈耀, 『藥師經直解』(1683)
③ 일본, 亮汰, 『藥師經纂解』(1672 서문)
④ 일본, 淨嚴, 『藥師經纂解綱要』(1639~1702)
⑤ 일본, 實觀, 『藥師經義疏』(1738년 서문)[10]

이 중 ②는 『본원약사경고적』이나 태현을 직접적으로 언급하지 않지만 그 내용에 의거할 때 태현의 글을 많이 원용한 것으로 평가된다. 또한 ③은 태현과 선주의 글을 전적으로 의지하여 찬술하였고, ⑤는 태현의 글에 전적으로 의지하였다. 이는 후세에 미친 『본원약사경고적』의 영향을 단적으로 드러내고 있는 것으로 주목된다.

4. 참고자료

정병삼, 「7~8세기 동아시아 『약사경』 해석의 특징-『사분의극략사기』에 의탁하며」(『불교학보』 65집, 2013).
정병삼, 「신라 약사신앙의 성격-교리적 해석과 신앙 활동」(『불교연구』 제

---

10 박용진, 앞의 논문, p.70

39집, 2013).

박용진, 「신라 태현 찬 『약사경고적기』의 유통과 의의」(『불교학보』 82집, 2018).

이은경, 「한국 약사정토사상에 관한 연구-신라 태현의 『본원약사경고적』을 중심으로」(원광대학교 박사학위논문, 2004).

차례

본원약사경고적本願藥師經古迹 해제 / 147
일러두기 / 163

본원약사경고적 권상本願藥師經古迹上 165

Ⅰ. 제목을 풀이함 168
Ⅱ. 본 경이 부처님의 가르침에서 어느 영역에 포함되는지를 밝힘 171
Ⅲ. 본문을 풀이함 173
  1. 경을 설하게 된 인연을 제시한 부분(說經因起分) 173
  2. 질문에 대답하여 자세하게 설한 부분(對問廣說分) 177
    1) 보살이 청문을 성취하는 것 177
      (1) 청문의 인연을 설한 문 178
      (2) 청문의 위의를 설한 문 178
      (3) 바로 청문을 개시하는 문 179
    2) 법왕께서 칭찬하며 허락함을 성취하는 것 180
    3) 대중이 즐겨 듣는 것을 성취하는 것 181
    4) 여래께서 설법하는 것을 성취하는 것 182
      (1) 청문한 것에 바로 대답한 문 182
        ① 첫 번째 질문에 대답함 182
        ② 두 번째 질문에 대답함 183
          A. 대략 표시함 183
          B. 자세하게 설함 184
          C. 총괄하여 맺음 192
        ③ 세 번째 질문에 대답함 193
          A. 본처本處에서 장엄의 공덕을 성취한 것 195
          B. 본처 밖의 세계에서 명호를 듣는 공덕을 성취한 것 196
            A) 보시의 성품이 가진 복업의 장애를 제거하는 것 198
              Ⓐ 자성을 장애하는 것을 나타낸 문 198
              Ⓑ 장애가 허물과 근심이 되는 것을 보인 문 198
              Ⓒ 부처님의 명호를 들어서 얻는 뛰어난 이익을 나타낸 문 199

B) 계의 성품이 가진 복업의 장애를 제거하는 것 199
　　　　Ⓐ 자성을 장애하는 것을 나타낸 문 201
　　　　Ⓑ 장애가 허물과 근심이 되는 것을 보인 문 202
　　　　Ⓒ 부처님의 명호를 들어서 얻는 뛰어난 이익을 나타낸 문 202
　　　C) 수행의 성품이 가진 복업의 장애를 제거하는 것 203
　　　　Ⓐ 자성을 장애하는 것을 나타낸 문 204
　　　　Ⓑ 장애가 허물과 근심이 되는 것을 보인 문 205
　　　　Ⓒ 부처님의 명호를 들어서 얻는 뛰어난 이익을 나타낸 문 205
　　　D) 열 가지 선업도의 장애를 제거하는 것 205
　　　　Ⓐ 자성을 장애하는 것을 나타낸 문 207
　　　　Ⓑ 장애가 허물과 근심이 되는 것을 보인 문 207
　　　　Ⓒ 부처님의 명호를 들어서 얻는 뛰어난 이익을 나타낸 문 208
　　　E) 즐거운 곳에 왕생하는 것의 장애를 제거하는 것 208
　　　　Ⓐ 정토에서 즐거운 곳에 왕생하는 것의 장애를 제거하는 것 211
　　　　Ⓑ 예토에서 즐거운 곳에 왕생하는 것의 장애를 제거하는 것 214

본원약사경고적 권하 本願藥師經古迹下 215

　(2) 이익을 들어 중생에게 수지할 것을 권한 문 217
　　① 깨어 있게 할 것을 서원한 문 217
　　② 여래께서 진술하여 이해를 이루게 한 문 218
　　　A. 공양을 밝힘 222
　　　　A) 재물로 공양하는 것 222
　　　　B) 정행으로 공양하는 것 222
　　　　C) 세 가지 업으로 공양하는 것 222
　　　B. 얻는 이익을 설함 223
　　　　A) 원하는 것을 이루는 문 223
　　　　B) 싫어하는 것을 없애는 문 223
　　　　C) 계를 훼손했어도 고통을 여의는 문 223
　　　　　Ⓐ 현생의 몸으로 계를 훼손한 경우 224
　　　　　Ⓑ 전생의 몸일 때 계를 훼손한 경우 227
　　③ 믿음을 훼손하고 이익을 덜어 내는 문 227
　　　A. 부처님의 말씀은 결정적이어서 바뀌지 않음 229

B. 훼방하고 덜어 내는 문 230
　　　C. 공경하고 믿어 이익을 얻는 문 230
　　　D. 중생에게 믿고 받아들일 것을 권한 문 230
　　④ 상법 시대에 자량의 도움을 받는 것을 개시한 문 230
　　　A. 자량의 도움을 필요로 하는 상황을 설한 문 233
　　　B. 자량의 도움으로 뛰어난 이익을 얻는 것을 설한 문 234
　　⑤ 질문하고 대답하고 이해하기 어려운 것을 풀이한 문 235
　　　A. 질문하고 대답한 것 237
　　　　A) 병에 의한 재난에 대해 대답한 것 237
　　　　B) 국가의 재난에 대해 대답한 것 238
　　　B. 이해하기 어려운 것을 풀이한 것 239
　5) 야차가 보은하는 것을 성취하는 것 243
3. 경의 이름을 듣고 기뻐하며 행하는 부분(聞名喜行分) 245

찾아보기 / 248

일러두기

1 '한글본 한국불교전서'는 문화체육관광부의 지원을 받아 동국대학교 불교문화연구원에서 수행하고 있는 '불교기록문화유산아카이브(ABC)사업'의 결과물을 출간한 것이다.
2 이 책은 『한국불교전서』(동국대학교출판부 간행) 제3책의 『본원약사경고적』을 저본으로 하였다.
3 번역문에 이어 원문을 병기하고 간단한 표점 부호를 삽입하였다.
4 본문에서 '問'은 문으로 '答'은 답으로 처리하였다.
5 원문의 교감 사항은 번역문의 각주와 별도로 원문 아래 부분에 제시하였다.
   원은 『한국불교전서』 편찬자가 교감한 내용이다.
   역은 번역자가 교감한 내용이다.
6 약물은 다음과 같다.
   『 』: 서명
   「 」: 품명
   T : 대정신수대장경
   X : 만속장경
   S : 범어

본원약사경고적 권상
本願藥師經古迹上*

청구사문 태현青丘沙門 太賢 찬撰

---

* ㉘ 저본은 『속장경』 제1편 35투 2책이다. 갑본은 『신수대장경』 제38권이다.【연보 3년 (1675)에 간행된 대곡대학 소장본이다.】

『약사유리광여래본원공덕경』

藥師琉璃光如來本願功德經。

이 경을 대략 세 문으로 나누어서 해석한다. 첫째는 제목을 풀이하고 둘째는 부처님의 가르침에서 어느 영역에 포함되는지를 밝히며 셋째는 본문을 풀이한다.

此經略以三門分別。一者題名。二者敎攝。三者本文。

I. 제목을 풀이함

첫째, 제목을 풀이하는 것은 다음과 같다.

경에 세 가지 이름이 있다. 첫째는 약사유리광여래본원공덕경藥師琉璃光如來本願功德經이라 하고, 둘째는 십이신장요익유정결원신주十二神將饒益有情結願神呪라고 하며, 셋째는 발제일체업장拔除一切業障이라고 한다.[1]

> 一題名者。經有三名。一說藥師琉璃光如來本願功德經。二說十二神將饒益有情結願神呪。三說拔除一切業障。

이 가운데 송宋 효무제孝武帝 때인 대명 원년(457)에 역출한 책은 세 번째 이름을 취하여 『발제과죄생사득도경拔除過罪生死得度經』이라 하였다. 수隋 대업 11년(615)에 동도東都 낙수洛水 남쪽 상림원上林薗[2] 번경관翻經館에서 번역한 책은 첫 번째 이름을 간략하게 취하여 『약사여래본원경藥師如來本願經』이라고 하였다. 지금 대본으로 삼은 것은 대당大唐 정관 연중(627~649)[3]에 현장玄奘[4] 삼장이 번역한 책인데 첫 번째 이름을 갖추어서 취

---

1 『약사경』(T14, 408b).
2 상림원上林薗 : 상림원上林園이라고도 한다. 수나라 때 이곳에 번경관이 설치되어 한역가들의 거점이 되었다.
3 정관 연중(627~649) : 현장이 650년에 한역했다는 것이 일반적인 설이다. 따라서 이 기록은 오류인 것으로 생각된다. 각주 5를 참조할 것.
4 현장玄奘 : 당나라 때 스님. 법상종의 개조. 602?~664. 인도에서 오랫동안 머물면서 당대의 뛰어난 논사에게 『유가사지론』·『구사론』 등을 두루 배웠다. 645년 많은 경론을 가

하여 한 부의 제목으로 삼았다.[5] 글과 뜻의 광대함과 소략함은 뒤의 두 가지가 서로 비슷하다.

"약사유리광여래"라는 것은 귀의해야 할 대상이다. "본원공덕"이라는 것은 감응해야 할 덕이다. 온갖 고통을 뽑아서 없앨 수 있는 것을 비유에 의해 표현하여 '약사藥師'라고 하였고, 어떤 연緣도 통하지 않음이 없는 것을 (비유에 의해 표현하여) '유리광'이라 하였다. 닦으신 미묘한 행을 '본원'이라 하고 증득한 뛰어난 과보를 '공덕'이라고 한다.

바로 여래의 원인과 과보를 종宗으로 삼고 중생에게 귀의하여 고통에서 벗어날 것을 권하는 것을 취趣로 삼는다. 그러므로 처음의 이름은 종을 명칭으로 삼았고 뒤의 두 가지 이름은 취趣를 칭호로 삼았다.

此中宋孝武世大明元年譯出之本。取第三名拔除過罪生死得度。隋大業十一年東都洛水南上林蘭翻經館譯。略取初名藥師如來本願經。今大唐貞觀年中。玄奘三藏所譯之本。具取初名題一部也。文義廣略。後二相似。言藥師瑠璃光如來。所歸人也。本願功德者。所感德也。能拔衆苦。喩名藥師。無緣不徹。稱瑠璃光。所修妙行。名爲本願。所證勝果。名爲功德。卽以如

지고 중국으로 돌아왔다. 이후 19년 동안 여러 사람들과 함께 75부 1,335권에 달하는 경론을 번역하였다.

5 이상의 글에 대한 이해를 돕기 위해 『약사경』의 이역본을 간략하게 소개한다. 본경은 다섯 차례에 걸쳐서 한역되었다. 제1역은 동진東晉 백시리밀다라帛尸梨密多羅 삼장이 번역하였다. 단행본으로 전하지 않고 『관정경』 12권 중 제12권에 『관정발제과죄생사득도경灌頂拔除過罪生死得度經』이라는 이름으로 수록되어 있다. 제2역은 유송劉宋 혜간慧簡이 457년에 번역한 『약사유리광경藥師瑠璃光經』으로 경록에 따르면 본경은 『발제과죄생사득도경』이라고도 불렸다고 한다. 제3역은 수隋 달마급다達摩笈多가 615년 번역한 『약사여래본원경藥師如來本願經』이다. 제4역은 당唐 현장玄奘이 650년 번역한 『약사유리광여래본원공덕경』이다. 본문에서 "정관 연중"이라고 한 것은 오류인 것으로 보인다. 제5역은 당 의정義淨이 707년 번역한 『약사유리광칠불여래본원공덕경藥師瑠璃光七佛如來本願功德經』이다. 이 가운데 제2역은 전해지지 않는다. 혹은 제1역과 제2역은 동일한 것이어서 실제로는 네 차례에 걸쳐 한역되었다고 해야 한다는 주장도 있다.

來因果爲宗. 勸物歸依出苦爲趣. 是以初名. 題宗爲稱. 後二之名. 以趣爲
號.

"경"은 곧 계경契經[6]이니 언어에 의해 설명한 것에 대해 이름을 붙인 것
이다. 이치(義)[7]와 상응하여 법기法器로 하여금 꿰뚫어 알고 지녀서 흩어
져 잃어버리는 일이 없게 하기 때문에 계경이라 한다. 약사여래가 세운
본원의 공덕을 설하였으니, 본원의 공덕을 설한 계경이기 때문에 육합석
六合釋[8] 중 의주석依主釋[9]이다.

經謂契經. 能詮名也. 與義相應. 貫持法器. 令不散失. 故言契經. 藥師如
來之本願功德. 本願功德之契經故. 六合釋中. 依主釋也.

---

6 계경契經 : ⓢ sūtra의 의역어. 중생의 근기와 도리에 계합한다는 뜻을 나타낸다.
7 이치(義) : 언어가 드러내려는 뜻을 가리키는 말이다. 능전이 언어라면 소전所詮은 이치
이다.
8 육합석六合釋 : 범어의 복합어複合語(격 표시 없이 단어 A와 단어 B가 결합한 말)를 해석
하는 방법을 여섯 가지로 분류한 것을 육합석이라 한다.
9 의주석依主釋 : 두 단어 이상의 복합어가 A之B의 관계(격관계)로 분석되는 것. 예를 들
어 "쾌의살생계快意殺生戒"라고 할 경우 쾌의살생과 계는 A之B(쾌의살생의 계)의 관계
로 분석될 수 있다. 그런데 만약 앞에 '不'이라는 글자를 붙여서, "불쾌의살생계"라고 하
면 A卽B(불쾌의살생=계)의 관계로 분석될 수 있으니, 이런 경우는 지업석持業釋이라고
한다.

Ⅱ. 본 경이 부처님의 가르침에서 어느 영역에 포함되는지를 밝힘

둘째, 본 경이 부처님의 가르침에서 어느 영역에 포함되는지를 밝힌 것은 다음과 같다. 남지南地(강남 지역)의 법사가 말하기를 "부처님의 가르침은 세 가지가 있다. 첫째는 돈교頓敎[10]이고, 둘째는 점교漸敎[11]이며, 셋째는 편방부정교偏方不定敎[12]이다."[13]라고 하였다. 처음의 두 가지는 일반적으로 설명하는 것과 같다. 지금 (이 기준에 따르면) 『약사경』은 세 번째 가르침에 포함되니, 연을 따라서 그에 적합한 것을 설한 것이 돈교나 점교와 다르기 때문이다. (그러나) 이것(삼교의 교판)은 이치에 맞지 않으니,

---

[10] 돈교頓敎 : 차례를 거치지 않고 처음부터 바로 심오한 교법을 설한 가르침으로 『화엄경』이 여기에 해당한다.
[11] 점교漸敎 : 얕은 것으로 말미암아 깊은 것으로, 작은 것으로 말미암아 큰 것으로, 이렇게 차례를 밟아서 들어가는 방식의 가르침을 말한다. 예컨대 아함부의 경전→반야부의 경전→『열반경』 등이 여기에 속한다.
[12] 편방부정교偏方不定敎 : 돈교에도 점교에도 속하지 않는 가르침. 무방부정교無方不定敎라고도 한다. 『승만경』·『금광명경』 등이 여기에 소속된다. '부정'이라는 용어의 의미에 대해서 『법화현의』 권10상(T33, 801a)에서 "별도로 어떤 경전은 돈교나 점교에 속하지 않으면서 불성佛性의 상주常住를 밝혔으니, 『승만경』·『금광명경』 등이 이것이다. 이를 편방부정교라 한다.(別有一經. 非頓漸攝. 而明佛性常住. 勝鬘光明等是也. 此名偏方不定敎.)"라고 한 것, 『인왕반야경소』 권상(T33, 315b)에서 "셋째, 무방부정교는 깊은 것과 얕은 것이 정해져 있지 않은 것을 말한다.(三者. 無方不定敎. 謂深淺無定也.)"라고 한 것을 참조할 것.
[13] 부처님께서 설한 가르침을 점교, 돈교, 편방부정교의 셋으로 나눈 주장을 소개한 것이다. 이 교판은 남북조 이후에 성행하여 남지와 북지에 통용되었지만 주로 남지의 법사들이 주장한 것이기 때문에 남중삼교南中三敎라고도 한다.

돈교와 점교 이외에 별도로 깨달음이 없기 때문이고 대승과 소승을 떠나서 별도의 가르침이 있지 않기 때문이다. (새로운 기준에 따르면) 이미 만수曼殊[14]에게 직설적으로 대승의 인과因果의 공덕을 설하였기 때문에 그 설한 내용은 돈교이다. 또 정토에 대해서 숨긴 것이 없이 설했기 때문에 제3 요의대승교了義大乘敎[15]에 포함된다.

二敎攝者。南地師云。佛敎有三。一頓。二漸。三偏方不定敎。初二如常。今藥師經第三敎攝。隨緣局說。異頓漸故。此不應理。以頓漸外無別悟故。勿離大小有別敎故。旣對曼殊。直說大乘因果德故。所說頓敎。又說淨土無覆相故。第三了義大乘敎攝。

---

14 만수曼殊 : ⓢ Mañju-śrī의 줄인 음역어. 갖추어서 만수실리曼殊室利라고 하고 문수사리文殊師利라고도 하며 줄여서 문수文殊라고도 한다.
15 요의대승교了義大乘敎 : 숨김이 없이 모든 것을 분명하게 드러낸 대승의 가르침이라는 뜻이다.

Ⅲ. 본문을 풀이함

셋째, 본문을 풀이하는 것은 다음과 같다.

三本文者。

1. 경을 설하게 된 인연을 제시한 부분(說經因起分)

경 이와 같이 나는 들었다. 어느 때 박가범薄伽梵[16]께서 여러 나라를 돌며 교화하다가 광엄성廣嚴城[17]에 이르러 낙음수樂音樹 아래 계셨다. 대필추大苾芻[18]인 대중 8천 명과 함께 계셨는데 보살마하살菩薩摩訶薩[19] 3만 6천 명과

---

16 박가범薄伽梵: ⑤Bhagavat의 음역어. 부처님의 열 가지 명호 중 하나. 의역어는 세존世尊이다.
17 광엄성廣嚴城: ⑤Vaiśalī의 의역어. 중인도에 있었던 나라 이름. 광박성廣博城이라고도 하고 음역어는 비사리毘舍離이다. 땅이 넓고 풍물이 풍부하다는 뜻에서 붙여진 이름이다.
18 대필추大苾芻: '필추'는 ⑤bhikṣu의 음역어로 비구比丘라고도 한다. 출가하여 비구계를 받은 남자를 일컫는 말이다. 대필추는 비구 중에서 덕이나 법랍이 높은 스님을 일컫는 말이다.
19 보살마하살菩薩摩訶薩: ⑤bodhisattva-mahāsattva의 음역어. '보살'은 ⑤bodhisattva의 줄인 음역어로 갖춘 음역어는 보리살타菩提薩埵이고, 의역어는 각유정覺有情이다. '마

국왕·대신大臣·바라문婆羅門[20]·거사居士, 하늘(天)·용·야차夜叉[21]와 같은 인비인人非人[22] 등의 한량없는 대중들이 공경하는 마음으로 둘러싼 가운데 그들을 위하여 설법하였다.

> 經。如是我聞。一時薄伽梵。遊化諸國。至廣嚴城。住樂音樹下。與大苾蒭衆八千人俱。菩薩摩訶薩。三萬六千。及國王大臣婆羅門居士天龍夜叉人非人等無量大衆。恭敬圍遶。而爲說法。

술[23] 본문에는 세 단락이 있다. 첫째는 경을 설하게 된 인연을 제시한 부분(說經因起分)이고, 둘째는 질문에 대답하여 자세하게 설한 부분(對問廣說分)이며, 셋째는 경의 이름을 듣고 기뻐하며 행한 부분(聞名喜行分)이다. 이것은 처음에 해당한다.

"이와 같이 나는 들었다." 등은 일반적으로 설명하는 것과 같음을 알

하살'은 ⓢmahāsattva의 줄인 음역어로 갖춘 음역어는 마하살타摩訶薩埵이고, 의역어는 대유정大有情이다. 보살은 깨달음을 추구하는 중생을 지칭하는 말인데, 대승불교에서는 성문과 연각의 지향점은 자신의 이익만 추구하는 데 있다는 점에서 대승의 이타적 행위와는 구별되는 것으로 본다. 따라서 이러한 구별점을 명백히 드러내는 의미에서 '마하'를 집어넣는다.

20 바라문婆羅門 : ⓢbrāhmaṇa의 음역어. 정행淨行·승습承習 등으로 의역한다. 인도 사성四姓 계급의 최상위층인 사제계급을 가리킨다. 종교·교육과 관련된 일을 담당한다.

21 야차夜叉 : ⓢyakśa의 음역어로 약차藥叉라고도 한다. 팔부중의 하나이다. 의역어는 경첩輕捷·용건勇健·능담能噉 등이다. 여성 야차는 야차녀夜叉女(ⓢyakṣiṇī)라고 한다. 지상이나 허공에 머물며 위세를 가지고 사람들을 괴롭힌다. 혹은 정법을 수호하는 귀신의 부류에 들어가기도 한다.

22 인비인人非人 : 두 가지 해석이 있다. 첫째는 사람의 모습을 하고 와서 청법하지만 사람이 아닌 것이라는 뜻이다. 이 경우 본문의 "인비인"은 바로 앞의 "하늘·용·야차" 등의 팔부대중八部大衆을 가리키는 것으로 보아야 한다. 둘째는 사람과 사람이 아닌 것이라는 뜻이다. 이 경우 본문의 "인비인"은 그 앞에 나열한 사람과 "천·용·야차"와 같은 비인非人을 묶어서 나타낸 것으로 보아야 한다. 태현이 어느 것을 선택하였는지는 알 수 없다. 일단 역자는 전자를 따라서 번역하였다.

23 술 : 역자가 본문의 '述曰.'을 이렇게 표기하였다. 이하 동일하다.

아야 한다. "박가범"이라는 것은 여섯 가지 뜻을 포함한 명칭이다. 첫째는 자유자재하다는 뜻이니 영원히 모든 번뇌에 속박되지 않기 때문이다. 둘째는 치성하다는 뜻이니 맹렬하게 타오르는 지혜의 불길에 의해 번뇌를 태우기 때문이다. 셋째는 단정하게 장엄하였다는 뜻이니 온갖 미묘한 상호相好[24]로 장엄하였기 때문이다. 넷째는 이름이 널리 칭해진다는 뜻이니 공덕이 원만하여 알지 못하는 사람이 없기 때문이다. 다섯째는 길상하다는 뜻이니 가까이에서 공양하면 반드시 이익을 얻기 때문이다. 여섯째는 존귀하다는 뜻이니 온갖 공덕을 갖추고 중생을 이롭고 즐겁게 하는 데 게으름이 없기 때문이다.[25] 『불지경론』에서 게송으로 말하기를 "자재하고 치성熾盛하며 단정하게 장엄하였고 이름이 널리 칭해지고 길상하며 존귀하시네. 이렇게 여섯 가지 뜻으로 차별되는데 이를 총괄하여 박가薄伽라고 함을 알아야 하네."[26]라고 한 것과 같다.

述曰。本文有三。一說經因起分。二對問廣說分。三聞名喜行分。此初也。如是我聞等。如常應知。薄伽梵者。含六義名。一自在義。永不繫屬諸煩惱故。二熾盛義。猛焰智火所燒練故。三端嚴義。衆妙相好所莊嚴故。四名稱義。功德圓滿。無不知故。五吉祥義。親近供養必獲利故。六尊貴義。具諸功德。利樂有情。無懈怠故。如佛地論頌曰。自在熾盛與端嚴。名稱吉祥及尊貴。如是六種義差別。應知總名爲薄伽。

"광엄"이라는 것은 음역어는 비사리毗舍離이고 혹은 비야리毗耶離라고

---

24 상호相好 : 삼십이상三十二相과 팔십종호八十種好를 합하여 상호相好라고 한다. 모두 보살이 갖춘 뛰어난 모습인데, 전자는 두드러져서 쉽게 볼 수 있는 것이고, 후자는 미세하고 은밀하여 보기 어려운 것이다.
25 이상 여섯 가지 뜻은 『佛地經論』 권1(T26, 292b)에 나온다.
26 『佛地經論』 권1(T26, 292a).

도 하는데 온갖 덕을 원만하게 갖추었음을 나타낸다. 광엄성에 이르러 (앞으로) 중생에게 즐거움을 일으키게 할 것임을 보이기 위해 낙음수樂音樹에 머물렀다. 미풍이 지나가며 나무를 흔들면 궁宮·상商[27]의 아름다운 음악이 따라서 나오기 때문에 "낙음수"라고 하였다. "대중"에는 세 가지가 있다. 첫째는 성문중聲聞衆[28]이고, 둘째는 보살중菩薩衆[29]이며, 셋째는 세간중世間衆이다. 글자 그대로이니 알 수 있을 것이다. 여기에서 "거사"는 재가자를 가리킨다. "야차"는 두려워할 만한 것(可畏) 혹은 위세가 있는 것의 뜻을 가지고 있다.

言廣嚴者。梵云毗舍離。或云毗耶離。表衆德滿。至廣嚴城。示生物樂。住樂音樹。微風歷動。宮商雅音。從而出故。名樂音樹。衆有三種。一聲聞衆。二菩薩衆。三世間衆。如文可解。就中居士。居家士也。夜叉可畏。或威勢義。

---

27 궁宮·상商 : 동양 음악의 다섯 가지 기본음인 궁宮·상商·각角·치徵·우羽에서 뒤의 세 가지를 생략한 것이다. 첫째 궁음宮音은 탁음濁音으로 흙으로 구운 그릇을 두드리면 나는 소리이고, 둘째 상음商音은 청음淸音으로 금속과 금속을 부딪쳐서 나는 소리이며, 셋째 각음角音은 반청반탁음半淸半濁音으로 나무와 나무를 부딪쳐서 나는 소리이고, 넷째 치음徵音은 타오르는 불에 물을 부으면 꺼지면서 나는 소리이며, 다섯째 우음羽音은 물을 형상화한 소리이다. 다섯 가지 음은 차례대로 토土·금金·목木·화火·수水의 오행五行에 배대된다.
28 성문중聲聞衆 : '성문'은 ⓈŚrāvaka의 의역어. 부처님의 가르침을 직접 들은 제자를 일컫는 말. 후에 연각緣覺·보살 등과 함께 삼승三乘의 하나로 일컬어지는데, 이 경우는 사제四諦의 이치를 관찰하여 회신멸지灰身滅智의 무여열반無餘涅槃에 드는 것을 목적으로 하는 수행자라는 뜻이 있다.
29 보살중菩薩衆 : '보살'은 Ⓢ bodhi-sattva의 음사어. 각유정覺有情·도심중생道心衆生 등으로 의역한다. 보리를 얻기 위해 노력하는 중생, 부처님의 지혜를 갖춘 중생, 보리를 얻기 위해 노력하되, 보리를 증득할 것이 확정된 중생 등이라는 뜻이 있다. 삼승의 하나로 일컬어지는데 이때는 무상보리를 얻기 위해 일체중생을 제도하려는 서원을 세우고 육도만행六度萬行을 닦는 수행자라는 뜻이다.

2. 질문에 대답하여 자세하게 설한 부분(對問廣說分)

1) 보살이 청문을 성취하는 것

경 그때 만수실리曼殊室利 법왕자法王子가 부처님의 위신력을 받들어 자리에서 일어나 한쪽 어깨를 드러내고 오른쪽 무릎을 땅에 대어 꿇고 박가범을 향해 몸을 숙이고 합장하며 말하였다.

"세존이시여, 이와 같은 것들, 곧 모든 부처님의 명호와 과거 인위에서 세운 큰 서원과 뛰어난 공덕을 말씀해 주시기를 원합니다. 그것을 듣는 사람들로 하여금 업장業障을 소멸시키고 상법像法[30]이 유포될 때 모든 중생을 이익되게 하고 즐거움을 주려고 하기 때문입니다."

爾時曼殊室利法王子。承佛威神。從座而起。偏袒一肩。右膝著地。向薄伽梵。曲躬合掌白言。世尊。唯願演說。如是相類。諸佛名號。及本大願殊勝功德。令諸聞者。業障消除。爲欲利樂。像法轉時諸有情故。

술 이하는 질문에 대답하여 자세하게 설한 부분이다. 여기에 다섯 가지 뜻이 있다. 첫째는 보살이 청문을 성취하는 것이고, 둘째는 법왕께서 칭찬하며 허락함을 성취하는 것이며, 셋째는 대중이 즐겨 듣는 것을 성취하는 것이고, 넷째는 여래께서 설법하는 것을 성취하는 것이며, 다섯째는 야차가 보은하는 것을 성취하는 것이다. 이것은 처음에 해당한다.

---

30 상법像法 : 부처님께서 입멸한 후 불법이 유통되는 형태가 달라지는 것을 그 시기에 따라 셋으로 나눈 것 중 하나. 첫째는 정법 시대이고 둘째는 상법 시대이며 셋째는 말법 시대이다. 상법 시대는 정법처럼 보이지만 정법은 아닌 것이 유포되는 시대이다.

述曰。自下對問廣說分。此有五義。一菩薩請問成就。二法王讚許成就。三大衆樂聞成就。四如來說法成就。五夜叉報恩成就。此初也。

여기에 세 가지가 있다.

於此有三。

(1) 청문의 인연을 설한 문

첫째는 청문의 인연을 설한 문이다. 경에서 "만수실리曼殊室利 법왕자法王子가 부처님의 위신력을 받들어"라고 한 것과 같다. "만수실리"는 묘길상妙吉祥이라고 의역한다. 법에서 변화하여 생겨나서 부처님의 법에 해당하는 부분을 얻었기 때문에 "법왕자"라고 한다.

一請因緣門。如經曼殊室利法王子承佛威神故。曼殊室利。唐云妙吉祥。從法化生。得佛法分。稱法王子。

(2) 청문의 위의를 설한 문

둘째는 청문의 위의를 설한 문이다. 경에서 "자리에서 일어나……합장하며"라고 한 것과 같다. "자리에서 일어나"라는 것은 진제眞際에서 일어난 것을 나타낸 것이다. "한쪽 어깨를 드러내고"라는 것은 이롭게 하고 즐거움을 주는 일을 지을 것임을 나타낸 것이다. "오른쪽 무릎을 땅에 대어 꿇고"라는 것은 세간에 머물기 때문이다. "박가범을 향해"라는 것은 출세간으로 나아가기 때문이다. "몸을 숙이고"라는 것은 교만함을 여의었기 때문이다. "합장하며"라는 것은 온통 마음을 집중하기 때문이다.

二請威儀門。如經從座而起乃至合掌故。從座而起者。表從眞際起。偏袒一
肩者。表作利樂事。右膝著地。住世間故。向薄伽梵者。趣出世故。曲躬者。
離慢故。合掌者。專心故。

(3) 바로 청문을 개시하는 문

셋째는 바로 청문을 개시하는 문이다. 경에서 "(박가범을 향해 몸을 숙이고 합장하며) 말하였다. '세존이시여……모든 중생을 (이익되게 하고 즐거움을 주려고 하기 때문입니다.)'"라고 한 것과 같다. 대략 세 가지 일을 물었다. 첫째는 부처님의 명호를 물었고, 둘째는 인위에서 세운 큰 서원을 물었으며, 셋째는 과의 공덕을 물었다.

"그것을 듣는 사람으로 하여금" 이하는 설법의 이익을 제시한 것이다. "상법이 유포될 때"라는 것은 『대방등대집경』에서 "여섯 가지의 견고함이 있다. 첫째는 법신이 견고하게 머무는 것이고, 둘째는 해탈이 견고하게 머무는 것이며, 셋째는 선정이 견고하게 머무는 것이고, 넷째는 다문多聞(많이 듣는 것)이 견고하게 머무는 것이며, 다섯째는 복덕이 견고하게 머무는 것이고, 여섯째는 투쟁이 견고하게 머무는 것이다."[31]라고 하였다.

이 가운데 처음의 한 가지는 부처님이 세상에 계실 때이고, 뒤의 다섯 가지는 부처님께서 멸도하신 뒤이다. 그 차례대로 각각 5백 년을 지나는데 이를 묶어서 삼시三時라고 한다. 첫째는 정법正法이니 그 다섯 가지 가운데 처음의 두 가지가 견고한 것을 말한다. 둘째는 상법像法이니 그 바로

---

31 『大方等大集經』 권55(T13, 363a)에서 부처님께서 말씀하시기를 "내가 세간에 머물 때는 바른 법이 세간에 빛나고 사람들도 평등한 바른 법을 나타낸다. 내가 멸도한 후 5백 년까지는 나의 법 가운데 해탈이 견고하게 머물 것이다. 다음 5백 년 동안은 선정이 견고하게 머물 것이다. 다음 5백 년은 독송과 다문이 견고하게 머물 것이다. 다음 5백 년 동안은 탑과 절을 짓는 것이 견고하게 머물 것이다. 다음 5백 년 동안은 투쟁을 일삼고 깨끗한 법은 없어지는 것이 견고하게 머물 것이다."라고 하였다,

다음의 두 가지가 견고한 것을 말한다. 셋째는 말법末法이니 바로 뒤의 한 가지가 견고한 것을 말한다. 차례대로 가르침(敎)과 수행(行)과 결과(果)의 세 가지를 갖춘 시대와 가르침과 수행은 있지만 결과는 없는 시대와 가르침은 있지만 수행과 결과가 없는 시대라고 할 수 있다.

지금 천 년 뒤에 올 상법 시대의 중생에게 이익과 즐거움을 주기 위해 이러한 질문을 일으킨 것이다.

三正開請門。如經白言世尊乃至諸有情故故。略問三事。一問佛名號。二問因大願。三問果功德。令諸聞者已下。擧說之利。言像法轉時者。大集經云。有六種堅固。一法身得住堅固。二解脫得住堅固。三禪定得住堅固。四多聞得住堅固。五福德得住堅固。六鬪諍得住堅固。此中初一佛在世時。後五滅後。如其次第。各五百年。總言三時。一者正法。謂彼五中初二堅固。二者像法。卽次二堅固。三者末法。卽後一堅固。如次具有敎行果三。有二無果。有敎無二。今爲利樂千年之後像法有情。發此問也。

2) 법왕께서 칭찬하며 허락함을 성취하는 것

경 그때 세존께서 만수실리 동자를 찬탄하여 말씀하셨다.

"훌륭하다, 훌륭해! 만수실리여, 너는 대비에 의해 나에게 모든 부처님의 명호와 과거 인위에서 세운 서원과 공덕을 설해 주기를 권청하였다. 업장에 속박된 중생을 그것에서 뽑아내기 위하여 상법이 유포되는 시대에 살아갈 모든 중생에게 이익과 안락함을 주기 위해서 그렇게 하였다. 너는 이제 자세히 들어라! 아주 잘 생각하라! 너를 위해 설할 것이다."

만수실리가 말하였다.

"네, 설법을 듣기를 원합니다. 우리들은 즐거운 마음으로 듣겠습니다."

爾時世尊。讚曼殊室利童子言。善哉善哉。曼殊室利。汝以大悲。勸請我說諸佛名號本願功德。爲拔業障所纏有情。利益安樂像法轉時諸有情故。汝今諦聽。極善思惟。當爲汝說。曼殊室利言。唯然願說。我等樂聞。

술 이 가운데 두 가지가 있다. 첫째는 법왕께서 칭찬하며 허락함을 성취하는 것이다.[32] 경에서 "그때 세존께서……너를 위해 설할 것이다."라고 한 것과 같다. 들은 것이 대답할 만한 것이기 때문에 처음에 "훌륭하다."라고 하였고, 시의적절하기 때문에 거듭해서 "훌륭해!"라고 하였으며, 글을 자세하게 살피게 하기 위해서 "자세히 들어라."라고 하였고, 뜻을 알게 하기 위하여 "잘 생각하라."라고 하였다.

述曰。此中有二。一法王讚許成就。如經爾時世尊乃至當爲汝說故。所聞可記。初言善哉。應時宜故。重言善哉。欲令審文。故言諦聽。令解義故。言善思惟。

3) 대중이 즐겨 듣는 것을 성취하는 것

셋째는 대중이 즐겨 듣는 것을 성취하는 것이다. 경에서 "만수실리가

---

32 이 가운데~성취하는 것이다. : 태현은 앞의 분과에서는 "2. 질문에 대답하여 자세하게 설한 부분"을 다섯 단락으로 나누었는데, 여기에서는 두 번째 단락과 세 번째 단락을 하나로 묶어서, 세 번째 단락이라고 하고 이것은 다시 두 가지로 나누었다. 앞과 뒤에서 분과한 내용이 서로 어긋난다. 앞의 분과를 따르면 "둘째는 법왕께서 칭찬하며 허락함을 성취하는 것이다."라고 해야 한다. 하단의 원문 교감주를 참조할 것.

말하였다. '네, 설법을 듣기를 원합니다. 우리들은 즐거운 마음으로 듣겠습니다.'"라고 한 것과 같다.

二¹⁾大衆樂聞成就。如經曼殊室利言唯然願說我等樂聞故。

1) ㉠ 태현이 "2. 질문에 대답하여 자세하게 설한 부분"에서 다섯 단락으로 분과한 것에 따르면 '二'는 '三'이어야 한다. 그러나 태현이 "2) 법왕께서 칭찬하며 허락함을 성취하는 것"에서 두 단락으로 분과한 것에 따르면 '二'가 맞다. 태현의 오류로 보이는데 역자는 앞의 분과를 취하여 번역하였다.

4) 여래께서 설법하는 것을 성취하는 것

(1) 청문한 것에 바로 대답한 문

① 첫 번째 질문에 대답함

경 부처님께서 만수실리에게 말씀하셨다.
"여기에서 동쪽으로 열 개의 갠지스 강의 모래알처럼 많은 부처님의 국토를 지나가면 정유리淨瑠璃라는 세계가 있는데 부처님의 명호는 약사유리광藥師瑠璃光 여래如來·응應·정등각正等覺·명행원만明行圓滿·선서善逝·세간해世間解·무상장부조어사無上丈夫調御士·천인사天人師·불佛·박가범薄伽梵이다."

佛告曼殊室利。東方去此過十殑伽沙等佛土。有世界。名淨瑠璃。佛號藥師瑠璃光如來應正等覺明行圓滿善逝世間解無上丈夫調御士天人師佛薄伽梵。

술 네 번째는 여래께서 설법하는 것을 성취하는 것이다. 여기에 두 문이 있다. 첫째는 청문한 것에 바로 대답한 문이고, 둘째는 이익을 들어 중생에게 수지할 것을 권한 문이다. 처음에 또 세 가지가 있으니 세 가지 질문[33]에 대답했기 때문이다. 이것은 처음에 해당한다. 열 가지 명호에 대한 자세한 해석은 『유가사지론』 등에서 설한 것[34]과 같다.

述曰。第四如來說法成就。此有二門。一正答所請門。二勸物利益門。初亦有三。答三問故。此初也。廣釋十號。如瑜伽等。

② 두 번째 질문에 대답함

A. 대략 표시함

경 "만수실리여, 저 세존이신 약사유리광여래께서는 과거에 보살도를 행할 때 열두 가지 큰 서원을 일으켜서 모든 중생이 구하는 것을 다 얻게 하였다."

---

33 세 가지 질문 : 앞에서 만수실리가 부처님의 명호, 과거인위에서 세운 큰 서원, 서원의 뛰어난 공덕의 세 가지에 대해 부처님께 질문한 것을 말한다.
34 『瑜伽師地論』권83(T30, 765a). 『유가사지론』에서 설한 것에 의해 열 가지 명호를 대략 살펴보면 다음과 같다. 첫째, 여래(⑤ tathāgata)라는 것은 말에 허망함이 없기 때문이다. 둘째, 응공應供이라는 것은 공양해야 할 사람이기 때문이다. 셋째, 정등각이란 진제와 속제를 모두 알기 때문이다. 넷째, 명행원만明行圓滿이란 삼명三明·차행遮行·행행行行이 모두 원만한 것이다. 신업·어업·의업을 청정히 하여 정명正命을 현행하는 것을 행원만行圓滿이라 하고, 근문根門을 은밀히 방호하는 것을 차원만遮圓滿이라 한다. 다섯째, 선서란 오랜 세월 동안 모든 종류의 자리自利·이타利他의 두 공덕을 갖추었기 때문이다. 여섯째, 세간해란 모든 종류의 유정세간有情世間과 기세간器世間을 모두 잘 통달했기 때문이다. 일곱째, 무상장부조어사란 지혜가 동등한 이가 없고 그를 넘어서는 이가 없기 때문이다. 여덟째, 천인사란 하늘과 사람의 스승이 되기 때문이다. 아홉째, 불이란 필경 일체 번뇌와 모든 습기를 끊고 등정각(아뇩다라삼먁삼보리)을 현시하기 때문이다. 열째, 박가범이란 미묘한 보리좌菩提座에 편안히 앉은 채로 모든 마군의 군대를 꺾어서 소멸시키는 큰 세력이 있기 때문이다.

曼殊室利。彼世尊藥師瑠璃光如來。本行菩薩道時。發十二大願。令諸有
情。所求皆得。

술 두 번째 질문에 대답한 것 가운데 세 가지가 있다. 대략 표시하고, 자세하게 설하며, 총괄하여 맺었기 때문이다. 이것은 처음에 해당한다.
『아수라경』에서 "유리광보살은 지승불智勝佛을 만나 처음에 총괄적인 서원을 일으키고 보정불寶頂佛의 처소에서 처음으로 개별적인 서원을 일으켰다."라고 하였고, 『시방제불현전경十方諸佛現前經』에서 "청룡광불青龍光佛의 처소에서 열두 가지 서원을 일으켰다."라고 하였다.

述曰。答第二問中有三。略標。廣說。總結故。此初也。阿脩羅經云。琉璃光
菩薩。遇智勝佛。初發總願。寶頂佛所。始發別願。十方諸佛現前經云。青
龍光佛所。發十二誓願。

B. 자세하게 설함

경 첫 번째 큰 서원은 이러하다. 제가 미래의 어느 날 아뇩다라삼먁삼보리阿耨多羅三藐三菩提[35]를 얻었을 때 저의 몸에서 나온 광명이 한량없고 헤아릴 수 없으며 가없는 세계를 밝게 비추고, 서른두 가지의 대장부의 모습[36]과

---

[35] 아뇩다라삼먁삼보리阿耨多羅三藐三菩提 : ⑤ anuttara-samyak-saṃbodhi의 음역어. '아뇩다라'는 무상無上이라 의역하고 '삼먁삼보리'는 정등각正等覺이라 의역한다. 곧 부처님께서 깨달은 지혜를 일컫는 말이다.
[36] 서른두 가지의 대장부의 모습 : 부처님·전륜성왕 등과 같은 뛰어난 이가 갖추고 있는 서른두 가지 뛰어난 상. 예컨대 족하안평립상足下安平立相은 발바닥이 평평하고 유연하여 발을 땅에 대면 밀착되어 바늘 하나 들어갈 틈이 없는 것을 말하고, 족하이륜상足下二輪相은 양 발바닥(또는 양 손바닥)에 천 폭의 바퀴 무늬가 있는 것을 말한다. 고대 인도의 이상적인 군주인 전륜성왕에 대한 믿음과 그 믿음을 둘러싼 당시 점술과 관상의 영향을 받아 성립된 것이다.

팔십 가지의 수호隨好[37]로 그 몸을 장엄하며, 모든 중생이 저와 같아서 다름이 없게 할 것을 서원합니다.

　두 번째 큰 서원은 이러하다. 제가 미래의 어느 날 보리를 얻었을 때 몸이 유리와 같아서 안과 밖이 투명하게 비치고 청정하여 더러운 것이 없으며, 광명이 광대하고 공덕이 뛰어나며, 몸은 아주 편안하게 잘 머물고 불꽃으로 타오르는 그물로 장엄하여 해와 달보다 밝게 빛나서, 어둠 속에 살아가는 중생이 모두 그 빛을 받아 깨어나서 뜻하는 대로 모든 사업을 지을 수 있게 할 것을 서원합니다.

　　第一大願。願我來世得阿耨多羅三藐三菩提時。自身光明。熾然照曜無量無數無邊世界。以三十二大丈夫相八十隨好。莊嚴其身。令一切有情。如我無異。第二大願。願我來世。得菩提時。身如瑠璃。內外明徹。淨無瑕穢。光明廣大。功德巍巍。身善安住。焰網莊嚴。過於日月。幽冥衆生。悉蒙開曉。隨意所趣。作諸事業。

　세 번째 큰 서원은 이러하다. 제가 미래의 어느 날 보리를 얻었을 때 한량없고 가없는 지혜의 방편으로 모든 중생들로 하여금 다 필요한 물품을 모두 얻게 하여 중생으로 하여금 조금이라도 모자란 것이 없게 할 것을 서원합니다.

　네 번째 큰 서원은 이러하다. 제가 미래의 어느 날 보리를 얻었을 때 모든 중생이 삿된 도를 행한다면 모두 보리도에 안주하게 하고, 성문승과 독각승을 행하는 이가 있다면 모두 대승에 안립시킬 것을 서원합니다.

---

37 팔십 가지의 수호隨好 : 보살이 갖추고 있는 여든 가지 뛰어난 모습. 팔십종호八十種好라고도 한다. 삼십이상은 눈에 띄는 모습인 것에 비해 팔십수호는 미세하고 은밀하게 잘 드러나지 않는 모습을 가리킨다.

第三大願。願我來世。得菩提時。以無量無邊智慧方便。令諸有情。皆得無盡所受用物。莫令衆生有所乏少。第四大願。願我來世。得菩提時。若諸有情。行邪道者。悉令安住菩提道中。若行聲聞獨覺乘者。皆以大乘而安立之。

다섯 번째 큰 서원은 이러하다. 제가 미래의 어느 날 보리를 얻었을 때 한량없고 가없는 중생이 저의 법 가운데 범행梵行을 수행한다면 모든 사람이 다 계戒를 범하지 않고 삼취계三聚戒[38]를 갖추게 하며, 설령 위법하였더라도 저의 이름을 들으면 다시 청정함을 얻어서 악취惡趣[39]에 떨어지지 않게 할 것을 서원합니다.

여섯 번째 큰 서원은 이러하다. 제가 미래의 어느 날 보리를 얻었을 때, 만약 모든 중생이 그 몸이 하열하거나 모든 기관을 온전히 갖추지 못하여서, 지저분하고 더럽고 둔하고 어리석으며, 시각장애인·청각장애인·언어장애인이 되고, 앉은뱅이·곱사등이·문둥이·미치광이가 되며 갖가지 병으로 고통에 시달려도, 저의 이름을 들으면 모든 사람이 단정하고 영리하고 지혜로우며 모든 감각기관을 완전히 갖추고 모든 질병의 고통이 없어지게 할 것을 서원합니다.

---

38 삼취계三聚戒 : 삼취정계三聚淨戒라고도 한다. 대승보살의 계법으로 모두 세 가지로 구성되었다. 첫째는 율의계律儀戒(攝律儀戒라고도 함)이니 칠중의 별해탈율의別解脫律儀, 곧 비구계·비구니계·정학계正學戒(式叉摩那戒)·사미계·사미니계·우바새계·우바이계이다. 둘째는 섭선법계攝善法戒이니 율의계를 받은 후에 보리를 증득하기 위해 몸과 입과 마음으로 선한 행위를 실천하는 것이다. 셋째는 요익유정계饒益有情戒(利益衆生戒·攝衆生戒라고도 함)이니 중생을 이익되게 하는 열한 가지 행을 실천하는 것이다.

39 악취惡趣 : 윤회하는 세계를 여섯 범주로 나눈 것 중 가장 하위에 속하는 세 가지 세계를 가리키는 말. 보통 삼악취三惡趣라고 한다. 바로 지옥·축생·아귀의 세계를 가리킨다. '악취'는 악도惡道라고도 하며 악업을 지음으로써 태어나는 세계라는 뜻이다. 상대어는 세 가지 선취(三善趣 ; 三善道)로 아수라·인간·하늘의 세 가지 세계를 가리킨다. '선취'란 선업을 지음으로써 태어나는 세계라는 뜻이다.

第五大願。願我來世。得菩提時。若有無量無邊有情。於我法中。修行梵行。一切皆令得不缺戒。具三聚戒。設有毀犯。聞我名已。還得清淨。不墮惡趣。第六大願。願我來世。得菩提時。若諸有情。其身下劣。諸根不具。醜陋頑愚。盲聾瘖瘂。躄背傴。白癩癲狂。種種病苦。聞我名已。一切皆得端政[1]黠慧。諸根完具。無諸疾苦。

1) ㉠『한불전』편찬자에 따르면 '政'은 '正'인 것 같다. ㉡ 갑본에 따르면 후자가 맞다.

일곱 번째 큰 서원은 이러하다. 제가 미래의 어느 날 보리를 얻었을 때 만약 모든 중생이 온갖 병으로 핍박받아도 구제받을 길이 없고 돌아갈 곳도 없어서, 의사도 만나지 못하고 약도 구하지 못하며 어버이도 없고 집도 없이, 빈궁하게 지내며 온갖 고통을 받아도 저의 명호가 한번 그 귓가를 스치면 온갖 병이 모두 사라지고 몸과 마음이 안락해지며 가족과 생활용품이 모두 풍족해지며 위없는 보리를 증득하게 할 것을 서원합니다.

여덟 번째 큰 서원은 이러하다. 제가 미래세의 어느 날 보리를 얻었을 때 만약 어떤 여인이 여인이 겪는 온갖 악에 의해 핍박받아서 이를 지극히 싫어하고 여의려는 마음을 일으키고 여인의 몸을 버리기를 원할 경우 저의 명호를 들으면 모든 사람이 다 여인의 몸을 바꾸어서 남자가 되고 장부의 모습을 갖추고, 내지 위없는 보리를 증득하게 할 것을 서원합니다.

第七大願。願我來世。得菩提時。若諸有情。衆病逼切。無救無歸。無醫無藥。無親無家。貧窮多苦。我之名號。一經其耳。衆病悉除。身心安樂。家屬資具。悉皆豐足。乃至證得無上菩提。第八大願。願我來世。得菩提時。若有女人。爲女百惡之所逼惱。極生厭離。願捨女身。聞我名已。一切皆得轉女成男。具丈夫相。乃至證得無上菩提。

아홉 번째 큰 서원은 이러하다. 제가 미래의 어느 날 보리를 얻었을 때 모든 중생으로 하여금 마군의 덫과 그물에서 벗어나고 모든 외도의 속박에서 해탈하게 할 것이고, 만약 여러 가지 악한 견해의 수풀에 떨어지더라도 모두 이끌고 거두어서 정견에 두고 점차 모든 보살행을 수행하여 속히 무상정등보리無上正等菩提⁴⁰를 얻게 할 것을 서원합니다.

열 번째 큰 서원은 이러하다. 제가 미래의 어느 날 보리를 얻었을 때 만약 모든 중생이 왕법에 의해 재판에 넘겨지고 묶여서 매질을 당하며 체포되어 감옥에 갇히며 혹은 사형을 당하며 또 한량없는 재난과 능욕을 당하며 슬픔과 근심으로 애가 타서 몸과 마음이 고통을 받을 때 만약 저의 명호를 듣는다면 저의 복덕과 위신력으로 인해 모두 모든 근심과 고통에서 벗어나게 할 것을 서원합니다.

第九大願。願我來世。得菩提時。令諸有情。出魔羅¹⁾網。解脫一切外道纏縛。若墮種種惡見稠林。皆當引攝置於正見。漸令修習諸菩薩行。速證無上正等菩提。第十大願。願我來世。得菩提時。若諸有情。王法所繩。縛錄鞭撻。繫閉牢獄。或當刑戮。及餘無量災難陵辱。悲愁煎迫。身心受苦。若聞我名。以我福德威神力故。皆得解脫一切憂苦。

1) ㉾ '羅'는 '絹'인 것 같다. ㉎ 갑본에 따르면 후자가 맞다.

열한 번째 큰 서원은 이러하다. 제가 미래의 어느 날 보리를 얻었을 때 만약 모든 중생이 굶주림과 갈증으로 고통을 받고 먹을 것을 구하기 위해 온갖 악업을 지었더라도 저의 명호를 듣고 그것만 생각하며 수지한다면 저는

---

40 무상정등보리無上正等菩提: ⓢanuttara-samyak-saṃbodhi의 의역어와 음사어를 합한 말. 갖춘 음사어는 아뇩다라삼먁삼보리阿耨多羅三藐三菩提이다. '아뇩다라'는 위없는 것을 뜻하고, '삼먁삼보리'는 바르게 두루 아는 것을 뜻한다. 곧 부처님께서 깨달은 지혜를 일컫는 말이다.

먼저 뛰어나고 미묘한 음식으로 그 몸을 배부르게 하고 그 다음에 법의 맛으로 궁극적인 안락安樂의 경지에 안립시킬 것을 서원합니다.

열두 번째 큰 서원은 이러하다. 제가 미래세의 어느 날 보리를 얻었을 때 만약 모든 중생이 가난하여 입을 옷도 없고 모기와 등에의 시달림을 받으며 추위와 더위로 고생하며 낮과 밤으로 핍박을 받을 경우 만약 저의 이름을 듣고 그것만 생각하며 수지한다면 저는 그들이 좋아하는 대로 바로 갖가지 뛰어나고 미묘한 옷을 얻게 하고 모든 보배로 만들어진 장엄구와 화만華鬘[41]과 도향塗香[42]도 얻게 하며 음악을 연주하는 것과 온갖 기예를 부리는 것을 마음껏 즐겨 모두 만족시킬 수 있게 할 것을 서원합니다.

第十一大願。願我來世。得菩提時。若諸有情。飢渴所惱。爲求食故。造諸惡業。得聞我名。專念受持。我當先以上妙飮食。飽足其身。後以法味。畢竟安樂而建立之。第十二大願。願我來世。得菩提時。若諸有情。貧無衣服。蚊虻寒熱。晝夜逼惱。若聞我名。專念受持。如其所好。卽得種種上妙衣服。亦得一切寶莊嚴具。華鬘塗香。鼓樂衆伎。隨心所翫。皆令滿足。

述 자세하게 설한 문 가운데 여섯 가지 상대하는 문이 있다.

첫째는 정토와 예토를 이익되게 하는 문이니 처음의 두 가지 서원이다. (첫 번째 서원은) 정토에 있는 모든 중생을 나의 몸과 같게 하기 때문이다. 내지 (두 번째 서원은) 세계의 중간에 있는 어두운 세계와 같은 어둠에 빠진 중생[43]이 모두 뜻을 이루게 하기 때문이다.

---

41 화만華鬘 : 실로 꽃을 엮어서 만든 장식물. 목에 걸거나 몸을 장식하는 데 쓰인다.
42 도향塗香 : 몸에 바르는 향. 몸에 직접 바르지 않고 태워서 옷이나 실내에 그 향이 배게 하는 데 사용하는 것은 소향燒香이라고 한다.
43 『잡아함경』 권16(T2, 111c)에서 "천 개의 해와 천 개의 달이 천 개의 세계를 비추고 천 개의 수미산을 비추며……천 개의 범천을 비춘다. 이를 소천세계小千世界라고 한다. 이 천 개의 세계는 중간이 어두워서 그곳에는 해와 달이 비추어도 그 속에 사는 중생

둘째는 세간과 출세간의 문이니 바로 다음의 두 가지 서원이다. (세 번째 서원은) 인간과 하늘에 태어나는 가르침(人天乘)으로 모자란 것이 없게 하기 때문이다. 내지 (네 번째 서원은) 삿된 도를 행하면 그 종성에 따라서 삼승의 보리도에 안주하게 하고 부정이승不定二乘[44]을 모두 대승으로 이끌어 안립시키기 때문이다.

셋째는 계를 보존하고 몸을 보존하는 문이니 다음의 두 가지 서원이다. (다섯 번째 서원은) 중계를 어기지 않고 삼취계를 갖추게 하기 때문이다. (여섯 번째 서원은) 여섯 가지 기관으로 이루어진 몸이 모두 청정함을 얻게 하기 때문이다. 이 가운데 "하열하거나 모든 기관을 온전히 갖추지 못하여"라는 것은 표시한 구절이다. 비록 모든 기관을 갖추었더라도 뛰어나고 미묘하지 못하기 때문이고 또 결함이 있기 때문이다. "지저분하고 더럽고"라고 한 것은 몸의 하열함을 풀이한 것이고 "둔하고 어리석으며"라고 한 것은 마음의 하열함을 풀이한 것이다. "시각장애인·청각장애인" 등이라고 한 것 이하는 눈·귀·혀·몸(身根)을 갖추지 못한 것을 풀이한 것이다. "미치광이"라는 것은 의근意根을 갖추지 못한 것을 풀이한 것

은 자신의 몸도 보지 못한다. 중생이 진리를 알지 못하는 것은 이 세계의 중간의 어두움보다 더한 어두움이다."라고 한 것을 참조할 것.

44 부정이승不定二乘 : 그 근기가 확정되지 않았지만 성문승과 연각승을 가까이하는 종성을 가리키는 말이다. 법상종에서 중생을 근기에 따라 다섯 가지로 분류한다. 첫째는 보살정성菩薩定性이니 보살도를 닦아 불과를 증득할 것이 결정된 중생이고, 둘째는 성문정성聲聞定性이니 성문도를 닦아 아라한과阿羅漢果를 이룰 것이 결정된 중생이며, 셋째는 독각정성獨覺定性(연각정성緣覺定性)이니 독각도를 닦아 벽지불과辟支佛果를 이룰 것이 결정된 중생이다. 넷째는 부정성이니 보살정성·성문정성·독각정성 등의 세 가지 성품 중 어느 하나를 결정적으로 갖지 않고, 그 중 하나 혹은 둘이나 셋을 지닌 것을 일컫는 말이다. 다섯째는 무성유정無性有情이니 삼승의 무루지無漏智의 종성이 전혀 없어서 궁극적으로 인간과 하늘에 태어나는 것 이상의 과보를 얻을 수 없는 중생이다. 부정성은 이승二乘(성문승·연각승)을 가까이하면 그 법을 익혀서 소승의 과보를 얻는 것을 추구하고 중생을 제도하는 것을 좋아하지 않고 성불의 도를 추구하지 않는다. 만약 보살승을 가까이하면 중생을 이롭게 하는 행위를 익혀서 보리를 증득하여 성불한다.

이며 "갖가지 병으로 고통에 시달려도"라는 것은 코 등을 포함한 병이다. "단정하고" 등의 네 구절은 차례대로 앞에서 서술한 것을 뒤집은 것이다.

> 述曰. 廣說門中有六對門. 一饒益淨穢門. 卽初二願. 淨土一切如我身故. 乃至世界中間幽冥衆生皆逐[1]意故. 二世出世間門. 卽次二願. 以人天乘. 無所乏故. 乃至行邪道者. 隨其種姓. 安住三乘菩提道中. 不定二乘. 皆以大乘. 而安立故. 三存戒存身門. 卽次二願. 不缺重戒. 具三聚故. 六根之身. 皆得淨故. 此中下劣不具標句也. 雖具諸根. 不勝妙故. 及有缺故. 言醜陋者. 釋身下劣. 言頑愚者. 釋意下劣. 盲聾等下. 釋眼耳舌身根不具. 癲狂. 釋意根不具. 種種病苦. 攝鼻等病. 端正等四. 如次翻上.

1) ㉡ '逐'은 '遂'인 것 같다.

넷째는 내적인 고통과 외적인 고통을 제거하는 문이니 바로 다음의 두 가지 서원이다. 첫째는 (일곱 번째 서원으로) 외적 조건에 의해 핍박받는 고통을 제거할 수 있는 것이다. "구제받을 길이 없고"라는 것은 의사와 약이 없는 것을 표시한 것이다. "돌아갈 곳도 없으며"라는 것은 어버이 등이 없음을 표시한 것이다. 지금 부처님이라는 의사와 법이라는 약의 성스러운 재보財寶를 얻었기 때문에 "온갖 병이 모두 사라지고……풍족해지며"라고 하였다. 둘째는 (여덟 번째 서원으로) 내적인 조건인 여인의 몸으로 인해 받는 고통을 변화시키는 것이다. 『열반경』에서 "모든 여인은 온갖 악이 머무는 처소이다."[45]라고 한 것과 같다.

> 四除內外苦門. 卽次二願. 一能除外緣逼切苦. 無救者. 標無醫藥也. 無歸者. 標無親等也. 今得佛醫法藥聖財. 故除病等. 乃至豐足. 二能轉內緣女

---

45 『열반경』 권9(T12, 422a).

身苦。如涅槃經。一切女人。皆是衆惡之所住處。

다섯째는 내적으로 외적으로 속박에서 벗어나는 문이니 바로 다음의 두 가지 서원이다. (아홉 번째 서원은) 정견으로 거두어서 안치하고 악견의 속박에서 벗어나 무상도를 증득하여 마군의 그물에서 벗어나게 하는 것이고, (열 번째 서원은) 위신력으로 형벌의 속박에서 벗어나게 하는 것이다.

여섯째는 음식과 옷을 뜻대로 얻는 문이니 바로 다음의 두 가지 서원이다. (열한 번째 서원은) 음식과 법의 맛으로 건립시키는 것이고, (열두 번째 서원은) 미묘한 옷 등을 만족스럽게 얻게 하는 것이다.

五內外解縛門。卽次二願。攝置正見。解惡見縛。證無上道。出魔羂故。以威神力。出刑縛故。六志食與衣門。卽次二願。以食法味而建立故。以妙衣等而令滿足故。

C. 총괄하여 맺음

경 만수실리여, 이것이 저 세존이신 약사유리광여래·응·정등각께서 보살도를 행할 때 일으킨 열두 가지의 미묘하고 뛰어난 서원이다.

曼殊室利。是爲彼世尊藥師瑠璃光如來應正等覺。行菩薩道時。所發十二微妙上願。

술 총괄하여 맺은 것이다.

述曰。總結也。

③ 세 번째 질문에 대답함

경 또 만수실리여, 저 세존이신 약사유리광여래께서 보살도를 행할 때 일으킨 큰 서원과 저 부처님의 국토가 공덕으로 장엄한 것을 내가 한 겁이나 한 겁이 더 지나도록 말해도 다 말할 수 없다. 그런데 저 부처님의 국토는 한결같이 청정하고 여인이 없으며 악취도 없고 고통에 신음하는 소리도 없다. 땅은 유리로 이루어지고 황금 줄로 길의 경계를 삼고 궁성의 문과 궁전의 누각과 창문과 그물은 모두 칠보七寶[46]로 이루어졌다. 또한 서방 극락세계極樂世界[47]가 공덕으로 장엄한 것[48]과 같아서 차별이 없다. 그 국토에는 두

---

46 칠보七寶 : 세간에서 귀중하게 여기는 일곱 가지 보석. 일곱 가지의 구체적 내용은 출처에 따라 다르다. 예를 들면 금金·은銀·유리琉璃·파리頗梨·차거車渠·적진주赤眞珠·마노碼碯라고 하는 설도 있고 금·은·유리·차거·마노·진주眞珠·매괴玫瑰라고 하는 설도 있다.
47 극락세계極樂世界 : '극락'은 ⓢ sukhāvatī, suhāmatī의 의역어. 음역어는 수마제須摩提이고 정토淨土·안양安養 등으로 의역한다. 아미타불이 머물고 계시는 국토를 가리킨다.
48 공덕으로 장엄한 것 : 극락세계가 29가지 공덕으로 장엄한 것을 가리킨다. 『왕생론』에서 극락정토에 왕생하기 위해 닦아야 할 다섯 가지 수행문(五念門)을 시설한 것 중 제4 관찰문觀察門에서 설하였다. 제4 관찰문에서 관찰해야 할 대상을 셋으로 나누었다. 첫째는 불국토와 관련된 공덕으로 장엄한 것에 17가지를 설하였고, 둘째는 아미타불과 관련된 공덕으로 장엄한 것으로 8가지를 설하였으며, 셋째는 보살과 관련된 공덕으로 장엄한 것으로 4가지를 설했으니, 이를 모두 합하면 29가지 공덕이 성립된다. 『왕생론』(T26, 231b)에 따르면 그 구체적인 내용은 다음과 같다. 17가지 불국토와 관련된 공덕으로 장엄한 것은 다음과 같다. 첫째는 청정한 것의 공덕을 성취한 것이고, 둘째는 크기(量)의 공덕을 성취한 것이며, 셋째는 성性의 공덕을 성취한 것이고, 넷째는 형상의 공덕을 성취한 것이며, 다섯째는 온갖 일의 공덕을 성취한 것이고, 여섯째는 묘색의 공덕을 성취한 것이며, 일곱째는 촉觸의 공덕을 성취한 것이고, 여덟째는 장엄의 공덕을 성취한 것이며, 아홉째는 우雨의 공덕을 성취한 것이고, 열째는 광명의 공덕을 성취한 것이며, 열한째는 음성의 공덕을 성취한 것이고, 열두째는 주인의 공덕을 성취한 것이며, 열셋째는 권속의 공덕을 성취한 것이고, 열넷째는 수용受用의 공덕을 성취한 것이며, 열다섯째는 어떤 재난도 없는 것의 공덕을 성취한 것이고, 열여섯째, 대의문大義門의 공덕을 성취한 것이며, 열일곱째는 구하는 것을 모두 만족시키는 공덕을 성취한 것이다. 8가지 부처님과 관련된 공덕으로 장엄한 것은 다음과 같다. 첫째는 좌

명의 보살마하살이 있다. 첫째는 일광변조日光遍照라고 하고, 둘째는 월광변조月光遍照라고 한다. 저 한량없고 헤아릴 수 없는 보살 대중의 상수上首로서 모두 저 세존이신 약사유리광여래의 정법의 보배로운 곳간을 지니고 있다. 그러므로 만수실리여, 모든 믿음이 있는 선남자와 선여인들은 저 부처님의 세계에 태어나기를 원해야 한다.

復次曼殊室利。彼世尊藥師瑠璃光如來。行菩薩道時。所發大願。及彼佛土功德莊嚴。我若一劫 若一劫餘。說不能盡。然彼佛土。一向清淨。無有女人。亦無惡趣及苦音聲。瑠璃爲地。金繩界道。城闕宮閣。軒窓羅網。皆七寶成。亦如西方極樂世界功德莊嚴等無差別。於其國中。有二菩薩摩訶薩。一名日光遍照。二名月光遍照。是彼無量無數菩薩衆之上首。悉能持彼世尊藥師瑠璃光如來正法寶藏。是故曼殊室利。諸有信心善男子善女人等。應當願生彼佛世界。

述 나중의 질문에 대답한 것이다. 여기에 두 가지가 있다. 처음은 본처本處에서 장엄의 공덕을 성취한 것이고, 나중은 본처 밖의 세계에서 명호를 듣는 공덕을 성취한 것이다.

대를 장엄한 것이고, 둘째는 몸(身業)을 장엄한 것이며, 셋째는 입(口業)을 장엄한 것이고, 넷째는 마음(意業)을 장엄한 것이며, 다섯째는 대중을 장엄한 것이고, 여섯째는 상수上首를 장엄한 것이며, 일곱째는 주인을 장엄한 것이고, 여덟째는 헛되게 짓지 않고 책임지고 지키는 것(住持)을 장엄한 것이다. 4가지 보살과 관련된 공덕으로 장엄한 것은 다음과 같다. 첫째는 한 불토佛土에서 몸이 동요되지 않으면서도 시방에 응화신應化身을 나타내며 여실히 수행하여 항상 불사佛事를 짓는 것이고, 둘째는 그 응화신이 일체 시一切時에 앞에 있지도 뒤에 있지도 않고 일심일념一心一念으로 큰 광명을 내면서 시방세계에 두루 미치게 하여 중생을 교화하고 여러 가지의 방편수행으로 중생의 고통을 없애는 것이며, 셋째는 일체 세계를 남김없이 포섭하여 제불의 법회에 참여한 대중을 남김없이 비추고 광대하고 무량하게 공양하고 공경하며 제불여래를 찬탄하는 것이고, 넷째는 삼보三寶가 없는 모든 곳에 삼보공덕의 대해大海를 책임지고 지키고(住持) 장엄하여 두루 보여 이해하게 하고 여실히 수행하게 하는 것이다.

述曰。答後問也。於中有二。初本處莊嚴功德成就。後外方聞名功德成就。

A. 본처本處에서 장엄의 공덕을 성취한 것

이것은 처음에 해당한다.

"일으킨 큰 서원과 저 부처님의 국토가 공덕으로 장엄한 것을……말해도 다 말할 수 없다."라는 것은 큰 서원처럼 과果도 가없음을 나타낸 것이다. 몸은 서원에 준해서 알아야 한다. 그 국토를 간략하게 설하면 여덟 가지 공덕을 성취함이 있다.

첫째, 집착과 더러움이 없음을 성취한 것이니 경에서 "여인이 없으며"라고 한 것과 같다. 둘째, 두려운 것과 싫어하는 것을 여의는 것을 성취한 것이니 경에서 "악취도 없고 고통에 신음하는 소리도 없다."라고 한 것과 같다. 셋째, 의지하는 곳이 청정함을 성취한 것이니 경에서 "땅은 유리로 이루어지고"라고 한 것과 같다. 넷째, 도로가 잘 꾸며져 있음을 성취한 것이니 경에서 "황금 줄로 길의 경계를 삼고"라고 한 것과 같다. 다섯째, 궁전의 장엄을 성취한 것이니 경에서 "또한 서방 (극락세계가 공덕으로 장엄한 것과) 같아서"라고 한 것과 같다. 여섯째, 큰 성인이 끊어짐이 없음을 성취한 것이니 경에서 "두 명의 보살마하살이 있다."라고 한 것과 같으니 바로 보처補處[49]의 보살이기 때문이다. 일곱째 이로움과 즐거움이 끊어짐이 없음을 성취한 것이니 경에서 "모두 저 부처님의 정법의 곳간을 지니고 있다."라고 한 것과 같다. 여덟째, 태어나길 원함에 걸림이 없음을 성취한 것이니 경에서 "저 부처님의 세계에 태어나기를 원해야 한다."라고 한 것과 같다.

---

[49] 보처補處 : [S] eka-jāti-pratibaddha. 한 번만 더 이 세간에 태어나면 성불할 것이 예정된 지위에 있는 보살을 가리키는 말이다. 일생보처一生補處·일생소계一生所繫(아직 한 번의 생에 계박되어 있는 것) 등이라고도 한다.

此初也。言所發大願佛土莊嚴說不能盡者。顯如大願。果亦無邊。身應准願。略說其土。則有八種功德成就。一無所著穢成就。如經無有女人故。二離所怖惡成就。如經亦無惡趣及苦音聲故。三所依清淨成就。如經瑠璃爲地故。四道路成文成就。如經金繩界道故。五宮殿莊嚴成就。如經亦如西方故。六大聖無絕成就。如經有二菩薩卽補處故。七利樂不斷成就。如經悉持彼佛正法藏故。八願生無礙成就。如經應當願生彼佛世界故。

B. 본처 밖의 세계에서 명호를 듣는 공덕을 성취한 것

경 이때 세존께서 다시 만수실리 동자에게 말씀하셨다.

"만수실리여, 어떤 중생들은 선악을 알지 못하고 오직 탐욕스럽고 인색한 마음만 가져서 보시와 보시의 과보를 알지 못한다. 어리석고 지혜가 없으며 신근信根도 없으니 재화와 보물을 많이 모아 수호하는 것에만 힘을 기울이고 구걸하는 사람이 오는 것을 보면 기쁘지 않은 마음을 낸다. 설령 부득이하게 보시를 행할 때에도 몸에서 살을 도려내는 것처럼 깊이 통증과 아까움을 일으킨다. 또 한량없이 인색하고 탐욕스러운 중생이 있어서 자산을 쌓아놓고 자신도 오히려 쓰지 못하는데 어찌 하물며 부모와 처자와 노비와 일꾼과 와서 구걸하는 이에게 줄 수 있겠는가?

저 모든 중생은 여기에서 죽으면 아귀의 세계에 태어나고 혹은 방생傍生[50]의 세계에 태어난다.

옛날 사람이었을 때 일찍이 잠시라도 약사유리광여래의 명호를 들었던 것으로 인하여 지금 악취에서 잠시 저 약사유리광여래의 명호를 기억하고 바로 생각할 때 그곳에서 죽어서 다시 사람의 세계에 태어난다. 과거를 생각

---

50 방생傍生 : 축생을 가리키는 말. 짐승부터 곤충에 이르기까지 모든 동물을 통틀어서 일컫는 말이다.

할 수 있는 능력을 얻어서 악취에서의 고통을 두려워하여 욕락을 즐거워하지 않는다. 보시를 행하는 것을 좋아하고 보시를 찬탄하는 사람이 되어 모든 소유물에 대해 모두 탐하거나 아까워하는 마음을 갖지 않고 점차 오히려 머리와 눈, 손과 발, 피와 살로 이루어진 몸의 일부를 와서 구하는 이에게 보시하니 하물며 나머지 재물이겠는가?

爾時世尊。復告曼殊室利童子言。曼殊室利。有諸衆生。不識善惡。唯懷貪恪。[1] 不知布施及施果報。愚癡無智。闕於信根。多聚財寶。勤加守護。見乞者來。其心不喜。設不獲已。而行施時。如割身肉。深生痛惜。復有無量慳貪有情。積集資財。於其自身。尙不受用。何況能與父母妻子奴婢作使及來乞者。彼諸有情。從此命終。生餓鬼界。或傍生趣。由昔人間。曾得暫聞藥師瑠璃光如來名故。今在惡趣。暫得憶念彼如來名。卽於念時。從彼處沒。還生人中。得宿命念。畏惡趣苦。不樂欲樂。好行惠施讚歎施者一切所有。悉無貪惜。漸次尙能以頭目手足血肉身分。施來求者。況餘財物。

1) ㉮ 갑본에 따르면 '悋'은 '恪'이다.

술 이것은 바로 두 번째로 본처 밖의 세계에서 명호를 듣는 공덕을 성취한 것이다. 여기에 다섯 가지가 있다. 명호를 듣는 사람들로 하여금, 보시와 계와 수행과 열 가지 선업과 즐거운 곳에 왕생하는 것의 다섯 가지를 실현하는 데 장애가 되는 것을 제거하기 때문이다.

述曰。此卽第二外方聞名功德成就。於中有五。令諸聞者。除施戒修十善業道往生樂處五種障故。

A) 보시의 성품이 가진 복업의 장애를 제거하는 것

지금 이것은 첫 번째 단락으로 보시의 성품이 가진 복업의 장애를 제거하는 것을 나타낸 것이다. 여기에 세 가지 문이 있다.

今此初段顯除施性福業障。此有三門。

Ⓐ 자성을 장애하는 것을 나타낸 문

첫째는 자성을 장애하는 것을 나타낸 문이다. 경에서 "선악을 알지 못하고…… 와서 구걸하는 이에게 (줄 수 있겠는가?)"라고 한 것과 같다. 악을 알지 못하는 것은 오직 탐욕스럽고 인색한 마음만 가졌기 때문이고 선을 알지 못하는 것은 보시를 알지 못하기 때문이다. 선악을 알지 못하니 어리석고 지혜가 없으며 오직 탐욕스럽고 인색한 마음만 가졌기 때문에 신근도 없고 보시 등을 알지 못하기 때문에 많이 쌓기만 하면서 보시할 줄은 모른다.

一顯障自性門。如經不識善惡乃至來乞者故。不識惡者。唯貪悋故。不識善者。不知施故。不識善惡也。愚癡無智。唯懷貪悋故。闕於信根。不知施等故。多聚不捨。

Ⓑ 장애가 허물과 근심이 되는 것을 보인 문

둘째는 장애가 허물과 근심이 되는 것을 보인 문이다. 경에서 "저 모든 중생은…… 아귀의 세계와 축생의 세계에 태어난다."라고 한 것과 같다. 인색하고 탐욕스럽기 때문에 아귀의 세계에 태어나고 어리석기 때문에 방생의 세계에 태어난다.

二示障過患門。如經彼諸有情生鬼畜故。以慳貪故。生餓鬼界。以愚癡故
生傍生趣。

ⓒ 부처님의 명호를 들어서 얻는 뛰어난 이익을 나타낸 문

셋째는 부처님의 명호를 들어서 얻는 뛰어난 공덕을 나타낸 문이다. 경에서 "옛날 사람이었을 때…… 하물며 나머지 재물이겠는가?"라고 한 것과 같다.

三聞佛勝利門。如經由昔人間乃至況餘財物故。

B) 계의 성품이 가진 복업의 장애를 제거하는 것

경 또 만수실리여, 만약 모든 중생이 비록 여래에게 여러 가지 학처學處[51]를 받았더라도 시라尸羅[52]를 파괴하고, 비록 시라를 파괴하지는 않았더라도 궤칙을 파괴하며, 시라와 궤칙을 비록 파괴하지 않았더라도 정견을 비방하고, 비록 정견을 비방하지 않았더라도 다문多聞을 버려서 부처님께서 설한 계경의 깊은 뜻을 분명하게 알지 못하며, 비록 다문을 행하였더라도 증상만增上慢[53]을 일으키고 증상만으로 마음을 덮었기 때문에 자신이 옳고 남은 틀

---

51 학처學處 : ⓢśikṣā-pada의 의역어. 배워야 할 것이라는 뜻. 일반적으로 계율을 가리키는 말로 쓰인다.
52 시라尸羅 : ⓢśīla의 음역어. 계戒라고 의역한다. 행위·습관·도덕·경건 등의 여러 가지 뜻을 내포하고 있다.
53 증상만增上慢 : ⓢabhi-māna의 의역어. 아직 증득하지 않은 것을 증득했다고 하는 것을 가리킨다. 아직 수행의 경지가 낮은데도 자신이 도달한 경지가 높다고 여기는 것이

렸다고 하고 정법을 싫어하고 비방하면서 마군과 함께 무리를 지으며, 이러한 어리석은 사람이 스스로 삿된 견해를 행하고 또 한량없는 구지구지(俱胝)[54]의 중생을 크고 험난한 구덩이에 떨어뜨린다면, 이러한 모든 중생은 응당 지옥이나 방생이나 아귀의 세계에 떨어져 끝없이 윤회할 것이다.

만약 이 약사유리광여래의 명호를 듣는다면 바로 악행을 버리고 모든 선법을 닦아서 악법에 떨어지지 않는다. 설령 여러 악행을 버리고 선법을 수행하지 않아서 악취에 떨어졌다고 해도 저 여래께서 과거에 세운 서원의 위력에 의해 그로 하여금 현재 눈앞에서 잠시 명호를 듣게 하니, 그곳에서 목숨을 마치고 다시 사람의 세계에 태어나서 정견을 얻고 정진하며 의지를 잘 조절하며 바로 속가를 버리고 승가(僧伽)(非家)로 가서 여래의 법 가운데 학처를 수지하여 훼손하고 위법하지 않으며, 바른 견해를 얻고 다문하여 깊은 뜻을 이해하고, 증상만을 여의어 정법을 비방하지 않고 마군과 짝을 이루지 않으며, 점차 모든 보살행을 수행하여 속히 원만한 경지를 얻을 것이다.

復次曼殊室利。若諸有情。雖於如來。受諸學處。而破尸羅。有雖不破尸羅。而破軌則。有於尸羅軌則雖得不壞。然毀正見。有雖不毀正見。而棄多聞。於佛所說契經深義。不能解了。有雖多聞。而增上慢。由增上慢。覆蔽心故。

니 만慢에 속한다.
54 구지구지(俱胝) : [S] koṭi의 음역어. 고대 인도에서 사용되던 수의 단위. 보통 억億이라고 의역하지만 천만千萬, 만억萬億, 백천百千 등으로 의역하기도 한다. 그 구체적인 수량에 대해서는 다양하게 제시되어 일정하지 않다. 『유가론기』권1(T42, 330a)에서 "구지라는 것은 『구사론』에서 제시한 52수 중 여덟 번째 수를 구지라고 한다. 일·십·백·천·만·낙차·도락차·구지로 가면서 열 배씩 올라가니 낙차는 1억이고 도락차는 10억이며 구지는 백억이다. 서방에 네 가지의 억이 있다. 첫째는 10만을 억으로 하는 것이고, 둘째는 백만을 억으로 하는 것이며, 셋째는 천만을 억으로 하는 것이고, 넷째는 만만을 억으로 하는 것이다. 지금 『유가사지론』과 『현양성교론』은 백만을 억으로 삼으니 10억을 구지로 삼는다. 그러므로 '백 구지를 한 부처님의 국토로 삼는다'고 하였다."라고 하였다.

自是非他。嫌謗正法。爲魔伴黨。如是愚人。自行邪見。復令無量俱胝有情。
墮大險坑。此諸有情。應於地獄傍生鬼趣。流轉無窮。若得聞此藥師瑠璃光
如來名號。便捨惡行。修諸善法。不墮惡趣。設有不能捨諸惡行修行善法。
墮惡趣者。以彼如來本願威力。令其現前暫聞名號。從彼命終。還生人趣。
得正見精進。善調意樂。便能捨家。趣於非家。如來法中。受持學處。無有
毀犯。正見多聞。解甚深義。離增上慢。不謗正法。不爲魔伴。漸次修行諸
菩薩行。速得圓滿。

술 이것은 계의 성품이 가진 복업의 장애를 제거하는 것을 나타낸 것이다. 여기에도 세 가지 문이 있다. 앞에서 설한 것과 같이 알아야 한다.

述曰。此顯能除戒性福業障。此亦三門。如前應知。

Ⓐ 자성을 장애하는 것을 나타낸 문

첫 번째 문에 세 가지가 있다.

첫째는 섭률의계를 장애하는 것이니 경에서 "시라와 궤칙을 파괴한다."라고 한 것과 같다. "시라"라고 한 것은 별해탈계別解脫戒[55]이고 "궤칙"

---

[55] 별해탈계別解脫戒 : 바라제목차波羅提木叉(Ⓢ prātimokṣa)의 의역어. 비구·비구니의 계율의 조문을 모아 놓은 것. 낱낱의 계율의 조문을 학처學處(禁戒)라고 하고 이 학처를 모은 조문집을 바라제목차라고 한다. 그러나 아비달마불교에서는 식차마나式叉摩那(正學女)의 육법계六法戒·사미와 사미니의 10계·우바새와 우바이의 5계·특별한 경우 재가신자가 받는 팔재계八齋戒를 포함한 여덟 가지 계를 통틀어서 바라제목차라고 했다. 예컨대『구사론』권14(T29, 73b)에서 "팔중이 모두 별해탈율의를 성취하니 비구에서부터 근주近住(정해진 재일에 만 하루 동안 일시적으로 출가하여 절에 머물면서 팔계八戒를 수지하는 재가신자)에 이르기까지를 말한다.(八衆。皆成就別解脫律儀。謂從苾芻。乃至近住。)"라고 했기 때문이다. 바라제목차는 별해탈別解脫·별별해탈別別解脫·처처해탈處處解脫 등으로 의역하는데, 이는 낱낱의 조문에 따라 별도의 해탈을 얻는

이라는 것은 왕래하는 것 등에서 지켜야 할 것을 바르게 알아서 머무는 것을 말한다. 둘째는 섭선법계를 장애하는 것이니 경에서 "정견을 비방하고 다문을 버리며 증상만을 일으킨다."라고 한 것과 같다. 셋째는 섭유정계이니 경에서 "또 한량없는 구지의 중생을 크고 험난한 구덩이에 떨어뜨린다면"이라고 한 것과 같다.

> 初門有三。一攝律儀戒障。如經破尸羅軌則故。言尸羅者。別解脫戒。言軌則者。於往來等。正知而住。二攝善法戒障。如經毀正見棄多聞增上慢故。三攝有情戒障。如經復令無量俱胝有情墮大險坑故。

Ⓑ 장애가 허물과 근심이 되는 것을 보인 문

다음은 장애가 허물과 근심이 되는 것을 보인 문이니 경에서 "지옥 등에 떨어져 끝없이 윤회할 것이다."라고 한 것과 같다.

> 次示障過患門者。如經於地獄等流轉無窮故。

Ⓒ 부처님의 명호를 들어서 얻는 뛰어난 이익을 나타낸 문

나중은 부처님의 명호를 들어서 얻는 뛰어난 이익을 나타낸 문이니 경에서 "(만약 이 약사유리광여래의 명호를 듣는다면)…… 삼취계를 실천하여 속히 원만한 경지를 얻을 것이다."라고 한 것과 같다.

것을 의미한다. 예컨대 불망어계不妄語戒는 망어妄語로부터 벗어나게 하고 불살생계不殺生戒는 살생으로부터 벗어나도록 한다.

後聞佛勝利門者。如經乃至三聚速圓滿故。

C) 수행의 성품이 가진 복업의 장애를 제거하는 것

경 또 만수실리여, 만약 모든 유정이 인색하고 탐욕스러우며 질투심을 일으키고 자신을 찬탄하고 남을 비방하면, 삼악취에 떨어져 한량없이 오랜 천 년 동안 온갖 극심한 고통을 받고 극심한 고통을 받고 나서, 그곳에서 목숨이 다하여 다음에 인간 세상에 태어나서, 소나 말이나 낙타나 나귀가 되어 항상 채찍질을 당하고 굶주림과 갈증에 시달려 괴로움을 당하며, 또 항상 무거운 것을 짊어지고 길을 가며, 혹은 인간으로 태어났더라도 하천한 집안에 태어나 남의 노비가 되어서 남의 부림을 당하여 언제나 자유롭지 못하게 될 것이다.

만약 옛날 인간이었을 때 일찍이 세존이신 약사유리광여래의 명호를 들었으며, 이 착한 인연으로 지금 또 (부처님의 명호를) 억념하며 지극한 마음으로 귀의한다면, 부처님의 신통력으로 온갖 고통에서 벗어나고 모든 기관은 총명하고 날카로우며 지혜롭고 많이 들으며 항상 뛰어난 법을 구하며 항상 착한 벗을 만나 영원히 마군의 그물을 끊고 무명의 껍질을 무너뜨리며 번뇌의 바다를 고갈시키며 모든 생로병사와 우비고뇌憂悲苦惱에서 벗어날 것이다.

復次曼殊室利。若諸有情。慳貪嫉妬。自讚毀他。當墮三惡趣中。無量千歲。受諸劇苦。受劇苦已。從彼命終。來生人間。作牛馬駝驢。恒被鞭撻飢渴逼惱。又常負重。隨路而行。或得爲人。生居下賤。作人奴婢。受他馳役。恒不自在。若昔人中。曾聞世尊藥師瑠璃光如來名號。由此善因。今復憶念至心歸依。以佛神力。衆苦解脫。諸根聰利。智慧多聞。恒求勝法。常遇善友。永斷魔羂。破無明殼。竭煩惱河。解脫一切生老病死憂悲苦惱。

술 이것은 수행의 성품이 가진 복업의 장애를 제거하는 것을 나타내었다. 또한 세 가지 문이 있다.

述曰。此顯能除修性福業障。亦有三門。

ⓐ 자성을 장애하는 것을 나타낸 문

첫째는 자성을 장애하는 것을 나타낸 문이니 경에서 "인색하고 탐욕스러우며 질투심을 일으키고 자신을 찬탄하고 남을 비방하면"이라고 한 것과 같다. 여기에서 인색하고 탐욕스러운 것은 자애로움(慈)을 닦는 것을 장애하니 즐거움을 주지 않기 때문이다. 질투심은 희열(喜)을 닦는 것을 장애하니 함께 기뻐하지 않기 때문이다. 자신을 찬탄하고 남을 비방하는 것은 슬퍼하는 마음(悲)을 닦는 것을 장애하니 중생을 괴롭히는 것이기 때문이다. 세 가지(인색하고 탐스러운 것·질투심·자신을 찬탄하고 남을 비방하는 것)는 모두 평등하다는 생각(捨)을 닦는 것을 장애하니 성품이 오염되었기 때문이다.[56] 말한 것이 바로 차례이니 서로 어긋나지 않는다.

一顯障自性門。如經慳貪嫉妬自讚毀他故。此中慳貪。能障修慈。不與樂故。嫉妬障喜。不隨喜故。讚毀障悲。能惱害故。三通障捨。性染汚故。語便

---

[56] 이상은 사무량四無量에 의해 풀이한 것이다. 사무량은 부처님과 보살이 한량없는 중생을 두루 제도하여 고통을 여의고 즐거움을 얻게 하기 위해서 갖추어야 할 네 가지의 마음이다. 첫째는 자무량慈無量이니 무량한 중생을 대상으로 그들이 즐거움(樂)을 얻도록 하는 법을 사유하며 자등지慈等至로 들어가는 것이다. 둘째는 비무량悲無量이니 무량한 중생을 대상으로 그들이 괴로움을 벗어나도록 하는 법을 사유하며 비등지悲等至로 들어가는 것이다. 셋째는 희무량喜無量이니 무량한 중생이 괴로움을 벗어나 즐거움을 얻고 내심 깊이 희열을 느낀다고 사유하며 희등지喜等至로 들어가는 것이다. 넷째는 사무량捨無量이니 무량한 중생이 모두 평등하고 멀거나 가까운 등의 차별이 없다고 사유하며 사등지捨等至로 들어가는 것이다.

次第。故不相違。

Ⓑ 장애가 허물과 근심이 되는 것을 보인 문

둘째는 장애가 허물과 근심이 되는 것을 보이는 문이니 경에서 "삼악취에 떨어져 온갖 고통을 받는다."라고 한 것과 같다.

二示障過患門者。如經墮三惡趣及受苦故。

Ⓒ 부처님의 명호를 들어서 얻는 뛰어난 이익을 나타낸 문

셋째는 부처님의 명호를 들어서 얻는 뛰어난 이익을 나타낸 문이니 경에서 "내지 네 가지의 마군을 영원히 무너뜨리기 때문이다."라고 한 것과 같다. 본문 그대로이니 이해할 수 있을 것이다.

三聞佛勝利門者。如經乃至永破四種魔故。如文可解。

D) 열 가지 선업도의 장애를 제거하는 것

경 또 만수실리여, 만약 모든 중생이 (남이 원하는 것을) 어긋나게 하고 여의게 하는 것을 좋아하고 다시 서로 싸우며, 자신과 남을 괴롭히며 몸과 말과 마음으로 갖가지 악업을 지으며 늘려 간다고 하자. 되풀이하면서 항상 남에게 이익이 되지 않는 일을 함으로써 서로 피를 내어 해치는 결과를 초래하여, 산림과 나무와 무덤 등의 신에게 자신이 원하는 것을 고告하고 소청召請하여 온갖 중생을 살해하고, 그 피와 살을 취하여 약차藥叉와 나찰바邏利婆[57] 등에게 제사를 지내며, 원한이 있는 사람의 이름을 적고 그 형상을

만들어 악한 주술로 주문을 외워 저주하고, 사람의 정기를 빨아먹는 귀신의 힘을 빌리거나 고독蠱毒[58]을 빌리거나 하며 주문을 외워 시체인 귀신(屍鬼)을 일으켜서 남의 생명을 끊고 그 몸을 무너뜨리게 한다고 하자. 이러한 행위를 한 모든 유정이 이 약사유리광여래의 명호를 듣는다면, 그들이 서로에게 지은 모든 악한 일들이 누구도 해치지 못하고, 그 모든 것들이 이렇게 되풀이되면서 모두 자애로운 마음을 일으켜서, 남에게 이익을 주고 안락하게 하려고 하며 괴롭히려는 마음과 미워하는 마음은 없어지며, 각각 기쁜 마음으로 자신이 받은 것에 대해 기뻐하고 만족하는 마음을 일으켜서 서로 침탈하거나 능멸하지 않으며 서로 이익되게 하려고 할 것이다.

復次曼殊室利。若諸有情。好喜乖離。更相鬪訟。惱亂自他。以身語意。造作增長種種惡業。展轉常爲不饒益事。互相謀害。告召山林樹塚等神。殺諸衆生。取其血肉。祭祀藥叉邏利婆等。書怨人名。作其形像。以惡呪術。而呪詛之。厭媚蠱道。呪起屍鬼。令斷彼命。及壞其身。是諸有情。若得聞此藥師瑠璃光如來名號。彼諸惡事。悉不能害 一切展轉皆起慈心。利益安樂。無損惱意。及嫌恨心。各各歡悅。於自所受。生於喜足。不相侵淩。互爲饒益。

술 이것은 열 가지 선업도의 장애를 제거하는 것을 밝힌 것이다. 역시 세 가지 문이 있다.

---

57 나찰바邏利婆 : ⓢ Rākṣasa의 음역어. 인도 신화에서 악마로 출현하는데 이후 악귀惡鬼의 총칭으로 사용되었다. 사람의 피와 살을 먹는 모습으로 나타난다. 줄여서 나찰羅刹이라고도 한다. 나찰녀는 용모가 빼어나서 사람을 매혹시키는 힘이 있는 것으로 전해진다.
58 고독蠱毒 : 『天台菩薩戒本疏』권중(T40, 595a)에 따르면 온갖 벌레와 뱀을 항아리에 넣어 서로 잡아먹게 하여 마지막에 살아남은 것으로 만든 독이라 했다.

述曰。此顯能除十善業道障。亦有三門。

Ⓐ 자성을 장애하는 것을 나타낸 문

처음은 자성을 장애하는 것이니 경에서 "(남이 원하는 것을) 어긋나게 하고 여의게 하는 것을 좋아하고…… 갖가지 악업을 (지으며) 늘려간다."라고 한 것과 같다. (남이 원하는 것을) 어긋나게 하고 여의게 하는 것을 좋아하는 것은 마음과 관련된 세 가지 업도[59]이니 다른 사람이 욕망하는 것을 여의게 하기 때문이다. 다시 서로 싸우는 것은 말과 관련된 네 가지 업도[60]이니 이치에 상응하지 않게 여러 가지 형태로 소송을 일으키기 때문이다. 자신과 남을 괴롭히는 것은 몸과 관련된 세 가지 업도[61]이니 세 가지 업도가 완수되면 바로 남을 괴롭히는 것이 되고 만약 완수되지 않으면 자신을 괴롭히는 것이 되기 때문이다.

初障自性者。如經好喜乖離乃至增長種種惡業故。好喜乖離。意三業道。悉能令他離所欲故。更相鬪訟語四業道。理不相應多招諍故。惱亂自他身三業道。三業果遂。卽惱亂他。若不果遂惱亂自故。

Ⓑ 장애가 허물과 근심이 되는 것을 보인 문

둘째, 장애가 허물과 근심이 되는 것을 보인 문이라는 것은 자신이 지

---

[59] 마음과 관련된 세 가지 업도 : 열 가지 악도 중 탐욕·분노·삿된 견해를 가리킨다.
[60] 말과 관련된 네 가지 업도 : 열 가지 악도 중 거짓말·이간질하는 말·험악한 말(惡口)·꾸미는 말(綺語)을 가리킨다.
[61] 몸과 관련된 세 가지 업도 : 열 가지 악도 중 살생하는 것, 도둑질하는 것, 삿된 형태의 음행을 행하는 것을 가리킨다.

은 악으로 말미암아 다른 사람으로 하여금 꾀를 내어 자신을 해치는 결과를 불러일으키는 것이다. 경에서 "되풀이하면서 항상 남에게 이익이 되지 않는 일을 하며…… 시체인 귀신을 일어나게 하여 목숨을 끊고 몸을 무너뜨리게 한다고 하자."라고 한 것과 같다.

二障過患者。謂由自惡。招他謀害。如經展轉常爲不饒益事乃至呪起屍鬼斷壞身命故。

ⓒ 부처님의 명호를 들어서 얻는 뛰어난 이익을 나타낸 문

셋째, 뛰어난 이익을 나타낸 문이라는 것은 당장에 해침도 벗어나는데 하물며 미래의 고통이겠는가? 본문에 나타나 있으니 알 수 있을 것이다.

三勝利門者。現尙離害。況於當苦。文顯可知。

E) 즐거운 곳에 왕생하는 것의 장애를 제거하는 것

경 또 만수실리여, 만약 사부의 대중, 곧 필추와 필추니, 오파삭가鄔波索迦[62]와 오파사가鄔波斯迦[63] 그리고 나머지 청정한 믿음을 가진 선남자와 선여인들이 팔분재계八分齋戒[64]를 받아 지녀서 한 해 동안 혹은 또 세 달 동안

---

62 오파삭가鄔波索迦 : ⓢupāsaka의 음역어로 우바새優婆塞라고도 한다. 의역어는 근사남近事男이다. 재가자로서 삼보를 가까이하고 봉사하며 오계五戒를 수지하는 남성 신자를 가리키는 말이다.
63 오파사가鄔波斯迦 : ⓢupāsikā의 음역어로 우바이優婆夷라고도 한다. 의역어는 근사녀近事女이다. 재가자로서 삼보를 가까이하고 봉사하며 오계五戒를 수지하는 여성 신자를 가리키는 말이다.
64 팔분재계八分齋戒 : 팔관재계八關齋戒·팔계·팔지八支 등이라고도 한다. '팔분'은 여

학처를 수지하고, 이 선근으로 서방 극락세계에 계시는 무량수불無量壽佛[65]의 처소에 왕생하기를 원하며 정법을 청문하였으나 아직 왕생이 결정되지 않았다고 하자. 그가 만약 세존이신 약사유리광여래의 명호를 듣는다면 임종할 때 여덟 분의 보살이 신통을 타고 내려와 그 도로道路를 보여 주고, 바로 그 세계에서 온갖 다양한 색과 온갖 보배로 이루어진 꽃 속에 저절로 화생化生한다.

혹은 이것으로 인해 하늘에 태어나기도 하는데, 하늘에 태어난다고 해도, 과거에 심은 선근이 역시 아직 다하지 않았기 때문에 다시 다른 악취에는 태어나지 않지만, 하늘에서 수명이 다하면 다시 인간세계에 태어난다. 혹은 전륜성왕轉輪聖王[66]이 되어 네 개의 대륙(四洲)[67]을 통치하는데 위덕이 자

덟 가지의 계를 가리키고 '재'라는 것은 마지막 한 계인 비시非時(時가 아닌 것. 곧 時는 음식을 먹는 것이 허용된 때로, 새벽녘 동이 튼 후부터 그 날의 정오까지를 말한다. '비시'는 이 이외의 시간을 통틀어서 일컫는 말이다.)에 밥을 먹지 않는 것을 '재'라고 하는데 여기에서 유래한 것이다. 재가자가 매달 여섯 차례의 재일에 집을 떠나서 승가나 아라한의 가까이에 머물면서 만 하루 동안 수지하는 계이다. 따라서 근주율의近住律儀라고도 한다. 여덟 가지는 첫째는 살생하지 않는 것이고, 둘째는 주지 않는 것을 취하는 일을 하지 않는 것이며(도둑질을 하지 않는 것), 셋째는 청정하지 않은 행위(不梵行, 음란한 행위)를 하지 않는 것이고, 넷째는 거짓말을 하지 않는 것이며, 다섯째는 술을 마시지 않는 것이고, 여섯째는 향을 바르거나 꽃다발로 장식하고 춤을 추고 노래하는 것을 보고 듣지 않는 것이며, 일곱째는 높고 넓으며 화려하게 치장한 평상이나 자리를 만들어 잠자거나 앉지 않는 것이고, 여덟째는 비시非時에 음식을 먹지 않는 것이다.

65 무량수불無量壽佛 : '무량수'는 ⓢAmitāyus의 의역어이고 음역어는 아미타阿彌陀이다. 서방 극락정토의 교주이다.
66 전륜성왕轉輪聖王 : ⓢcakra-vartin. 윤보輪寶를 굴리는 왕이라는 뜻. 일곱 가지의 보배, 곧 윤보輪寶·상보象寶·마보馬寶·주보珠寶·여보女寶·거사보居士寶·주병신보主兵臣寶를 가지고 수미산을 둘러싼 네 개의 대륙을 통일하고 정법으로 세상을 다스려 풍요롭고 평화로운 세상을 만드는 왕이다.
67 네 개의 대륙(四洲) : 수미산을 중심으로 사방의 바다에 떠 있는 네 개의 대륙을 가리키는 말. 동쪽의 승신주勝身洲(毘提訶洲), 남쪽의 섬부주瞻部洲, 서쪽의 우화주牛貨洲(瞿陀尼洲), 북쪽의 구로주俱盧洲 등을 가리킨다. 북쪽의 구로주는 울단왈欝單曰·울단월欝單越이라고도 한다.

재하여 한량없는 백천의 중생을 열 가지 선도(十善道)[68]에 안립하게 한다. 혹은 찰제리刹帝利[69]나 바라문이나 거사居士의 세력이 있는 집안에 태어나 재물과 보화가 풍부하여 곳간에 가득 차며 형상은 단정하게 장엄하고 권속을 온전히 갖추며 총명하고 지혜로우며 대역사大力士처럼 용맹스럽고 건장하다. 만약 여인이 세존이신 약사여래의 명호를 듣고 지극한 마음으로 수지하면 후세에 다시는 여인의 몸을 받지 않는다."

復次曼殊室利。若有四衆苾芻苾芻尼鄔波索迦鄔波斯迦及餘淨信善男子善女人等。有能受持八分齊戒。經一年。或復三月。受持學處。以此善根。願生西方極樂世界無量壽佛所。聽聞正法而未定者。若聞世尊藥師瑠璃光如來名號。臨命終時。有八菩薩。乘神通來。示其道路。卽於彼界。種種雜色衆寶華中。自然化生。或有因此。生於天上。雖生天中。而本善根。亦未窮盡。不復更生。諸餘惡趣。天上壽盡。還生人間。或爲輪王。統攝四洲。威德自在。安立無量。百千有情。於十善道。或生刹帝利婆羅門居士大家。多饒財寶。倉庫盈溢。形相端嚴。眷屬具足。聰明智慧。勇健威猛。如大力士。若是女人。得聞世尊藥師如來名號。至心受持。於後不復更受女身。

【술】 이것은 즐거운 곳에 왕생하는 것의 장애를 제거하는 것을 나타낸 것이다. 여기에 또 두 가지가 있다.

---

[68] 열 가지 선도(十善道) : 선취善趣에 태어나는 원인이 되는 열 가지 업을 가리키는 말. 곧 불살생不殺生·불투도不偸盜·불사음不邪淫·불망어不妄語·불양설不兩舌·불악구不惡口·불기어不綺語·불탐不貪·부진不瞋·불사견不邪見을 가리킨다. 앞의 세 가지는 신업身業에 속하고, 다음의 네 가지는 구업口業에 속하며, 마지막 세 가지는 의업意業에 속하여, 보통 신삼身三·구사口四·의삼意三이라 한다.

[69] 찰제리刹帝利 : ⓢ kṣatriya의 음역어. 전주田主라고 의역한다. 크샤트리야 계급. 인도 사성四姓 계급의 두 번째에 해당하는 왕족 및 사대부족을 가리킨다. 정치와 관련된 영역을 담당한다.

述曰。此顯能除往生樂處障。此復有二。

Ⓐ 정토에서 즐거운 곳에 왕생하는 것의 장애를 제거하는 것

첫째는 정토에서 즐거운 곳에 왕생하는 것의 장애를 제거하는 것을 나타내었다. 경에서 "(서방) 극락세계에 (계시는 무량수불의 처소에) 왕생하기를"이라고 한 것과 같다. 여기에서 "팔분재계를 받아 지녀서 한 해 동안 혹은 세 달 동안 (학처를) 수지하고"라고 한 것은 정매靖邁[70] 법사가 "'한 해 동안'이라는 것은 한 해 가운데 매달 별도의 여섯 날을 말한다. 흑월黑月[71]과 백월白月[72]의 각각 8일, 14일, 15일을 말하기 때문이다.[73] '혹은 세 달'이라는 것은 한 해에 매달 별도의 여섯 차례의 재일 동안 수지할 수 없다면 단지 한 해에서 삼장월三長月[74]만 수지하는 것이니, 1월과 5월과 9월을 말한다. (한 해를 나눈) 세 시기 가운데 각각 첫 번째 달을 재월로 삼았으니[75] 바로 한 해 동안 항상 선을 닦음을 나타낸다."[76]라고 하였다. 송

---

70 정매靖邁 : 당나라 때 스님. 정관 연중(627~649) 현장玄奘이 인도에서 돌아와 역경사업을 할 때 참여하였다.
71 흑월黑月 : 한 달을 둘로 나눈 것 중 달이 저무는 기간. 곧 후반의 15일. 흑분黑分이라고도 한다.
72 백월白月 : 한 달을 둘로 나눈 것 중 달이 차오르는 기간. 곧 전반의 15일. 백분白分이라고도 한다.
73 이상은 육재일六齋日을 풀이한 것이다. 육재일은 매달 재가신자들이 만 하루 동안 팔재계八齋戒를 수지하는 의식을 행하는 여섯 날을 일컫는 말이다. 오늘날로 말하면 매달 8일·14일·15일과 23일·29일·30일에 해당한다.
74 삼장재월三長齋月 : 매해 재가신자들이 1일부터 15일까지 긴 기간 동안 팔재계를 수지하는 세 달을 일컫는 말로 1월·5월·9월의 세 달이다.
75 인도에서는 한 해를 셋으로 나눈다. 1월은 춘분春分의 첫 번째 달이고 5월은 하분夏分의 첫 번째 달이며 9월은 동분冬分의 첫 번째 달이다.
76 『약사경소』(T85, 319b)에 동일한 내용이 나온다. 다만 문장이 꼭 일치하지는 않는다. 고일부古逸部에 수록되어 있는데 그 작자는 명기되어 있지 않다. 따라서 본서를 정매가 찬술했다고 확정할 수는 없다. 다만 뒤에서 인용된 정매 법사의 글도 본서에서 찾을 수 있기 때문에 본서의 저자가 정매일 가능성도 배제할 수는 없다.

나라 때 한역본에서 "항상 매달 여섯 번의 재일과 매해 세 번의 장재월에 닦으며 계를 수지한다."[77]라고 한 것과 같고 『대지도론』 권13에서 "재일에 여덟 가지 계를 수지하는 것은 이 날에는 악귀가 사람을 좇으며 사람의 목숨을 빼앗으려고 하기 때문에 겁초의 성인이 사람들로 하여금 재계를 수지하게 하였지만 여덟 가지 계를 수지하게 하지는 않았다. 단지 하루 동안 음식을 먹지 않는 것으로 재계를 삼았다. 나중에 부처님께서 세상에 출현하여 여덟 가지 계를 제정하셨다."[78]라고 한 것과 같다.

第一顯除淨處樂生障。如經生極樂世界故。此中受持八分齊戒經年月者。邁師云。經一年者。謂一年中月別六日。謂黑白月各八十四十五日故。或三月者。不能一年月別六齋。但能一年持三長月。謂卽正月五月九月。三除[1]之中。各初月齋。卽表一年常修善也。如宋本云。常修月六齋年三長齋故。智論十三云。齋日持八戒者。是日惡鬼逐人。欲奪人命。劫初聖人。敎人持齋。然不受八戒。直以一日不食爲齋。後佛出世。制立八戒。

1) ㉕『약사경소』에 따르면 '除'는 '時'인 것 같다.

【문】 다섯 가지 계와 여덟 가지 계는 어느 것이 뛰어난가?
【답】 인연이 있어서 세운 것이니 두 가지 계는 모두 동등하다. 그것을 지니는 시간과 조목의 숫자에 서로 많고 적은 차이가 있는 것일 뿐이다.[79]

---

77 송본은 앞의 각주에서 설명한 본경의 다섯 가지 한역본 중 두 번째 한역본을 가리키는데 현재 일실되어 전하지 않는다. 다만 제1역본인 『관정경』 권12(T21, 533b)에 동일한 문장이 수록되어 있다.
78 『대지도론』 권13(T25, 160a).
79 『대지도론』 권13(T25, 160b)에서 "【문】 다섯 가지 계와 하루 동안 지키는 계인 여덟 가지 계는 어느 것이 뛰어난가? 【답】 오계는 평생 동안 지니고 팔계는 만 하루 동안 지닌다. 오계는 항상 지니므로 시간에 있어서는 많다고 할 수 있지만 조목은 적고, 팔계는 만 하루 동안 지니므로 시간에 있어서는 적다고 할 수 있지만 계목은 많다."라고 하였다.

問. 五戒八戒. 何者爲勝. 答. 有因緣故. 二戒俱等. 以時及支. 互多少故.

📖 열 번의 생각 동안 명호를 칭념해도 오히려 왕생하는데 하물며 한 해 동안 행함이겠는가? 무엇 때문에 "(왕생이) 결정되지 않았다."라고 하는 것인가?

📖 용맹스러운 모습에 차별이 있다. 『대지도론』에서 "죽음에 임박하여 마음이 맹렬한 상태에서 한 번 칭념하면 백 년 동안 칭념한 것보다 뛰어나다."[80]라고 한 것과 같다.

問. 十念稱名. 尙得往生. 況令一年. 何故不定. 答. 勇猛容豫有差別. 如智論云. 臨終心猛. 勝百年功.

📖 "저절로 화생한다."라는 것은 『열반경』에서 암라수녀菴羅樹女[81]가 나무의 꽃으로 인해 태어난 것을 습생濕生[82]이라 한다고 한 것[83]에 따르면 정토에 꽃으로 인해 왕생하니 (습생이라고 해야 할 것인데) 어찌 화생이라고 하였는가?

📖 정매 법사가 "아직 생명을 의탁하기 전에 나무에 있는 습기에 의탁

---

80 『대지도론』에서 동일한 문장은 찾을 수 없다. 다만 바로 앞에서 제시한 글에 이어서 『대지도론』 권13(T25, 160b)에서 "큰마음이 없으면 비록 종신토록 계를 지켰어도 큰마음을 가진 사람이 하루 동안 계를 지킨 것만 못하다. 연약한 장부가 장군이 되면 비록 종신토록 병사를 이끌지라도 지혜와 용맹이 부족하면 죽을 때까지 공명을 날리지 못하지만 영웅이 분발하면 재앙과 혼란이 바로 평정되니 하루 동안 세운 공훈으로도 공덕이 천하를 덮는 것과 같다."라고 하였는데, 이 글과 그 취지는 같다고 할 수 있다.
81 암라수녀菴羅樹女 : 가부다수녀迦不多樹女와 함께 습생濕生의 사례로 일컬어진다. '암라'는 [S] āmra의 음역어로 망고나무의 일종이다.
82 습생濕生 : 모기·나방 등과 같이 거름, 부패한 고기 등의 습기가 있는 곳에서 태어나는 것이다.
83 『열반경』 권32(T12, 559b).

하여 생겨나면 (습생이지만) 정토의 연꽃은 (습기를 빌리지 않고) 사람과 함께 (없었던 것이) 갑자기 생겨난다."[84]라고 하였다.

> 自然化生者。如涅槃經。菴羅樹女。因樹華生。名爲濕生。淨土因華。何名化生。邁師云。未託生前。樹有濕氣。淨土蓮華。與人化生。

Ⓑ 예토에서 즐거운 곳에 왕생하는 것의 장애를 제거하는 것

두 번째는 예토에서 즐거운 곳에 왕생하는 것의 장애를 제거하는 것이다. 경에서 "혹은 이것으로 인해 하늘에 태어나기도 하는데" 등이라고 한 것과 같다. 여기에 또 네 가지가 있다. 하늘에 태어나는 것이고, 전륜성왕으로 태어나는 것이며, 귀하고 뛰어난 신분으로 태어나는 것이며, 남자의 몸으로 태어나는 것이다. 본문 그대로이니 이해할 수 있을 것이다.

> 第二能除穢土樂生障。如經或有因此生於天上等故。此復有四。生天輪王貴勝男身。如文可解。

『본원약사경고적』 권상

本願藥師經古迹上。[1)]

1) ㉤ 갑본에는 '上' 뒤에 '終'이 있다.

---

84 『약사경소』(T85, 319c).

본원약사경고적 권하
本願藥師經古迹下

청구사문 태현青丘沙門 太賢 찬撰*

---

* ㉝ 지은이의 이름은 『한불전』 편찬자가 보충한 것이다.

『약사유리광여래본원공덕경』

藥師瑠璃光如來本願功德經。

(2) 이익을 들어 중생에게 수지할 것을 권한 문

① 깨어 있게 할 것을 서원한 문

경 이때 만수실리 동자가 부처님께 말씀드렸다.
"세존이시여, 저는 서원합니다. 미래세에 상법이 유포될 때 여러 가지 방편으로 청정한 믿음을 가진 모든 선남자와 선여인들로 하여금 세존이신 약사유리광여래의 명호를 듣게 하고, 내지 잠 속에서도 부처님의 명호에 의해 그 귀를 깨어 있게 할 것입니다.

세존이시여, 만약 이 경을 수지하고 독송하며 혹은 다른 사람을 위해 연설하고 열어서 보여 주며, 혹은 스스로 서사하거나 다른 사람으로 하여금 서사하게 하며, 공경하고 존중하는 마음으로 온갖 화향華香·도향塗香·말향抹香·소향燒香과 화만華鬘·영락瓔珞과 번기(幡)와 덮개와 기악으로 공양하고, 다섯 가지 색깔의 비단으로 주머니를 만들어 경을 집어넣고 깨끗한 곳을 골라 먼지를 털고 물을 뿌려 청소하고 높은 자리를 만들어 안치하면 이때 사대천왕四大天王이 그 권속 및 한량없는 백천의 대중과 함께 모두 그 처소에 와서 공양하고 수호하게 할 것입니다.

세존이시여, 만약 이 보배로운 경전이 유행하는 곳에서 이것을 수지할 수 있다면, 저 세존이신 약사유리광여래께서 과거 인위에서 세운 공덕과 명호를 들은 것으로 인해, 이 곳에서는 다시 횡사하는 일이 없고 또 모든 악한 귀신에게 그 정기를 빼앗기지도 않을 것이며 설령 이미 빼앗겼다고 해도 다시 본래의 모습으로 돌아가서 몸과 마음이 안락해진다는 것을 알아야 할 것입니다."

爾時曼殊室利童子。白佛言。世尊。我當誓於像法轉時。以種種方便。令諸
淨信善男子善女人等。得聞世尊藥師瑠璃光如來名號。乃至睡中。亦以佛
名。覺悟其耳。世尊。若於此經。受持讀誦。或復爲他。演說開示。若自書若
教人書。恭敬尊重。以種種華香塗抹香燒香華鬘瓔珞幡蓋伎樂。而爲供養。
以五色綵。作囊盛之。掃灑淨處。敷設高座。而用安處。爾時四大天王。與
其眷屬。及餘無量百千天衆。皆詣其所。供養守護。世尊。若此經寶流行之
處。有能受持。以彼世尊藥師瑠璃光如來本願功德。及聞名號。當知是處。
無復橫死。亦復不爲諸惡鬼神。奪其精氣。設已奪者。還得如故。身心安樂。

술 큰 단락의 두 번째에 해당하는 것으로 중생에게 이익을 들어 수지
할 것을 권한 문이다. 여기에 다섯 가지 문이 있다.

述曰。大段第二勸物利益門。此有五門。

첫째는 깨어 있게 할 것을 서원한 문이니 경에서 "저는 서원합니다. 미
래세에 상법이 유포될 때 여러 가지 방편으로…… 여래의 명호를 듣게 하
고……이 경을 수지하고 공경한 것으로 인해 사대천왕이 그들 무리와 함
께 수호하고 재난을 당하지 않게 할 것입니다."라고 한 것과 같다.

一誓願警覺門。如經我當誓於像法轉時方便令聞如來名號由於此經受持
供養天衆守護無灾橫故。

② 여래께서 진술하여 이해를 이루게 한 문

경 부처님께서 만수실리에게 말씀하셨다.

"그렇고 그러하다. 네가 말한 것과 같다. 만수실리여, 청정한 믿음을 가진 선남자와 선여인들이 저 세존이신 약사유리광여래를 공경하려고 한다면 이렇게 해야 한다.

먼저 저 부처님의 형상을 만들고 청정한 자리를 깔아서 그곳에 안치하고 온갖 꽃을 뿌리고 온갖 향을 태우며 온갖 당기와 번기로 그곳을 장엄해야 한다. 칠 일 동안 팔분재계를 수지하며 청정한 음식을 먹고 향기롭고 깨끗하게 목욕하며 새롭고 깨끗한 옷을 입는다. 때가 묻어 혼탁하지 않은 마음과 분노하여 해치려는 의도가 없는 마음을 일으키고 모든 중생에 대해 이익을 주고 안락하게 하며 자비희사에 의해 평등하게 대하는 마음을 일으켜야 한다. 음악을 연주하고 노래를 불러 찬탄하며 불상의 오른쪽으로 돈다. 또 저 여래의 본원과 공덕을 생각하며 이 경을 독송하고 그 뜻을 생각하며 연설하여 열어 보여야 한다.

이렇게 하면 원하는 것이 모두 이루어진다. 장수를 원하면 장수하고 부유함을 원하면 부유해지며 관직을 원하면 관직을 얻고 남녀를 원하면 남녀를 얻는다. 만약 어떤 사람이 갑자기 악몽을 꾸어 온갖 나쁜 현상을 보는데, 혹은 이상한 새가 와서 모이거나, 혹은 머무는 곳에 온갖 이상한 일이 일어날 경우, 이 사람이 온갖 미묘한 생활용품을 저 세존이신 약사유리광여래에게 공경하는 마음으로 공양하면, 악몽과 나쁜 현상 등의 모든 길상하지 않은 일이 모두 사라져서 환난을 당하지 않게 된다. 혹은 물과 불, 칼과 독, 까마득한 절벽과 사나운 코끼리, 사자와 호랑이와 이리, 곰과 독사, 사나운 전갈과 지네, 그리마와 모기와 등에 등에 의한 공포에 처했을 때 만약 지극한 마음으로 저 부처님을 억념하고 공경하는 마음으로 공양하면 모든 두려움에서 다 벗어날 수 있다. 만약 다른 나라가 침략하여 어지럽히고 도둑이 반란을 일으켜도 저 여래를 억념하고 공경하면 또한 모두 벗어날 수 있다.

또 만수실리여, 청정한 믿음을 가진 선남자와 선여인들이 죽을 때까지 다른 하늘을 섬기지 않고 오직 한 마음으로 불법승에 귀의하며 금계인 오계

五戒[1]와 십계十戒,[2] 보살의 4백계四百戒,[3] 필추의 250계,[4] 필추니의 5백계[5]를 수지하고, 수지하는 가운데 혹은 훼범하여 악취에 떨어질 것을 두려워할 때, 만약 저 부처님의 명호만 생각하면서 공경하고 공양하면 반드시 삼악취에 태어나지 않는다.

혹은 어떤 여인이 출산이 임박하였을 때 극심한 고통을 받을 경우, 지극한 마음으로 저 여래의 명호를 칭념하고 예찬하며 공경하고 공양하면, 온갖 고통은 다 사라지며, 태어난 아이는 건강하고 형색이 단정하며 보는 사람들이 모두 기뻐하며 근기가 날카롭고 총명하며 편안하고 병이 거의 없으며 비인非人에게 그 정기를 빼앗기는 일이 없을 것이다."

佛告曼[1)]室利。如是如是。如汝所說。曼殊室利。若有淨信善男子善女人等。欲供養彼世尊藥師瑠璃光如來者。應先造立彼佛形像。敷清淨座。而安

---

1 오계五戒 : 재가신자가 지켜야 할 다섯 가지 계. 첫째는 살생하지 않는 것이고, 둘째는 도둑질하지 않는 것이며, 셋째는 삿된 형태의 음행을 하지 않는 것이고, 넷째는 거짓말을 하지 않는 것이며, 다섯째는 술을 마시지 않는 것이다.
2 십계十戒 : 사미沙彌가 지켜야 할 열 가지 계. 첫째는 살생하지 않는 것이고, 둘째는 도둑질하지 않는 것이며, 셋째는 음행을 하지 않는 것이고, 넷째는 거짓말을 하지 않는 것이며, 다섯째는 술을 마시지 않는 것이고, 여섯째는 춤추고 노래하면서 즐기거나 그런 것을 가서 보거나 듣지도 않는 것이며, 일곱째는 꽃과 향으로 몸을 치장하지 않는 것이고, 여덟째는 높고 넓은 평상에 앉지 않는 것이며, 아홉째는 금은보화를 받거나 축적하지 않는 것이고, 열째는 비시非時에는 먹지 않는 것이다.
3 보살의 4백계四百戒 : 그 출처를 찾을 수 없다. 뒤에 나오는 법위의 주석을 참조할 것.
4 필추의 250계 : 『四分律』에서 설한 비구계의 숫자를 통틀어서 일컫는 말. 바라이법 4조, 승가바시사법僧伽婆尸沙法(승잔법) 13조, 부정법不定法 2조, 니살기바일제법尼薩耆波逸提法(捨墮法) 30조, 바일제법(單墮法) 90조, 바라제제사니법 4조, 식차가라니법式叉迦羅尼法(衆學法·應當學·돌길라) 100조, 멸쟁법滅諍法 7조를 합하여 모두 250계가 있다. 본 율에서 비구니계는 모두 348계를 설하였다. 단 남전 율장에 따르면 비구계는 227계이고 비구니계는 311계이다.
5 필추니의 5백계 : 비구니계는 『사분율』에서는 348계를 설하였고 『십송률』에서는 350계를 설하였다. '5백'이라는 숫자는 비구니계가 비구계보다 더 많다는 뜻을 나타내는 의미에서 그 두 배로 서술한 것으로 추정된다.

處之。散種種華。燒種種香。以種種幢幡。莊嚴其處。七日七夜。受八分齋戒。食清淨食。澡浴香潔。著新淨衣。應生無垢濁心。無怒害心。於一切有情。起利益安樂慈悲喜捨平等之心。鼓樂歌讚。右遶佛像。復應念彼如來本願功德。讀誦此經。思惟其義。演說開示。隨所樂願。一切皆遂。求長壽得長壽。求富饒得富饒。求官位得官位。求男女得男女。若復有人。忽得惡夢。見諸惡相。或怪鳥來集。或於住處。百怪出現。此人若以衆妙資具。恭敬供養彼世尊藥師瑠璃光如來者。惡夢惡相。諸不吉祥。皆悉隱沒。不能爲患。或有水火刀毒。懸嶮惡象。師子虎狼。熊羆毒蛇。惡蠍[2)]蝮蠍。蚰蜒蚊虻等怖。若能至心憶念彼佛。恭敬供養。一切怖畏。皆得解脫。若他國侵擾。盜賊反亂。憶念恭敬彼如來者。亦皆解脫。復次曼殊室利。若有淨信善男子善女人等。乃至盡形。不事餘天。唯當一心。歸佛法僧。受持禁戒。若五戒十戒。菩薩四百戒。苾芻二百五十戒。苾芻尼五百戒。於所受中。或有毀犯。怖墮惡趣。若能專念彼佛名號恭敬供養者。必定不受三惡趣生。或有女人。臨當産時。受於極苦。若能至心。稱名禮讚恭敬供養彼如來者。衆苦皆除。所生之子。身分具足。形色端正。見者歡喜。利根聰明。安穩少病。無有非人。奪其精氣。

---

1) ㉒ 저본에 따르면 '曼' 뒤에 '殊'가 있어야 한다. 갑본에 따르면 '殊'가 있다. ㉓ '殊'가 있는 것이 맞다. 2) ㉓ 갑본에 따르면 '蠍'은 '蠍'이다.

述 이것은 바로 두 번째로 여래께서 진술하여 이해를 이루게 한 문이다. 여기에 두 가지가 있다. 처음에는 공양을 밝혔고, 나중에는 얻는 이익을 설하였다.

述曰。此卽第二如來述成門。於中有二。初明供養。後說獲益。

A. 공양을 밝힘

공양에 세 가지가 있다.

供養有三。

A) 재물로 공양하는 것

첫째는 재물로 공양하는 것이니 경에서 "형상을 만들고……그곳을 장엄해야 한다."라고 한 것과 같다.

一財物供養。如經造立形像乃至莊嚴其處故。

B) 정행으로 공양하는 것

둘째는 정행正行으로 공양하는 것이니 경에서 "칠 일 동안 계를 수지하며……평등하게 대하는 마음을 일으켜야 한다."라고 한 것과 같다.

二正行供養。如經七日受戒乃至平等之心故。

C) 세 가지 업으로 공양하는 것

셋째는 세 가지 업으로 공양하는 것이니 경에서 "음악을 연주하고 노래를 불러……연설하여 열어 보여야 한다."라고 한 것과 같다.

三三業供養。如經鼓樂歌讚乃至演說開示故。

B. 얻는 이익을 설함

얻는 이익에 세 가지가 있다.

獲益有三。

A) 원하는 것을 이루는 문

첫째는 원하는 것을 이루는 문이니 경에서 "원하는 것이 모두 이루어진다.……남녀를 얻는다."라고 한 것과 같다.

一所求稱遂門。如經隨所樂願乃至得男女故。

B) 싫어하는 것을 없애는 문

둘째는 싫어하는 것을 없애는 문이다. 경에서 "만약 어떤 사람이……모두 벗어날 수 있다."라고 한 것과 같기 때문이다.

二所厭消滅門。如經若復有人乃至亦皆解脫故。

C) 계를 훼손했어도 고통을 여의는 문

셋째는 계를 훼손했어도 고통을 여의는 문이다. 여기에 두 가지가 있다.

三毀戒離苦門。於中有二。

Ⓐ 현생의 몸으로 계를 훼손한 경우

첫째는 현생의 몸으로 계를 훼손한 것이니 미래에 닥칠 고통을 두려워하기 때문이다. 경에서 "또 만수실리여……삼악취에 태어나지 않는다."라고 한 것과 같다. 이 가운데 "보살의 4백계"라는 것은 진실로 여래께서 중생에 따라 그 듣는 사람의 능력에 맞추어 자세하게 설하기도 하고 간략하게 설하기도 했기 때문에 열어서 늘린 것과 합하여 줄인 것이 같지 않다. 『방등경方等經』에서는 4중계와 28경계를 설하였고,[6] 『유가사지론』에서는 4중계[7]와 45경계[8]를 설하였으며, 『범망경』에서는 10중계[9]와 48경계[10]

---

[6] 『방등경』은 대승경전을 일컫는 말인데, 현재 계경 가운데 4중계와 28경계를 설한 것은 보이지 않는다. 다만 『우바새계경』 권3(T24, 1049a)에서 6중계와 28경계를 설하였고, 『인왕반야경』 권하(T8, 831b)에서 "이 종성이 결정된 사람은 생공生空(人無我)의 지위에 들어가서 성인의 종성을 지녔기 때문에 반드시 오역죄와 6중계와 28경계를 일으키지 않는다.(是定人者。入生空位。聖人性故。必不起五逆六重二十八輕。)"라고 하여, 6중계와 28경계를 설한 것이 보일 뿐이다. "4"가 오자인지의 여부를 확정할 수 없어 그대로 풀이하였다.

[7] 4중계 : 『瑜伽師地論』 권40(T30, 515b)에서 "네 가지 타승처법이 있다. 첫째는 이양과 공경을 탐하여 자신을 칭찬하고 다른 사람을 비방하는 것이고, 둘째는 재물을 주는 것을 아까워하는 것이며, 셋째는 분노하는 마음을 일으키는 것이고, 넷째는 대승법을 비방하는 것이다."라고 하였다.

[8] 45경계 : 『유가사지론』에서 설한 경계의 숫자에 대해서는 여러 가지 이설이 있다. 둔륜遁倫(당나라에서 활동한 신라 스님)이 정리한 것을 통해서 태현이 45가지라고 한 것의 근거를 추정해 보면 다음과 같다. 『유가론기瑜伽論記』 권10(T42, 538b)에서 "『구론舊論』(담무참曇無讖이 한역한 『菩薩地持經』)에 의거하면 42경계가 있고, 『신론新論』(『유가사지론』)에 의거하면 43경계가 있다. 두 책을 교감해 보면 『구론』에는 『신론』의 아홉 번째 계에서 설한 살생·도둑질 등의 칠지七支의 성죄性罪가 없다. (이 가운데 어느 것도 없어서) 한결같이 함께하지 않기 때문에 숫자가 42가지이지만 『신론』에는 이것이 있기 때문에 43가지를 갖추었다. 그(『신론』) 가운데 또한 여덟 번째 계에서 차죄遮罪를 설하였는데 (여기에 성문과) 함께하는 것과 함께하지 않는 것이 있어서 이것을 별도로 열어 두 가지가 되니 숫자는 44가지가 있다고 해야 한다. 또한 (『신론』의) 제29계에서 '보살장菩薩藏을 듣고 제불의 신력에 대해 믿고 이해하는 마음을 일으키지 않고 비방하며'라고 한 것에도 두 가지 내용(믿고 이해하는 마음을 일으키지 않는 것과 비방하는 것)이 있으니 별도로 열면 두 가지 (계)가 되어서, 숫자는 45가지가 되어야 한다. 그런데 지금은 (둘로 나눌 수 있는) 두 곳을 모두 합했기 때문에 숫자를 43가지라고 하였다."라고 하였다. 이

것을 도표로 나타내면 다음과 같다.

	『瑜伽師地論』 권41(T30, 516a) 43경계		
1	若諸菩薩安住菩薩淨戒律儀。於日日中。……以勝供具承事供養。		
2	若諸菩薩安住菩薩淨戒律儀。有其大欲。……數起現行。		
3	若諸菩薩安住菩薩淨戒律儀。見諸耆長。……皆無違犯。		
4	若諸菩薩安住菩薩淨戒律儀。他來延請。……皆無違犯。		
5	若諸菩薩安住菩薩淨戒律儀。他持種種色可染。……皆無違犯。		
6	若諸菩薩安住菩薩淨戒律儀。他來求法。……皆無違犯。		
7	若諸菩薩安住菩薩淨戒律儀。於諸暴惡犯戒有情。……皆無違犯。		
8	若諸菩薩安住菩薩淨戒律儀。如薄伽梵。……非染違犯。	1) 성문과 함께 배워야 하는 차죄 若諸菩薩安住菩薩淨戒律儀。如薄伽梵。……利他爲勝。 2) 성문과 함께 배우지 말아야 하는 차죄 若諸菩薩安住菩薩淨戒律儀。如薄伽梵。……非染違犯。	『瑜伽師地論』「戒品」에서 열어서 나누는 것이 가능한 곳 제1
9	若諸菩薩安住菩薩淨戒律儀。善權方便。……生多功德。	1) 살생 : 謂如菩薩。見劫盜賊。……生多功德。 2) 도둑질 : 又如菩薩。見劫盜賊。奪他財物。……生多功德。 3) 삿된 음행 : 又如菩薩。處在居家。……非梵行。 4) 거짓말 : 又如菩薩。爲多有情解脫命難。……生多功德。 5) 이간질하는 말 : 又如菩薩。見諸有情。……生多功德。 6) 추악한 말 : 又如菩薩。見諸有情。……生多功德。 7) 꾸미는 말 : 又如菩薩。見諸有情。……生多功德。	『菩薩地持經』 권5 「戒品」(T30, 913c)에는 없는 부분
10	若諸菩薩安住菩薩淨戒律儀。生起詭詐。…………時常現起。		
11	若諸菩薩安住菩薩淨戒律儀。爲掉所動。……皆無違犯。		
12	若諸菩薩安住菩薩淨戒律儀。起如是見。……無雜染法。		
13	諸菩薩安住菩薩淨戒律儀。於自能發不信重言。……皆無違犯。		
14	若諸菩薩安住菩薩淨戒律儀。見諸有情。……多生憂惱。		
15	若諸菩薩安住菩薩淨戒律儀。他罵報罵。……是染違犯。		
16	若諸菩薩安住菩薩淨戒律儀。於他有情。……皆無違犯。		
17	若諸菩薩安住菩薩淨戒律儀。他所侵犯。……是染違犯。		
18	諸菩薩安住菩薩淨戒律儀。於他懷忿。……廣說如前。		
19	若諸菩薩安住菩薩淨戒律儀。貪著供事增上力故。……無愛染心管御徒衆。		
20	若諸菩薩安住菩薩淨戒律儀。嬾惰懈怠。……如前應知。		
21	若諸菩薩安住菩薩淨戒律儀。懷愛染心。……是染違犯。		
22	若諸菩薩安住菩薩淨戒律儀。爲令心住。……無所違犯。		
23	若諸菩薩安住菩薩淨戒律儀。起貪欲蓋。……當知亦爾。		
24	若諸菩薩安住菩薩淨戒律儀。貪味靜慮。……是染違犯。		
25	若諸菩薩安住菩薩淨戒律儀。起如是見。……作如是說。		

권하 • 225

를 설하여 같지 않은 부분이 있기 때문이다. 그리하여 이 동일한 책도 송나라 때의 한역본에서는 "24계"[11]라고 하였고, 수나라 때의 한역본에서는 "104계"[12]라고 하였으니 범본들에 차이가 있기 때문이다.

26	若諸菩薩安住菩薩淨戒律儀。於菩薩藏。未精研究。……非染違犯。		
27	若諸菩薩安住菩薩淨戒律儀。現有佛敎。……則無違犯。		
28	若諸菩薩安住菩薩淨戒律儀。越菩薩法。……是染違犯。		
29	若諸菩薩安住菩薩淨戒律儀。聞菩薩藏。……然不誹謗。	若諸菩薩安住菩薩淨戒律儀。聞菩薩藏。……作是說。	『瑜伽師地論』「戒品」에서 열어서 나누는 것이 가능한 곳 제2
		若諸菩薩安住菩薩淨戒律儀。若聞甚深最甚深處心不信解。……然不誹謗。	
30	若諸菩薩安住菩薩淨戒律儀。於他人所有染愛心。……倍復增長。		
31	若諸菩薩安住菩薩淨戒律儀。聞說正法論議決擇。……皆無違犯。		
32	若諸菩薩安住菩薩淨戒律儀。於說法師。……是染違犯。		
33	若諸菩薩安住菩薩淨戒律儀。於諸有情所應作事。……皆無違犯。		
34	若諸菩薩安住菩薩淨戒律儀。見諸有情遭重疾病。……當知亦爾。		
35	若諸菩薩安住菩薩淨戒律儀。見諸有情爲求現法。……皆無違犯。		
36	若諸菩薩安住菩薩淨戒律儀。於先有恩諸有情所。……皆無違犯。		
37	若諸菩薩安住菩薩淨戒律儀。見諸有情。……不爲助伴。		
38	若諸菩薩安住菩薩淨戒律儀。有飮食等資生衆具。……皆無違犯。		
39	若諸菩薩安住菩薩淨戒律儀。攝受徒衆。……皆無違犯。		
40	若諸菩薩安住菩薩淨戒律儀。懷嫌恨心。……皆無違犯。		
41	若諸菩薩安住菩薩淨戒律儀。懷嫌恨心。……皆無違犯。		
42	若諸菩薩安住菩薩淨戒律儀。見諸有情應可訶責。……皆無違犯。		
43	若諸菩薩安住菩薩淨戒律儀。具足成就種種神通變現威力。……無有違犯。		

9 10중계:『태현이『범망경고적기』에서『범망경』의 10중계를 명명한 것을 도표로 나타내면 다음과 같다.

『梵網經』 십중계				
1. 쾌의살생계 快意殺生戒	2. 겁도인물계 劫盜人物戒	3. 무자행욕계 無慈行欲戒	4. 고심망어계 故心妄語戒	5. 고주생죄계 酤酒生罪戒
6. 담타과실계 談他過失戒	7. 자찬훼타계 自讚毀他戒	8. 간생훼욕계 慳生毀辱戒	9. 진불수사계 瞋不受謝戒	10. 훼방삼보계 毀謗三寶戒

10 48경계 : 태현이『범망경고적기』에서 명명한 것에 따르면 첫 번째 계는 불경사장계不敬師長戒이고 마지막 마흔여덟 번째 계는 자파내법계自破內法戒이다.
11 24계 : 송나라 때 한역본은 전하지 않는다. 다만 당나라 때 의정이 한역한 책인『藥師琉璃光七佛本願功德經』권하(T14, 415a)에서 "24계"라고 하였다.
12 『약사여래본원경』(T14, 403b).

一現身毀戒。畏當苦故。如經復次曼殊乃至不受三惡趣生故。此中菩薩四百戒者。良由如來隨物宜聞。廣略說故。開合不同。方等經。說四重二十八輕。瑜伽論說四重四十五輕。梵網經說十重四十八輕。有不同故。然此一本。宋譯云二十四戒。隋譯云一百四戒。諸梵本者。有不同故。

Ⓑ 전생의 몸일 때 계를 훼손한 경우

둘째는 전생의 몸일 때 계를 훼손한 것이니 여인이 출산으로 인한 고통을 받기 때문이다. 경에서 "혹은 어떤 여인이……그 정기를 빼앗는 일이 없을 것이다."라고 한 것과 같다.

二前身毀戒。受女產苦故。如經或有女人乃至奪其精氣故。

③ 믿음을 훼손하고 이익을 덜어 내는 문

경 이때 세존께서 아난에게 말씀하셨다.
"내가 칭찬한 것과 같은 저 불·세존이신 약사유리광여래께서 지닌 공덕은 모든 부처님이 깊이 행하는 것이어서 이해하기 어려운 것이다. 너는 믿느냐?"
아난이 말씀드렸다.
"대덕이신 세존이시여, 저는 여래께서 설한 계경에 대해 의혹을 일으키지 않습니다. 왜냐하면 모든 여래께서는 몸과 말과 뜻으로 짓는 업이 청정하지 않음이 없기 때문입니다. 세존이시여, 이 해와 달을 떨어지게 할 수 있고 묘고산왕妙高山王[13]을 흔들리게 할 수는 있지만 모든 부처님께서 말씀하신 것

---

13 묘고산왕妙高山王 : '묘고'는 ⑤ Sumeru의 의역어로 음역어는 수미須彌이다. 수미산은 불교의 세계관에 따르면 세계의 중심에 있는 산이다. 이 산을 중심으로 여러 개의 산이 동심원을 그리며 둘러싸고 있다. 그 마지막 산의 밖에 동·서·남·북으로 네 개의

은 바뀌는 일이 없습니다. 세존이시여, 모든 중생은 신근信根을 갖추지 않아 모든 부처님께서 깊이 행하시는 것을 설하는 것을 듣고 이렇게 생각합니다. '어떻게 단지 약사유리광여래 한 부처님의 명호를 염송하기만 하는데 바로 이러한 공덕과 뛰어난 이익을 얻을 수 있다는 말인가?' 이로 말미암아 믿지 않고 도리어 비방하는 마음을 일으킵니다. 그는 오랜 세월 동안 큰 이익과 즐거움을 잃고 모든 악취에 떨어져 끝없이 윤회합니다."

부처님께서 아난에게 말씀하셨다.

"이 중생들이 만약 세존이신 약사유리광여래의 명호를 듣고 지극한 마음으로 수지하여 의심하는 마음을 일으키지 않았는데 악취에 떨어지는 일은 없다. 아난이여, 이것은 모든 부처님이 아주 깊이 행하는 것이니 믿고 이해하기 어렵다. 네가 지금 수지하는 것은 모두 여래의 위력임을 알아야 한다. 아난이여, 모든 성문과 독각과 아직 십지十地[14]에 오르지 못한 모든 보살 등은 모두 다 여실하게 믿고 이해할 수 없다. 오직 일생소계一生所繫[15]의 보살만 제외할 뿐이다. 아난이여, 사람의 몸은 얻기 어렵고 삼보를 믿고 공경하며 존중하는 것도 얻기 어려우며, 세존이신 약사유리광여래의 명호를 듣는 것은 또 이보다 어렵다. 아난이여, 저 약사유리광여래의 한량없는 보살행과 한량없는 뛰어난 방편과 한량없는 광대한 서원을 내가 1겁이나 1겁보다 오랫동안 자세히 설한다고 해도 겁만 속히 지나갈 뿐이고 저 부처님의 보살행과 서원과 뛰어난 방편은 다하지 않는다."

爾時世尊。告阿難言。如我稱揚彼佛世尊藥師瑠璃光如來所有功德。此是

　　큰 대륙이 있고, 다시 그 네 개의 대륙 밖을 철위산이 두르고 있다. 산 중에 가장 크기 때문에 이러한 뜻을 나타내어 뒤에 왕王을 붙여서 수미산왕·묘고산왕이라고도 표현한다.
14　십지十地 : 보살 수행의 52계위 중 제41위~제50위에 해당하는 지위. 그 이전의 계위를 지전地前이라 하고 그 이후를 지상地上이라고 한다.
15　일생소계一生所繫 : 앞에서 보처補處를 설명한 것(195쪽 각주 49)을 참조할 것.

諸佛甚深行處。難可解了。汝爲信不。阿難白言。大德世尊。我於如來所說
契經。不生疑惑。所以者何。一切如來身語意業。無不淸淨。世尊。此日月
輪。可令墮落。妙高山王。可使傾動。諸佛所言。無有異也。世尊。有諸衆生。
信根不具。聞說諸佛甚深行處。作是思惟。云何但念藥師瑠璃光如來一佛
名號。便獲爾所功德勝利。由此不信。返生誹謗。彼於長夜。失大利樂。墮
諸惡趣。流轉無窮。佛告阿難。是諸有情。若聞世尊藥師瑠璃光如來名號。
至心受持。不生疑惑。墮惡趣者。無有是處。阿難。此是諸佛甚深所行。難
可信解。汝今能受。當知皆是如來威力。阿難。一切聲聞獨覺及未登地諸菩
薩等。皆悉不能知[1]實信解。唯除一生所繫菩薩。阿難。人身難得。於三寶
中。信敬尊重。亦難可得。得聞世尊藥師瑠璃光如來名號。復難於是。阿難。
彼藥師瑠璃光如來。無量菩薩行。無量巧方便。無量廣大願。我若一劫若一
劫餘。而廣說者。劫可速盡。彼佛行願。善巧方便。無有盡也。

1) ㉠ 갑본에 따르면 '知'는 '如'이다.

술 이것은 세 번째로 믿음을 훼손하고 이익을 덜어 내는 문이다. 여기에 네 가지 문이 있다.

述曰。此第三毁信損益門。此有四門。

A. 부처님의 말씀은 결정적이어서 바뀌지 않음

첫째는 부처님의 말씀은 결정적이어서 바뀌지 않음을 설한 문이니 경에서 "내가 칭찬한 것과 같은……모든 부처님께서 말씀하신 것은 바뀌는 일이 없습니다."라고 한 것과 같다.

一佛語決定門。如經如我稱揚乃至諸佛所言無有異也故。

B. 훼방하고 덜어 내는 문

둘째는 훼방하고 덜어 내는 문이니 경에서 "모든 중생은……끝없이 윤회합니다."라고 한 것과 같다.

二毁謗衰損門。如經有諸衆生乃至流轉無窮。

C. 공경하고 믿어 이익을 얻는 문

셋째는 공경하고 믿어 이익을 얻는 문이니 경에서 "부처님께서 아난에게 말씀하셨다.……악취에 떨어지는 일은 없다."라고 한 것과 같다.

三敬信獲益門。如經佛告阿難乃至墮惡趣者無有是處故。

D. 중생에게 믿고 받아들일 것을 권한 문

넷째는 중생에게 믿고 받아들일 것을 권한 문이니 경에서 "아난이여……다하지 않는다."라고 한 것과 같다.

四勸物信受門 如經 阿難乃至無爲[1]盡也故

1) ㉠『약사경』본문에 따르면 '爲'는 '有'이다.

④ 상법 시대에 자량의 도움을 받는 것을 개시한 문

경 이때 대중 가운데 어떤 보살마하살이 있었는데 이름이 구탈救脫이었다. 바로 자리에서 일어나 오른쪽 어깨를 드러내고 오른쪽 무릎을 땅에 대고 몸을 숙여 합장하며 부처님께 말씀드렸다.

"대덕이신 세존이시여, 상법이 유포될 때 여러 중생이 갖가지 환난으로 곤란함과 재액에 처하여, 오랫동안 병에 시달리며 몸이 야위고, 마시지도 먹지도 못하며, 목과 입술은 마르며, 온 세상은 깜깜하기만 하며 죽음의 징조가 눈앞에 나타나니, 부모와 친족, 친구와 지인이 눈물을 흘리며 둘러쌉니다. 그런데 그 자신은 그 곳에 누워 있는 채로 염마琰魔의 사신이 그 신식神識[16]을 이끌어서 염마법왕琰魔法王의 앞에 데려가는 것을 봅니다. 그리하여 모든 중생은 구생신俱生神[17]이 그가 행위하는 것에 따라, 죄를 짓든 복을 짓든, 모두 빠뜨림 없이 이것을 적어 놓고 모두 보존하고 염마법왕에게 줍니다. 이때 그 왕은 그 사람을 추국하고 심문하여 그가 지은 것을 계산하여 그가 지은 죄와 복에 따라서 그를 처단합니다.

그때 그 병든 사람의 친족이나 지인이 만약 그 사람을 위하여 세존이신 약사유리광여래에게 귀의하고 여러 스님들을 초청하고 이 경을 독송하고 칠층七層의 등을 밝히고 오색五色으로 이루어진 수명을 연장시켜 주는 신령스런 번기를 걸어 두면, 혹은 바로 그 자리에서 그의 신식이 돌아오고 꿈속에서 있던 것처럼 명료하게 스스로 봅니다. 혹은 7일, 혹은 21일, 혹은 35일,

---

16 신식神識 : 육신이 사라지고 남은 정신작용의 총체를 일컫는 말이다.
17 구생신俱生神 : ⓢsaha-deva. 천부天部에 속하는 신. 동생同生과 동명同名의 두 신을 말한다. 사람이 태어날 때 동시에 생겨나 사람의 어깨에 붙은 채 항상 따라다니면서 선행과 악행을 기록하였다가 그 사람이 죽은 후 염라왕에게 보고하는 일을 한다. 길장吉藏의 『무량수경의소』 권(T37, p.124b)에서 "일체중생에게 모두 두 신이 있으니, 동생과 동명이다. 동생은 여자로 오른쪽 어깨 위에 붙어 다니며 중생이 지은 악을 기록하고, 동명은 남자로 왼쪽 어깨에 붙어 다니며 중생이 지은 선을 기록한다."라고 하였고, 『화엄경』 권44(T9, 680b)에서 "예컨대 사람이 태어날 때부터 두 종류의 하늘이 있어 항상 따라다니면서 시위하는데, 첫째는 동생이고, 둘째는 동명이다. 이 하늘은 항상 사람을 보지만 사람은 하늘을 보지 못하는 것과 같다. 여래의 신변도 또한 이와 같아서 성문은 알거나 보지 못하고, 오직 보살이라야만 볼 수 있다.(如人從生. 有二種天. 常隨侍衛. 一曰同生. 二曰同名. 天常見人. 人不見天. 如來神變. 亦復如是. 非諸聲聞. 所能知見. 唯諸菩薩. 乃能覩見.)"라고 하였다. 뒤의 주석에서 태현은 이를 중생이 지니고 있는 신식神識을 인격화한 것으로 파악하였다.

혹은 49일이 지나 그 신식이 돌아오기도 하는데 꿈에서 깬 것처럼 스스로 선업과 선하지 않은 업에 의해 얻은 과보를 모두 기억하여 압니다. 스스로 업의 과보를 증험하며 본 것으로 인해, 내지 목숨을 잃을 수도 있는 재난(命難)에 이르러서도 온갖 악업을 짓지 않습니다. 그러므로 청정하고 믿음이 있는 선남자와 선여인들은 모두 약사유리광여래의 명호를 수지하여 힘껏 따르며 공경하고 공양해야 합니다."

爾時衆中。有一菩薩摩訶薩。名曰救脫。卽從座起。偏袒一肩。右膝著地。曲躬合掌。而白佛言。大德世尊。像法轉時。有諸衆生。爲種種患之所困厄。長病羸瘦。不能飮食。喉脣乾燥。見諸方暗。死相現前。父母親屬。朋友知識。啼泣圍遶。然彼自身。臥在本處。見琰魔使。引其神識。至于琰魔法王之前。然諸有情。有俱生神。隨其所作。若罪若福。皆具書之。盡持授與琰魔法王。爾時彼王。推問其人。算計所作。隨其罪福。而處斷之。時彼病人。親屬知識。若能爲彼歸依世尊藥師瑠璃光如來。請諸衆僧。轉讀此經。燃七層之燈。懸著五色續命神幡。或有是處 彼識得還。如在夢中明了自見。或經七日或二十一日。或三十五日。或四十九日。彼識還時如從夢覺。皆自憶知善不善業所得果報。由自證見業果報故。乃至命難。亦不造作諸惡之業。是故淨信善男子善女人等。皆應受持藥師瑠璃光如來名號隨力所能。恭敬供養。

술 이것은 네 번째로 상법 시대에 자량의 도움을 받는 것을 개시한 문이다. 여기에 두 가지 문이 있다. 첫째는 도움을 필요로 하는 상황을 설한 문이고, 둘째는 도와서 뛰어난 이익을 얻게 하는 것을 설한 문이다.

述曰。此是第四開像資助門。此有二門。一資助所爲門。二資助勝利門。

A. 자량의 도움을 필요로 하는 상황을 설한 문

처음에 (자량의 도움을) 필요로 하는 상황을 설한 문이라는 것은 경에서 "상법이 유포될 때……처단합니다."라고 한 것과 같다. "염마(ⓈYama)"라는 것은 정식靜息이라 의역한다. 죄인을 일깨워서 온갖 악을 끊고 그치게 하기 때문이다. 바로 이 뜻으로 인해 비록 귀신이지만 "법왕"이라고도 한 것이다. 자신의 업의 힘으로 인해 병자의 의식에는 네 가지 상분相分[18]이 나타난다. 첫째는 염마의 사신이고, 둘째는 자신의 신식이며, 셋째는 염마왕이고, 넷째는 구생신俱生神이다. 전설에 따르면 본식本識이 몸과 함께하기 때문에 구생俱生이라 한다. 신식이 훈습하기 때문에 "모두 빠뜨림 없이 적어서 다 지니고 있다가"라고 하였다. 법왕에게 밝히기 때문에 "줍니다."라고 하였다. 업의 위력으로 말미암아 신과 같은 모습으로 나타난다. 『정토삼매경淨土三昧經』에서 "동생同生과 동명同名이 하나의 신식에 함께 산다."[19]라고 한 것과 같다.

初所爲者。如經像法轉時乃至而處所[1]之故。言琰魔者唐云靜息。曉悟罪人。斷止衆惡故。卽由此義。雖鬼界攝。亦名法王。謂由業力。病人意識。現四相分。一琰魔使。二已[2]神識。三琰魔王。四俱生神。傳說。本識與身。故名俱生。神能熏習。言具書持。表於法王。故言授與。由業威力。似神相現。如淨土三昧經云。同生同名。一神俱生。

1) ㉻ 갑본에 따르면 '所'는 '斷'이다. 2) ㉻ '已'는 '己'인 것 같다.

---

18 상분相分 : 식이 변현하여 주관과 객관으로 이분화된 것을 차례대로 견분見分과 상분이라 한다. 상분은 식상識上의 영상影像으로 객관으로서의 식이고, 견분은 상분을 인식하는 주관적 작용으로 주관으로서의 식이다.
19 본경은 현재 전하지 않기 때문에 그 출처를 확인할 수 없다.

B. 자량의 도움으로 뛰어난 이익을 얻는 것을 설한 문

둘째는 자량의 도움으로 뛰어난 이익을 얻는 것을 설한 문이니 경에서 "그때 그 병든 사람……온갖 악업을 (짓지 않습니다.)"라고 한 것과 같다. 여기에서 도움의 연이 되는 것에 다섯 가지가 있다. 부처님께 귀의하는 것이고, 스님들을 초청하는 것이며, 법을 굴리는 것이고, 등을 밝히는 것이며, 번기를 거는 것이다. "등"이라는 것을 밝은 것이고 "번기"라는 것은 이끄는 것이다. 어둠에서 구하는 것을 비유하기 때문에 번기와 등을 필요로 한다. "칠층"과 "오색"이라는 것은 이유를 말하지 않았다. 뜻에 의해 추리해 본다면 칠지죄七支罪[20]를 조복시키고 오방五方을 조화시키기 때문이라고 할 수 있다. "혹은 어떤 사람은 바로 그 자리에서 그의 신식이 돌아오기도 하는데"라고 한 것은 정업定業을 간별하기 위해서 "혹은 어떤 사람은"이라고 하였다. "혹은 7일……49일이 지나"라고 한 것은 중유中有[21]의 수명은 7일 동안 머물기 때문이다. 그런데 그 후 세 가지(21일, 35일, 49일)는 두 차례의 7일(28일, 42일)을 건너뛰어서 설하였다. 이것은 진실에 의거하면 몸을 여의지 않은 것을 나타내기 위한 것이다. 전하는 사람들이 모두 말하기를 "그 진실한 신식은 아직 몸을 여의지 않았다."라고 하였다.

> 二資助勝利門者。如經時病人乃至諸惡之業故。此中資緣有五。歸佛請僧轉法燃燈及懸幡故。燈者明也。幡者將也。救闇比故。須幡燈也。七層五色者。無說所以。若以義推。伏七支罪。調五方故。或有是處彼識得還者。爲

---

20 칠지죄七支罪 : 신업身業과 구업口業에 속하는 일곱 가지 죄. 몸으로 짓는 살생殺生·투도偸盜·사음邪淫의 세 가지 악업과 입으로 짓는 망언妄言·기어綺語·악구惡口·양설兩舌의 네 가지 악업을 가리킨다.
21 중유中有 : Ⓢantarā-bhava의 의역어. 한 번의 윤회 과정을 존재의 양태에 따라 넷으로 나눈 것 중 하나. 죽음과 재탄생 사이의 존재, 곧 사유死有와 생유生有 사이의 존재를 일컫는 말이다.

簡定業。故言或有。言或經七日乃至四十九日者。擬中有命七日住故。然其後三。隔二七說。爲顯據實不離身故。傳者皆言。其實神識。未曾離身。

⑤ 질문하고 대답하고 이해하기 어려운 것을 풀이한 문

경 이때 아난이 구탈 보살에게 물었다.

"선남자여, 저 세존이신 약사유리광여래를 어떻게 공경하고 공양해야 합니까? 수명을 연장시켜 주는 번기와 등불은 또 어떻게 만드는 것입니까?"

구탈 보살이 말하였다.

"대덕이시여, 만약 병든 사람이 병고에서 벗어나고자 하면, 그 사람을 위해 만 7일 동안 팔분재계를 수지하고, 음식과 다른 생활용품을 힘껏 비구승에게 공양하며, 낮과 밤의 여섯 때(晝夜六時)[22]에 저 세존이신 약사유리광여래에게 예배드리고 공양하고, 이 경을 49번 독송하고 49개의 등불을 밝히며, 저 여래의 형상 일곱 좌를 조성하고 낱낱의 불상 앞에 각각 일곱 개의 등불을 안치하되, 낱낱의 등불의 크기는 수레바퀴처럼 크게 하여 49일 동안 광명이 끊어지지 않게 하며, 오색으로 채색한 길이 49걸수搩手[23]의 번기를 짓고 온갖 부류의 중생을 방생하기를 49일 동안 해야 합니다. 이렇게 하면 위험하고 불행한 재난을 건너서 모든 횡액을 짓는 악귀에 의해 괴롭힘을 당하지 않게 됩니다.

또 아난이여, 만약 찰제리刹帝利인 관정왕灌頂王 등도 재난이 일어날 때, 말하자면 사람들이 질병에 시달리는 재난, 다른 나라가 침략하는 재난, 자신이 다스리는 영역에서 반역이 일어나는 재난, 성수星宿가 변괴變怪를 보이

---

22 낮과 밤의 여섯 때(晝夜六時) : 낮의 세 때는 아침(晨朝), 한낮(日中), 해질녘(日沒)이고 밤의 세 때는 초저녁(初夜), 한밤중(中夜), 새벽(後夜)이다.
23 걸수搩手 : 인도에서 사용하던 길이의 단위. 한 뼘, 곧 엄지와 중지를 편 길이를 가리킨다.

는 재난, 일식日蝕과 월식月蝕이 일어나는 재난, 때가 아닌데 바람과 비가 몰아치는 재난, 비올 때가 지났는데도 비가 오지 않는 재난이 일어날 때, 저 찰제리인 관정왕 등은 이때 모든 중생에 대해 자비심을 일으키고 모든 감옥에 갇힌 이들을 사면하며 앞에서 설한 공양하는 법에 의해 저 세존이신 약사유리광여래에게 공양해야 합니다. 그러면 이러한 선근과 저 여래께서 과거 인위에서 세운 서원의 힘 때문에 그가 다스리는 국토가 바로 편안해지고 바람과 비는 시절에 맞추어 불거나 내리며 곡식은 여물고 모든 중생은 병이 없이 즐거우며 그 국토에는 중생을 괴롭히는 포악한 약차 등과 같은 신이 없어지며, 모든 나쁜 현상은 다 사라집니다. 그리고 찰제리인 관정왕 등은 수명이 늘어나고 신체가 건강해지며 병에 걸리지 않고 아무 장애가 없어 더욱 좋아지게 됩니다.

아난이여, 황제와 황후와 첩, 태자와 왕자, 대신과 재상, 대궐의 시녀와 모든 관리와 백성들이 병을 앓거나 병에 의해 고통을 받고 다른 곤액과 재난에 시달릴 경우에도, 오색으로 이루어진 신령스런 번기를 만들고 등불을 밝혀 계속 밝음이 이어지게 하며 온갖 생명을 놓아 주며 여러 가지 색깔의 꽃을 뿌리고 온갖 좋은 향을 태워야 합니다. 이렇게 하면 병이 사라지고 온갖 재난에서 벗어날 것입니다."

爾時阿難。問救脫菩薩曰。善男子。應云何恭敬供養彼世尊藥師瑠璃光如來。續命幡燈復云何造。救脫菩薩言。大德。若有病人。欲脫病苦。當爲其人。七日七夜。受持八分齋戒。應以飮食及餘資具。隨力所辦。供養苾蒭僧。晝夜六時。禮拜供養彼世尊藥師瑠璃光如來。讀誦此經四十九遍。燃四十九燈。造彼如來形像七軀。一一像前。各置七燈。一一燈量。大如車輪。乃至四十九日。光明不絶。造五色綵幡長四十九搩手。應放雜類衆生。至四十九。可得過度危厄之難。不爲諸橫惡鬼所持。復次阿難。若刹帝利灌頂王等灾難起時。所謂人衆疾疫難。他國侵逼難。自界叛逆難。星宿變怪難。

日月薄蝕難。非時風雨難。過時不雨難。彼刹帝利灌頂王等。爾時應於一切有情。起慈悲心。赦諸繫閉。依前所說供養之法。供養彼世尊藥師瑠璃光如來。由此善根。及彼如來本願力故。令其國界。卽得安穩。風雨順時。穀稼成熟。一切有情。無病歡樂。於其國中。無有暴惡藥叉等神惱有情者。一切惡相。皆卽隱沒。而刹帝利灌頂王等。壽命色力。無病自在。皆得增益。阿難。若帝后妃主儲君王子大臣輔相中宮綵女百官黎庶。爲病所苦。及餘厄難。亦應造立五色神幡。燃燈續明。放諸生命。散雜色華。燒衆名香。病得除愈。衆難解脫。

술 이 이하는 다섯 번째로 질문하고 대답하고 이해하기 어려운 것을 풀이한 문이다. 여기에 두 가지가 있다. 첫째는 질문하고 대답하였고, 둘째는 이해하기 어려운 것을 풀이하였다.

述曰。自下第五問答釋難門。於中有二。一問答故。二釋難故。

A. 질문하고 대답한 것

이것은 처음에 해당한다. 대답에 두 가지가 있다.

此初也。答中有二。

A) 병에 의한 재난에 대해 대답한 것

처음은 병에 의한 재난에 대해 대답한 것이니 경에서 "구탈 보살이 말하였다."라고 하고 자세하게 설한 것과 같다. 여기에서 설한 것은 최상의 의례에 의거한 것이니 설령 온전하게 갖추지 못하더라도 뛰어난 이익이 없지 않다. 앞부분에서 경에서 말하기를 "힘껏 따르며 (공경하고) 공양해야 합니다."라고 하고 『법사경』에서 "가난한 사람의 한 개의 등불도 소원을 이룰 수 있다."[24]라고 한 것과 같기 때문이다. "각각 일곱 개의 등불을 안치하되"라는 것은 정매 법사가 말하기를 "불상을 (각각) 한자리에 두고 일곱 개의 등불을 조성하되 모양은 수레바퀴처럼 한다. 낱낱의 불상을 안치한 자리 앞에 각각 한 개의 수레바퀴 모양의 등불을 두고 낱낱의 수레바퀴 위에 각각 일곱 개의 등잔을 안치한다."[25]라고 하였다.

初約病難答。如經救脫菩薩言乃至廣說故。此中所說。就其邊際。設不具足。非無勝利。如前經言隨力所能而供養故。法社經云。貧者一燈。亦得成故。各置七燈者。邁師云。像前[1]一座。造七輪燈。形如車輪。一一像座前。各置一輪燈。一一輪上。各安七盞燈。

1) 옙 『약사경소』에 따르면 '前'은 '處'인 것 같다.

B) 국가의 재난에 대해 대답한 것

나중은 국가의 재난에 대해 대답한 것이니 여기에도 두 가지가 있다. 국가의 재난이기 때문이고 권속의 재난이기 때문이다. 경에서 "또 아난이여……온갖 재난에서 벗어날 것입니다."라고 한 것과 같다. 단지 병든 사람만이 아니라 왕의 재난도 구제하는 것이 여기에서의 뜻이다. 나라에는 일곱 가지 재난이 있는데 본문과 같으니 알 수 있을 것이다. "관정왕"이라

---

24 『법사경法社經』은 서진西晉의 축법호竺法護가 한역한 것으로 전해지지만 오래전부터 의경疑經으로 판정되어서 『개원석교록』에는 의록疑錄에 입장하였다. 후세의 학자들도 대부분 위경으로 판정하였다. 법사法社의 공덕을 부처님에게 가탁하여 설한 것이다. 현재 C-BETA에는 본경이 수록되어 있지 않다.
25 『약사경소』(T85, 324c).

는 것은 가장 큰 나라의 왕이 직위에 오를 때 여러 작은 나라의 왕과 모든 신하들이 각각 사대해四大海의 물을 취하여 그 정수리에 붓기 때문이다.[26] "그가 다스리는 국토가 편안해지고"라고 한 것은 두 번째와 세 번째 재난이 제거되기 때문이다. "바람과 비와 곡식은 때맞추어 오거나 여물고"라는 것은 여섯 번째와 일곱 번째 재난이 제거되기 때문이다. "병에 걸리지 않고 (중생을 괴롭히는) 신이 없어지며"라는 것은 첫 번째 재난이 제거되기 때문이다. "나쁜 현상은 사라집니다."라는 것은 네 번째와 다섯 번째 재난이 제거되기 때문이다.

왕의 권속이 받는 재난은 본문과 같으니 이해할 수 있을 것이다.

後約國難答。此復有二。國界難故。眷屬難故。如經復次阿難乃至衆難解脫故。非但病人。亦濟王難。此中意也。國有七難。如文可解。灌頂王者。最大國主上位之時。諸小國王及諸群臣。各取四大海水。灌其頂故。言國界安穩者。第二三難除故。風雨穀順者。第六七難除故。無病無神者。初難除故。惡相隱沒者。第四五難除故。王眷屬難。如文可解。

B. 이해하기 어려운 것을 풀이한 것

경 이때 아난이 구탈 보살에게 물었다. "선남자여, 어떻게 이미 수명이 다하였는데 수명을 더 늘릴 수 있는 것입니까?"

구탈 보살이 말하였다. "대덕이시여, 그대는 어찌 여래께서 아홉 가지 뜻밖의 죽음이 있다고 말씀하신 것을 듣지 못하였습니까? 그러므로 수명을 연장시켜 주는 번기와 등불을 조성하여 온갖 복덕을 닦을 것을 권하였으니,

---

[26] "관정왕"에서 관정은 정수리에 물을 붓는 의식을 가리키고 관정왕은 바로 이러한 의식을 통해 즉위하기 때문에 이러한 이름을 붙였다는 말이다.

복덕을 닦기 때문에 그가 받은 수명이 다할 때까지 살며 고난을 겪지 않게 됩니다."

아난이 물었다. "아홉 가지 뜻밖의 죽음은 무엇입니까?"

구탈 보살이 말하였다.

"어떤 중생들은 비록 가벼운 병에 걸렸어도 의사와 약과 간병할 사람이 없습니다. 설령 또 의사를 만나더라도 약이 되지 않는 것을 준다면 진실로 죽지 않아야 하는데도 바로 뜻밖의 죽음을 맞이하게 됩니다.

또 세간의 삿된 마군과 외도와 요괴를 믿어, 거짓으로 재화災禍와 복을 말하면, 바로 공포심에 흔들리고 마음을 스스로 바로잡지 못하여, 점을 치면서 재화에 대해 질문하고, 온갖 중생을 죽여서 신명神明에게 재화를 풀어 줄 것을 요청하며, 온갖 도깨비를 불러서 복을 줄 것을 요청하면서 수명을 연장하기를 바라지만 끝내 성취하지 못합니다. 어리석고 미혹되어 삿되고 전도된 견해를 믿었으니 마침내 뜻밖의 죽음을 당하여 지옥에 떨어져서 끝내 벗어날 기약이 없습니다. 이것을 첫 번째 뜻밖의 죽음이라고 합니다. 둘째는 왕법에 의해 뜻밖의 피소를 당하여 죽임을 당하는 것입니다. 셋째는 사냥을 즐기고 음행에 빠지며 술을 즐겨 마시며 절도가 없이 방일하게 지내다가 뜻밖에 비인非人에게 그 정기를 빼앗기는 것입니다. 넷째는 뜻밖에 화재의 재난을 당하여 불에 타 죽는 것입니다. 다섯째는 뜻밖에 물에 빠져 죽는 것입니다. 여섯째는 뜻밖에 온갖 포악한 짐승들에 의해 먹히는 것입니다. 일곱째는 뜻밖에 산의 절벽에서 떨어지는 것입니다. 여덟째는 뜻밖에 독약이나, 해를 끼치도록 하는 기도, 저주하는 주문, 죽은 귀신을 일으키는 것 등이 효력을 발휘하여 해침을 당하는 것입니다. 아홉째는 굶주림과 기갈에 의해 고통을 받는데 음식을 얻지 못하여 바로 뜻밖에 죽음을 당하는 것입니다. 이것이 여래께서 뜻밖의 죽음에 이 아홉 가지가 있다고 간략하게 말씀하신 것입니다. 그 밖에도 한량없는 뜻밖의 죽음이 있지만 모두 갖추어서 말하기 어렵습니다.

또 아난이여, 저 염마왕은 세간에 사는 중생들의 명부名簿에 기록된 것을 주관합니다. 모든 중생이 효순하지 않고 오역죄五逆罪[27]를 지으며 삼보를 파괴하고 모욕하며 군신법을 파괴하고 믿음과 계를 훼손하면 염마법왕은 죄의 경중에 따라 그것에 합치하게 벌을 줍니다. 그러므로 저는 이제 모든 유정에게 등불을 밝히고 번기를 지으며 중생을 풀어 주어 복을 닦음으로써 고통과 재앙을 넘어서며 온갖 재난을 맞는 일이 없게 할 것을 권하는 것입니다."

爾時阿難。問救脫菩薩言。善男子。云何已盡之命。而可增益。救脫菩薩言。大德。汝豈不聞如來說有九橫死邪。是故勸造續命幡燈。修諸福德。以修福故。盡其壽命。不經苦患。阿難問言。九橫云何。救脫菩薩言。有諸有情。得病雖輕。然無醫藥及看病者。設復遇醫。授以非藥。實不應死。而便橫死。又信世間邪魔外道妖孽[1]之師。妄說禍福。便生恐動。心不自正。卜問覓禍。殺種種衆生。解奏神明。呼諸魍魎。請乞福祐。欲冀延年。終不能得。愚癡迷惑。信邪倒見。遂令橫死。入於地獄。無有出期。是名初橫。二者橫被王法之所誅戮。三者畋獵嬉戲。耽婬嗜酒。放逸無度。橫爲非人。奪其精氣。四者橫爲火焚。五者橫爲水溺。六者橫爲種種惡獸所噉。七者橫墮山崖。八者橫爲毒藥厭禱呪咀起屍鬼等之所中害。九者飢渴所困。不得飲食。而便橫死。是爲如來略說橫死有此九種。其餘復有無量諸橫。難可具說。復次阿難。彼琰魔王。主領世間名藉之記。若諸有情。不孝五逆。破辱三寶。壞君臣法。毀於信戒。琰魔法王。隨罪輕重。考而罰之。是故我今勸諸有情。燃

---

27 오역죄五逆罪 : 이치를 지극히 거스르는 다섯 가지 죄. 오중죄五重罪라고도 한다. 소승에서는 어머니를 죽이는 것, 아버지를 죽이는 것, 아라한을 죽이는 것, 화합된 승가를 무너뜨리는 것, 악심惡心으로 부처님의 몸에서 피가 나게 하는 것을 가리키고, 대승에서는 삼보의 물건을 훼손하는 것, 성문·연각·대승법을 훼방하는 것, 출가인의 수행을 방해하는 것, 소승의 다섯 가지 역죄 중 하나를 범하는 것, 업보가 없다고 주장하는 것을 가리킨다.

燃造幡。放生修福。令度苦厄。不遭衆難。

1) ㉠ 갑본에 따르면 '嬰'는 '孽'이다.

述 이것은 이해하기 어려운 것을 풀이한 문이다. 여기에 다섯 가지가 있다. 첫째는 (아난이) 이해하기 어려운 것을 질문하였고, 둘째는 (구탈 보살이) 분명하게 대답해 주었으며, 셋째는 (아난이) 더 구체적인 내용에 대해 질문하였고, 넷째는 (구탈 보살이) 구체적인 내용을 풀이해 주었으며, 다섯째는 결론을 맺었다.

述曰。此卽釋難門。於中有五。一難二決三徵四解五結。

(두 번째로) 분명하게 대답해 준 부분에서 말하려고 한 것은 다음과 같다. 아홉 가지 뜻밖의 죽음은 모두 부정업不定業[28]으로 숙업宿業의 상사등류과相似等流果이기 때문에, 만약 도움이 되는 복덕을 지으면 연장할 수 있다. "끝내 성취하지 못합니다."라고 한 것은 살아 있는 것을 죽이면 단명하고 고기를 먹으면 병이 많으니, 다른 것의 목숨을 끊어서 자신의 수명을 연장하는 것이겠는가? 비록 가벼운 병에 걸렸더라도 남의 목숨을 없애어 자신의 수명을 늘리는 업을 지으면 뜻밖의 죽음을 당하고 지옥에 들어간다는 것이 여기에서 말하려는 뜻이다.

(다섯 번째로) 결론을 맺은 부분에서 말하려고 한 것은 다음과 같다. 만약 수명을 연장하지 않는다면 염마왕에 의해 그 운명이 결정된다는 것이다. 본문의 내용으로 알 수 있을 것이다.

---

28 부정업不定業 : 반드시 이숙과異熟果를 초래하는 것은 아닌 업을 가리킨다. 부증장업不增長業이라고도 한다. 상대어는 정업定業으로 반드시 이숙과를 초래하는 업이다. 이는 증장업增長業이라고도 한다.

決意者。九種橫死。皆不定業。宿業相似等流果故。若有助福。得延長故。言終不能得者。夫殺生短命。食肉病多。而斷他命延已[1]壽乎。得病雖輕。損滅壽業。橫死入獄。此中意也。結意者。若不延命。屬琰魔故。文相可知。

1) ㉠ '己'는 '己'인 것 같다.

5) 야차가 보은하는 것을 성취하는 것

경 이때 대중 가운데 열두 명의 약차대장藥叉大將이 모두 회좌會坐에 있었다. 소위 궁비라宮毗羅 대장·벌절라伐折羅 대장·미기라迷企羅 대장·안저라安底羅 대장·알니라頞你羅 대장·산지라珊底羅 대장·인달라因達羅 대장·바이라波夷羅 대장·마호라摩虎羅 대장·진달라眞達羅 대장·초두라招杜羅 대장·비갈라毗羯羅 대장이었다. 이 열두 명의 약차대장은 날날이 각각 7천 명의 약차를 권속으로 삼았는데 동시에 소리를 내어 부처님께 말씀드렸다.

"세존이시여, 저희들은 지금 부처님의 위력을 입어 세존이신 약사유리광여래의 명호를 들어서 다시 악취에 떨어질 것이라는 두려움이 없어졌습니다. 저희들은 서로 이끌면서 모두 같은 마음으로 수명이 다하는 날까지 부처님과 법과 승가에 귀의하고 모든 유정을 짊어지고 이치에 맞고 이익이 되는 일을 하여 중생을 이익되고 안락하게 할 것을 서원합니다. 촌락이든 성이든 나라의 중심지이든 공한림空閑林[29]이든 어느 곳에 있든지 만약 이 경을 유포하고 혹은 약사유리광여래의 명호를 수지하고 공경하고 공양한다면, 저희들과 권속은 이 사람을 호위하여 모두 일체의 고통과 재난에서 벗어나게 하며, 어떤 소원이든 만족시켜 줄 것을 서원합니다. 혹은 질병의 재앙에서 벗어나려

---

29 공한림空閑林 : [S] araṇya의 의역어. 공한처空閑處라고도 의역하고, 음역어는 아란야阿蘭若이다. 인가人家를 떠난 적정한 곳, 곧 수행자가 선정·송경誦經 등을 행하기에 적합한 곳을 가리킨다.

고 하는 사람이 있어서 또한 이 경을 독송하고 오색의 실로 저의 이름을 엮으면, 소원한 것을 그대로 이루고 그렇게 된 후에 엮은 것이 풀리게 할 것을 서원합니다."

이때 세존께서 모든 약차대장들을 칭찬하여 말씀하셨다.

"훌륭하다, 훌륭하다! 훌륭한 약차대장들이여, 너희들이 세존이신 약사유리광여래의 은덕을 갚을 것을 생각한다면 항상 이와 같이 하여 모든 유정에게 이익을 주고 안락하게 해야 한다."

爾時衆中。有十二藥叉大將。俱在會坐。所謂宮毗羅大將。伐折羅大將。迷企羅大將。安底羅大將。頞你羅大將。珊底羅大將。因達羅大將。波夷羅大將。摩虎羅大將。眞達羅大將。招杜羅大將。毗羯羅大將。此十二藥叉大將。一一各有七千藥叉。以爲眷屬。同時擧聲白佛言。世尊。我等今者蒙佛威力。得聞世尊藥師瑠璃光如來名號。不復更有惡趣之怖。我等相率。皆同一心。乃至盡形。歸佛法僧。誓當荷負一切有情。爲作義利饒益安樂。隨於何等村城國邑空閑林中。若有流布此經。或復受持藥師瑠璃光如來名號。恭敬供養者。我等眷屬衛護是人。皆使解脫一切苦難。諸有願求。悉令滿足。或有疾厄求度脫者。亦應讀誦此經。以五色縷。結我名字。得如願。然後解結。爾時世尊。讚諸藥叉大將言。善哉善哉。大藥叉將。汝等念報世尊藥師瑠璃光如來恩德者。常應如是。利益安樂一切有情。

술 이 이하는 다섯 번째로 약차대장이 보은하는 것을 성취하는 것이다. 여기에 세 가지가 있다. 처음은 경가經家[30]가 이름을 나열하였고, 다음

---

[30] 경가經家 : 부처님의 가르침을 암송하고 이것을 결집하여 경전을 완성한 제자를 일컫는 말이다. 예컨대 부처님께서 입멸한 후 행해진 1차 결집에서 경전 편찬의 주도적 역할을 한 아난阿難을 경가라고 할 수 있다. 각 경마다 그 경을 암송하여 전한 사람을 가리킨다.

은 약차가 서원하였으며, 나중에는 여래께서 칭찬하였다. 본문의 내용을 보면 알 수 있을 것이다.

述曰。此下第五藥叉大將獲報恩成就。此中有三。初經家列名。次藥叉誓願。後如來讚。文相可知。

3. 경의 이름을 듣고 기뻐하며 행하는 부분(聞名喜行分)

경 이때 아난이 부처님께 말씀드렸다.

"세존이시여, 이 법문을 무엇이라고 불러야 합니까? 저희들은 어떻게 받들어 지녀야 합니까?"

부처님께서 아난에게 말씀하셨다.

"이 법문은 약사유리광여래본원공덕藥師瑠璃光如來本願功德이라고 하고, 십이신장요익유정결원신주十二神將饒益有情結願神呪라고도 하며, 발제일체업장拔除一切業障이라고도 하니 이와 같이 지녀야 한다."

이때 박가범이 이 말씀을 마치자 모든 보살마하살과 대성문大聲聞, 국왕·대신·바라문·거사, 천·용·약차·건달박健達縛[31]·아소락阿素洛[32]·게로라揭路

---

31 건달박健達縛 : ⓢGandharva의 음역어로 건달바乾闥婆라고도 한다. 의역어는 심향尋香·식향食香 등이다. 술과 고기는 전혀 먹지 않고 오직 향기만 먹고 살기 때문에 붙여진 이름이다. 팔부중八部衆의 하나. 긴나라緊那羅와 함께 제석천을 시봉하며 음악을 맡아 연주하는 신이다.
32 아소락阿素洛 : ⓢAsura의 음역어로 아수라왕阿修羅라고도 한다. 의역어는 비천非天이다. 팔부중八部衆의 하나. 인도 고대 여러 신 중 하나로 전쟁을 좋아하고 질투심이 많은 것으로 묘사된다.

羅[33]·긴날락緊捺洛[34]·마호락가莫呼洛伽[35] [36]와 같은 인비인人非人 등의 모든 대중이 부처님께서 말씀하신 것을 듣고 모두 매우 기뻐하며 믿고 받아들이고 받들어 행하였다.

爾時阿難。白佛言。世尊。當何名此法門。我等云何奉持。佛告阿難。此法門名說藥師瑠璃光如來本願功德。亦名說十二神將饒益有情結願神呪。亦名拔除一切業障。應如是持。時薄伽梵。說是語已。諸菩薩摩訶薩。及大聲聞。國王。大臣。婆羅門。居士。天龍藥叉。健達縛。阿素洛。揭路羅。緊捺洛。莫呼洛伽。人非人等。一切大衆。聞佛所說。皆大歡喜。信受奉行。

술 이 이하는 세 번째로 경의 이름을 듣고 기뻐하며 행하는 부분이다. "이와 같이 지녀야 한다."라고 한 것은 두 번째 질문[37]에 대한 대답이니 세 가지 명칭에 의해 나타낸 법과 같이 수지해야 한다는 것이다.

述曰。此下第三聞名喜行分。言應如是持者。答第二問。應如三名所詮之法而受持故。

---

33 게로라揭路羅 : ⓢGaruḍa의 음역어. 가루라迦樓羅라고도 한다. 의역어는 금시조金翅鳥이다. 팔부중八部衆의 하나. 인도 고대 신화에 나오는 새이다. 두 날개를 펼치면 그 길이가 336만 리나 되고, 머리에는 여의주가 박혀 있으며, 비쉬누(ⓢViṣṇu)신이 타고 다닌다. 날개가 금색이기 때문에 금시조라고 하였다.
34 긴날락緊捺洛 : ⓢKiṃnara의 음역어로 긴나라緊那羅라고도 한다. 불법을 수호하는 팔부중八部衆의 하나. 건달바健闥婆와 함께 제석천의 음악을 맡아 연주하는 신이다. 가신歌神·가락신歌樂神 등으로 의역한다.
35 마호락가莫呼洛伽 : ⓢMahoraga의 음역어로 마후라가摩睺羅伽라고도 한다. 의역어는 대복행大腹行·대흉행大胸行 등이다. 팔부중八部衆의 하나. 큰 뱀을 뜻하며 원래 인간을 해치는 악신이었다. 부처님께 귀의한 후 불법을 외호하는 역할을 담당하였다.
36 이상은 불법을 수호하는 신인 팔부대중八部大衆을 나열한 것이다. 이들은 모두 부처님의 덕에 감화를 받고 귀의하여 부처님의 권속이 되어 부처님의 수용토에 머물면서 부처님을 수호하고 불법을 지키는 역할을 한다.
37 두 번째 질문 : 경에서 "저희들은 어떻게 받들어 지녀야 합니까?"라고 한 것을 말한다.

『약사유리광여래본원공덕경』

藥師瑠璃光如來本願功德經。

『본원약사경고적』 권하를 마침.

本願藥師經古迹下。終。

찾아보기

가르침(敎)과 수행(行)과 결과(果) / 180
건달바健達縛 / 245
걸수揲手 / 235
게로라揭路羅 / 245, 246
경가經家 / 244
경을 설하게 된 인연을 제시한 부분(說經因起分) / 173
경의 이름을 듣고 기뻐하며 행한 부분(聞名喜行分) / 245
고독蠱毒 / 206
공덕으로 장엄한 것 / 193
공한림空閑林 / 243
광엄성廣嚴城 / 173
구생신俱生神 / 231, 233
구지俱胝 / 200
궁宮·상商 / 176
극락세계極樂世界 / 193, 209
긴날락緊捺洛 / 246

나찰바邏利婆 / 205
낮과 밤의 여섯 때(晝夜六時) / 235
네 가지 상분相分 / 154, 233
네 개의 대륙(四洲) / 209

다섯 가지 계 / 212
『대방등대집경』 / 151, 179
『대지도론』 / 212, 213
대필추大苾芻 / 173
도향塗香 / 189
돈교頓敎 / 150, 171
동명同名 / 232
동생同生 / 232

마음과 관련된 세 가지 업도 / 207
마호락가莫呼洛伽 / 246
만수曼殊 / 172
말과 관련된 네 가지 업도 / 207
말법末法 / 180
모두 평등하다는 생각(捨) / 204
몸과 관련된 세 가지 업도 / 207
묘고산왕妙高山王 / 228
묘길상妙吉祥 / 178
무량수불無量壽佛 / 209
무상정등보리無上正等菩提 / 188

바라문婆羅門 / 174

박가범薄伽梵 / 150, 173, 175, 177
발제일체업장拔除一切業障 / 149, 168
방등경方等經 / 234
백월白月 / 211
『범망경』 / 224
법왕자法王子 / 177, 178
별해탈계別解脫戒 / 201
보살마하살菩薩摩訶薩 / 173
보살의 4백계四百戒 / 220, 224
보살중菩薩衆 / 176
보정불寶頂佛 / 184
보처補處 / 195
본식本識 / 233
부정업不定業 / 242
부정이승不定二乘 / 151, 190
『불지경론』 / 175
비사리毗舍離 / 175
비야리毗耶離 / 175

삼시三時 / 179
삼장월三長月 / 211
삼취계三聚戒 / 186
상림원上林園 / 168
상법像法 / 179
상법 시대 / 180, 230, 232
상호相好 / 175
서른두 가지의 대장부의 모습 / 184
섭률의계 / 201
섭선법계 / 202
섭유정계 / 202
성문중聲聞衆 / 176

세 가지 업으로 공양하는 것 / 222
세간중世間衆 / 176
슬퍼하는 마음(悲) / 204
습생濕生 / 213
『시방제불현전경十方諸佛現前經』 / 184
신식神識 / 231
십계十戒 / 220
십이신장요익유정결원신주十二神將饒益有
    情結願神呪 / 168
십지十地 / 228

아뇩다라삼먁삼보리阿耨多羅三藐三菩提 /
    184, 188
아소락阿素洛 / 245
『아수라경』 / 184
악취惡趣 / 186
암라수녀菴羅樹女 / 213
야차夜叉 / 174, 243
약사유리광여래본원공덕경藥師琉璃光如來
    本願功德經 / 168
여덟 가지 계 / 212
열 가지 선도(十善道) / 210
열 가지 선업도의 장애 / 205, 206
『열반경』 / 213
염마 / 233
오계五戒 / 208, 212
오방五方 / 234
오역죄五逆罪 / 241
오파사가鄔波斯迦 / 208
오파삭가鄔波索迦 / 208
요의대승교了義大乘敎 / 150, 172

『유가사지론』 / 183, 224
육합석六合釋 / 170
의주석依主釋 / 170
이치(義) / 170
인간과 하늘에 태어나는 가르침(人天乘) / 190
일생소계一生所繫 / 228

자애로움(慈) / 204
재물로 공양하는 것 / 222
전륜성왕轉輪聖王 / 209
점교漸敎 / 171
정매靖邁 / 211, 213
정법正法 / 179
정업定業 / 234
『정토삼매경淨土三昧經』 / 233
정행正行으로 공양하는 것 / 222
중유中有 / 236
지승불智勝佛 / 184
진제眞際 / 178
질문에 대답하여 자세하게 설한 부분(對問廣說分) / 174

찰제리刹帝利 / 210

청룡광불靑龍光佛 / 184
칠보七寶 / 193
칠지죄七支罪 / 234

팔분재계八分齋戒 / 208, 235
팔십 가지의 수호隨好 / 185
편방부정교偏方不定敎 / 171
필추니의 5백계 / 220
필추의 250계 / 220

현장玄奘 / 168
화만華鬘 / 189
흑월黑月 / 211
희열(喜) / 204

104계 / 226
10중계 / 224, 226
24계 / 226
28경계 / 224
45경계 / 224
48경계 / 224
4중계 / 224

보살계본종요

| 菩薩戒本宗要 |

태현太賢 찬撰
한명숙 옮김

보살계본종요菩薩戒本宗要 해제

한명숙
동국대학교 불교학술원 조교수

1. 개요

『보살계본종요』는 신라 유가종瑜伽宗(法相宗이라고도 함)의 개조로 일컬어지는 태현太賢의 저술이다. 대승계大乘戒를 설한 대표 경전인 『범망경』 하권에 수록된 보살계본菩薩戒本(梵網戒라고도 함)에 의거하여 보살계菩薩戒의 요체와 대강을 밝혔다.

범망계와 더불어 대승보살계의 또 한 축인 유가계瑜伽戒를 곳곳에서 인용하였고, 유가계의 특성인 삼취정계三聚淨戒를 전적으로 수용하였으며, 다양한 측면에서 보살계와 성문계聲聞戒의 차이를 밝혔다. 이렇게 범망계와 유가계를 융화하는 태도는 그 이전의 신라 학자, 곧 원효元曉(617~686)·승장勝莊(710년 행적 보임) 등이 찬술한 『범망경』 주석서에도 두루 나타나는 현상이다. 또한 모든 중생이 하나의 여래장如來藏을 갖추고 있다고 하고 법신이 번뇌에 물든 것이 중생이라고 하여 성종性宗의 이치를 밝힌 것은 성종과 상종相宗의 조화를 꾀한 것으로 평가된다.

본서의 맨 앞에는 중국 대천복사大薦福寺 도봉道峯(기록상 1094년 목록에 이름이 보임)이 지은 「대현법사의기서大賢法師義記序」가 수록되어 있다. 도봉은 태현 스님의 전기·저술 등을 소개하고, 큰 학식과 덕망으로 불법 중흥의 기조를 마련했음을 찬탄하였다. 이 서문에 의해 중국불교에서 본서의 영향을 짐작할 수 있다. 또 일본에서도 저명한 학승에 의해 찬술된 말소末疏가 30여 종에 이를 정도로 그 영향력이 지대하였다.

태현의 또 다른 저술인 『범망경고적기梵網經古迹記』에서 본서의 명칭을 직접 인용하고 있기 때문에 『범망경고적기』보다 먼저 찬술했음을 알 수 있다. 본서는 『범망경고적기』와 함께 『범망경』 연구의 전형으로 평가되어 왔다.

2. 저자

태현의 행적을 기록한 독립된 전기는 전해지지 않는다. 따라서 그 생몰연대 및 자세한 행적은 알 수 없다. 자호自號는 청구사문靑丘沙門이고 태현은 휘諱인데 대현大賢이라고도 한다. 일본에서 유통된 문헌에서는 주로 태현이라고 기록되어 있고, 우리나라 중국에서 유통된 문헌에서는 대현이라고 기록된 경우가 많지만 어느 것이 옳은지 확정할 수 있는 자료는 없다.

신라 출신의 법상종 학자 원측圓測(613~696, 현장玄奘의 제자)의 제자인 도증道證의 제자라고 알려져 있지만 두 사람의 직접적 사승관계를 보여 주는 문헌은 전하지 않는다. 다만 도증이 692년 중국에서 신라로 귀국했고 태현이 그 무렵 활동한 것, 태현이 후대에 신라 유가종의 개조로 추앙받은 것, 일본의 쇼온照遠(1304~?)이 그 저술에서 태현을 도증의 제자라고 언급한 것 등이 사승의 근거로 제시되고 있을 뿐이다.

일본의 교넨凝然(1240~1321)이 「태현법사행장록太賢法師行狀錄」을 지었다고 하지만 이 글은 현재 전해지지 않는다. 상대적으로 태현에 대해 가장 많은 행적을 기록한 것은 『삼국유사三國遺事』「현유가賢瑜伽」이다. 이 글에서 "유가종의 개조인 대덕 대현은 남산 용장사茸長寺에 주석하였다. 절 안에 장륙丈六의 미륵석상이 있었는데, 대현이 주위를 돌면 그를 따라 얼굴을 돌렸다. 대현은 뛰어난 지혜와 변재로 법상종의 난해한 도리를 깊이 이해하였기 때문에 우리나라와 중국의 학자들이 모두 그의 글에 의지하였다. 경덕왕 천보 12년(753) 가뭄이 들었을 때 『금광명경金光明經』을 강설하여 비가 내리게 하였다."라고 하여, 그 학식과 덕망을 찬탄하였다. 도봉도 그 서문에서 "태현은 5백 년 만에 출현한 현인賢人이다. 20세에 깨달음의 나무를 심었고 30세에 자비의 배를 띄웠지만 불도의 자취가 그윽하여 사람들에게 미치지 않으니, 지혜의 작용을 숨기고 덕의 광명을 감추었다. 이치가 바르게 드러나지 않고 법이 무너지는 것을 탄식하여 『유가사지론찬요』·『유식결택』·『보살계본종요』·『본모송』을 지었는데 그 글이 아름답고 뜻이 풍부하였다. 미혹된 이들이 이 글을 통하여 그 가야할 길을 찾는 혜택을 받기를 바란다."라고 하여 그 학식과 덕망을 찬탄하였다.

태현은 원효 다음으로 많은 글을 지어 모두 55부에 달하는 저술이 있었던 것으로 알려져 있지만 현재 『성유식론학기成唯識論學記』·『기신론내의약탐기起信論內義略探記』·『범망경고적기』·『보살계본종요』·『약사경고적기藥師經古迹記』의 5부만 전해진다.

3. 내용

『보살계본종요』는 지키는 것과 범하는 것(持犯)의 요체를 세 단락으로 나누어서 설명하였다.

첫 번째 단락에서는 경의 이름과 품의 이름을 풀이하여 『범망경』의 대의를 설명하였다. "범망"은 범왕의 그물이 모든 것을 두루 거두어들이듯이 청정한 보살행에 의해 중생을 두루 구제하는 뜻을 나타낸 것이고, "심지품"은 광본『범망경』120권 61품 중 가장 핵심이 되는 심지心地를 설한 것으로 온갖 덕을 낳아서 기르게 하기 때문에 "심지"라고 한 것이라고 해석하였다.

두 번째 단락에서는 두 가지, 곧 성취하는 주체(계를 받아서 닦는 사람)의 특징과 성취해야 할 것(그 주체가 받아서 지녀야 할 계)의 특징을 밝혔다.

첫 번째 부분에서는『범망경』에서 "마음이 있는 이라면 누구나 다 불계佛戒를 섭수해야 한다."라고 한 것을 근거로 단지 말을 이해할 수 있고 보리심을 일으킨 사람이라면 누구나 불계를 받을 수 있다고 하였다. 또 보리심은 중생을 제도하려는 마음을 근간으로 한다는 점에서 이승과 구별된다는 것을 강조하였다.

두 번째 부분에서는 먼저『범망경』에서 "모든 보살이 이미 배웠고 모든 보살이 미래에도 배울 것이며 모든 보살이 지금 배우고 있는 것이다. 내가 이미 바라제목차波羅提木叉의 내용(相貌)을 간략하게 설하였다."라고 한 것을 근거로 하여 보살계는 상황에 따라 변하는 것이 아니라 불변이고 확정적인 것임을 밝히고, 그 다음에 보살계와 성문계의 차이를 세 가지 측면에서 밝혔다. 첫째는 수계의 문제를 다루었다.『본업경』과『유가사지론』에 의거하여 보살계는 성문계와 칠차죄七遮罪를 범한 경우를 제외하고는 모두 받을 수 있으며, 비록 중죄를 범하였더라도 다시 계를 받는 것이 가능하다고 하였다. 다만『범망경』에서 10중계를 범하면 현재의 몸으로 계를 받을 수 없다고 한 것은 10중계 중 살생계에서 그 대상이 부모일 경우는 칠차죄에 해당되기 때문에 이렇게 말한 것이라고 해명하였다. 둘째는 위범의 문제를 다루었다. 성문계는 신업·구업에 한정하여 위범 여부를 판정하지만 보살계는 여기에 의업意業을 더하고 이것을 가장 중요한 기준으로 삼기 때문에 보살이 선의善意(중생을 구제하려는 마음)에 의해 성죄性罪

를 범하였더라도 이것은 위범으로 판정하지 않는다는 점에서 차이가 있음을 밝혔다. 셋째는 사계捨戒의 문제를 다루었다. 성문계는 반드시 모두 수지해야 하기 때문에 하나의 중계를 범하면 모든 계를 잃지만 보살계는 하나의 중계를 파괴해도 범하는 것만 잃을 뿐이라고 하였다. 또『본업경』에서 "보살계는 마음을 체로 삼는데, 마음은 다하는 일이 없기 때문에 계도 다함이 없다."라고 한 것에 의거하여 비구계는 죽음과 동시에 버리는 것이 성립되지만 보살계는 죽음 이후 다른 생을 받더라도 계가 함께하여 버리는 것이 성립되지 않는다고 하였다.

세 번째 단락에서는 실제로 수행하는 것과 관련된 것을 네 가지로 나누어서 설명하였다.

첫 번째 부분에서는『열반경』에서 "모든 중생이 대보리를 얻기 위해 친근히 해야 할 인연이 되는 것은 착한 벗보다 나은 것은 없다."라고 한 것에 의거하여 착한 벗을 가까이하는 것을 최우선으로 행해야 함을 밝혔다.

두 번째 부분에서는『무량수경』에서 "설령 온 세계가 화염에 휩싸일지라도 기필코 헤쳐 나가 법을 들을 것이다."라고 한 것에 의거하여 선지식으로부터 정법을 듣고 정념正念하며 즉시 중생에게 설하여 이익을 얻게 해야 함을 밝혔다.

세 번째 부분에서는 정법을 이치에 맞게 관찰하여 상常·낙樂·아我·정淨의 전도에서 벗어나야 함을 밝혔다.

네 번째 부분에서는 말씀하신 대로 수행해야 한다고 하고 그 방법으로 네 가지를 제시하였다.

첫째는 좋아하는 대상, 싫어하는 대상, 좋아하지도 않고 싫어하지도 않는 대상을 마주하였을 때 대상을 바르게 관찰하여 대상에 의해 흔들리지 않는 것이다. 둘째는 바라밀을 실천하는 것이다. 총상문總相門에서『성유식론』·『유가사지론』에서 제시한 뛰어난 방법을 실천해야 비로소 도피안到彼岸(바라밀)이라고 할 수 있다고 하여 철저한 실천을 강조하였다. 별상문別相門에서는 열 가지 바라밀이 서로 섭수하는 구조를 가지고 있음을 원인과 결과, 체體, 작용用의 세 측면에서 설명하였다. 예를 들어 체의 측면에서 낱낱의 바라밀은 그 자체에 열 가지 바라밀을 내포하고 있음을 밝혔다. 셋째는 경계와 중계의 성품을 아는 것이다. 먼저 10중계와 48경계가 있음을 밝히고 보살계는 의지意地를 근본으로 삼는다는 것을 밝혔다. 또한 10중계 중 뒤의 네 가지, 곧 『유가사지론』의 사중계四重戒는 특히 삼독三毒과 관련된 것이기 때문에 근본중죄라고 하는 것임을 밝혔다.

넷째는 지키는 것과 범하는 것의 양상을 아는 것인데 세 가지로 나누어서 설명하였다. 첫째, 중계와 경계를 통틀어서 지키는 것과 범하는 것을 밝혔다. 업을 짓는 것과 위범作犯, 위범과 염오犯染, 위범과 죄, 중죄와 업도業道, 중죄인 업도와 사계捨戒의 다섯 가지 상대를 세우고 각각 사구四句를 세워서 상황에 따른 위범의 문제를 밝혔다. 예를 들어 업을 짓는 것과 위범의 상대 가운데 제1구에서 "계에 어긋나는 업을 지었지만 위범이 아닌 경우가 있는데, 중생에게 뛰어난 이익을 주려는 착한 마음에 의해 업을 지은 것이 바로 그것이다. 계에 어긋나는 업을 짓지 않았지만 위범인 경우가 있는데, 남이 나쁜 일을 하는 것을 보고 따라서 기뻐하는 것이 그것이다."라고 하였다. 둘째, 개별적으로 계의 양상을 아는 것이다. 여기에서는 10중계 중 '자찬훼타계自讚毁他戒'에 대해 사구를 세워서 상황에 따른 위범의 문제를 밝혔다. 예를 들어 제2구에서는 "삿된 이를 제도하기 위해 자찬훼타한 것이라면 오히려 복이 되고, 자신의 이익을 얻기 위해 자훼찬타自毁讚他한 것이라면 오히려 죄가 된다."라고 하였다. 이것은 원효가 『보살계본지범요기』에서 자찬훼타계에 대해 사구를 제시한 것을 발전적으로 계승한 것으로 평가된다. 셋째, 궁극적인 관점에서 지키는 것과 범하는 것을 아는 것이다. 계와 그것을 지키는 사람과 그것을 범하여 성립되는 죄의 세 가지는 모두 공空인데 이 세 가지 상相에 집착한다면 그것은 참으로 계를 지키는 것이라고 할 수 없다고 하고, 삼취정계의 궁극적 이치는 고통과 즐거움의 변견邊見을 여의는 것이니 중도中道를 실현해야 참으로 계를 성취한 것임을 밝혔다. 이것은 원효가 『보살계본지범요기』의 마지막 부분에서 궁극적인 관점에서 지키는 것과 범하는 것을 밝히는 문을 세운 것에 영향을 받은 것으로 평가된다.

4. 가치 및 영향

『보살계본종요』에 대한 주석서는 모두 31종이 있었던 것으로 전해진다. 이 가운데 현재 전해지는 것은 28종이고 일본 고전적종합목록 데이터베이스에서 검색할 수 있는 것은 17종이다. 대부분 일본에서 찬술되었고 전부 일본에서 간행되었는데 그 시기는 13세기 초반에서부터 18세기 초반에 집중되어 있다. 일본에 한정할 때 『범망경』 연구사에 있어서 태현의 영향력은 원효·법장을 능가하는 것으로 평가된다.

『보살계본종요』와 관련된 주석서 중 중요한 것을 소개하면 다음과 같다.

첫째, 대비각성大悲覺盛(1194~1249)의 『보살계본종요잡문집菩薩戒本宗要雜文集』(1228년 지음)이다. 모두 1권으로 이루어졌다. 도기의 서문에서 세 문장, 『보살계본종요』 본문에서 32문장에 대해 주석하였다. 『성유식론』·『성유식론요의등』·『성유식론술기』·『유가사지론』·『승만경』 등의 다양한 경·논·소를 인용하였으며, 지키는 것과 범하는 것과 관련된 문제에 대한 자신의 견해를 분명히 밝히고 있다.

둘째, 흥정예존興正叡尊(1201~1290)의 『보살계본종요보행문집菩薩戒本宗要輔行文集』(1285년 지음)이다. 모두 2권으로 이루어졌다. 도기의 서문은 주석하지 않았고 『보살계본종요』 본문에서 81문장을 추출하여 주석하였다. 『법화현찬』·『금광명경』·『범망경고적기』·『유가론기』 등의 다양한 경·

논·소를 인용하여 상세히 풀이하였으며, 자주 "사왈私曰"이라고 하여 자신의 견해를 서술하였다. 『보살계본종요』의 통수通受를 풀이하는 부분에서 당唐 초제사招提寺의 대비각성과 서대사西大寺의 흥정예존은 극명하게 다른 입장을 보였다. 이를 계기로 서대사와 당 초제사를 중심으로 두 학파가 성립되었다.

셋째, 종각정직宗覺正直(1639~1719)의 『보살계본종요찬주菩薩戒本宗要纂註』(1690년 지음)이다. 모두 2권으로 이루어졌다. 도기의 서문과 『보살계본종요』의 본문을 차례대로 모두 주석하였다. 대승과 소승의 율전과 소 등을 비롯한 다양한 경·논·소를 인용하여 상세히 풀이하였고, 한학에도 능통하여 『논어』·『맹자』 등을 두루 인용하였다. 책의 앞부분에서 본 서를 찬술한 의도에 대해 "적은寂隱의 『보살계본종요관해菩薩戒本宗要關解』(1680년)가 인용 원전을 밝히지 않고 해석의 내용도 왕왕 타당하지 않은 부분이 있는 것을 보고 초학자가 이것에 의해 『보살계본종요』를 잘못 이해할 것을 염려하여 바른 뜻을 밝히고자 한다."라고 하였다.

5. 참고문헌

채인환, 『新羅佛敎戒律思想硏究』(國書刊行會, 1977).

吉津宜英, 『華嚴一乘思想の硏究』(東京: 大同出版社, 1991).

최원식, 『新羅菩薩戒思想史硏究』(서울: 민족사, 1999).

福士慈稔, 「十四世紀までの日本律藏關係章疏にみられる新羅·高麗
　　　　仏敎認識」(身延山大学仏敎学部紀要 10, 2009).

김천학, 「한국찬술 불교문헌의 확장성에 대한 일고찰-태현의 『보살계
　　　　본종요』를 중심으로」(서울: 서지학연구 70, 한국서지학회, 2017).

원철 외, 『정선계율』(서울; 대한불교조계종, 2010).

차례

보살계본종요菩薩戒本宗要 해제 / 253

일러두기 / 263

대현 법사의 덕의를 기록한 서문大賢法師義記序 265

보살계본종요菩薩戒本宗要 273

1. 경의 뜻을 펼치는 문 276
2. 성취하는 주체와 성취해야 할 것을 설하는 문 277
　1) 성취하는 주체의 특징을 설하는 문 277
　2) 성취해야 할 것의 특징을 설하는 문 281
　　(1) 수계와 관련하여 같지 않은 내용 282
　　(2) 위범과 관련하여 같지 않은 내용 285
　　(3) 계를 버리는 것과 관련하여 같지 않은 내용 290
3. 수행과 관련하여 차별을 설하는 문 297
　1) 착한 사람을 가까이하는 문 298
　2) 정법을 듣는 문 299
　3) 이치대로 사유하는 문 301
　4) 말씀하신 대로 수행하는 문 303
　　(1) 정념을 호지하는 문 304
　　(2) 바라밀다에 의해 뛰어난 것을 섭수하는 문 308
　　　① 총괄적인 성품의 측면에서 섭수하는 문 308
　　　② 개별적인 양상의 측면에서 섭수하는 문 310
　　　　A. 원인과 결과의 측면에서 섭수하는 것 310
　　　　B. 체의 측면에서 섭수하는 것 311
　　　　C. 작용의 측면에서 섭수하는 것 311
　　(3) 경계와 중계의 성품을 아는 문 313
　　(4) 지키는 것과 범하는 것의 양상을 아는 문 315
　　　① 총괄적으로 양상을 아는 문 315
　　　　A. 업을 짓는 것과 위범의 상대 316

B. 위범과 염오의 상대 316
C. 위범과 죄의 상대 318
D. 중죄와 업도의 상대 318
E. 중죄인 업도와 사계捨戒 319
② 개별적으로 계의 양상을 아는 문 321
③ 구경을 아는 문 325

찾아보기 / 331

일러두기

1 '한글본 한국불교전서'는 문화체육관광부의 지원을 받아 동국대학교 불교문화연구원에서 수행하고 있는 '불교기록문화유산아카이브(ABC)사업'의 결과물을 출간한 것이다.
2 이 책은 『한국불교전서』(동국대학교출판부 간행) 제3책의 『보살계본종요』를 저본으로 하였다.
3 번역문에 이어 원문을 병기하고 간단한 표점 부호를 삽입하였다.
4 본문에서 '問'은 문으로 '答'은 답으로 처리하였다.
5 원문의 교감 사항은 번역문의 각주와 별도로 원문 아래 부분에 제시하였다.
  원은 『한국불교전서』 편찬자가 교감한 내용이다.
  역은 번역자가 교감한 내용이다.
6 약물은 다음과 같다.
  『 』 : 서명
  「 」 : 품명
  T : 대정신수대장경
  X : 만속장경
  N : 일본대장경
  S : 범어

대현 법사의 덕의를 기록한 서문
大賢法師義記序[*]

대천복사^{**} 스님 도봉^{***} 大薦福寺僧 道峰 찬撰

---

* ㉠ 저본은 『청구법집靑丘法集』 권상에 실려 있는 책이다. 갑본은 『속장경續藏經』 제60투 2책에 실려 있는 것이다. 을본은 『신수대장경』 제45권에 실려 있는 것이다.【연보 3년(1675) 간행된 종교대학소장본이다.】
** 대천복사大薦福寺 : 중국 섬서성陝西省 장안현長安縣 서안성西安城 남쪽 영녕문永寧門 밖에 있던 옛 절. 684년(문명 1) 측천무후가 고종의 명복을 빌기 위해서 세웠다. 처음에는 천복사薦福寺라고 불렀는데 690년(천수 1) 절을 크게 꾸미고 대천복사로 개칭하였다.
*** 도봉道峰 : 그 행적을 전혀 알 수 없다. 다만 대천복사에 거주하였다는 점을 밝혔기 때문에 중국 스님이라는 것만 알 수 있을 뿐이다.

내가 보건대, 불도와 아득히 멀어진 중생들은 번뇌(塵)의 업을 지으면서 번뇌(漏)의 뿌리를 기르고, 세속의 이익을 얻기에 급급한 중생들은 번뇌(垢)의 연을 반연하면서 미혹의 나무를 윤택하게 하고 있다. 비유하면 허공의 꽃이 생겨났다가 사라지는 것과 같고, 불의 수레바퀴(火輪)가 회전하며 치달아 가는 것과 같다.

그러므로 참된 범왕梵王이신 부처님께서 그들을 불쌍히 여겨 보배 뗏목으로 실어서 나르고, 세상에서 가장 뛰어나신 부처님께서 교화를 주관하여 황금 같은 말씀(金章)을 주셨다. 만약 그 정밀한 것까지 깊이 파고들어 그 속에 숨은 비밀스러운 뜻을 만나 알게 되면 식識에 의해 허망하게 물결치는 (윤회의) 바다를 넘어서 어지럽게 일어난 번뇌를 떨쳐버리고 정신을 영혼의 고향에 의탁하여 즐거움을 누리며 편안하고 고요한 경지에 도달할 것이다.

吾觀。悠悠羣動。營塵業。以增夫漏根。遑遑衆人。攀垢緣。以津於惑樹。譬乎空華起滅。火輪旋馳。故眞梵哀夫。運之以寶筏。世雄宰化。授之以金章。若蹟其精微。冥厥中祕。則超識妄海。遺捐泪紛。宅神靈鄕。[1] 懌用恬止。

---

1) ㉔ 을본에 따르면 '鄕'은 '卿'이다. ㉕ 저본의 글자가 맞다. 이하 저본의 글자가 타당할 경우에는 별도로 어느 글자를 선택했는지 밝히지 않는다.

하늘 북 같은 부처님의 가르침(天鼓)이 광요토光耀土[1]에서 처음으로 연

---

1 광요토光耀土 : 부처님께서 『화엄경』을 설하신 장소를 가리키는 말. 혹은 『화엄경』을 일곱 장소에서 여덟 번 설법한 것 중 제2·제7회의 설법이 이루어진 곳. 곧 보광명전普光明殿을 가리키는 것이라고 해석하기도 한다. 그러나 『화엄경』의 가르침 자체가 이미 해가 떠올라 먼저 크고 높은 산을 두루 비추는 것과 같이 해와 같은 부처님의 가르침이 먼저 저절로 크고 높은 산과 같은 근기를 가진 중생을 비추어 깨우치게 하는 것과 같은 역할을 하기 때문에 화엄회장華嚴會場을 통틀어서 일컫는 말로 보아도 무방할 것으로 생각된다. 『벽암록』 28칙 「평창評唱」(T48, 168c)에서 "석가모니부처님께서는 세상에 출현하여 49년 동안 교화하면서 한 글자도 설한 적이 없으셨다. 처음 광요토에서 시작하여

주되어 깨달음에 이르는 진실하고 바르고 참된 길이 열린 때부터, 세상 사람들의 밝고 바른 눈이 되어 주는 부처님(世眼)께서 처음 견고림堅固林[2]에서 입멸하신 때까지, (부처님께서 가르치신) 이치는 오직 하나의 깨달음으로 귀결될 뿐이다.

천 년이 지난 후[3] 두 가지 종지[4]가 처음으로 일어나 유有에 집착하는 종지를 좇는 이는 공空을 버리고, 공에 집착하는 종지를 좇는 이는 유를 버리면서[5] 각각 물가의 언덕에 의지한 채 중심부의 근원(中源)[6]으로는 건너가지 못하였다. 아! 덕의 바람은 훈훈한 향기를 그치고 신선이신 부처님의 이슬 같은 가르침(仙露)은 맛을 잃어버려 장차 대의大義가 사라지려고 할 때, 누가 강요綱要를 말할 수 있겠는가?

自天鼓始奏於光耀道實正眞。世眼初滅於堅林。理唯一悟。至乎千歲之後。

마지막 발제하跋提河(⑤ Ajitavatī, 사라쌍수림 근처에 있는 강)에 이르기까지 그 사이에 한 글자도 설하지 않으신 것이다.(釋迦老子。出世四十九年。未曾說一字。始從光耀土。終至跋提河。於是二中間。未嘗說一字。)"라고 한 것을 참조할 것.
2 견고림堅固林 : 부처님께서 열반에 드신 구시나가라(⑤ Kuśinagara) 성 밖에 있던 사라쌍수림娑羅雙樹林(⑤ yamaka-śāla-vana)을 가리킨다.
3 천 년이 지난 후 : 여기에서 '천 년'은 정법 시대를 말하고 '천 년이 지난 후'는 상법 시대를 말한다. 각주 5의 『불지경론』을 참조할 것.
4 두 가지 종지 : 『菩薩戒本宗要纂註』권상(N39, 288a)에서 "'두 가지 종지'라는 것은 호법護法(6세기 경 생존한 유식학파의 논사)과 청변淸辨(6세기 경 생존한 중관학파의 논사)의 공과 유의 두 가지 종지를 말한다."라고 하고, 『成唯識論了義燈』권1(T43, 660a)에서 "호법 보살이 1100년 후 세상에 출현하여 『성유식론』에 대한 해석과 『광백론석』을 짓고, 청변 보살도 동시에 출현하여 『장진론』을 지었다. 이때 대승에서 비로소 공과 유의 쟁론이 일어났다."라고 한 것을 인용하였다.
5 『불지경론』권4(T26, 307a)에서 "보살장菩薩藏은 천 년 이전에는 청정하게 한 가지 맛이어서 어긋나서 쟁론하는 일이 없었으나 천 년이 지난 후에 비로소 공과 유 두 가지 다른 이론이 일어났다. 그러므로 '여래의 정법이 단지 천 년을 경과하였다'라고 하였다.(菩薩藏。千載已前。清淨一味。無有乖諍。千載已後。乃興空有二種異論。是故說言。如來正法。但經千載。)"라고 하였다.
6 중심부의 근원(中源) : 바로 앞에서 공견과 유견을 설하였기 때문에 이를 '중도라는 근원적 종지'라고 해석해도 무방할 것으로 생각된다.

二宗肇興。執有則遣¹⁾空。著空則遣²⁾有。各據邊岸。未涉中源。嗟乎。德風
罷熏。仙露失味。大義將喪。孰云提綱。

1) ㉾ 을본에 따르면 '遣'는 '遣'이다. 2) ㉾ 을본에 따르면 '遣'는 '遣'이다.

그러한즉 다섯 개의 해(五日)⁷가 전전하면서 다섯 개의 인도(五天)⁸를 비
추어서 다시 정법의 아름다운 빛을 펴뜨렸고, 천 부의 논서를 지은 세친
世親(千部)⁹이 오랜 세월 동안 명성을 날리고 다시 큰 공훈을 세우면서 진
실로 어둠을 가르는 법의 등불을 잇고 법의 등불을 전하였으니, 봄에는
난초가 피고 가을에는 국화가 피었다.

則五日傳照於五天。還舒麗景。千部飛聲於千古。再樹洪勳。信夫繼燭傳
燈。春蘭秋菊。

그리고 나서 오백 년이 지나서 걸출하게 일어나신 분은 그 누구이신

---

7 다섯 개의 해(五日) : 인도에서 불법의 바른 뜻을 제시한 다섯 명의 논사를 가리키는
말. 『대당서역기』 권12(T51, 942a)에서 "이 때에 동쪽에는 마명馬鳴이 있고 남쪽에는 제
바提婆가 있었으며 서쪽에는 용맹龍猛이 있었고 북쪽에는 동수童受가 있어서 네 개의
해가 세상을 비춘다고 일컬어졌다."라고 하였고, 『翻譯名義集』 권1(T54, 1065b)에서 앞
의 글을 그대로 인용하여 논사를 마명→용맹→제바→동수의 차례로 서술하면서 다섯
번째에는 승수勝受를 열거하고 이들을 다섯 개의 해라고 명명하였다. 첫째, 마명은 『대
승기신론』을 지었다. 둘째, 용맹은 용수龍樹라고도 하며 『중론』 등을 지었다. 셋째, 제바
는 용수의 제자로 『백론』 등을 지었다. 넷째, 동수童受는 『九百論』을 지었다. 다섯째 승
수勝受는 경부經部를 중흥시킨 논사이다. 『菩薩戒本宗要纂註』 권상(N39, 288b)에서도
이상과 같이 해석하였다.
8 다섯 개의 인도(五天) : 인도 전역을 통틀어서 일컫는 말. 인도를 다섯 구역으로 나눈 것
을 오천축五天竺이라 하고 오천은 그 줄임말이다. '천축'은 인도의 옛 이름으로 천독天
督·신독身毒 등이라고도 한다.
9 천 부의 논서를 지은 세친世親(千部) : 세친은 4~5세기 경 생존한 인도 유식학파의 창
시자이다. 소승에서 대승으로 전향하여 소승 논서 5백 부와 대승 논서 5백 부를 지었다
고 하여 천 부의 논주로 일컬어진다.

가? 바로 동국東國의 태현 법사가 그 사람이다.

그윽한 풍모와 청정한 모습은 세속을 초월하여 도인道人의 기운이 홀로 빼어났다. (어려서는) 용의 새끼(龍章)[10]와 봉황의 새끼처럼 빼어난 자태를 지녔고 황하黃河처럼 넓고 요새의 성문(關)처럼 범접하기 어려우며 다섯 개의 명산(五嶽)[11]처럼 높은 도량을 지녔다. 스무 살이 넘자 (불도佛道에 나아가) 깨달음의 나무를 청구靑丘(신라)에 심었고, 서른 살이 되어서는 자비의 배를 온 세상(陸海)에 띄웠지만 불도의 자취가 그윽하여 (사람들에게 미치지 않으니) 먼 훗날을 기약하며 마침내 지혜의 작용을 숨기고 덕의 광명을 감추었다.

의리義理의 정원에서 그 영화로움이 시들어 가는 것을 탄식하고, 법의 교량이 그 구조가 무너지는 것을 한탄하여 홀로 지내며 『유가찬요瑜伽纂要』 3권을 서술하고 『유식결택唯識決擇』 1권과 『보살계본종요』 1권과 『본모송本母頌』 1백 행을 지어 후세에 전하였다.[12] 모두 글이 아름답고 이치가 깊으며 문장은 간략하지만 뜻은 풍부하여, 밝게 빛나는 지혜의 해는 더욱 밝아지고 찬란한 깨달음의 산은 더욱 아름다워졌다.

갈림길[13]에서 헤매는 사람들이 남쪽을 가리키는 수레(南指之車)[14]를 직

---

10 용의 새끼(龍章) : 『사분율행사초자자기』(T40, 427c)에서 "용의 몸에 문채가 있는 것을 규虯라고 한다.(龍身有文彩者, 謂之虯)"라고 하였다. 그러므로 '용문'을 '규룡虯龍'으로 보고 용의 새끼라고 풀었다. 규룡은 전설상의 새끼용으로 뿔이 있는 것을 가리킨다.

11 다섯 개의 명산(五嶽) : 중국에 있는 산으로 중악中嶽인 숭산崇山, 동악東嶽인 태산泰山, 서악西嶽인 화산華山, 남악南嶽인 형산衡山, 북악北嶽인 항산恒山을 통틀어서 일컫는 말이다.

12 본문에서 서술한 태현의 저술 중 『유가찬요瑜伽纂要』, 『유식결택唯識決擇』, 『본모송本母頌』은 현재 전하지 않는다.

13 갈림길 : 『菩薩戒本宗要纂註』 권상(N39, 292b)에서 "부처님의 교법이 여러 갈래로 갈라진 것을 비유한 것이다."라고 하였다.

14 남쪽을 가리키는 수레(南指之車) : 지남거指南車를 가리킨다. 항상 남쪽을 가리키는 장치가 있어서 길 잃은 사람들로 하여금 바른 방향을 알 수 있게 하는 용도로 사용했던 수레이다. 오늘날의 나침반이라고 할 수 있다.

접 보게 되고, 그 얼굴의 모양을 알지 못하는 사람들[15]이 서쪽에 있던 진秦나라의 거울[16]을 머리를 들어 보는 것[17]과 같은 혜택을 입게 되기를 바랄 뿐이다.

然應五百而傑起其誰歟。卽東國太賢法師。其人也。玄風淸邈。道氣孤雄。龍章鳳雛之姿。河關岳聳之量。踰弱冠之歲。栽覺樹於靑丘。將成立之年。泛慈舟於陸海。而跡幽期遠。遂潛用韜光。嗟義苑之彫榮。歎法橋之墜搆。[1] 內述瑜伽纂要三卷。造唯識決擇一卷。菩薩戒本宗要一卷。幷本母頌一百行。用傳來葉。並詞姸理邃。文約義豊。彪炳之慧日增明。采燦之覺山踰麗。庶使迷於岐路。直觀南指之車。昧其形顏。仰鑒西秦之鏡者爾。

1) ㉘ 을본에 따르면 '搆'는 '構'이다.

---

15 『菩薩戒本宗要纂註』 권상(N39, 293a)에서 "학자가 자성을 통달하지 못한 것을 비유한 것이다."라고 하였고, 그 근거로 『수능엄경』 권4(T19, 121b)에서 "실라벌성실羅筏城에 사는 연약달다演若達多가 새벽에 갑자기 거울에 얼굴을 비추어 보고 거울 속에 있는 머리가 눈과 눈썹이 볼 만한 것을 좋아하다가, 자신의 머리는 얼굴과 눈을 볼 수 없는 것을 화를 내고 책망하면서 형상이 없는 도깨비라고 여기어 미쳐서 달아났다."라고 한 것을 들었다.

16 진秦나라의 거울 : 진시황秦始皇의 궁전에 있던 거울을 가리킨다. 모든 것을 밝게 드러나게 하는 공능을 가진 거울이다. 네모난 모양의 거울로 너비가 네 자이고 높이가 다섯 자 아홉 치로 앞뒤가 다 밝았다. 심장을 잡고 거울을 보면 오장육부가 환히 드러났다. 병이 있는 사람이 심장을 잡고 거울을 보면 병이 있는 곳을 알 수 있었다. 또 사특한 마음이 있는 여인이 거울을 보면 쓸개가 커지고 심장이 뛰었다. 진시황이 궁전에 걸어 두고 항상 궁인宮人이 이 거울에 비치게 하여 쓸개가 커지고 심장이 뛰는 자는 모두 살해하였다고 한다.

17 머리를 들어 보는 것 : 자신의 자성을 밝게 비추어 보는 것을 비유한 것이다.

보살계본종요
菩薩戒本宗要*

청구사문 태현靑丘沙門 太賢 찬撰

---
* 원 저본에는 '要' 뒤에 '卷一'이 있는데 편자가 이것을 삭제하였다.

용맹한 병사는 전쟁이 시작되면 죽는 것을 고향에 돌아가는 것처럼 여기니[1]

장부가 도를 향하였다면 어찌 물러날 수 있겠는가.

처음 도에 들어갈 때는 항상 어렵고 길이 쉬운 일이 없으니

어렵다고 하여 물러난다면 어느 겁에 도를 이루겠는가.

장부가 삼계의 왕의 자리를 얻고자 한다면

지혜의 칼을 휘둘러 온갖 마군을 끊어 없애야 하리.

나는 맹세하건대 고통의 바다에서 그 무엇도 두려워하지 않고

계의 뗏목으로 장엄하여 온갖 세상의 중생들을 거두어들이리.

勇士交陳死如歸。丈夫向道有何辭。

初入恆難永無易。由難若退何劫成。

丈夫欲取三界王。當揮智劍斷衆魔。

吾於苦海誓無畏。莊嚴戒筏攝諸方。

지금 이 경(『범망경』)에 의거하여 수지하는 것(持)[2]과 위범하는 것(犯)[3]의

---

1 『呂氏春秋』에서 "삼군의 병사가 죽음을 보기를 고향에 돌아가는 것처럼 여겼다.(三軍之士, 視死如歸.)"라고 한 것을 참조할 것.
2 수지하는 것(持) : 지지止持와 작지作持의 두 가지가 있다. '지지'는 본래 받은 것을 보호하고 몸과 입으로 온갖 악을 짓는 것을 금지하고 막는 것을 '지止'라 하고, 이로써 위범하는 일이 없어서 계체戒體(계를 받음으로 갖추어지는 방비지악防非止惡의 공능)가 빛나고 청결한 가운데 본래 받은 것에 수순하는 것을 '지持'라 한다. 이때 '지持'는 '지止'로 말미암아 이루어지기 때문에 '지지계'라 한다. '작지'는 받은 계법에 수순하여 선업을 행하는 것이다. 선업을 닦는 행위가 있기 때문에 '작'이라 하고, '지'는 앞에서 설명한 것과 같다. 『四分律刪繁補闕行事鈔』권중(T40, 91a)을 참조할 것.
3 위범하는 것(犯) : 지범止犯·작범作犯의 두 가지가 있다. '지범'은 선법을 닦고 유지하는 것을 그쳐서 계체를 범하는 것이다. 예컨대 어리석음과 태만함으로 인해 본래 받은 것과 어긋나게 행동하여 모든 뛰어난 업을 싫어하면서 수학하지 않는 것을 '지'라 하고, 이렇게 함으로써 본래 받은 계와 어긋나는 것을 '범'이라 한다. '작범'은 악업을 행하여 받은 계를 범하는 것을 말한다. 예컨대 몸과 입을 움직여서 이치를 거스르고 그것에 상

요체를 풀이하면 간략히 세 가지 문이 있다. 첫째는 경의 뜻을 펼치는 문이고, 둘째는 성취하는 주체와 성취해야 할 것을 설하는 문이며, 셋째는 수행과 관련하여 차별을 설하는 문이다.

今依此經. 釋持犯要. 略有三門. 一申經意門. 二能所成門. 三修行差別門.

1. 경의 뜻을 펼치는 문

첫째, 경의 뜻을 펼치는 문이라는 것은 다음과 같다. 경에서 "범망경비로자나불설보살심지품梵網經盧遮那佛說菩薩心地品"[4]이라고 하였다. '범'은 청정하게 할 수 있는 뜻을 나타내고 '망'은 유정을 거두어들이는 뜻을 나타낸다. 말하자면 이 경은 유정천有頂天[5]에 이르기까지 생사의 큰 바다에서 유정을 끌어내어 끝내 무상적멸無上寂滅의 언덕에 이르게 하고 온갖 굶주림과 목마름에 시달리는 부류에게 다함이 없는 이익을 주는 것이 마치 세간의 그물과 같다. 이것으로 말미암아 세존께서는 범왕梵王의 그물로 인해 한 부의 경[6]의 핵심이 되는 심지心地을 설하였는데[7] 이는 온갖 덕

응하는 행위, 곧 살생 등을 행하는 것을 '작'이라 하고, 이렇게 함으로써 이미 받은 계를 오염시키는 것을 '범'이라 한다. 위범은 '작'으로 말미암아 생겨나기 때문에 작범이라 한다. 『四分律刪繁補闕行事鈔』 권중(T40, 91a)을 참조할 것.

4 『범망경』(T24, 999b).
5 유정천有頂天 : 색계의 가장 높은 하늘인 색구경천色究竟天(Ⓢ akaniṣṭa-bhavana)을 가리킨다. 색계에서 이보다 더 높은 것이 없기 때문에 붙여진 이름이다.
6 한 부의 경 : 102권 61품으로 이루어진 광본 『범망경』을 가리킨다.
7 『범망경』 권하(T24, 1003c)에서 "모든 범왕이 망라당網羅幢(깃대에 늘어뜨린 형태의 그물)을 가지고 부처님께 공양하고 법을 들었는데, 부처님께서 이것으로 인해 말씀하시기를

을 낳아서 기르게 하는 것이므로 (이 품을) "심지"라고 하였다.

一經意者。經曰梵網經盧遮那佛說菩薩心地品。梵者能淨之義。網者攝有情義。謂此經者。乃至有頂。生死大海。拘持有情。終致無上寂滅之岸。無盡饒益。諸飢渴類。如世網故。由斯世尊因梵網。說一部宗心。生長萬德。名爲心地。

2. 성취하는 주체와 성취해야 할 것을 설하는 문

둘째, 성취하는 주체와 성취해야 할 것을 설한 문이라는 것은 다음과 같다. 간략히 두 가지 문이 있으니 첫째는 성취하는 주체의 특징을 설한 문이고, 둘째는 성취해야 할 것의 특징을 설한 문이다.

二能所成門者。略有二門。一能成相門。二所成相門。

1) 성취하는 주체의 특징을 설하는 문

첫째, 성취하는 주체의 특징을 설한 문이라는 것은 경에서 "마음이 있는 이라면 누구나 다 불계佛戒[8]를 섭수해야 한다."[9]라고 한 것과 같다. 말

'세계의 차별이 마치 그물코와 같으니, 부처님의 교문敎門도 또한 이와 같다'고 하셨다.'라고 한 것을 참조할 것.
8 불계佛戒 : 삼세의 모든 부처님께서 동일하게 수지하고 동일하게 설하시는 계라는 뜻.

하자면 무상승無上乘은 매우 깊고 매우 넓다. 매우 깊기 때문에 그 끝을 헤아리기 진실로 어렵고, 매우 넓기 때문에 모든 것이 원인이 되니 한 톨의 먼지나 작은 물방울이 산과 바다를 이루는 바탕이 되는 것과 같다. 이로 말미암아 모든 부처님께서 제정한 계는 사람이든 법이든 걸림이 없으니, 단지 말을 이해할 수 있는 사람이 보리를 얻으려는 마음을 일으키기만 한다면 종성種姓[10]의 힘으로 말미암아 모두 (불계를 받는) 원인을 이룰 수 있다.

> 一能成者。如經曰。一切有心者。皆應攝佛戒。謂無上乘至深至廣。以至深故。極之良難。由至廣故。一切成因。一塵微渧。山海本故。由此諸佛制戒無礙。但解語者。所發之心。由種姓力。皆成因故。

이것은 다시 무엇을 말하는 것인가?
어떤 사람이 모든 악을 끊고[11] 모든 선을 닦으며[12] 유정의 세계가 다할 때까지 이익되게 할 것[13]을 확고하게 희구하며 지극한 장부의 행을 실천

또한 모든 부처님께서 이로 말미암아 깨달음을 얻으신 계라는 뜻이기도 하다.
9 『범망경』 권하(T24, 1004a).
10 종성種姓 : 『유가사지론』 권35(T30, 478c)에서 "무엇을 종성이라 하는가? 간략히 두 가지가 있다. 첫째는 본성주종성本性住種姓이니, 무시이래로 연속적으로 전해진 것으로, 저절로 얻은 것을 본성주종성이라 한다. 둘째는 습소성종성習所成種姓이니, 이전에 익혔던 선근善根에 의해 획득된 것을 습소성종성이라 한다."라고 하였다.
11 모든 악을 끊고 : 대승보살의 계법인 삼취정계三聚淨戒 중 섭률의계攝律儀戒를 가리킨다. 칠중七衆의 별해탈율의別解脫律儀, 곧 비구계, 비구니계, 정학계正學戒(式叉摩那戒), 사미계, 사미니계, 우바새계, 우바이계를 말한다.
12 모든 선을 닦으며 : 대승보살의 계법인 삼취정계三聚淨戒 중 섭선법계攝善法戒를 가리킨다. 율의계를 받은 후에 보리를 증득하기 위하여, 몸과 입과 마음으로 선한 행위를 실천하는 것을 말한다.
13 유정의 세계가 다할 때까지 이익되게 할 것 : 대승보살의 계법인 삼취정계三聚淨戒 중 요익유정계饒益有情戒(섭유정계)를 가리킨다. 중생을 이익되게 하는 열한 가지 덕목을 실천하는 것이다.

하려고 한다면, 이때 이 해탈의 원인에 해당하는 마음에 의지하여 갈마羯
磨[14]의 연緣에 의해 보살계를 얻는다.

> 此復云何。謂如有一人。決定希求斷一切惡修一切善盡有情界。至丈夫行。
> 爾時於此解脫分心。由羯磨緣。得菩薩戒。

"모든 악"이라는 것은 처음 보리심을 일으키고 보리를 얻을 때까지 끊
고 버려야 할 모든 번뇌(雜染)이고 "모든 선"이라는 것은 처음 보리심을
일으키고 보리를 얻을 때까지 일으키고 얻어야 할 모든 청정함이다. "유
정의 세계"라는 것은 미래세가 다할 때까지 짊어져야 할 것이다. 일체의
도를 구하는 행이 이것보다 큰 것이 없으니 "지극한 장부"라고 하였다.

> 一切惡者。從初發心。乃至菩提。所斷及捨一切雜染。一切善者。從初發心。
> 乃至菩提。所生及得一切淸淨。有情界者。窮未來際所荷負。一切求道。莫
> 大斯焉。名至丈夫。

무엇 때문인가?
봉황의 알은 아직 껍질이 깨어지지 않았을 때에도 저절로 경계를 넘어
서는 기세를 갖추고 있는 것처럼 처음 일으킨 보리를 얻으려는 마음은 비
록 번뇌에 싸여 있지만 바로 그 마음에 중생을 제도하려는 성품이 깃들어

---

14 갈마羯磨 : ⓢkarman의 음역어. 업業·소작所作·작법作法 등으로 의역한다. 승단의 의식에서 행해지는 작법을 가리킨다. 수계, 참회, 결계結界 등과 같은 행사를 할 때 선을 일으키고 악을 낳는 공능을 갖는다. 갈마의 작법은 행사의 내용에 따라 달라진다. 예를 들어 비구와 비구니의 수계와 관련된 갈마를 행할 때에는 백사갈마白四羯磨를 행한다. 이는 갈마의 형식 중 가장 복잡한 것으로 한 번의 백白(회의의 안건을 선언하는 것)과 세 번의 갈마설羯磨說(안건에 대해 찬반 여부를 확인하는 것)로 진행하는 것을 말한다.

있다. 모기와 등에는 날개를 펼쳐도 하늘을 덮는 작용이 없는 것처럼 이승二乘은 번뇌에서 벗어나도 중생을 덮어 주는 공능은 없다.

何者。鳳凰之卵。雖未破殼。¹⁾ 自存超境之勢。初發之心。雖在纏裏。便有匠²⁾物之性。蚊虻學翼。而無翳³⁾天之用。二乘出染。而無覆生之功。

1) ㉯ 을본에 따르면 '殼'은 '穀'이다. 2) ㉯ 을본에 따르면 '匠'은 '近'이다. 3) ㉯ 갑본에 따르면 '翳'는 '醫'이다.

경에서 가섭 보살이 게송으로 말한 것과 같다.

如經迦葉菩薩頌曰。

처음 보리심을 일으킨 것과 그것을 이룬 것 이 둘은 다르지 않지만
이러한 두 마음 중 앞의 마음이 어려우니
아직 자신을 제도하지 못하고서 남을 먼저 제도하려 함이네.
그러므로 나는 처음 보리심을 일으킨 것에 예배드리네.

發心畢竟二無別。如是二心先心難。
自未得度先度他。是故我禮初發心。

처음 보리심을 일으키고 천인사天人師[15]가 되어
성문聲聞과 연각緣覺[16]을 뛰어넘으시네.

---

15 천인사天人師 : ⓢ śāstṛ의 의역어. 부처님의 여러 가지 명호 중 하나. 중생에게 행해야 할 것과 행하지 말아야 할 것, 선한 것과 선하지 않은 것을 잘 가르치고 인도하여 번뇌에서 벗어나게 하는 분임을 나타낸다.
16 연각緣覺 : ⓢ pratyeka-buddha. 다른 이의 가르침에 의지하지 않고 스스로 깨달음을 얻는 부류의 사람을 일컫는 말이다. 독각獨覺이라고도 한다.

이렇게 보리심을 일으켜서 삼계를 넘으시니
그러므로 최무상最無上이라는 이름을 얻으셨네.[17]

初發已爲天人師。勝出聲聞及獨[1)]覺。
如是發心過三界。是故得名最無上。

1) ㉔『열반경』에 따르면 '獨'은 '緣'이다.

2) 성취해야 할 것의 특징을 설하는 문

둘째, 성취해야 할 것의 특징이라는 것은 경에서 "모든 보살이 이미 배웠고 모든 보살이 미래에도 배울 것이며 모든 보살이 지금 배우고 있는 것이다. 내가 이미 바라제목차波羅提木叉[18]의 내용(相貌)을 간략하게 설하였다."[19]라고 한 것과 같다. 말하자면 보살계는 불변의 진실에 의거하여 취하고 버리는 것이어서 다른 계가 부처님께서 당시의 사정을 아시고 가벼운 것을 무겁다고 설하고 무거운 것을 가볍다고 설한 것과는 같지 않

---

17 『열반경』 권38(T12, 590a).
18 바라제목차波羅提木叉 : Ⓢ prātimokṣa의 음역어. 비구·비구니의 계율의 조문을 모아 놓은 것. 낱낱의 계율의 조문을 학처學處(禁戒)라고 하고 이 학처를 모은 조문집을 바라제목차라고 한다. 그러나 아비달마불교에서는 식차마나式叉摩那(正學女)의 육법계六法戒·사미와 사미니의 10계·우바새와 우바이의 5계·특별한 경우 재가신자가 받는 팔재계八齋戒를 포함한 여덟 가지 계를 통틀어서 바라제목차라고 하였다. 예컨대 『구사론』 권14(T29, 73b2)에서 "팔중이 모두 별해탈율의를 성취하니 비구에서부터 근주近住(정해진 재일에 만 하루 동안 일시적으로 출가하여 절에 머물면서 팔계八戒를 수지하는 재가신자)에 이르기까지를 말한다.(八衆。皆成就別解脫律儀。謂從苾芻。乃至近住)"라고 했기 때문이다. 바라제목차는 별해탈別解脫·별별해탈別別解脫·처처해탈處處解脫 등으로 의역하는데, 이는 낱낱의 조문에 따라 별도의 해탈을 얻는 것을 의미한다. 예컨대 불망어계不妄語戒는 망어妄語로부터 벗어나게 하고 불살생계不殺生戒는 살생으로부터 벗어나도록 한다.
19 『범망경』 권하(T24, 1004b).

다. 그러므로 과거와 현재와 미래의 세 시기에 있어서 계의 내용이 확정되어 있다는 것이다.

> 二所成相者。如經曰。一切菩薩已學。一切菩薩當學。一切菩薩今學。已略說波羅提木叉相貌。謂菩薩戒。依實取捨。不同餘戒。佛知時宜。說輕爲重。說重爲輕。故於三際。戒相決定。

그러므로 성문계에 견주면 간략하게 세 가지의 같지 않은 내용이 있다.

> 然望聲聞。略有三種不同分相。

(1) 수계와 관련하여 같지 않은 내용

첫째는 수계와 관련하여 같지 않은 내용이 있다.

보살계는 일곱 가지 차죄遮罪[20]를 지은 경우를 제외하고는 모두 받을 수 있다. 『보살영락본업경』에서 "육도의 중생은 모두 계를 받을 수 있으니, 단지 말을 이해할 줄만 알면 계를 받아서 잃지 않는다. 불자여, 삼세

---

20 일곱 가지 차죄遮罪 : 일곱 가지 역죄逆罪(七逆罪)라고도 한다. '차'는 계를 받는 것을 장애하는 것임을 나타내는 말이고, '역'은 이치에 수순하지 않는 행위임을 나타내는 말이다. 첫째는 부처님의 몸에 피를 내는 것이고, 둘째는 아버지를 살해하는 것이며, 셋째는 어머니를 살해하는 것이고, 넷째는 화상(和上 : ⓢupādhyāya의 의역어. 음역어는 오파다야鄔波陀耶이고 친교사親敎師라고도 의역한다. 출가자의 스승으로 출가자에게 계를 줄 것을 승단에 요청하고 수계를 마친 뒤에는 5~10년 동안 수계자를 가르치고 인도하는 역할을 함)을 살해하는 것이며, 다섯째는 아사리(阿闍梨 : ⓢācārya의 음역어. 제자를 가르치고 그 자신이 그들의 모범이 되는 스님을 가리키는 말)를 살해하는 것이고, 여섯째는 갈마승羯磨僧과 전법륜승轉法輪僧을 파괴하는 것이며, 일곱째는 성인을 살해하는 것이다. 여섯 번째의 경우 설명을 덧붙이면 '갈마승을 파괴하는 것'은 동일한 계界(지역적 경계) 안의 비구들이 따로 따로 포살 등의 갈마를 실행하는 것이고, '전법륜승을 파괴하는 것'은 부처님의 교법에 어긋나는 교설을 제창하는 것에 의해 독자적 집단을 형성하는 것이다.

의 겁 가운데 모든 부처님께서 항상 이러한 말씀을 하셨다."²¹라고 한 것과 같다.

이로 말미암아 또 스스로 수계하는 법²²이 있다.

또 비록 중죄重罪²³를 범하였더라도 일곱 가지 차죄를 범하지 않았다면 현재의 몸으로 계를 받을 수 있는 것도 다른 계와 다르다.『보살영락본업경』에서 "열 가지 중계(十重戒)는 범함이 있으면 참회하여 (제거할 수는) 없지만 거듭해서 수계하도록 할 수는 있다."²⁴라고 하였고,『유가사지론』에서도 그렇게 말하였다.²⁵ 그런데 이 경에서는 일곱 가지 차죄를 범한

---

21 『菩薩瓔珞本業經』권하(T24, 1021b).
22 스스로 수계하는 법 :『범망경고적기』권하(T40, 712c)에서 "스스로 보살계를 받는 갈마는 (『유가사지론』)「보살지」의 권41에서 설한 것과 같다."라고 하였다. 태현이 지목한『유가사지론』권41(T30, 521b)에서 "모든 보살이 보살의 청정한 계율의戒律儀를 받고자 하는데, 만약 공덕을 원만하게 갖춘 보특가라補特伽羅(사람)를 만나지 못하면, 그 때는 여래의 형상을 마주하고 그 앞에서 스스로 보살의 청정한 계율의를 받아야 하는데, 이와 같이 하면서 받아야 한다. 오른쪽 어깨를 드러내고 오른 무릎을 꿇어 땅에 붙이거나, 혹은 엉덩이를 고이고 무릎을 꿇어앉거나 하고, 이와 같이 말한다. '저 아무개는 시방의 모든 부처님과 이미 큰 지위에 들어간 보살들에게 우러러 아룁니다. 저는 이제 시방세계의 부처님과 보살이 계신 곳에서, 맹세를 하고 모든 보살의 학처學處(戒律)를 받고자 하고, 맹세를 하고 모든 보살의 청정한 계, 말하자면 율의계와 섭선법계와 요익유정계를 받고자 합니다. 이와 같은 학처와 이와 같은 청정한 계는 과거의 모든 보살께서 이미 갖추셨고, 미래의 모든 보살께서 갖추실 것이며, 시방세계에 두루 나타나 계신 모든 보살께서 지금 갖추고 계신 것입니다. 이 학처와 이 청정한 계를 과거의 모든 보살께서 이미 배우셨고, 미래의 모든 보살께서 배우실 것이며, 시방세계에 두루 나타나 계신 모든 보살께서 지금 배우고 있습니다.' 두 번째와 세 번째에도 이와 같이 설한다. 그렇게 설하고 나서 일어나야 하니, 나머지 모든 의식은 앞에서 설한 것과 같은 줄 알아야 한다."라고 하였다.
23 중죄重罪 :『범망경』에서 설한 열 가지 중계는 다음과 같다. 첫째는 살생하는 것이고, 둘째는 도둑질하는 것이며, 셋째는 음행을 행하는 것이고, 넷째는 거짓말을 하는 것이며, 다섯째는 술을 파는 것이고, 여섯째는 남의 허물을 말하는 것이며, 일곱째는 자신을 찬탄하고 남을 비방하는 것이고, 여덟째는 재물과 법을 아까워하는 것이며, 아홉째는 분노심으로 남의 사과를 받아들이지 않는 것이고, 열째는 삼보를 비방하는 것이다.
24 『보살영락본업경』권하(T24, 1021b).
25 『유가사지론』권40(T30, 515c)에서 "만약 보살들이 이러한 훼범으로 말미암아 보살의 청정한 계율의를 버리면, 현법現法 가운데 다시 받는 것을 감당할 수 있으니, 마치

것[26]에 의거하여 은밀한 뜻[27]으로 열 가지 중계를 범하는 것을 총괄하여 현재의 몸으로는 계를 얻을 수 없다고 설하였다.[28]

一受不同分相。謂菩薩戒。除具七遮。一切受得。如本業說。六道衆生。受得戒。但解語。得戒不失。佛子。三世劫中。一切佛。常作是說。由此亦有自受之法。又雖犯重。若非七遮。現身得受。不同餘戒。如本業說。十重有犯無悔。得使重受。瑜伽亦爾。然此經中。約犯七遮。密意總說。犯十重者。現身不得戒。

비구가 별해탈계에 머물러 타승처법他勝處法(바라이波羅夷의 다른 이름으로, 이것을 범할 경우 악법惡法이 선법善法을 이기는 결과를 낳기 때문에 이렇게 부른다)을 범하면 현법 가운데에 다시 받을 수 없는 것처럼, 감당할 수 없는 것은 아니다."라고 했으며, 같은 책 권75(T30, 711c)에서 "이러한 인연으로 말미암아 보살의 율의를 버리게 되는 것을 알아야 한다. 만약 다시 청정하게 계를 받으려는 마음이 있으면 다시 계를 받을 수 있도록 해야 한다."라고 하였다.

26 『범망경』 권하(T24, 1008b)에서 "어떤 사람에게 계를 주고자 할 때, 법사는 묻되, '너의 현재의 몸은 일곱 가지 역죄를 짓지 않았는가?'라고 해야 하니, 보살법사菩薩法師는 일곱 가지 역죄를 지은 사람에게 현재의 몸(죄를 짓도 어떤 조치도 취하지 않은 상태의 몸)에 대해서 계를 줄 수 없다. 일곱 가지 역죄라는 것은 부처님의 몸에 피를 내는 것, 아버지를 살해하는 것, 어머니를 살해하는 것, 화상을 살해하는 것, 아사리를 살해하는 것, 갈마승과 전법륜승을 파괴하는 것, 성인을 살해하는 것이다. 이와 같이 일곱 가지 차죄를 지은 자는 그 몸으로 계를 받을 수 없고 나머지 모든 사람은 다 계를 받을 수 있다."라고 한 것을 말한다.

27 은밀한 뜻 : 원래 열 가지 중계 중 일곱 가지 중죄에 속하지 않은 중죄를 범했을 경우는 계를 받을 수 있지만 수행자로 하여금 더욱 견고하게 계를 지키게 하려는 의도를 가지고 열 가지 중계를 모두 묶어서 현재의 몸으로는 계를 받을 수 없다고 한 것을 말한다.

28 『범망경』 권하(T24, 1005a)에서 "이 보살의 열 가지 바라제목차(열 가지 중계)를 배워야 한다. 그 중에 낱낱이 작은 먼지만큼이라도 범하는 일이 없어야 할 것이니, 어찌 하물며 열 가지 계를 온전히 범하겠는가? 범하는 사람이 있다면 현재의 몸으로 보리심을 일으키지 못한다."라고 하였다. 보리심을 일으키지 못한다면 계를 얻을 수 없기 때문에 이것은 바로 현재의 몸으로는 계를 얻지 못한다는 것과 같은 말로 파악한 것으로 보인다.

(2) 위범과 관련하여 같지 않은 내용

둘째, 위범과 관련하여 같지 않은 내용이 있다.

『섭대승론』에서 "보살은 성죄性罪[29]가 현행現行[30]하지 않기 때문에 성문과 함께하고 상사차죄相似遮罪[31]가 현행하기 때문에 성문과 함께하지 않는다. 이 학처에 있어서 성문은 위범이지만 보살은 위범이 아닌 경우가 있고, 보살은 위범이지만 성문은 위범이 아닌 경우가 있다. 보살은 몸(身業)과 말(口業)과 마음(意業)을 제어하는 계를 갖추었지만 성문은 오직 몸과 말만 제어하는 계를 갖추었다."[32]라고 하였다.

말하자면 사람과 행동에 각각 네 구절이 있다. 사람의 네 구절이라는 것은 다음과 같다. 첫째는 속은 삿되면서 겉은 바른 것이고, 둘째는 겉은 물들었지만 속은 깨끗한 것이며, 셋째는 속과 겉이 모두 깨끗한 것이고, 넷째는 속과 겉이 모두 물든 것이다. 행동의 네 구절이라는 것은 다음과 같다. 첫째는 작은 복에는 합치하지만 광대한 복에는 어긋나는 것이고, 둘째는 깊고 먼 것에는 수순하지만 얕고 가까운 것에는 어긋나는 것이며, 셋째는 깊고 먼 것과 얕고 가까운 것에 모두 수순하는 것이고, 넷째는 깊고 먼 것과 얕고 가까운 것에 모두 어긋나는 것이다. 이 가운데 보살은 중간의 두 가지(둘째와 셋째)를 취하기 때문에 성문과 같지 않은 내용이 있다.[33]

---

29 성죄性罪 : 시간·공간 등과 무관하게 언제나 악행에 포섭되는 죄를 가리킨다. 상대어는 차죄遮罪로 성죄에 수반하여 발생하는 여러 가지 과실 혹은 세속인의 비방을 피하기 위해 부처님께서 제정한 계를 가리킨다. 『섭대승론석』 권8(T31, 361a)에서 성죄는 살생하는 것, 도둑질하는 것 등을 가리킨다고 하였다.

30 현행現行 : 아뢰야식(S ālaya-vijñāna 일체법의 종자를 집지執持하여 잃지 않는 식識)에 저장되어 있던 종자에서 온갖 현상이 일어나는 것을 말한다.

31 상사차죄相似遮罪 : 『섭대승론석』 권8(T31, 361a)에 따르면 생명체가 살고 있는 땅을 파는 것, 살아 있는 풀을 베는 것 등을 가리킨다.

32 『攝大乘論本』 권하(T31, 146b).

33 『決定毘尼經』(T12, 39c)에서 "부처님께서 우파리에게 말씀하셨다. 너는 이제 마땅히 알

二犯不同分相。攝大乘說。菩薩性罪。不現行故。與聲聞共。相似遮罪。有現行故。與彼不共。於此處所。[1] 有聲聞犯菩薩不犯。有菩薩犯聲聞不犯。菩薩具有身語心戒。聲聞唯有身語二戒。謂人與行。各有四句。人四句者。一內邪外正。二外染內淨。三俱淨。四俱染。行四句者。一合小福而乖廣大。二順深遠而違淺近。三俱順。四俱違。此中菩薩。取中間二故。與聲聞自有不同。

---

1) ㉑『섭대승론본』에 따르면 '處所'는 '學處'이다.

이로 말미암아 (보살은) 어떤 경우에는 성죄를 현행하기도 한다.『유가사지론』에서 "(보살이) 훌륭한 방편으로 다른 사람을 이익되게 하기 위하여, 여러 성죄 가운데 일부를 현행했다면, (그렇다고 해도 이러한 인연으로 말미암아) 보살계를 범하는 일은 없고 오히려 (많은) 공덕을 낳는다.【중략】"[34]라고 하고 자세하게 설한 것과 같다.[35]

(이익이 있고 없음을) 지극히 분명하게 아는 것을 말하자면 오직 부처

라. 성문승인聲聞乘人은 뛰어난 방편이 있고 뛰어나게 깊은 마음이 있어 청정한 계율을 지니고, 보살승인도 뛰어난 방편이 있고 뛰어나게 깊은 마음이 있어 청정한 계를 지닌다. 우파리여, 성문승인이 비록 청정하게 계를 수지하더라도 보살승에서는 계를 청정하게 수지했다고 하지 않는다. 보살승인이 비록 청정하게 계를 수지하더라도, 성문승에서는 계를 청정하게 수지했다고 하지 않는다. 어째서 성문승인은 비록 청정하게 계를 수지해도 보살승에서는 계를 청정하게 수지했다고 하지 않는가? 우파리여, 성문승인은 한 생각이라도 다시 몸을 받아 태어나려는 마음을 일으키지 말아야 하니, 이것을 성문승인이 청정하게 계를 지니는 것이라 한다. 한량없는 세월 동안 중생을 구제하기 위해 다시 태어나기를 싫어하지 않아야 하는 보살승에 있어서 이것은 가장 큰 파계(大破戒)이니 계를 청정하게 수지하는 것이라고 하지 않는다."라고 한 것을 참조할 것.

34 『瑜伽師地論』권41(T30, 517b).
35 『범망경고적기』권하(T40, 700c)에서『유가사지론』의 동일한 부분을 인용하고『섭대승론본』(T31, 146b)에서 "살생 등의 열 가지 악한 행위를 해도 죄가 없고 한량없는 복을 낳는다."라고 한 것과『유가사지론』권41(T30, 517b)에서 성죄에 해당하는 행위를 했지만 성죄가 성립되지 않는 것으로 일곱 가지 악한 행위를 제시한 것을 인용하여 그 구체적 내용을 밝혔다.

님의 경계에서만 가능한 것이다. (그러나 범부가) 자신의 능력에 따라서 (이익의 있고 없음을 판단하여 성죄를 현행시키는 것도) 가능하니, 모든 것은 마음으로 말미암기 때문이다.[36] 그렇지 않다면 어째서 스스로 "지옥에 떨어질 것"이라고 하였겠는가?[37] 모든 성자聖者는 이미 지옥에 태어날 종자를 끊었기 때문에 (성자라면 이러한 말을 할 필요가 없었을 것이다.) 계경契經에서 "(부처님께서 말씀하셨다.) '보살이 파계의 인연으로 어떤 사람으로 하여금 대승을 수지하고 좋아하게 할 수 있다는 것을 안다면 파계를 할 수 있다. 보살은 이때 이렇게 생각해야 한다. 〈내가 차라리 한 겁이나 한 겁보다 모자라게 무간지옥無間地獄[38]에 떨어져서 이 죄의 과보를 받을지언정 이 사람으로 하여금 보리에서 물러나지 않게 하겠다.〉' 문수보살이 부처님께 말씀드렸다. '이러한 인연으로 계를 훼손하였는데 아비지옥阿鼻地獄에 떨어지는 일은 없습니다.' 부처님께서 찬탄하여 말씀하셨다. '훌륭하구나'"[39]라고 한 것과 같다. 『유가사지론』의 뜻도

---

[36] 범부는 중생에게 이익이 되는지의 여부를 완전하게 알 수는 없지만 선한 마음에 의거하여 판단하고 그것을 근거로 중생에게 이익을 주기 위해서 성죄를 현행시켰다면 그것은 선한 마음에 근거한 것이기 때문에 문제시할 수 없다는 말인 것으로 생각된다.
[37] 『瑜伽師地論』 권41(T30, 517b)에서 "보살이 남의 물건을 빼앗고 훔치는 도적이 재물을 탐하여 많은 중생을 죽이려고 하거나, 혹은 큰 덕을 가진 성문과 독각과 보살을 해치려고 하거나, 여러 가지 무간업無間業을 짓거나 하는 것을 보고 나서, 그를 구제하려는 마음을 일으켜 생각하기를 '내가 저 악한 중생의 생명을 끊는다면 나는 지옥에 떨어질 것이고, 만약 그의 생명을 끊지 않는다면 그는 무간업을 성취하여 장차 큰 고통을 받을 것이다. 내가 차라리 그를 죽여서 나락가那落迦(地獄)에 떨어질지언정 끝내 그로 하여금 무간지옥에서의 쉴 새 없이 이어지는 고통을 받게 하지는 않겠다'고 했다고 하자. 이와 같이 보살이 어떤 의도를 가지고 생각하여, 저 중생에 대해 혹은 선심善心이나 혹은 무기심無記心으로, 그 일로 인해 생겨날 모든 일들을 잘 알고 그를 미래의 나쁜 과보로부터 구제하기 위해, 매우 부끄러워하는 마음을 품고 있으면서도 그를 불쌍하게 여기는 마음에 의해 그의 생명을 끊는다면 보살계를 위반하는 일은 없고 오히려 많은 공덕을 낳게 된다."라고 한 것과 바로 뒤에서 『열반경』을 인용한 것을 참조할 것.
[38] 무간지옥無間地獄 : 팔열지옥八熱地獄의 하나. '무간'은 ⓢ Avīci의 의역어로 아비阿鼻라고 의역한다. 한 찰나도 끊어지는 일이 없이 고통을 받는 데서 유래한 이름이다.
[39] 『열반경』 권12(T12, 434b).

동일하다.

由此亦有性罪現行。如瑜伽說。善權方便。爲利他故。於諸性罪。少分現行。
而無所犯。反生功德。乃至廣說。若以至知。唯佛境界。而隨分故。一切由
心。不爾。如何自判地獄。以諸聖者。已斷彼故。如契經言。菩薩。知以破戒
因緣。令人受持愛樂大乘。則得破戒。菩薩爾時。應作此念。我寧一劫若減
一劫。墮無間獄。受此罪報。要令是人。不退菩提。文殊白佛言。爲此毀戒。
墮阿鼻獄。無有是處。佛讚善哉。瑜伽亦同。

問 이미 공덕을 낳는다고 하였는데 어째서 성죄라고 하는 것인가?
답 의향(意樂)[40]은 비록 선하지만 방편이 악하기 때문이다. 그러므로 곳곳에서 물든 것이 아니고 위범한 것이 아니라고 하는 것은 단지 의향에 의해서 그렇게 말한 것일 뿐이고 방편에 대해서 그렇게 말한 것은 아니다. 방편을 말할 때에는 물드는 것이 있기 때문이다. 경에서 "재가보살은 자애로운 마음으로 음행을 행하는 것이 가능하지만 출가보살은 그렇게 해서는 안 되니 성문을 보호하기 위해서이다."[41]라고 한 것과 같다.

---

40 의향(意樂) : '의요意樂'는 [S] āśaya의 의역어이고 음역어는 아세야阿世耶이다. 어떤 목적을 성취하려는 의지로 사思와 욕欲을 본질로 한다. 의사意思·의욕·의향 등과 같은 말이다.
41 『유가사지론』 권41(T30, 517c)에서 "재가보살이 여인(母邑)으로서 현재 누군가에 매여 있지 않은 이가 음욕법을 익히고 계속해서 보살에게 마음을 두어 청정하지 않은 행위(음행)를 할 것을 요구하는 것을 본다면, 보살은 이러한 상황을 보고 나서 뜻을 일으키고 생각하기를 '분노하는 마음을 일으켜 복되지 않은 과보를 낳는 일은 없게 하자. 만약 그 욕망을 따라주면 자재함을 얻을 것이니, 그 이후에 방편으로 편안하게 머물러 선근을 심게 하고 또한 그가 불선업不善業을 버리도록 해야겠다'라고 한다. 이렇게 해서 자비로운 마음에 머물러 청정하지 않은 행위를 하면 비록 이와 같은 더럽고 물든 법을 익혔더라도 계를 범하지 않고 많은 공덕을 낳는다. 출가보살은 성문을 보호하고 성현의 가르침을 괴멸하지 않게 하기 위해 어떤 경우에도 청정하지 않은 행위를 행해서는 안 된다."라고 한 것을 말한다.

問。既生功德。何名性罪。答。意樂雖善。方便惡故。然處處說不染不犯。但由意樂。不由方便。以方便時。亦有染故。如說在家。慈心行婬。出家不爾。護聲聞故。

問 동일하게 삼취정계三聚淨戒를 받았으니 계의 갈래가 같아야 할 것인데 어떻게 한 가지 일(음계)에 대해 위범과 위범이 아닌 것의 차별이 있는 것인가?

답 계의 갈래는 비록 같지만 수행에 있어서 나누어지는 것이 있다. 부정성不定性[42]의 소지장所知障[43]이 그 사람이 원하는 것에 따라 물들기도 하고 물들지 않기도 하는 것과 같기 때문이다.[44]

---

[42] 부정성不定性 : 법상종에서 중생을 근기에 따라 다섯 가지로 분류한 것 중 하나. 첫째는 보살정성菩薩定性이니 보살도를 닦아 불과를 증득할 것이 결정된 중생이고, 둘째는 성문정성聲聞定性이니 성문도를 닦아 아라한과阿羅漢果를 이룰 것이 결정된 중생이며, 셋째는 독각정성獨覺定性(緣覺定性)이니 독각도를 닦아 벽지불과辟支佛果를 이룰 것이 결정된 중생이다. 넷째는 부정성이니 보살정성·성문정성·독각정성 등의 세 가지 성품 중 어느 하나를 결정적으로 갖지 않고, 그 중 하나 혹은 둘이나 셋을 지닌 것을 일컫는 말이다. 다섯째는 무성유정無性有情이니 삼승의 무루지無漏智의 종성이 전혀 없어서 궁극적으로 인간과 하늘에 태어나는 것 이상의 과보를 얻을 수 없는 중생이다. 부정성은 이승二乘(성문승·연각승)을 가까이하면 그 법을 익혀서 소승의 과보를 얻는 것을 추구하고 중생을 제도하는 것을 좋아하지 않고 성불의 도를 추구하지 않는다. 만약 보살승을 가까이하면 중생을 이롭게 하는 행위를 익혀서 보리를 증득하여 성불한다.

[43] 소지장所知障 : 장애를 두 가지로 나눈 것 중 하나. 다른 하나는 번뇌장煩惱障이다. 번뇌장은 오취온五取蘊을 실아實我라고 집착하는 번뇌를 으뜸으로 하는 128가지 근본번뇌根本煩惱와 22가지 수번뇌隨煩惱를 가리킨다. 이는 중생의 몸과 마음을 어지럽혀 열반에 도달하는 것을 방해하고 생사의 세계를 떠돌게 만들기 때문에 번뇌장이라 한다. 소지장은, 탐욕·분노·어리석음 등의 번뇌가 인식 대상의 참된 양상을 그대로 알지 못하게 하기 때문에 소지장이라고 한다. 번뇌장을 끊어 해탈을 얻고 소지장을 끊어 보리菩提를 얻는다. 유식학에서는 전자를 오직 실존적 고통에서 해방되는 경지라고 하여 소승의 열반으로 보고, 후자를 본질을 꿰뚫어 아는 경지라고 하여 부처님이 깨달은 경지와 같다고 본다. 이를 다시 성취한 사람을 중점으로 말하면 전자를 아라한과阿羅漢果라고 하고 후자를 여래과如來果라고 한다.

[44] 『菩薩戒本宗要纂註』 권상(N39, 312b)에서 "부정성에 해당하는 사람이 성문과를 증득

問。同受三聚。戒支應等。如何一事。犯不犯別。答。戒支雖等。修有分齊。[1)]
如不定性所如[2)]障性。隨其所望。染不染故。

1) ㉑ 을본에 따르면 '齊'는 '齋'이다.　2) ㉑ 을본에 따르면 '如'는 '知'이다.

(3) 계를 버리는 것과 관련하여 같지 않은 내용

셋째, 계를 버리는 것과 관련하여 같지 않은 내용이 있다.

三捨不同分相。

비구는 다섯 가지 조건[45]이 있고 보살은 네 가지 조건[46]이 있다. 논에서

하면 오직 번뇌장을 끊고 아공의 이치를 얻을 뿐이고 법공의 이치를 증득하는 것은 그의 몫(分)이 아니다. 만약 보살의 지위를 증득하면 두 가지 장애를 모두 끊고 아공과 법공의 이치를 증득한다. 그러므로 동일한 소의장이 그가 원하는 것에 따라서 소승의 과보(아라한과)를 얻으면 물드는 것을 이루지 않지만, 그가 보살의 지위를 증득하고자 한다면 도리어 물드는 것을 이룬다. 지금 동일한 음계를 예로 들어서 세속의 관점에서는 위범이 성립되지 않지만 출가의 관점에서는 도리어 위범이 성립되는 것을 설하였다."라고 하였다.

[45] 다섯 가지 조건 :『구사론』, 권15(T29, 79b)에서는 "근주율의近住律儀(近住가 만 하루 동안 지키는 팔계)를 제외한 나머지 별해탈율의는 네 가지 조건에 의해 버린다. 첫째는 버리려는 의향을 일으키고 일정한 작법作法을 행함으로써 버리는 것이다. 둘째는 중동분衆同分(사람을 사람이게 하는 보편성)을 버리는 것에 의해 버린다.(중동분이란 소의 신所依身을 일컫는 말이다. 목숨이 다하여 소의신을 버릴 때 계도 역시 잃는 것을 말한다). 셋째는 이형二形에 의해 버리는 것이다.(소의신이 변화하여 남근男根과 여근女根이 동시에 발생하면 마음도 그것에 따라 변화하기 때문에 잃는 것이다). 넷째는 계의 근거가 되는 선근이 끊어지는 것에 의해 버리는 것이다. 이밖에 그 계를 수지하는 기한이 정해진 근주율의는 하나를 덧붙여서 기한이 다하면 버린다."라고 하여 네 가지를 제시하였고,『유가사지론』권53(T30, 592b)에서는 "비구계는 다섯 가지 조건에 의해 버린다. 첫째는 작법作法에 의해 잃는다.(계를 얻을 때와 마찬가지로 일정한 작법을 통해 계를 버리려는 마음을 드러냄으로써 계를 잃는 것이다.) 둘째는 근본죄根本罪(重罪)를 범함으로써 버린다. 셋째는 이형二形에 의해 버린다. 넷째는 선근善根를 끊는 것에 의해 버린다.(선근은 계의 근거가 되는 것이기 때문에 이것을 끊음으로써 잃는 것이다.) 다섯째는 중동분을

자세하게 설한 것⁴⁷과 같다.

比丘五緣。菩薩四緣。如論廣說。

또 비구는 상품의 번뇌에 의해서든 중품의 번뇌에 의해서든 하품의 번뇌에 의해서든 중죄를 범하면 모두 청정한 계를 버린다. 보살은 반드시 상품의 번뇌에 의해 범하였을 때에만 버린다. 자존慈尊⁴⁸께서 말씀하시기를 "보살들이 네 가지 타승처법他勝處法⁴⁹을 훼범하고, 자주 현행하고

버리는 것에 의해 버린다."라고 하여 다섯 가지를 제시하였다.
46 네 가지 조건 : 『유가사지론』 권75(T30, 711c)에서 "또 계를 잃는 조건에 간략히 네 가지가 있다. 첫째는 결정코 계를 받을 때와 같지 않은 마음을 일으키는 것이고, 둘째는 판단능력이 있는 대장부 앞에서 의도적으로 계를 버리겠다는 말을 하는 것이며, 셋째는 네 가지의 타소승법他所勝法(열 가지 중계 중 뒤의 네 가지를 말한다. 곧 첫째는 자신을 칭찬하거나 남을 비방하지 말 것이고, 둘째는 재물을 주는 것을 아까워하지 말 것이며, 셋째는 분노하는 마음을 내지 말 것이고, 넷째는 대승법을 비방하지 말 것이다.)을 전부 혹은 개별적으로 훼손하는 것이고, 넷째는 상품上品의 번뇌가 증대하여 전부 혹은 개별적으로 수순사종타소승법隨順四種他所勝法(열 가지 중계 중 앞의 여섯 가지를 말한다. 곧 첫째는 살생을 하지 말 것이고 둘째는 도둑질을 하지 말 것이며, 셋째는 거짓말을 하지 말 것이고, 넷째는 음행을 하지 말 것이며, 다섯째는 술을 팔지 말 것이고, 여섯째는 사부대중의 허물을 말하지 말 것이다.)을 훼범하는 것이다."라고 하였다. 세 번째에서 "뒤의 네 가지 타승처법"은 그것을 범하는 것만으로 계를 버리는 결과를 낳지는 않고, 상품上品의 번뇌가 현행한 가운데서 범했을 때만 계를 범하는 것이 성립된다고 한 것은 이 네 가지는 살생·도둑질·거짓말·음행 등과 같은 성죄性罪와는 그 성질이 다르기 때문이다.
47 바로 앞의 각주에서 『구사론』과 『유가사지론』의 해당 처를 밝힌 것을 참조할 것.
48 자존慈尊 : 자애롭고 존귀한 분. 보통 부처님을 가리키지만 『유가사지론』에서는 그 설법 주체인 미륵보살을 가리킨다고 보는 경우도 있다.
49 네 가지 타승처법 : 타승처법(Ⓢ pārājayika-sthānīya-dharma)은 바라이波羅夷의 의역어이다. 바라이는 계율 중에서 가장 무거운 죄로 성문계인 비구의 250계에서는 최초의 네 조목(살생, 도둑질, 음행, 거짓말)을 가리키고, 보살계에서는 열 가지 중계를 가리킨다. 이 죄를 지었을 경우, 머리를 자르면 다시 살아나는 것이 불가능한 것처럼 승가의 구성원으로서의 자격을 영원히 박탈당하기 때문에 단두斷頭라고 하고, 번뇌와의 싸움에서 패배하여 정복당하기 때문에 타승他勝·타승처他勝處 등이라고 하며, 참회에 의해 용서받는 것이 허락되지 않기 때문에 불가회죄不可悔罪라고도 하고, 여의치 않은

도 전혀 부끄러워함이 없고 깊이 좋아하는 마음을 내어 이것을 공덕이 되는 것이라고 여긴다면 상품의 번뇌에 의해서 위범하는 것임을 알아야 한다. 보살들이 (하품과 중품의 번뇌에 의해) 잠시 한 번 타승처법을 현행한다고 해서 비구들처럼[50] 바로 보살의 청정한 계율의를 버리는 것은 아니다."[51]라고 한 것과 같다.

又比丘三品犯重。皆捨淨戒。菩薩必由上品纏捨。如慈尊說。若諸菩薩。毀犯四種他勝處法。數數現行。都無慚愧。深生愛樂。見是功德。當知說名上品纏犯。非諸菩薩。暫一現行他勝處法。便捨菩薩淨戒律儀。如諸苾芻。

또 비구계는 반드시 모두 수지해야 하기 때문에 하나의 중계를 범하면 바로 모든 계를 잃지만 보살계는 그렇지 않다. 『유가사지론』에서 "보살계에 무여범無餘犯[52]은 없다."[53]라고 하고 자세히 설한 것과 같다. 말하자면

곳에 떨어지기 때문에 타불여처墮不如處라고도 하며, 승가의 공동생활을 허락하지 않고 추방당하는 벌을 받기 때문에 불공주不共住라고도 한다. 『유가사지론』 권40(T30, 515b)에서 "네 가지 타승처법이 있다. 첫째는 이양과 공경을 탐하여 자신을 칭찬하고 남을 비방하는 것이고, 둘째는 재물을 주는 것을 아까워하는 것이며, 셋째는 분노하는 마음을 일으키는 것이고, 넷째는 대승법을 비방하는 것이다."라고 하였다.

50 비구들처럼 : 비구가 타승처법을 범하면 바로 별해탈계를 버리는 것을 말한다.
51 『유가사지론』 권40(T30, 515c12).
52 무여범無餘犯 : '무여'는 계율 중 가장 무거운 죄인 바라이波羅夷([S] pārājika)의 의역어 중 하나이다. 성문계인 비구의 250계 중에서는 최초의 네 가지 조항, 곧 네 가지 바라이를 가리키고, 보살계에서는 열 가지 중계를 가리킨다. 죄가 지극하여 더 이상의 선을 행할 길이 없는 것 혹은 청정한 계가 모두 다하여 남은 것이 없는 것 등을 나타낸다.
53 『유가사지론』 권41(T30, 521b). 바로 이어서 "보살이 다분히 분노와 함께 일어난 것은 위범이고 탐욕과 함께 일어난 것은 위범이 아니다. 여기에서 설한 비밀스러운 뜻은 다음과 같다. 모든 보살이 모든 유정을 사랑하는 증상의 힘 때문에 무릇 지은 것이 있으면 일체가 모두 보살이 지어야 할 것이다. 지어야 할 것을 지었으니 위범을 이루지 않는다. 만약 모든 보살이 모든 유정을 증오하고 모든 유정을 질투하여 자신과 타인을 이롭게 하는 행을 수행할 수 없으면 모든 보살이 짓지 않아야 할 것을 지은 것이다. 짓지 않아야 할 것을 지었으니 위범을 이룬다."라고 한 것을 참조할 것.

상품의 번뇌에 의해 비록 하나의 중계를 파괴해도 나머지를 잃지 않기 때문이다. (『대승아비달마잡집론』에서) "근사近事[54]는 해당하는 계(五戒)를 모두 받고 나서 하나만 지켰다면 (다섯 가지를 받고 일부만 지켰으니 나머지 계에 대해서는) 비록 계를 범했다고는 할 수 있지만 그 근사로서의 성품은 이룬다."[55]라고 한 것과 같고, 계경에서 "계를 받아 지니고 위범하는 이는 계를 받지 않아서 위범하는 일도 없는 이보다 뛰어나다. 위범함이 있는 이를 보살이라 하고 위범함이 없는 이를 외도라고 한다."[56]라고 한 것과 같다.[57]

又比丘戒。必總受持。故犯一重。便失一切。菩薩不爾。如瑜伽言。菩薩戒中。無無餘犯。乃至廣說。謂上品纏。雖破一重。不失餘故。猶如近事。總受

---

54 근사近事 : ⓢ upāsaka의 의역어. 음역어는 우바새優婆塞로 재가신자를 가리킨다.
55 『대승아비달마잡집론』 권8(T31, 730a)에서 "㉠ 오직 우바새의 오계 중 일부만 수학한다면 우바새율의를 성취한다고 할 수 있는가, 그렇지 않은 것인가? ㉡ 성취한다고 설해야 하지만 계를 범한 것이라고 한다."라고 하였고, 『대승법원의림장』 권3(T45, 303a)에서 이 글을 인용하고 "이것은 오계를 모두 받은 후에 다시 조금만 지키기 때문에 '계를 범한 것'이라고 하였다. 처음에 조금 받고 나중에 조금 지킨다면 '계를 범한 것'이라고 할 수 없다. 먼저 이미 받지 않았는데 나중에 어떻게 범할 수 있겠는가?"라고 하였다.
56 『보살영락본업경』 권하(T24, 1021b).
57 태현이 『범망경고적기』 권하(T40, 701a)에서 "『대반야경』 권584(T7, 1022b)에서 '보살이 설령 갠지스 강의 모래알처럼 많은 겁을 지나도록 미묘한 오욕五欲(色·聲·香·味·觸의 다섯 가지 대상에 대해 일으키는 다섯 가지 욕망. 차례대로 색욕·성욕·향욕·미욕·촉욕 등을 말한다.)을 받더라도 보살계에 있어서 위범이라고 하지 않는다. 한 생각이라도 이승의 마음을 일으켰다면 곧 위범이라 한다'고 한 것과 같다고 해석한다. 비록 탐욕에 의해 물들어도 대승을 구하려는 마음만 다하지 않으면 무여죄無餘罪를 범하는 일은 없기 때문에 위범이 없는 것이라 한 것이다."라고 하고, 같은 책 권하(T40, 701a)에서 "보살계에 있어서는 무여죄를 범하는 일은 없다. 처음에 계를 권유할 때 (받는 이의 근기나 상황에 따라) 일부분만 받게 할 수도 있고(一分受) 이로 인하여 (수계자는 계를) 일부분만 지킬 수도 있기 때문이다. 성문이 하나의 중계를 범할 때 곧 모든 것을 파괴하여 비구의 성품을 잃는 것과는 같지 않다. 『보살영락본업경』 권하(T24, 1021b)에서 "일체 보살의 범성계凡聖戒는 마음이 다하는 것을 체로 삼는다. 그러므로 마음이 다하면 계도 또한 다하지만 마음이 다함이 없기 때문에 계도 또한 다함이 없다."라고 한 것을 참조할 것.

持一。雖名犯戒。而成其性。如契經言。有而犯者。勝無不犯。有犯名菩薩。無犯名外道。

또 처음에 계를 권유할 때 (받는 이의 근기나 상황에 따라) 일부분만 받게 할 수도 있고(一分受) 이로 인하여 (수계자는 계를) 일부분만 지킬 수도 있다. 세존께서 "(우바새가 받아야 할 다섯 가지 계 가운데) 하나의 계만 받으면 일분우바새一分優婆塞라고 한다."[58]라고 한 것과 같다. 보살도 그러하니 수분계隨分戒[59]이기 때문이다. 계경에서 "(열 가지 중계 중) 하나의 계를 받으면 일분보살一分菩薩이라 하고, 내지 열 가지를 모두 받으면 구족수계具足受戒라고 한다."[60]라고 한 것과 같다.

又初誘戒。由有一分受。亦有一分持。如世尊言。受一戒。名一分優婆塞。菩薩亦爾。隨分戒故。如契經言。有受一分戒。名一分菩薩。乃至十分。名具足受戒。

또 비구계는 죽으면 바로 버리지만 보살은 그렇지 않다. 비록 다른 생을 살면서 윤회하더라도 계가 쫓아오기 때문이다. 논에서 자세히 설한 것[61]과 같다. 또 경에서 "모든 보살의 범성계凡聖戒는 모두 마음을 체로 삼

---

58 『열반경』 권34(T12, 568b).
59 수분계隨分戒 : 일분수계一分受戒와 같은 말. 계를 받는 사람의 능력이나 상황에 따라 일부만 받는 것을 말한다.
60 『보살영락본업경』 권하(T24, 1021b16).
61 『유가사지론』 권40(T30, 515c)에서 "보살들이 비록 몸을 바꾸어서 시방세계에서 두루 태어나더라도 살아가는 곳마다 보살의 청정한 계율의를 버리지 않으니, 이 보살은 위없는 보리를 얻으려는 큰 서원을 버리지 않고 또 상품의 번뇌가 현행하여 타승처법을 범하는 일을 하지 않기 때문이다. 보살들이 몸을 바꾸어서 다른 생을 받으면서 본래의 생각을 잊어버려도 착한 벗을 만나서 보살계에 대한 생각을 일깨워 주려고 하여 비록 거듭해서 계를 받더라도 새롭게 받는 것은 아니고 새롭게 얻는 것도 아니다.(若諸菩薩。雖復轉身。遍十方界。在在生處。不捨菩薩淨戒律儀。由是菩薩不捨無上菩提大願。亦不現

는다. 그러므로 마음이 다하면 계도 또한 다하지만 마음이 다함이 없기 때문에 계도 또한 다함이 없다."⁶²라고 한 것과 같다.

> 又比丘戒。隨命卽捨。菩薩不爾。雖轉餘生。戒隨逐故。廣說如論。又如經說。一切菩薩凡聖戒。盡心爲體。是故心盡。戒亦盡。心無盡故。戒亦無盡。

문 또 보살이 서원의 수승함을 기대하여 별도로 여덟 가지 계를 받아서 만 하루가 지나서도 (새로 받지 않고) 수지하는 것이 가능한가?

답 계의 갈래가 제정된 것을 넘어서 받아서는 안 되는 것처럼⁶³ 시간도 그렇게 해야 하니 어찌 정해진 한도를 넘어설 수 있겠는가? 『관무량수경』에서 "대왕이 날마다 여덟 가지 계를 받았다."⁶⁴라고 한 것과 같다.

> 問。亦可菩薩期願勝故。別受八戒。過日夜持。答。如支。無過所制而受。時亦應知。¹⁾ 寧過邊際。如觀經說。大王日日受八戒。

1) ㉾ 을본에 따르면 '知'는 '然'이다. ㉾ 후자가 맞는 것 같다.

문 그렇다면 시간이 정해진 것대로 해야 하는 것처럼 반드시 계도 갖추어서 받아야 하는 것인가? 혹은 또 계를 나누어서 받을 수 있는 것처럼 시간도 줄일 수 있는 것인가? 이것이 성립된다면 경에서 "내가 한때 갠지스 강 가에 머물고 있었는데 가전연迦旃延이 와서 이렇게 물었다. '세존

行上品纏犯他勝處法。若諸菩薩。轉受餘生。忘失本念。值遇善友。爲欲覺悟菩薩戒念。雖數重受。而非新受。亦不新得。)"라고 한 것을 참조할 것.
62 『菩薩瓔珞本業經』권하(T24, 1021b20).
63 팔계·오계 등으로 제정된 것을 받아야 하고, 구계·육계 등으로 받아서는 안 된다는 말이다.
64 『관무량수경』권1(T12, 341a). 빈바사라 왕頻婆娑羅王이 아들 아사세에 의해 감옥에 갇혔을 때 목건련이 매일 찾아가 여덟 가지 계를 준 것을 말한다.

이시여, 제가 중생으로 하여금 재법齋法(팔계)을 받아서 하루의 낮이나 하루의 밤이나 한때나 한생각 동안 지키게 하면 이들이 재법을 이룰 수 있는 것입니까?' 나는 말하였다. '비구여, 이 사람은 선을 얻었다고 할 수 있지만 재법을 수지했다고 할 수는 없다.' 나의 모든 제자들이 이 말을 듣고 나의 뜻을 이해하지 못하여 말하였다. '여래께서는 팔계재를 모두 받아야 얻었다고 할 수 있다고 하셨다.'"[65]라고 한 것에 어긋난다.

問。若爾。如時必應具支。或復如支。亦可減時。是則違經如說。我於一時。住恒河邊。迦旃延來。作如是言。世尊。我敎衆生。令受齋法。或一日或一夜。或一時或一念。如是之人。成齋不耶。我言。比丘。是人得善。不名持齋。我諸弟子。聞是說已。不解我意。唱言如來說。八戒齋。具受乃得。

답 하나의 악이라도 차단해야 하니 한 가지의 계일지라도 계를 이룬다. 그러나 선정과 지혜를 이루려면 그 시간을 줄여서는 안 된다. 보살의 칠중은 성문계에 수순하니 여덟 가지 계도 또한 그러하다. 개별적으로 받는 것도 그것과 같다.

答。一惡應遮。一支成戒。欲進定慧。不減其時。菩薩七衆。隨順聲聞。八戒亦爾。別受如彼。

『열반경』에서 게송으로 설한 것과 같다.

---

65 『열반경』 권34(T12, 568b). 부처님께서 말씀하신 의도는 재법은 과오불식過午不食을 체로 하는데 이 계를 빼고 받거나, 이 계를 시행할 시간이 없는 시간 동안 받거나 한다면(정오 이후에 받아서 그날만 지킨다면 실제로 과오불식을 실천할 시간이 없다.) 실질적인 의미에서 재법이 이루어지지 않은 것이기 때문에 재법을 지켰다고 할 수 없다고 한 것이지 여덟 가지 계를 모두 받아야 한다고 말한 것은 아니라는 뜻으로 이해할 수 있다.

如涅槃經頌曰。

> 위없는 도를 위하여
> 만 하루 동안
> 팔재법을 수지하면
> 부동국不動國[66]에 태어나리라.[67]

若爲無上道。一日一夜中。
受持八齋法。則生不動國。

3. 수행과 관련하여 차별을 설하는 문

셋째, 수행과 관련하여 차별을 설하는 문이라는 것은 간략하게 네 가지 문이 있다. 첫째는 착한 사람(善士)[68]를 가까이하는 문이고, 둘째는 정법을 듣는 문이며, 셋째는 이치대로 사유하는 문이고, 넷째는 말씀하신 대로 수행하는 문이다.

三修行差別門者。畧有四門。一親近善士門。二聽聞[1)]正法門。三如理作意

---

66 부동국不動國 : 동방 묘희세계妙喜世界의 부처님인 아촉불阿閦佛(ⓢ Akṣobhya-buddha)이 머물고 계시는 국토. '아촉'은 ⓢ Akṣobhya의 음역어로 '부동不動'이라고 의역한다. 부동국이란 부동불의 국토라는 뜻이다.
67 『열반경』 권21(T12, 491a).
68 착한 사람(善士) : 정직하고 덕행이 있는 사람을 가리키는 말. 착한 벗(善友)라고도 한다.

門。四如說修行。²⁾

1) ㉑ 갑본과 을본에 따르면 '聞'은 '門'이다.   2) ㉑ 갑본과 을본에 따르면 '行' 뒤에 '門'이 있다.

1) 착한 사람을 가까이하는 문

첫째, 착한 사람을 가까이하는 문이라는 것은 (경에서) "세존께서 말씀하셨다. '모든 중생이 대보리를 얻기 위해 친근히 해야 할 인연이 되는 것은 착한 벗보다 나은 것은 없다.'"⁶⁹라고 한 것과 같다. 벗에는 네 가지가 있다. 첫째는 착한 것에 수순하고 나쁜 것을 떠난 것이다. 둘째는 나쁜 것에 수순하고 착한 것을 떠난 것이다. 셋째는 착한 것과 나쁜 것에 모두 수순한 것이다. 넷째는 착한 것과 나쁜 것을 모두 떠난 것이다. 이 가운데 처음의 한 가지에 해당하는 사람은 함께 일을 할 수 있다. 비록 나쁜 사람도 나를 고쳐 주면 스승이 될 수 있지만 이는 마음을 합하면 쇠도 끊을 수 있는 벗⁷⁰이라고 할 수는 없다. 이마 위의 구슬을 열어서 보리의 그릇을 이루게 함⁷¹에 있어서, 누가 뛰어난 장인에게 의지하지 않고 그 공

---

69 『열반경』 권20(T12, 482c).
70 『주역』 「계사상전繫辭上傳」에서 "두 사람이 마음을 합치면 그 날카로움이 쇠도 끊을 수 있다.(二人同心。其利斷金)"라고 하였다.
71 『열반경』 권7(T12, 408a)에서 "왕에게 미간에 금강金剛으로 만들어진 구슬을 가진 힘센 장사가 있었다. 다른 장사와 서로 떠받는 내기를 하다가 이마를 부딪칠 때 양미간의 구슬이 살 속으로 들어가서 보이지 않고 구슬이 박혔던 자리에 부스럼이 생겼다. 의사는 그 부스럼이 구슬이 살 속에 들어가서 생긴 것임을 알았다. 의사가 장사에게 이마에 있던 구슬이 어디 갔는지 묻자 사라진 것도 모르고 있던 장사는 오히려 그것이 어디에 있는지를 되물었다. 의사가 살 속에 들어갔다고 말해 주었지만 장사는 믿지 않고 '살 속에 있다면 고름이 나오지 않는 이유가 무엇이며 살 속에 있는 것을 그대가 어떻게 볼 수 있느냐'라고 하면서 의사를 질책하였다. 의사가 거울을 들어 얼굴을 비추어 주니 구슬이 거울에 선명하게 나타났다. 장사가 이것을 보고 놀라 탄식하여 이상하게 생각하였다."라고 하였다. 의사는 바로 착한 사람이고 장사는 그 착한 사람을 가까이

능을 이루겠는가? 그러므로 착한 사람을 가까이하는 것을 가장 먼저 해야 한다.

一近善士者。如世尊言。一切衆生。爲大菩提近因緣者。無[1])先善友。謂友有四。一順善違惡。二順惡違善。三善惡皆順。四善惡俱違。此中初一。應與事同。雖其惡者。以改爲師。不以同心斷金之友。開於額上之珠。使成菩提器。誰有不憑勝匠[2])而立其功者也。是故親近善士爲先。

1) ㉣『열반경』에 따르면 '無'는 '莫'이다. 뜻은 같다. 2) ㉣ 을본에 따르면 '匠'은 '近'이다.

2) 정법을 듣는 문

둘째, 정법을 듣는다는 것은 계경에서 "설령 온 세계가 화염에 휩싸일지라도 기필코 헤쳐 나가 법을 들을 것이다."[72]라고 한 것과 같다. 한 구절로 말미암아 고통의 수레바퀴를 끊을 수 있기 때문에 반 구절의 게송을 듣기 위해 영혼을 설산雪山에서 침몰시켰다.[73] 그런데 네 가지 대상에

하여 깨달음을 얻어야 할 사람을 비유한 것이다.

72 『무량수경』 권하(T12, 273b).
73 『열반경』 권14(T12, 449b)에서 "부처님께서 과거세에 바라문 집안에 태어나 설산에서 수행할 때였다.……제석천이 그를 시험하려고 나찰로 변화하여 그 앞에 나타나, 과거세에 부처님께서 설한 게송의 절반을 암송하기를, '모든 현상(行)은 항상된 것이 없으니 생겨났다가는 없어지는 법이다.(諸行無常。是生滅法。)'라고 하였다. 이 구절을 들은 바라문이 나머지 반 수의 게송을 말해 줄 것을 요청하자, 나찰은 그의 목숨을 줄 것을 요구했고, 바라문은 이 제안을 받아들였다. 그리고 자신이 입었던 사슴 가죽으로 만든 옷을 벗어서 나찰이 설법할 자리를 만들어서 앉게 했다. 나찰이 나머지 반 수의 게송을 암송하기를, '생겨났다가 소멸하는 법이 없어지고 나면 고요하여 즐거우리라.(生滅滅已。寂滅爲樂。)'라고 했다. 바라문은 이 게송을 듣고 나서 약속대로 나찰에게 공양하기 위해 자신의 몸을 던졌다. 나찰이 본래의 제석천의 모습으로 돌아가서 그를 구했다."라고 하였다.

서 정념正念에 안주하고 그렇게 한 후에 청문해야 하니, 논에서 설한 것[74]과 같이 알아야 한다. 아침에 들었으면 저녁이 되기 전에 반드시 유통시켜야 한다. 다른 사람의 바른 행위를 자신의 만행으로 삼고, 다른 사람이 불도를 이루는 것을 자신의 보리로 삼아서 설령 정념에 어긋나서 아비지옥阿鼻地獄에 떨어질지언정 한 명의 중생이라도 이롭게 하기 위하여 마음의 고통을 감수해야 하니 계경에서 "한 명의 중생을 위하여 억 겁 동안 수행하면서 한량없는 중생으로 하여금 고통의 바다를 건너게 한다."[75]라고 한 것과 같다.

二聞正法者。如契經言。設滿世界火。必過要聞法。謂由一句。能斷苦輪。故聞半偈。魂沈雪山。然於四處。安住正念。然後請問。如論應知。朝聞未夕。要必流通。以他正行爲自萬行。以他成道爲自菩提。設誤正念。墮阿鼻獄。利一衆生。甘心受苦。如契經言。爲一衆生。億劫修行。使無量衆。令度苦海。

---

[74] 『유가사지론』 권30(T30, 448c)에서 "처음 업을 닦는 이는 의미가 있고 이익이 되는 경지를 증득하기 위해 먼저 네 가지 대상에 편안히 머물러 정념해야 한다.……네 가지 대상이란 무엇인가? 첫째는 오로지 깨달음을 구하고 힐난하려는 마음이 없는 것이고, 둘째는 깊이 공경하는 마음을 내고 교만한 마음이 없는 것이며, 셋째는 오직 뛰어난 선을 구하고 자신의 능함을 나타내지 않는 것이고, 넷째는 순수하게 자신과 타인의 선근을 안립하려고 하고 이양·공경·명문을 추구하지 않는 것이다. 이렇게 정념하고 나서 먼저 허락을 구하고 시간을 청문하며 그렇게 한 후 마음을 가라앉히고 몸을 굽혀 청문한다.(若有自愛補特伽羅初修業者。始修業時。爲隨證得自義利故。先應四處。安住正念。……一專求領悟無難詰心處。二深生恭敬無憍慢心處。三唯求勝善非顯己能處。四純爲安立自他善根非求利養恭敬名聞處。如是正念。到師處已。先求開許。請問時分。然後安詳。躬申請問」)"라고 하였다.
[75] 『금광명경』 권1(T16, 337b).

3) 이치대로 사유하는 문

셋째, 이치대로 사유한다는 것은 네 가지 일을 관찰하여 먼저 네 가지 전도를 다스리는 것을 말한다.[76]

첫째는 모든 현상(諸行)은 영원한 것이 없으니 생겨나면 반드시 사라지기 때문이다. 모든 성대한 것은 쇠퇴함으로 돌아가니 구경의 것이 아니기 때문이다. 둘째는 유루有漏인 것은 모두 고통이니 세 가지 고통(三苦)[77]이 따르기 때문이다. 그러므로 애욕의 그물에 의해 생사의 수레바퀴에 묶여 고통을 받고 좋아서 지녔던 것이 떠나가는 것에 의해 독이 묻은 칼날에 의해 쪼개지고 찢어지는 것과 같은 고통을 받으며, 근심과 고뇌에 의해 불붙은 화살에 맞아서 타는 것과 같은 고통을 받는다. 자세한 것은 논

---

[76] 사념처관四念處觀을 실행하는 것을 말한다. 사념처관이란 몸(身)에 대해서는 부정不淨을, 감수 작용(受)에 대해서는 고苦를, 마음(心)에 대해서는 무상無常을, 법法에 대해서는 무아無我의 도리를 관찰함으로써 정淨·낙樂·상常·아我라는 네 가지 전도망상을 대치하는 것이다.

[77] 세 가지 고통(三苦) : 첫째는 고고苦苦이다. 마음에 들지 않는 대상 경계에 의해 생겨나는 몸과 마음의 고통을 일컫는 말이다. 추위·굶주림 등과 같이 생겨날 때부터 고통이라는 감수 작용을 일으키는 것을 말한다. 둘째는 괴고壞苦이다. 마음에 드는 대상 경계에 의해 생겨나는 몸과 마음의 고통을 일컫는 말이다. 이는 생겨날 때, 지속될 때에는 즐거운 것이지만, 그것이 무너질 때는 몸과 마음에 고통을 일으키기 때문에 고통이라 한다. 셋째는 행고行苦이다. 마음에 드는 대상 경계와 마음에 들지 않는 대상 경계를 제외한 나머지에 의해서 일어나는 고통을 일컫는 말이다. 인연에 의해 생겨난 것(行)은 어느 것이든 생멸을 벗어나기 어렵다. 그러므로 성자의 눈으로 이를 바라보았을 때 몸과 마음에 모두 고통을 느끼게 되니 이를 역시 고통이라 한다. 일체의 유루행법有漏行法은 모든 찰나에 생멸하는 법이기 때문에 행고行苦가 아닌 것이 없지만, 이를 마음에 드는 유루행법과 마음에 들지 않는 유루행법으로 나누어 설명한 것에 지나지 않는다고 하여, 삼고 중 행고는 고고와 괴고를 포괄한 것, 곧 고고와 괴고는 행고를 둘로 분류한 것으로 보는 학자도 있다. 고고는 마음에 들지 않는 대상과 부딪쳤을 때 생겨나는 고통이고, 괴고는 좋아하는 대상이 파괴될 때 생겨나는 고통이며, 행고는 항상 영원하지 않고 변화하는 대상과 부딪쳤을 때 생겨나는 고통이기 때문에 세 가지 고통은 차례대로 고수苦受·낙수樂受·불고불락수不苦不樂受와 관련되어 있다.

에서 설한 것[78]과 같다.

> 三如理作意者。謂觀四事。先治四倒。一者諸行無常。生必滅故。諸盛歸衰。
> 非究竟故。二者有漏皆苦。由三苦故。然以愛[1)]網纏生死輪。合離毒刃之所
> 割裂。憂苦火箭之所射然。廣說如論。
>
> 1) ㉮ 갑본에 따르면 '愛'는 '受'이다.

셋째는 삼계는 청정하지 않으니 섞이고 물든 성격(번뇌)을 가졌기 때문이다. 그러나 청정한 것처럼 나타나니 원수가 친구인 것처럼 속이는 것과 같다. 모든 청정하지 않은 것에 대해 (청정하지 않다는) 생각을 하는 것은 논에서 자세하게 설한 것[79]과 같다.

넷째는 모든 법은 무아無我이니 인아人我와 법아法我의 두 가지 아我가 모두 공하기 때문이다. 여러 가지 온蘊(Ⓢ skandha, 쌓인 것)[80]이라는 법이 생겨나고 소멸하는 것을 몸으로 삼으니 생기하여도 생기하였다고 말하지 않고 소멸하여도 소멸했다는 생각을 하지 않는다. 모든 법은 하나의 양상이니 말하자면 양상이 없다. 마치 허깨비가 인연에 의해 생겨난 것과 같으니 자성이 없기 때문이다. 자성이 없는 것의 성품이 바로 모든 법의 성품이다. 비록 양상을 벗어나지 않지만 그 몸을 볼 수 없고, 비록 말 속에 있지만 그 양상을 말할 수 없다.

---

[78] 『유가사지론』 권27(T30, 435a)에서 고고성, 괴고성, 행고성의 세 가지 고통의 성격을 자세하게 서술한 것을 가리키는 것으로 보인다. 문장은 일치하지 않는다.
[79] 『유가사지론』 권17(T30, 372b)에서 상전도想顚倒를 설명하고 이어서 그 전도를 여의는 법을 설한 것을 가리키는 것 같다.
[80] 여러 가지 온蘊(Ⓢ skandha, 쌓인 것) : 오온五蘊을 가리킨다. 오온은 일체의 유위법有爲法을 다섯 부류로 구별한 것으로, 색온色蘊(물질적인 것 일체)·수온受蘊(감수 작용의 결과물 일체)·상온想蘊(지각 작용의 결과물 일체)·행온行蘊(의지 작용의 결과물 일체)·식온識蘊(안식眼識 등을 비롯한 일체의 인식 작용의 결과물 일체)을 가리킨다.

三者。三界不淨。雜染性故。然似淨現。如怨詃親。諸不淨想。如論廣說。四
者諸法無我。二我空故。謂諸蘊法生滅爲身。起不言起。滅無滅想。諸法一
相。所謂無相。如幻緣生。無自性故。無性之性。卽諸法性。雖不出相。莫見
其軀。雖在言裏。未談其狀。

4) 말씀하신 대로 수행하는 문

넷째, 말씀하신 대로 수행하는 문이라는 것은 십지十地의 지위에 오를
것을 서원하고, 멀리 보리를 얻는 것에 뜻을 두어 출가하여 사랑하는 것
들과 이별하고, 분소의糞掃衣[81]와 먹을 분량만큼 담아야 하는 발우鉢盂[82]를
법대로 수지하고, 백성문百姓門[83]을 심는 것으로 자신의 식량으로 삼고,

---

81 분소의糞掃衣 : 쓰레기나 오물 등으로 버려진 헝겊 조각을 깨끗이 씻은 다음 조각조각
기워서 만든 옷을 가리킨다.

82 발우鉢盂 : ⓢ pātra의 음역어로 발다라鉢多羅라고도 음역한다. 응량기應量器·응기應
器 등으로 의역한다. 출가자가 공양할 때 사용하는 그릇을 가리킨다. 길장吉藏의 『금
강반야경의소金剛般若經義疏』 권2(T33, 98a)에서 "발다라는 응량기라고 의역한다. 곧
출가인은 체에 지덕과 단덕을 갖추었고 안과 밖이 상응하니, 곧 인간과 하늘의 공양을
받아야 하는 사람의 그릇이라는 것을 나타낸 것이다.(鉢哆羅。此云應量器。卽表出家人。
體具智斷。內外相應。卽是應受人天供養之器也。)"라고 하였고, 도선道宣의 『석문장복의
釋門章服儀』(T45, 835b)에서 "도를 품은 사람이 이것을 입으니, 법의라고 하고, 공양을
받을 만한 사람이 이것을 사용하니 응기라고 한다.(懷道者服之。名法衣也。堪受供者用
之。名應器也。)"라고 하였다.

83 백성문百姓門 : 『菩薩戒本宗要纂註』 권하(N39, 326b)에 따르면 백성문은 두타행頭陀
行이다. 두타는 ⓢ dhūta의 음역어로 두수抖擻라고도 하고 기제棄除·수치修治 등으로
의역한다. 의·식·주 등에 있어서 탐착을 버리게 하기 위해 제정된 엄격한 수행 원칙을
가리키는 말. 보통 12가지를 제시하여 12두타행이라고 하는데, 그 구체적인 내용은 출
처에 따라 약간 다르다. 왕래하던 집에서 걸식하는 것(常期乞食), 마을에 들어가 분별
하지 않고 차례대로 걸식하는 것(次第乞食), 한번 앉은 자리에서 한 번만 먹는 것(但一
坐食), 단지 삼의三衣만 지니는 것, 아란야阿蘭若(마을에서 멀리 떨어진 고요한 곳)에 머
무는 것, 항상 나무 밑에 거주하는 것, 항상 가려진 것이 아무것도 없는 맨땅에 머무는
것 등이다. 『대지도론』 권68(T25, 537b)에서 "12두타는 계라고 하지 않으니, 곧 능히 행

계와 선정과 지혜 가운데 말씀하신 대로 수행하는 것이다.

> 四如說修行者。誓超十地。還¹⁾志菩提。出家辭別所愛之類。掃衣量鉢。²⁾如法受持。樹百姓門。以爲家糧。戒定慧中。如說修行。
>
> 1) ㉠ 을본에 따르면 '還'은 '遠'이다. 2) ㉠ 갑본에 따르면 '鉢'은 '盆'이다.

이것은 무엇을 말하는 것인가?

네 가지 문에 뛰어난 보살이 계행을 청정하게 하여 미묘하게 자량을 갖추는 것을 말한다. 첫째는 정념을 호지하는 문이고, 둘째는 바라밀다波羅蜜多⁸⁴에 의해 뛰어난 것을 (섭수하는) 문이며, 셋째는 경계와 중계의 성품을 아는 문이고, 넷째는 지키는 것과 범하는 것의 양상을 아는 문이다.

> 此復云何。謂於四門。善巧菩薩。能淨戒行。妙具資糧。一護正念門。二波羅蜜¹⁾多勝門。三輕重性門。四持犯相門。
>
> 1) ㉠ 을본에 따르면 '蜜'은 '密'이다. 이하 동일하다.

(1) 정념을 호지하는 문

첫째, 정념을 호지한다는 것은 다음과 같다.

애착할 만한 것을 마주하면 이렇게 생각해야 한다. '모든 욕망은 채워

하면 계를 장엄하는 것이지만 능히 행하지 않는다고 하여 계를 범하는 것은 아니다. 비유컨대 보시는 행하면 복을 얻지만 행하지 않아도 죄가 없다. 두타도 또한 이와 같다.'라고 하여, 계율이 타율적이라면 두타는 자율적인 것임을 밝혔다.

84 바라밀다波羅蜜多 : ⓢ pāramitā의 음역어. 줄여서 바라밀波羅蜜이라고도 하고 도度·도피안度彼岸 등으로 의역한다. 완성·최상 등의 뜻이다. 예를 들어 계바라밀이라고 하면 계를 완성한 경지에 도달하는 것이다.

질 수 없는 것이니 마른 해골 등과 같고, 【중략】 위태로운 것이니 나무 끝에 매달린 터질 듯이 익은 열매와 같다.[85] 나찰녀羅刹女(⑤ rākṣasī)와 같이 맛은 적고 재앙은 많다.[86] 세간과 출세간의 이치에 맞고 이익이 되는 일을 두루 해친다. 이것을 참지 않는다면 어떻게 고통을 모두 다 없애겠는가?'

자신의 마음에 어긋나는 것을 마주하면 이렇게 생각해야 한다. '비록 모든 유정이 하나의 여래장을 지녔지만 자체의 마음을 알지 못하고 다른 사람이라고 여기기 때문에 허망하게 기쁨과 분노를 일으키며 고통의 바다에 빠지는 것이다. 자신이 지은 업에 의해 과보를 받고 다른 사람을 끌어들여 연으로 삼아서 악취에 떨어지게 하니 심히 자신의 허물이다. 내가 일찍이 이치에 맞지 않고 이익도 되지 않는 일을 추구하면서도 지옥에 빠질 것은 생각하지도 않으며 길이 큰 고통을 받았거늘 하물며 보리를 얻기 위하여 잠시의 작은 고통을 견디지 못하겠는가?'

一護正念者。謂於可愛。應作此念。諸欲無飽。如枯骨等。乃至危如樹端爛果。如羅刹女。少味多災。徧害於世出世義利。於此不忍。何盡苦際。若對相違。應作此念。雖諸有情。一如來藏。而迷自心。計爲他故。妄生喜恚。沈

---

85 『유가사지론』 권17(T30, 369c)을 참조할 것.
86 태현의 『범망경고적기』 권하(T40, 705a)에서 "무엇을 모든 욕망은 맛은 적고 재앙은 많다고 하는 것인가? 게송으로 말한다. 나찰녀와 같이 원수가 친구인 척하는 것처럼, 마음을 기만하여 악업을 낳고 고통을 초래하고 열반을 장애하네. 나찰녀가 교접하고 나서 잡아먹는 것과 같이, 또한 원수가 친구인 척하면서 해를 끼치는 것과 같이, 오욕五欲이라는 원적怨賊도 또한 다시 이와 같아서, 마음을 태우고 어지럽히며 미혹되게 하여 혜명慧命을 해치고 한량없는 고통을 초래하고 열반의 즐거움을 장애한다.(云何諸欲少味多災。頌曰。猶如羅刹女。如怨詐示親。誑心生惡業。招苦障涅槃。如羅刹女交已致食。亦如怨士詐親加害。五欲怨賊亦復如此。燒亂迷心害於慧命。招無量苦障涅槃樂。)"라고 한 것을 참조할 것. 나찰녀의 이야기는 『열반경』 권13(T12, 440b)에서 "어떤 사람이 나찰녀를 아내로 삼았더니 아이를 낳는 대로 잡아먹고 결국은 남편까지 잡아먹었다. 애욕은 나찰녀를 아내로 삼은 것과 같아서 중생이 선근을 낳는 대로 잡아먹는다."라고 한 것에서 유래한 것이다.

於苦流。自業受果。引他爲緣。令墮惡趣。深是自過。我曾尙求無義利事。
不顧地獄。長受大苦。況爲菩提。暫時小苦。而不忍受。

자신의 마음에 들지도 않고 어긋나지도 않는 것을 마주하면 이렇게 생각해야 한다. '목숨은 쏜 화살과 같으니 순식간에 한 생애가 가버린다. 오늘 목숨이 다하려고 함에 어떻게 이치에 맞고 이익이 되는 일을 이루겠는가? 무시이래로 몸을 공양하면서 몸을 도리어 해쳐서 끝없이 생사 윤회하며 얽매이지 않음이 없었다. 세존께서 말씀하시기를 〈대지에는 너희들이 오랜 세월 동안 한량없는 생사의 고통을 받지 않은 곳이 있지 않다. 한 사람이 1겁 동안 받은 몸을 구성한 뼈가 썩어 문드러지지 않은 것을 모으면 그 분량이 왕사성王舍城[87] 옆에 있는 광박협산廣博脅山[88]과 같고, 마신 젖의 양은 네 개의 바닷물과 같고, 몸에서 나온 피와 또 사랑하는 이와 헤어지면서 흘린 눈물의 양은 네 개의 큰 바닷물과 같으며, 대지의 초목을 모두 잘라 산가지를 만들어 부모의 숫자를 헤아려도 그것으로는 다 셀 수가 없다. 한량없는 겁을 지나도록 혹은 지옥에 있고 혹은 축생이 되며 혹은 아귀가 되어서 받은 행고行苦는 헤아릴 수 없다.〉[89]라고 한 것과 같다.'

若在中容。應作此念。命如放箭。俯仰一生。今日欲盡。何義利成。無始供身。身所反害。無邊生死。無所不羈。如世尊言。大地無有汝等長夜不受無

---

87 왕사성王舍城 : ⓢ Rājagṛha의 의역어. 중인도 마가다국의 도성都城. 부처님께서 오랫동안 머물면서 불법을 전한 주요 지역 중 하나이다.
88 광박협산廣博脅山 : '광박협'은 ⓢ vipula의 의역어로 음역어는 비부라毘富羅이다. 이 산은 중인도 마가다국에 위치한 왕사성 동쪽을 둘러싼 다섯 개의 산 중의 하나이다. 나머지 네 개의 산은 영취산靈鷲山・백선산白善山・부중산負重山・선인굴산仙人掘山이다.
89 『열반경』 권22(T12, 496b) ; 『유가사지론』 권9(T30, 321a).

量生死苦處。一人一劫。所受身骨。不爛壞者。其聚量齊王舍城側廣博脅山。所飲乳汁。如四海水。身所出血。復愛別離所泣之淚。多四大海。大地草木。盡斬爲籌。以數父母。亦不可盡。無量劫來。或在地獄。或在畜生。或在餓鬼。所受行苦。不可稱計。

이렇게 생각하면서 이른 아침부터 밤늦게까지 게으름을 피우는 일이 없고, 내지 한밤중(中夜)[90]에도 오른쪽 옆구리를 땅에 대고 누워[91] 광명처럼 밝은 생각(光明想)[92]에 머물러 들판의 사슴이 잠자는 것처럼[93] 해야 한

---

90 한밤중(中夜) : 하루 낮과 밤을 각각 세 때로 나눈 것을 삼시三時라고 하는데 중야는 밤의 세 때 중 두 번째에 해당한다. 낮의 삼시란 신조晨朝(오전 8시)·일중日中(정오)·일몰日沒(오후 4시)로 주삼시晝三時라고 하고, 밤의 삼시란 초야初夜(오후 8시)·중야中夜(자정, 한밤중)·후야後夜(새벽 4시)로 야삼시夜三時라고 한다.
91 오른쪽 옆구리를 땅에 대고 누워 : 『유가사지론』 권24(T30, 413a)에서 "묻 오른쪽 옆구리를 땅에 대고 눕는 이유는 무엇인가? 답 사자왕의 법과 비슷하다. 묻 어떤 법이 서로 비슷한가? 답 사자왕은 모든 짐승 가운데 날래고 사나우며 굳건하고 용맹스러운 것이 가장 뛰어나다. 비구도 또한 그러하니, 항상 요가를 닦아 익히고 부지런히 정진하며 날래고 사나우며 견고하고 용맹스러운 것이 가장 뛰어나다. 이러한 인연으로 사자왕이 눕는 법과 서로 비슷하다. 그 나머지 아귀가 눕는 법(엎어져서 눕는다)이나 하늘이 눕는 법(하늘을 보고 눕는다)이나 애욕이 있는 사람이 눕는 법(왼쪽 옆구리를 땅에 대고 눕는다)과는 같지 않다.……사자왕처럼 누울 때에는 몸에 흔들림이나 어지러움이 없고 생각에는 잊어버리는 것이 없다. 잠을 자도 푹 빠져들어 아무것도 모르는 지경에 달하지 않고 악몽을 꾸지 않는다."라고 하였다.
92 광명처럼 밝은 생각(光明想) : 광명처럼 모든 것을 밝게 아는 정신상태를 유지하는 것. 『구사론』 권2(T29, 110c)에서 "무엇을 혼면개昏眠蓋의 먹이라고 하는가? 다섯 가지의 법이다. 첫째는 눈꺼풀이 무거워 감기는 것이고, 둘째는 즐겁지 않은 것이며, 셋째는 노곤하여 하품하는 것이고, 넷째는 너무 많이 먹어 소화가 되지 않는 것이며, 다섯째는 마음이 매우 어두운 것이다. 무엇을 이러한 혼면개의 먹이가 아닌 것이라고 하는가? 광명처럼 밝은 생각이다.(何等名爲惛眠蓋食。謂五種法。一[夢-夕+登]瞢。二不樂。三頻申。四食不平性。五心昧劣性。何等名為此蓋非食。謂光明想)"라고 한 것을 참조하여 풀었다. 이밖에 『유가사지론』 권28(T30, 437a)도 참조할 것.
93 들판의 사슴이 잠자는 것처럼 : 잠을 자면서도 조금도 방심하는 마음이 없는 것을 말한다. 『유가사지론』 권24(T30, 413a)에서 "누워서 잘 때 시시각각으로 깨어 있기를 숲과 들판의 사슴이 어느 순간에도 그 마음을 놓지 않고 수순하고 취향趣向하면서 수면에 들어가는 것과 같이 한다."라고 하였다.

다. 『좌선삼매경』에서 "번뇌는 깊어 바닥이 없으니 생사의 바다도 끝이 없네. 고통에서 건네줄 배는 아직 완성되지 않았는데 어찌 즐겨 잠을 잘 수 있겠는가?"[94]라고 한 것과 같다.

> 如是思惟。夙夜匪懈。乃至中夜。右脅而臥。住光明想。如野鹿寐。如坐禪經曰。煩惱深無底。生死海無邊。度苦船未立。[1] 云何得[2] 睡眠。
> 1) ㉠『좌선삼매경』에 따르면 '立'은 '辦'이다. 2) ㉠『좌선삼매경』에 따르면 '云何得'은 '安得樂'이다.

(2) 바라밀다에 의해 뛰어난 것을 섭수하는 문

둘째, 바라밀다에 의해 (뛰어난 것을) 섭수하는 문이라는 것은 간략하게 두 가지가 있다. 첫째는 총괄적인 성품의 측면에서 섭수하는 문이고, 두 번째는 개별적인 양상의 측면에서 섭수하는 문이다.

> 二波羅蜜[1] 多攝門者。略有二門。一總性攝門。二別相攝門。
> 1) ㉑ 을본에 따르면 '蜜'은 '密'이다.

① 총괄적인 성품의 측면에서 섭수하는 문

처음에 해당하는 것은 다음과 같다. 모든 행위는 지은 것과 짓지 않은 것으로 말미암아 네 가지 구절을 지어야 한다. 일곱 가지의 가장 뛰어난 것을 섭수하는 것을 도피안度彼岸(바라밀다)이라고 하기 때문이다. 자세한 것은 논에서 설한 것과 같다.[95] 그런데 도피안에는 각각 아홉 가지 양상이

---

94 『坐禪三昧經』 권상(T15, 270c).
95 『성유식론』 권9(T31, 51b)에서 "이 열 가지 바라밀다의 상相이라는 것은 일곱 가지 가

있다. 『유가사지론』에서 설한 것[96]과 같으니 뛰어나게 행해야 한다.

初者。諸行由作不作。應作四句。七種最勝之所攝受。乃名到彼岸故。廣說如論。然到彼岸。各有九相。如瑜伽說。應當善巧。

장 뛰어난 것을 섭수해야만 비로소 바라밀다를 건립할 수 있다. 첫째는 안주하는 것이 가장 뛰어난 것이니 보살종성에 안주해야 함을 말한다. 둘째는 의지하는 것이 가장 뛰어난 것이니 대보리에 의지해야 함을 말한다. 셋째는 의향이 가장 뛰어난 것이니 모든 유정을 불쌍하게 여겨야 함을 말한다. 넷째는 사업이 가장 뛰어난 것이니 모든 사업을 갖추어서 행해야 함을 말한다. 다섯째는 방편이 가장 뛰어난 것이니 무상지無相智를 섭수해야 함을 말한다. 여섯째는 회향이 가장 뛰어난 것이니 무상보리로 회향해야 함을 말한다. 일곱째는 청정함이 가장 뛰어난 것이니 두 가지 장애가 잠시라도 섞이지 않아야 함을 말한다. 이러한 일곱 가지를 섭수하지 않으면 보시 등을 행하는 것은 도피안이라고 할 수 없다. 이로 말미암아 보시 등의 열 가지를 바라밀다에 배대하여 낱낱이 모두 네 구절로 분별해야 한다.(此十相者。要七最勝之所攝受方可建立波羅蜜多。一安住最勝。謂要安住菩薩種性。二依止最勝。謂要依止大菩提。三意樂最勝。謂要悲愍一切有情。四事業最勝。謂要具行一切事勝。五巧便最勝。謂要無相智所攝受。六迴向最勝。謂要迴向無上菩提。七清淨最勝。謂要不為二障間雜。若非此七所攝受者所行施等非到彼岸。由斯。施等十對波羅蜜多。一一皆應四句分別。)"라고 하였는데,『成唯識論俗詮』(X50, 804a)에 따르면 네 구절이란 보시를 예를 들면 다음과 같다. 첫째는 보시이지만 바라밀다는 아닌 경우이니 일곱 가지 뛰어남과 상응하지 않기 때문이다. 둘째는 바라밀다이지만 보시는 아닌 경우이니 다른 사람이 보시하는 것을 따라서 기뻐하며 일곱 가지 뛰어남을 갖추었기 때문이다. 셋째는 바라밀다이고 보시이기도 한 경우이니 일곱 가지 뛰어남을 갖추고 보시 등을 행하기 때문이다. 넷째는 바라밀다도 아니고 보시도 아닌 경우이니 다른 사람이 보시하는 것을 따라서 기뻐하고 일곱 가지 뛰어남과 상응하지 않기 때문이다. 또『성유식론』에서 설한 열 가지 바라밀다는 차례대로 보시바라밀다→계바라밀다→인욕바라밀다→정진바라밀다→정려靜慮(선정)바라밀다→반야바라밀다→방편선교바라밀다→원願바라밀다→역力바라밀다→지智바라밀다이다.

[96] 『유가사지론』 권39(T30, 505b)에서 "아홉 가지 양상으로 보시하는 것을 보살의 보시바라밀다라고 한다. 첫째는 자성시自性施이고, 둘째는 일체시一切施이며, 셋째는 난행시難行施이고, 넷째는 일체문시一切門施이며, 다섯째는 선사시善士施이고, 여섯째는 일체종시一切種施이며, 일곱째는 수구시遂求施(상대방이 원하는 것을 보시하는 것)이고, 여덟째는 차세타세락시此世他世樂施이며, 아홉째는 청정시淸淨施이다."라고 하였다.

② 개별적인 양상의 측면에서 섭수하는 문

나중에 해당하는 것은 다음과 같다. 여기에 세 가지가 있다.

後者。有三種。

A. 원인과 결과의 측면에서 섭수하는 것

첫째는 원인과 결과의 측면에서 섭수하는 것이다. 앞의 것은 뒤의 것의 의지처가 되기 때문에 앞의 구절에 수순하여 섭수되며, 뒤의 것은 앞의 것을 청정하게 지니기 때문에 뒤의 구절에 수순하여 섭수된다. 비록 따로 따로 닦지만 (원인이 되어 결과를) 이끌어 내고 (결과가 되어 원인을) 지니는 것으로 말미암아 낱낱의 것을 닦으면 저절로 모든 것을 두루 닦게 된다.[97]

一因果攝。前爲後依故。順前句攝。後淨持前故。順後句攝。雖別別修。由引持故。一一自然。偏[1]修一切。

1) ㉠ 을본에 따르면 '偏'은 '遍'이다.

---

[97] 『성유식론』권9(T31, 51c)에서 "열 가지 바라밀다의 순서라는 것은 이전과 이전의 것으로 말미암아 다음과 다음의 것을 이끌어 내는 것과 다음과 다음의 것으로 말미암아 이전과 이전의 것을 청정하게 지니는 것이다.(十次第者。謂由前前。引發後後。及由後後。持淨前前。)"라고 한 것을 풀어쓴 것으로 보인다. 태현은 전자를 원인이 결과를 섭수하는 것, 곧 이끌어 내는 것이라고 하고, 후자를 결과가 원인을 섭수하는 것, 곧 청정하게 지니는 것이라고 하였다. 『성유식론술기』권10(T43, 580b)에서 "전자는 보시로 말미암아 계와 인욕 등이 이끌어 내어지는 것이고, 후자는 계가 보시를 지니는 것을 말한다."라고 하였다.

B. 체의 측면에서 섭수하는 것

둘째는 체의 측면에서 섭수하는 것이다. 낱낱의 바라밀다를 닦는 가운데 일체의 탐욕이 없음은 보시의 성품이고, 일체의 사업思業은 계의 성품이며, 일체의 분노가 없음은 인욕의 성품이고, 일체의 용맹스러움은 정진의 성품이며, 일체의 오롯한 집중은 정려의 성품이고, 일체의 정견正見은 나머지 다섯 가지[98]의 성품이다. 이로 말미암아 하나의 바라밀다를 행하면 모든 바라밀다를 닦게 되니 반드시 서로 응하기 때문이다.

二者體攝。修一一行。一切無貪施性。一切思業戒性。一切無瞋忍性。一切勇悍精進性。一切專注靜慮性。一切正見後五性。由此一行。修一切行。必相應故。

C. 작용의 측면에서 섭수하는 것

셋째는 작용의 측면에서 섭수하는 것이다. 탐욕 없음 등의 법은 낱낱이 무외시無畏施 등의 보시를 갖추고, 내지 유정을 성취하게 하는 지혜의 위의를 갖추고 있다.[99] 서로 돕고 전전하며 권속이 되니 모두 일체의 함께 작

---

98 나머지 다섯 가지 : 열 가지 바라밀다 중 앞에서 설한 것을 제외한 나머지 다섯 가지, 곧 반야와 방편선교와 원과 역과 지의 바라밀다를 가리킨다.
99 『성유식론』 권9(T31, 51b)에서 "보시바라밀다에 재시財施, 무외시無畏施, 법시法施의 세 가지가 있다. 지계바라밀다에 율의계律儀戒, 섭선법계攝善法戒, 요익중생계饒益衆生戒의 세 가지가 있다. 인욕바라밀다에 내원해인耐怨害忍, 안수고인安受苦忍, 체찰법인諦察法忍의 세 가지가 있다. 정진바라밀다에 피갑정진被甲精進, 섭선정진攝善精進, 이락정신利樂精進의 세 가지가 있다. 정려바라밀다에 안주정려安住靜慮, 인발정려引發靜慮, 판사정려辦事靜慮의 세 가지가 있다. 반야바라밀다에 생공무분별혜生空無分別慧, 법공무분별혜法空無分別慧, 구공무분별혜俱空無分別慧의 세 가지가 있다. 방편선교바라밀다에 회향방편선교迴向方便善巧와 발제방편선교拔濟方便善巧의 두 가

용하는 공덕을 자성으로 삼기 때문이다.[100] 이로 말미암아 모든 행에 있어서 모든 행을 행하게 된다. 이러하다면 한생각에 모든 바라밀행을 닦을 수 있으니 오직 아승기야阿僧企耶[101]를 지난 이후에만 깨달음을 얻겠는가?

또 무수겁無數劫[102]이 진실로 한생각 속에 있으니, 제자리에서 돌고 있는 사람이 자신의 뒷덜미를 향하는 것[103]은 미래제이지만 (그곳에 도달하여) 뒷덜미가 또 얼굴로 향하면[104] (그 자리가 바로) 과거제가 되는 것처럼, 시작도 없고 끝도 없이 한생각으로 돌아가기 때문이다. (논에서) "게송으로 말한 것과 같다. 꿈속에서 한 해가 지났다고 말하지만 깨어나면 잠깐이었네. 지내온 시간이 비록 한량없지만 한 찰나에 거두어진다네."[105] 라고 하였다.

지가 있다. 원바라밀다에 구보리원求菩提願과 이락타원利樂他願의 두 가지가 있다. 역바라밀다에 사택력思擇力과 수습력修習力의 두 가지가 있다. 지바라밀다에 수용법락지受用法樂智와 성숙유정지成熟有情智의 두 가지가 있다."라고 하여 열 가지 바라밀다의 26가지 작용을 설하였다.
100 『성유식론』 권9(T31, 51b)에서 "권속을 아울러서 말하면 낱낱이 모두 일체의 함께 작용하는 공덕을 성품으로 삼는다.(若幷眷屬。一皆以一切俱行功德爲性)"라고 한 것을 참조할 것.
101 아승기야阿僧企耶: ⓢ asaṃkhyeya의 음역어. 무앙수無央數·무수無數 등으로 의역한다. '무앙수'는 고대 인도에서 사용된 52수 중 하나인데 '헤아릴 수 없을 정도로 많은 수'를 뜻한다. 아주 오랜 시간을 가리키는 말이다.
102 무수겁無數劫: ⓢ asaṃkhyeya-kalpa. '무수'는 ⓢ asaṃkhyeya의 의역어로 무앙수無央數라고도 하며 음역어는 아승기阿僧祇이다. 아승기는 고대 인도에서 사용되던 52수 가운데 52번째에 해당하는 수이다. 여기에 여덟 가지를 더해 60가지 숫자의 단위를 사용하기도 하는데, 이때 60번째에 해당하는 가장 큰 수는 불가설不可說이다. 삼 아승기겁이란 보살이 수행을 하여 불과를 원만하게 이룰 때까지 걸리는 시간을 가리킨다. 10주·10행·10회향 등 삼현위三賢位를 수행하면서 7만 5천 분의 부처님께 공양하는 데 첫 번째 아승기겁이 걸리고, 10지 중 초지初地부터 제7지에 이르기까지 수행하면서 6만 6천 분의 부처님께 공양하는 데 두 번째 아승기겁이 걸리며, 제8지부터 부처님이 되기까지 수행하면서 7만 7천 분의 부처님께 공양하는 데 세 번째 아승기겁이 걸린다.
103 두 팔을 벌리고 서서 그 자리에서 빙빙 돌되, 앞에서 뒤로 향하는 것을 말한다.
104 뒤에서 앞으로 향하는 것을 말한다.
105 『섭대승론석』 권6(T31, 419a).

三者用攝。無貪等法。一一俱有無畏等施。乃至成就有情智儀。互相資助。展轉眷屬。皆以一切俱行功德爲自性故。由此於一切行。行一切行。是則一念。修一切行。豈唯阿僧企耶已後。又無數劫。實在一念。如旋行者。實向自頂。爲未來際。頂¹⁾亦背顔。爲過去際。無始無終。歸一念故。如有頌言。處夢謂經年。悟乃須臾頃。²⁾故時雖無量。攝在一刹那。

1) ㉠ 을본에 따르면 '頂'은 '項'이다. 2) ㉡ 을본에 따르면 '頃'은 '項'이다.

(3) 경계와 중계의 성품을 아는 문

셋째, 경계와 중계의 성품을 아는 문이라는 것은 다음과 같다. 취해야 할 선법과 버려야 할 악법이 비록 모든 잡염(번뇌에 의한 망업妄業)과 청정(자리이타의 선행)을 섭수하고 있어도 (처음 발심하고) 가행加行의 업을 행함에 있어서 금계를 제정했기 때문에, 간략하게 열 가지 중계(十重戒)와 마흔여덟 가지 경계(四十八輕戒)가 있다.

三輕重性門者。所取及捨。雖攝一切雜染淸淨。於加行業。制禁戒故。略有十重。四十八輕。

그런데 보살계는 의지意地(마음)를 근본으로 삼으니 만약 뛰어난 이익이 되는 상황을 맞이하면 몸과 말과 관련된 계행을 버리기 때문이다.
어떤 악도 탐욕과 분노와 어리석음에 의거하지 않은 것이 없다. 좋은 것은 끌어다가 (자신의 것으로 삼고) 나쁜 것은 미루어서 (남의 것이 되게 하니) 그러므로 뒤의 네 가지[106]를 근본중죄根本重罪[107]로 삼는다.

---

106 뒤의 네 가지 : 『범망경』에서 설한 열 가지 중계 중 뒤의 네 가지를 가리킨다. 곧 제7 자신을 찬탄하고 남을 비방하는 것, 제8 재물과 법을 아까워하고 헐뜯고 욕하는 일을 하는 것, 제9 분노하면서 다른 사람이 사과하는 것을 받아들이지 않는 것, 제10 삼보

섭선법계 중 지극히 어긋나는 것에 두 가지가 있다. 첫째는 복을 닦고 지혜를 버리는 것이고, 둘째는 대승을 버리고 소승을 향하는 것이다. 탐욕[108]은 오직 처음의 것[109]만 이끌어 내고, 어리석음[110]은 두루[111] 이끌어 내며, 나머지 둘[112]은 뒤의 것[113]을 이끌어 내니 대승에 어긋나기 때문이다.

섭유정계 중 지극히 어긋나는 것에 두 가지가 있다. 첫째는 자신을 먼저 생각하고 남을 나중에 생각하는 것이고, 둘째는 (설령 남을 먼저 생각할 경우라도) 친한 사람이라거나 원수라거나 하는 생각이 있는 것이다.

(섭률의계에서) 좋은 것은 끌어다가 (자신의 것으로 삼고) 나쁜 것은

를 비방하고 헐뜯는 것을 말한다. 『유가사지론』 권40(T30, 515b)에서는 "네 가지 타승처법이 있다. 첫째는 이양과 공경을 탐하여 자신을 칭찬하고 남을 비방하는 것이고, 둘째는 재물을 주는 것을 아까워하는 것이며, 셋째는 분노하는 마음을 일으키는 것이고, 넷째는 대승법을 비방하는 것이다."라고 하였다.

107 근본중죄根本重罪 : 보통 계와 관련된 죄 가운데 가장 무거운 것인 바라이죄를 가리킨다. 그러나 태현은 열 가지 중계 중 마지막 네 가지를 특히 보다 근본적이라는 의미에서 근본중죄라고 지칭한 것으로 보인다. 태현의 『범망경고적기』 권하(T40, 703a)에서 "(『범망경』 열 가지 중계 중 앞의 네 가지는) 공근본중죄共根本重罪(이승과 함께하는 근본중죄)이고 (뒤의 네 가지는) 불공근본중죄不共根本重罪(이승과 함께하지 않는 근본중죄)이기 때문이다."라고 하였는데 이것에 따르면 열 가지 바라이죄를 모두 근본중죄라고 하는 것으로 보인다. 그런데 태현은 같은 책에서 열 가지 중계를 해석하면서 앞의 여섯 가지는 "是故制爲他勝處法."라고 하여 단지 타승처법(바라이죄)이라고만 하고 뒤의 네 가지, 곧 제7, 제8, 제9, 제10의 네 가지 계에 대해서 "所以偏制爲根本重"이라고 하여 근본중이라는 이름을 붙였다. 그렇다면 태현이 뒤의 네 가지에 대해서만 특별한 의미를 부여하여 '근본'을 붙인 것으로 추정할 수도 있다.
108 탐욕 : 네 가지 근본중죄 중 "재물과 법을 아까워하고 헐뜯고 욕하는 일을 하는 것"이 이것과 관련된 것이다.
109 처음의 것 : 복을 닦고 지혜를 버리는 것을 말한다.
110 어리석음 : 네 가지 근본중죄 중 "삼보를 비방하고 헐뜯는 것"이 이것과 관련된 것이다.
111 두루 : 복을 닦고 지혜를 버리는 것과 대승을 버리고 소승을 향하는 것의 두 가지와 모두 관련되었음을 나타낸다.
112 나머지 둘 : 네 가지 근본중죄 중 "자신을 찬탄하고 남을 비방하는 것"과 "분노하면서 다른 사람이 사과하는 것을 받아들이지 않는 것"을 가리킨다.
113 뒤의 것 : 대승을 버리고 소승을 향하는 것을 말한다.

미루어서 (남의 것이 되게) 하는 것은 처음의 것, 곧 자신을 먼저 생각하고 남을 나중에 생각하는 것을 인출한다. 탐욕과 분노는 뒤의 것, 곧 친한 사람이라거나(탐욕) 원수라거나 하는 생각(분노)을 인출한다. 어리석음에 의한 삿된 견해는 (처음과 뒤의) 두 가지를 모두 이끌어 낸다.

이로 말미암아 상응하는 것에 따라서 삼취정계의 근본으로 삼았다.

然菩薩戒。意地爲本。若見勝利。縱身語故。無惡不由貪瞋癡者。無不爲引好推惡。所以後四爲根本重。攝善戒中。極違有二。一修福捨智。二棄大向小。貪偏引初。愚癡徧引。餘二引後。違大乘故。攝有情中。極違有二。一先自後他。二有親怨想。推¹⁾惡引初。貪瞋引後。愚癡邪見。通引一切。由此隨應。爲三聚本。

1) ㉮ 갑본과 을본에 따르면 '推'는 '惟'이다.

(4) 지키는 것과 범하는 것의 양상을 아는 문

넷째, 지키는 것과 범하는 것의 양상을 아는 문이라는 것은 다음과 같다. 대략 세 가지 문이 있으니, 첫째는 총괄적 양상을 아는 문이고, 둘째는 개별적 양상을 아는 문이며, 셋째는 구경을 아는 문이다.

四持犯相門者。略有三門。一總相門。二別相門。三究竟門。

① 총괄적으로 양상을 아는 문

첫째, 총괄적으로 양상을 아는 문[114]이라는 것은 다음과 같다.

---

114 총괄적으로 양상을 아는 문 : 특정한 한 계만이 아니고 전체 계의 양상을 아는 것을

一總相者。

A. 업을 짓는 것과 위범의 상대

📋 만약 (계에 어긋나는) 업을 지었다면 반드시 위범인가, 만약 위범이 성립된다고 한다면 (그것은 어느 경우이든 계에 어긋나는 업을) 지은 것인가?
📋 네 구절로 분별할 수 있다.

혹은 계에 어긋나는 업을 지었지만 위범이 아닌 경우가 있다. 뛰어난 이익을 얻을 것이 예상되기 때문에 어긋나는 업을 지은 것을 말한다. 보살계 가운데에서는 하열한 범부에 이르기까지 착한 마음에 의해 업을 지었다면 모두 위범이 아니기 때문이다.

혹은 업을 짓지 않았지만 위범인 경우가 있다. (남이 나쁜 일을 하는 것을 보고) 따라서 기뻐하는 것 등을 말한다. 나머지 구절[115]은 앞의 설명에 준하여 알아야 한다.

若作必犯。設犯亦作。四句分別。或有作而非犯。謂見勝利。菩薩戒中。乃至下凡善心所作。皆非犯故。或有不作而犯。謂隨喜等。餘句應知。

B. 위범과 염오의 상대

📋 만약 위범이면 반드시 염오(번뇌)인가, 만약 염오가 성립된다고 한다

말한다.
115 나머지 구절 : 앞에서 네 구절이라고 하고 두 가지 구절만 제시하였다. 그러므로 두 가지 구절이 남아 있다. 셋째는 업을 지었고 위범이기도 한 것이다. 예를 들면 나쁜 마음으로 살생 등을 행한 것을 말한다. 넷째는 업을 짓지도 않았고 위범도 아닌 것이다. 예를 들면 착한 마음으로 계를 지키는 것이다.

면 그것은 반드시 위범인 것인가?

답 말하자면 네 구절이 있다.

첫 번째 구절은 (위범이지만 염오는 아닌 것이다.) 무부무기無覆無記[116]와 무지無知와 방일放逸에 의한 것이다. 이 죄는 악을 도와서 그 과보를 초래하기 때문이다.

두 번째 구절은 (염오이지만 위범은 아닌 것이다.) 그 마음을 끊고자 하여 의지(意樂)를 일으키고 부지런히 정진하였으나 번뇌가 치성하게 일어나 그 마음을 가리고 억압함으로써 시시각각 자주 일어나는 것을 말한다.[117]

나머지 구절[118]은 앞의 설명에 준하여 알아야 한다.

若犯必染。設染定犯。謂有四句。第一句者。無覆無記。無知放逸。此罪助惡。招彼果故。第二句者。謂欲斷彼生起意樂。發勤精進。煩惱熾盛。弊抑

---

116 무부무기無覆無記 : ⓢakliṣṭa-avyākṛta. 번뇌와 상응하지 않고 성도聖道를 장애하지 않는 무기를 말한다. '무기'는 선이라고도 악이라고도 할 수 없는 중성적인 성격의 유루법을 가리킨다. 무기는 다시 순수하게 중성인 것과 중성이기는 하지만 올바른 지혜가 일어나는 것을 방해하는 점에서 염오된 마음으로 간주되는 것으로 구분되는데, 전자를 무부무기라고 하고 후자를 유부무기有覆無記라고 한다.

117 『유가사지론』 권41(T30, 518a)에서 "보살들이 보살의 청정한 계율의에 편안히 머물러, 거짓말을 일으켜 허황된 말로 알지 못하면서도 아는 것 같은 모습을 드러내고, 방편을 연구하여 이익을 빌리고 이익을 구하며, 잘못된 방편으로 생활하는 법을 탐미하면서도 부끄러워하지 않고 그것을 굳게 지키면서 버리지 않으면, 이를 범하는 것이 있고 어긋나고 넘어서는 것이 있으며 염오에 의한 위범이라 한다. 위범에 해당하지 않는 경우는 그러한 마음을 제거하고자 하여, 욕구를 일으키고 부지런히 정진하였으나, 번뇌가 치성하여 그 마음을 가리고 억압함으로써 시시각각 나타나고 생기하는 것이다."라고 한 것을 취의 요약한 것이다. 단 여기에서는 분노(瞋蓋)는 언급하지 않고 있다.

118 나머지 구절 : 앞에서 네 구절이라고 하고 두 가지 구절만 제시하였다. 그러므로 두 가지 구절이 남아 있다. 셋째는 염오이고 위범인 것이다. 염오에 의한 위범, 곧 허황된 말로 알지 못하면서도 아는 것 같은 모습을 드러내고, 방편을 연구하여 이익을 빌리고 이익을 구하며, 잘못된 방편으로 생활하는 법을 탐미하면서도 부끄러워하지 않고 그것을 굳게 지키면서 버리지 않는 것을 말한다. 넷째는 염오도 아니고 위범도 아닌 것이다. 착한 마음을 유지하여 위범하지 않는 것이다.

其心。時時數起。餘句應知。

C. 위범과 죄의 상대

問 만약 위범했다면 반드시 죄를 지은 것인가, 만약 죄를 지었다면 그것은 계도 범한 것인가?

答 말하자면 앞의 구절[119]에 수순한다.[120] (뒤의 구절은 타당하지 않으니) 광란 등에 의해 분명하게 상황을 알지 못하지만 고사업故思業[121]에 의해 지은 것은 (죄이지만 계를 범한 것은 아니기) 때문이다.[122]

若犯必罪。設罪亦犯。謂順前句。以犯¹⁾亂等。無所了知。故思業故。

1) 역 『보살계본종요찬주』에 따르면 '犯'은 '狂'이다.

D. 중죄와 업도의 상대

問 만약 중죄를 지으면 (악한) 업도[123]도 짓는 것인가, 만약 (악한 업도)를 지으면 중죄도 짓는 것인가?

答 네 구절로 분별해야 한다.

---

119 앞의 구절 : "만약 위범했다면 반드시 죄를 지은 것인가?"라고 한 것을 말한다.
120 앞의 구절이 타당함을 밝힌 것이다. 왜냐하면 위범은 모두 죄가 되기 때문이다.
121 고사업故思業 : 의도적으로 짓는 몸과 입의 업을 가리킨다. 상대어는 불고사업不故思業으로 의도하지 않고 짓는 몸과 입의 업을 가리킨다.
122 상품의 광란의 상태에 의해 살생 등의 업을 지었으면 착하지 않은 생각을 일으키고 살생의 업을 지었기 때문에 죄가 되지만 위범은 아니라는 것을 말하는 것이다.
123 (악한) 업도 : 열 가지 악한 업도(十惡業道)를 가리킨다. 살생하는 것, 도둑질하는 것, 삿된 음행(邪淫)을 행하는 것, 거짓말을 하는 것, 이간질하는 말을 하는 것(兩舌), 추악한 말을 하는 것(惡口), 꾸미는 말을 하는 것(綺語), 탐욕을 내는 것, 분노하는 것, 삿된 견해를 일으키는 것을 가리킨다.

혹은 중죄를 지으면 업도도 성립되는 경우가 있다. 술을 파는 것[124] 등과 다른 일부[125]를 말한다. 혹은 업도를 지어도 중죄에 섭수되지 않는 경우도 있다. 꾸미는 말을 하는 것(綺語) 등을 말한다. 나머지 구절[126]은 앞의 설명에 준하여 알아야 한다.

若有重罪亦業道。設有業道亦重罪。四句分別。或有是重而非業道。謂酤酒等及餘一分。或有業道而非重攝。謂綺語等。餘句應知。

E. 중죄인 업도와 사계捨戒

問 만약 중죄인 업도를 지으면 반드시 계를 버리는 것인가, 만약 계를 버리면 중죄인 업도를 짓는 것인가?

答 네 구절로 분별해야 한다.

첫째는 (중죄인 업도를 지었지만 계를 버리지는 않는 경우이다.) 중품과 하품의 번뇌(纏)에 의해 타승처를 범하는 것이다. (위범하고 나서) 부끄러워하는 마음이 있고 이것(자신이 범한 것)을 공덕이 되는 것이라고 여기며 깊이 탐닉하지 않는 것을 말한다.

둘째는 (계를 버렸지만 중죄인 업도를 짓지는 않는 경우이다.) (상품에 속하는 보리심에서 물러난 사람은) 스스로 결심하여 보리를 얻겠다는 서원을 버리는 경우이고 (중품과 하품에 속하는 보리심에서 물러난 사람은) 다른 사람을 향하여 보리의 서원을 버리겠다고 하는 경우를 말한다.

---

124 술을 파는 것 : 열 가지 중계 중 제5에 해당하는 계이다.
125 다른 일부 : 전도된 생각에 의해 살생 등을 행하는 것을 말한다.
126 나머지 구절 : 앞에서 네 구절이라고 하고 두 가지 구절만 제시하였다. 그러므로 두 가지 구절이 남아 있다. 셋째는 업도를 짓는 것이고 중죄를 짓는 것이다. 염오심에 의해 살생 등을 행하는 것을 말한다. 넷째는 업도를 짓는 것도 아니고 중죄를 짓는 것도 아닌 것이다. 착한 마음을 지켜 위범하지 않는 것이다.

셋째는 (계를 버리는 것이고 중죄인 업도도 짓는 경우이다.) 상품의 번뇌에 의해 전부 (혹은) 개별적으로 타승처를 범하여 근본죄를 일으키는 것이다.

앞에서 제시한 (세 가지 구절의) 양상을 제외한 것을 네 번째 구절이라고 하니 (계를 버리는 것도 아니고 중죄인 업도도 짓지 않는 경우이다.)

若重業道亦必捨戒。設捨戒者亦重業耶。應作四句。一中下品纏犯他勝處。謂有慚愧。亦不深躭。¹⁾ 見是功德。二自及向他。捨菩提願。三上纏總別犯他勝處起根本罪。除爾所相。爲第四句。

1) ㉾ 갑본과 을본에 따르면 '躭'은 '耽'이다.

問 이와 같다면[127] 무엇 때문에 『본업경』에서 "보살계는 받는 법은 있지만 버리는 법(捨法)은 없다. 범할 수는 있지만 미래제未來際가 다하도록 잃어버리는 일은 없다."[128]라고 하였는가?

答 성문승(下乘)이 (회심하여) 보살승(大乘)을 향하는 것이라면 (하열한 것을 버리고 뛰어난 것을 얻기 위해) 버리는 법이 있어야 하지만 (가장 뛰어난) 보살계를 버리는 것에는 그렇게 해야 하는 일이 없기 때문이다.[129] [130] 혹은 보살계에는 무여범이 없으니 모두 다하는 일은 없기 때문이다.[131] 앞

---

127 이와 같다면 : 앞의 네 구절 중 두 번째와 세 번째 구절에서 계를 버리는 경우를 설한 것을 가리킨다.
128 『보살영락본업경』 권하(T24, 1021b).
129 보살계는 보리심에서 물러나려는 마음을 일으키면 비록 계를 버리고자 하여도 별도로 버리는 법은 없다는 것을 말하는 것이다.
130 앞에서 인용한 『본업경』에서 설한 것은 크게 두 가지로 나눌 수 있다. 받는 법은 있지만 버리는 법은 없는 것과 위범은 있지만 잃어버리는 것은 없는 것이다. 이것은 이 중 전자와 관련된 답변이다.
131 앞에서 인용한 『본업경』에서 설한 것은 크게 두 가지로 나눌 수 있다. 받는 법은 있지만 버리는 법은 없는 것과 위범은 있지만 잃어버리는 것은 없는 것이다. 이것은 이 중 후자와 관련된 답변이다.

에서 설한 것[132]과 같기 때문이다.

> 問。若爾。何故本業經言。菩薩戒。有受法而無捨法。有犯不失。盡未來際。答。下乘向大。有應捨法。棄菩薩戒。無應爾故。或菩薩戒。無無餘犯。無有總盡。如前說故。

② 개별적으로 계의 양상을 아는 문

둘째, 개별적으로 양상을 아는 문[133]이라는 것은 다음과 같다.

> 二別相者。

㉄ 자신과 타인에 대해서 (자신을) 찬탄하고 (남을) 비방하면 반드시 죄인가, 만약 자신을 비방하고 남을 찬탄하면 복이 되기도 하는 것인가?
㉅ 말하자면 네 구절이 있다.

혹은 자신을 찬탄하고 남을 비방하는 것은 죄이고 자신을 비방하고 남을 찬탄하면 복이 되는 경우가 있다. 차례대로 (곧 전자는) 남에게 손해를 입히는 것이기 때문에 (죄이고) (후자는) 이익을 주는 것이기 때문에 (복이다.)

혹은 자신을 찬탄하고 남을 비방하는 것이 복이고 자신을 비방하고 남을 찬탄하는 것이 죄가 되는 경우가 있다. (전자는) 삿된 것을 물리치기 위한 것 등의 목적을 위해서 그렇게 했기 때문에 (복이고), (후자는) 거짓

---

132 앞에서 설한 것 : 본서의 앞부분에서 "또 비구계는 반드시 모두 수지해야 하기 때문에 하나의 중계를 범하면 바로 모든 계를 잃지만 보살계는 그렇지 않다.······"라고 한 것을 말한다.
133 개별적으로 양상을 아는 문 : 특정 계의 양상을 아는 문이라는 뜻이다.

으로 비위를 맞추어 이익을 이끌어 내기 위해서 그렇게 했기 때문에 (죄이다.)

혹은 자신을 찬탄하고 남을 비방하는 것이 죄이기도 하고 복이기도 한 경우가 있고, 자신을 비방하고 남은 찬탄하는 것이 죄이기도 하고 복이기도 한 경우가 있다. (전자는) 얕고 작은 것에는 수순하기 때문에 (복이고)[134] 깊고 광대한 것에는 어긋나기 때문에 (죄이다.)[135][136]

혹은 자신을 찬탄하고 남을 비방하는 것과 자신을 비방하고 남을 찬탄하는 것이 죄도 아니고 복도 아닌 경우가 있다. 그 마음이 강렬하게 광란된 상태인 경우, 혹은 무거운 고통에 의해 핍박받는 상태인 경우, 혹은 아직 계를 받지 않은 상태일 경우, 혹은 무기에 의해 지은 것일 경우를 말한다.[137]

若於自他讚毀必罪。設毀讚者亦是福耶。謂有四句。或有讚毀罪毀讚福。如次他邊損害故。饒益故。或有讚毀福毀讚罪。摧邪等故。佞引利故。或有讚

---

[134] '얕고 작은 것'은 소승의 행을 가리킨다. 소승에서는 찬탄하든 비방하든 그것이 실제 일어난 일과 일치하면 죄가 아니다. 그러므로 이러한 측면에서 자찬훼타는 복이라는 말이다.

[135] '깊고 광대한 것'은 대승의 행을 가리킨다. 대승에서는 자찬훼타는 대비에 의해 중생을 불쌍하게 여기는 정신과 어긋난다. 그러므로 이러한 측면에서 자찬훼타는 죄라는 말이다.

[136] 후자에 대한 설명은 생략되었다.『菩薩戒本宗要纂註』권하(N39, 343a)에 의거하여 이를 보충하면 다음과 같다. "자신을 비방하고 남은 찬탄하는 것이 죄이기도 하고 복이기도 한 경우라는 것은 다음과 같다. 보살이 법을 일으켜 남을 이롭게 하는 뛰어난 이익을 주려는 의도를 가지고 자신의 바름을 드러내고 남의 삿됨을 물리친다면 그것은 당연히 행해야 할 것이다. 그런데 명예와 이익에 있어서 자신이 손상될 것을 두려워하여 자신을 비방하고 남을 칭찬한다면, 이것은 자신만을 제도하려는 소승의 행에 수순하기 때문에 복이다. 그러나 중생을 널리 구제하려는 뜻을 중시하는 대승의 행에는 어긋나기 때문에 죄이다."

[137] 『유가사지론』권41(T30, 521a)에서 "일체처一切處에서 위범으로 판정하지 않는 경우란 그 마음이 강렬하게 광란狂亂한 상태인 경우, 무거운 고통에 의해 핍박받는 상태일 경우, 아직 청정한 계율의를 받지 않았을 경우이다."라고 한 것을 참조할 것.

毁亦福亦罪。毁讚亦爾。謂順淺小。違深廣等。或有讚毁毁讚非罪非福。謂如彼心增上犯[1]亂。或重苦逼。或未受戒。無記所作。

1) ㉠『菩薩戒本宗要纂註』에 따르면 '犯'은 '狂'이다.

㉄ 만약 자신을 찬탄하고 남을 비방하는 죄를 지었다면 반드시 타승처에 해당하는 것인가, 만약 타승처에 해당하면 또한 자신을 찬탄하고 남을 비방하는 것이어야 하는 것인가?

若讚毁罪。必他勝處。設他勝處。亦讚毁耶。

㉅ (보살계는) 경계와 중계의 양상을 결정하기 어려우니 수행의 계위가 진전됨에 따라 지키는 것과 범하는 것의 양상이 (점점 더) 지극히 미세해지기 때문이다. 그러므로 지금 초업보살初業菩薩(십지 이전의 보살)에 의거하여 네 구절로 분별한다.

(첫째는) 자신을 찬탄하고 남을 비방하였지만 중죄가 아닌 경우이다. 비록 사랑하는 마음과 증오하는 마음이 있지만 이익 등을 얻기 위해서 그렇게 한 것이 아닌 경우이면 염오에 의한 범죄이기는 해도 중죄는 아니기 때문이다. 나머지 구절[138]은 앞의 설명에 준하여 알아야 한다.

謂輕重相。難可決定。隨位持犯。極微細故。然約初業。四句分別。謂有讚毁而非重罪。雖有愛憎。不爲利等。雖染犯罪而非重故。餘句應知。

---

138 나머지 구절 : 네 구절 중 이하 세 구절이 생략된 것을 말한다. 둘째는 자신을 찬탄하고 남을 비방하지 않았지만 중죄인 경우이다. 셋째는 자신을 찬탄하고 남을 비방하였고 또 중죄이기도 한 경우이다. 넷째는 자신을 찬탄하고 남을 비방하는 것도 아니고 중죄도 아닌 것이다.

이 가운데에서는 우선 자신을 찬탄하고 남을 비방하는 한 가지 계만을 설하였다. 나머지 계의 지키고 범하는 것의 양상은 이것에 비추어서 알아야 한다.

보살계와 모든 행위의 근거가 되는 마음은 넓고 커서 정해진 틀이 없고 막아서 장애하는 것이 없다. 수행자의 근기가 티끌과 모래알보다 많기 때문에 만행萬行에 대해서 낱낱이 천 가지 문을 시설하여 거둔다. 티끌보다 많은 근기의 수행자가 (천 가지 문에 시설한) 낱낱의 행을 닦기 때문에 죄와 복의 성품은 구별하기 어렵고, 한 가지 행으로 티끌처럼 많은 것을 거두니 삿된 것과 바른 것의 양상은 왜곡되기 쉽다.

비록 무수히 많은 근기가 있지만 모두 보살의 도에 들어가고, 비록 걸림이 없는 문이 있지만 보리의 원인을 벗어나지 않는다. 보살의 도가 아님이 없기 때문에 협소한 감정(狹情)[139]에 의거한 비방에서 높이 벗어나고, 모두가 보리의 원인이 되기 때문에 광대한 지혜(廣慧)[140]에 의거한 찬탄으로 깊이 들어간다.

비록 똑같이 사람의 얼굴일지라도 어찌 모두 동일한 모습이겠는가? 비록 먼 길을 향하지만 어찌 오직 발로만 가겠는가? 계경에서 "승乘을 느슨하게 행한 사람이라야 느슨하다(緩)라고 하고, 계를 느슨하게 행한 사람에 대해서는 느슨하다고 하지 않는다. 보살마하살이 이 대승에 대해 게으른 마음을 내지 않는 것을 계를 받드는 것이라고 하니 정법을 호지하기 위하여 대승의 물로 스스로 목욕하였기 때문에 보살은 비록 파계하는 모습을 나타내더라도 느슨하다고 하지 않는다."[141]라고 한 것과 같다.

---

139 협소한 감정(狹情) : 성문승과 연각승이 지혜가 좁고 하열한 것을 가리킨다.
140 광대한 지혜(廣慧) : 보살의 지혜가 광대하고 심원한 것을 가리킨다.
141 『열반경』 권6(T12, 400c). '승乘'은 불법이니 출세간법을 가리키고, 계는 계율이니 인간과 천의 과보를 얻는 원인이 되는 세간의 선법이다. 천태 지의天台智顗는 『摩訶止觀』 권4(T46, 39a)에서 이 글에 의거하여 네 구절을 지어서 본 구절의 뜻을 좀 더 분명하게 드러내었는데, 그 내용을 간략히 정리하면 다음과 같다. 첫째는 승을 급하게

此中且說讚毀一戒。所餘持犯。類此應知。謂菩薩戒。與諸行心。廣蕩無方。無所據礙。行者之機。過塵沙故。萬行一一。以千門應。塵機修一一故。罪福之性難別。一行應塵之故。邪正之相易濫。雖無數機。皆入菩薩之道。雖無礙門。莫出菩提之因。無不道故。高出狹情之謗。皆爲因故。深入廣慧之歎。雖同人面。豈合一相。雖向遠路。寧唯特足。如契經言。於乘緩者。乃名爲緩。於戒緩者。不名爲緩。菩薩摩訶薩。於此大乘。心不懈慢。[1] 是名奉戒。爲護正法以大乘水而自澡浴。是故菩薩。雖現破戒。不名爲緩。

1) ㉝ 갑본과 을본에 따르면 '慢'은 '緩'이다.

③ 구경을 아는 문

셋째, 구경을 아는 문이라는 것은 곧 두 가지 공에 의해 삼륜三輪[142]의 모양(相)을 없애는 것이다. 계경에서 "호지한다는 생각에 간힘이 없이 정계바라밀다淨戒波羅蜜多를 원만하게 이루어야 하니, 위범함과 위범하지 않음의 모양은 얻을 수 없는 것이기 때문이다."[143]라고 한 것과 같다. 계

행하고 계를 느슨하게 행하는 것(乘急戒緩)이다. 예를 들어 사취四趣(지옥·축생·아귀·아수라)로 태어나 법을 듣는 것은 승을 급하게 행하였기 때문이다. 둘째는 계를 급하게 행하고 승을 느슨하게 행하는 것(戒急乘緩)이다. 예를 들어 인간과 하늘로 태어나 즐거움에 집착하여 법을 듣지 않는 것은 승을 느슨하게 행하였기 때문이다. 셋째는 승과 계를 모두 급하게 행하는 것(乘戒俱急)이다. 예를 들어 인간과 하늘로 태어나 법을 듣고 깨달음을 얻는 것은 계와 승을 모두 급하게 행하였기 때문이다. 넷째는 승과 계를 모두 느슨하게 행하는 것(乘戒俱緩)이다. 예를 들어 사취로 태어나 법을 듣지 않는 것은 계와 승을 모두 느슨하게 행하였기 때문이다.

142 삼륜三輪 : 세 가지의 전전하는 것이라는 뜻. 보통 보시하는 물건, 보시하는 주체, 보시를 받는 대상을 가리키는 말로 쓰인다. 물건이 없으면 주는 사람이 없고 주는 사람이 없으면 받는 사람도 없는 것으로 셋은 전전하는 관계에 있기 때문에 '윤륜'이라고 하였다. 이 세 가지 중 어느 것에도 집착하지 않는 것을 삼륜청정三輪淸淨이라 한다. 본서에서는 계와 관련하여 수지해야 할 계, 계를 수지하는 사람, 계를 위범하는 것(죄)을 가리킨다.

143 『대반야경』 권3(T5, 11c).

와 죄와 사람이라는 삼륜의 모양은 연緣에 즉하지 않기 때문에 (그 소연 所緣이 사라져도 함께 사라지지 않으니,) 비록 모양에 지나지 않을지라도 (그렇다고 해서) 없는 것은 아니다. 연을 여의지 않기 때문에 자성自性은 있지 않다. 즉하는 것과 여의는 것의 중간도 얻을 수 없다. 자성이 있지 않기 때문에 능히 지킨다는 증익집增益執[144]을 갖지 않고, 모양이 없기 때문에 위범이 없다는 손감집損減執[145]을 갖지 않는다. 공하지만 없지는 않으니 계의 모양을 잃지 않고, 있지만 증가하는 것은 아니니 계를 위범한 것의 성품은 없다.

三究竟者。卽以二空。亡三輪相。如契經言。應以不護圓滿淨戒波羅蜜[1]多。犯無犯相。不可得故。謂戒罪人三輪之相 不卽緣故。雖相非無。不離緣故。自性非有。卽離中間。亦不可得。性非有故。勿增能持。相非無故。不撥無犯。空而不撥。不失戒相。有而不增。無犯戒性。

---
1) ㉮ 을본에 따르면 '蜜'은 '密'이다.

비록 경계와 중계와 옳은 것과 그릇된 것의 양상을 밝혔지만 삼륜에 대해 차별상을 갖는다면 궁극적인 과에 상응하는 행이 아니다. 제법이 여여한 이치를 바로 여래라고 한다. (여여한 이치는) 무아無我[146]를 닦는 것에 의해 얻는 것이기 때문에, (비록 지금은 초발심의 지위에 있지만) 이 모양에 집착하지 않는 행에 의해 영원히 두 가지 장애(二障)[147]를 여의고

---
144 증익집增益執 : 증익은 'ⓈadhyĀropa'의 의역어. 허공의 꽃처럼 존재하지 않는 것을 존재한다고 망상하는 것이다.
145 손감집損減執 : 손감은 'ⓈapavĀda'의 의역어. 존재하는 것을 전혀 존재하지 않는 것이라고 부정하는 것이다.
146 무아無我 : 삼륜이 모양이 없는 것임을 아는 것을 말한다.
147 두 가지 장애(二障) : 번뇌를 크게 둘로 나눈 것. 첫째, 번뇌장煩惱障은 아집我執(人我見)으로 말미암아 발생하는 장애이다. 탐욕·분노·어리석음 등의 여러 번뇌에 의

자신의 이익과 중생의 이익을 원만하게 이룰 수 있기 때문에, (범부의 지위에서 닦는 것을) '구경'이라고 하였다.

무엇 때문인가? 한 생각 안에 과거와 현재와 미래가 원만하게 녹아들어 있다. 곧 보리는 발심을 여의지 않으니 강력한 의지가 여기에서 생겨난다. 계경에서 "(자신이) 미래에 성취할 과果에서의 모든 부처님이 (이 보살의) 정수리를 어루만지시고 (보살에게) 설법하는 것을 (본다.)"[148]라고 한 것과 같다.

> 雖明輕重是非之相。而見三輪非究竟行。諸法如義。卽名如來。由修無我之所得故。此無相行。永斷二障。能滿二利。名爲究竟。何者。一念之內。三際圓融。便謂菩提不離發心。增上意樂。從此而生。如契經說。當果諸佛。摩頂說法。

한 법이 공함을 알면 모든 것이 생겨남이 없음을 안다. 곧 자신의 마음이 흘러 육도六道(윤회의 여섯 갈래의 세계)가 이루어지는 것이니 동체대비同體大悲[149]가 여기에서 생겨난다. 계경에서 "곧 이 법신이 한량없는 번뇌에 의해 표류하면서 생사의 세계를 왕래하는 것을 중생이라고 한다."[150]라고 한 것과 같다.

해 업을 일으키고 생生을 윤택하게 함으로써 중생의 몸과 마음을 괴롭히고 삼계를 생사 윤회하게 하여 열반의 과과를 얻는 것을 장애하는 것이다. 둘째, 소지장所知障은 법집法執(法我見)으로 말미암아 발생하는 장애이다. 탐욕·분노·어리석음 등의 여러 번뇌에 의해 미혹됨으로써 보리의 묘지妙智를 장애하여 제법의 사상事相과 실성實性을 알지 못하게 하는 것이다.

148 『보살영락본업경』 권하(T24, 1018a). 보살 십지 중 제8 부동지不動地를 설한 것이다.
149 동체대비同體大悲 : 동체자비同體慈悲라고도 한다. 일체의 중생을 자신과 동체라고 관찰하여 그들의 고통을 자신의 고통으로 여기며 마음 아파하는 것이다.
150 『부증불감경』(T16, 467b).

一法之空。一切無生。便謂自心。流成六道。同體大悲。從此而起。如契經言。卽此法身。無量煩惱之所漂[1]動。往來生死。名爲衆生。

1) ㉠ 갑본과 을본에 따르면 '漂'는 '濟'이다.

수호하고 지키는 것이 이미 그러하니 여의고 벗어나는 것도 그러하다. 게송에서 "바다와 같은 모든 업의 장애는 모두 망상에서 생겨나네. 참회하려면 단정히 앉아 실상實相을 생각하라. 온갖 죄는 서리와 같고 이슬과 같으니 지혜의 해가 뜨면 소멸하리라. 그러므로 지극한 마음으로 육근六根으로 지은 죄를 부지런히 참회하라."[151]라고 한 것과 같다.

護持旣爾。出離亦然。如有頌曰。一切業障海。皆從妄想生。若欲懺悔者。端坐念實相。衆罪如霜露。慧日能消除。是故應至心。勤懺六根罪。

이 삼취계는 고통과 즐거움에 치우친 견해를 여의고 단덕斷德을 갖춘 법신과 지덕智德을 갖춘 응신應身과 은덕恩德을 갖춘 화신化身[152]을 증득하는 근본이 되는 것[153]이니 삼가 지키기를 거문고의 줄을 조절하는 것처럼

---

151 『觀普賢菩薩行法經』(T9, 393b).
152 단덕斷德을 갖춘 법신과 지덕智德을 갖춘 응신應身과 은덕恩德을 갖춘 화신化身 : 불신佛身을 그 성격에 따라 세 가지로 분류한 것과 그러한 불신이 갖춘 세 가지 덕을 배대한 것이다. 세 가지 불신은 첫째는 법신이니 이법理法 그 자체로서의 불신을 가리킨다. 둘째는 보신報身(應身)이니 인위因位에서 행한 한량없는 원행願行의 과보로 온갖 덕을 원만하게 갖춘 불신을 가리킨다. 셋째는 화신化身이니 중생을 교화하기 위해 중생의 근기에 응하여 변화하여 나타낸 불신을 가리킨다. 세 가지 덕은 첫째 단덕은 일체의 번뇌혹업煩惱惑業을 모두 없앤 것을 가리키고, 둘째 지덕은 부처님의 입장에서 모든 법을 관찰하는 지혜를 가리키며, 셋째 은덕은 중생을 구제하려는 서원의 힘에 의거하여 중생에게 두루 은혜를 베푸는 것을 가리킨다.
153 의적의 『보살계본소』(T40, 662a)에서 "세 가지 계에 의거하여 세 가지 불과를 이룬다. 말하자면 율의계는 단덕斷德을 갖춘 법신法身을 이루고, 섭선법계攝善法戒는 지덕智德을 갖춘 응신應身을 이루며, 섭중생계는 은덕恩德을 갖춘 화신化身을 이룬다."라고 한 것을 참조할 것.

하여 그 중도를 미묘하게 취해야 한다.[154] 계경에서 "보살은 도를 위해 사사공양四事供養[155]을 받는다. 몸이 견고하지 못하면 고통을 감당할 수 없고, 고통을 감당할 수 없기 때문에 선을 닦을 수도 없을 것이다. 고통스러운 것에는 분노가 생겨나고, 즐거운 것에는 탐욕이 생겨날 것이다."[156]라고 하고, 내지 자세하게 설한 것과 같다.

此三聚戒。離苦樂邊。證斷智恩三身德本。誠如調紘。妙取其中。如契經說。菩薩爲道。受四供養。身不堅牢。則不忍苦。不忍苦故。不能修善。於苦生恚。於樂生貪。乃至廣說。

나는 모든 논의 종사宗師를 두루 탐방하며 남의 보물을 세기만 하는 사이에[157] 젊은 시절이 지나가 버렸다. 지금 반푼의 이익을 위하여 이 핵심이 되는 문을 모아서 후학을 위하여 옛사람의 자취를 모았으니 『유가기瑜伽記』(『유가찬요瑜伽纂要』)와 『본모송』과 같고, 자신의 의향을 펼쳤으니 『유식판唯識判』 1권(『유식결택』 1권)과 같다. 다행히 뜻을 같이하는 사람들이 있어서 자세하게 살피고 옳고 그름을 밝혀 주기 바란다.

吾爲徧訪一切論宗數寶之頃。[1)] 少年位滿。今爲半錢之利。鳩此要門。爲後

---

154 『중아함경』 권29(T1, 612a)에서 거문고를 잘 탔던 비구 이십억(二十億 [S] Śroṇakoṭiviṁśa)에게 거문고를 잘 타려면 줄을 느슨하지도 않고 팽팽하게 하지도 않아야 미묘하고 아름다운 음이 나오는 것처럼 그렇게 수행도 급하게 하지도 않고 해이하게 하지도 않아야 한다고 가르친 것을 참조할 것.
155 사사공양四事供養 : 일상생활에 필요한 음식과 의복과 와구와 의약품 등 네 가지 물건을 공양하는 것이다.
156 『열반경』 권22(T12, 498a).
157 『화엄경』 권13(T10, p.68a)에서 "어떤 사람이 다른 사람의 보물을 아무리 헤아려도 자기에게는 반푼의 몫도 없는 것처럼 법을 수행하지 않고 많이 듣기만 하는 것도 이와 마찬가지이다.(如人數他寶。自無半錢分。於法不修行。多聞亦如是。)"라고 하였다.

修集古迹。如瑜伽記幷頌。申自意樂。如唯識判一卷。幸有同趣。詳而取決。

1) ㉑ 을본에 따르면 '頃'은 '項'이다.

이미 성스러운 경전의 비밀스러운 핵심을 열었으니
거울처럼 둥근 달이 허공에 걸려 긴 밤의 어둠을 비춤이라.
사람의 몸을 얻고 성인의 가르침 만나는 것 다시 얻기 어려우니
보리심을 지니고 해탈하려는 이는 때를 놓치지 말라.

已開聖典微密要。圓鏡懸空照長霄。
人身聖教難可再。有心欲出宜及時。

『보살계본종요』1권을 마친다.

菩薩戒本宗要一卷。終。

찾아보기

갈마羯磨 / 279, 282
견고림堅固林 / 268
계를 느슨하게 행한 사람 / 324
계를 버리는 것 / 290, 319, 320
계의 성품 / 311
고사업故思業 / 318
공에 집착하는 종지 / 268
『관무량수경』 / 295
광대한 지혜(廣慧) / 324
광명처럼 밝은 생각(光明想) / 307
광박협산廣博脅山 / 306
광요토光耀土 / 267
구족수계具足受戒 / 294
근본중죄根本重罪 / 313, 314
근사近事 / 293

남쪽을 가리키는 수레(南指之車) / 270
네 가지 조건 / 290
네 가지 타승처법他勝處法 / 291

다섯 가지 조건 / 290
다섯 개의 명산(五嶽) / 270

다섯 개의 인도(五天) / 269
다섯 개의 해(五日) / 269
단덕斷德 / 303, 328
동체대비同體大悲 / 327
두 가지 장애(二障) / 290, 309, 326

마흔여덟 가지 경계(四十八輕戒) / 313
머리를 들어 보는 것 / 271
무간지옥無間地獄 / 287
무부무기無覆無記 / 317
무수겁無數劫 / 312
무아無我 / 302, 326
무여범無餘犯 / 292

바라밀다波羅蜜多 / 304
바라제목차波羅提木叉 / 256, 281
발우鉢盂 / 303
백성문百姓門 / 303
범망경비로자나불설보살심지품梵網經盧遮
　　那佛說菩薩心地品 / 276
법신 / 328
법아法我 / 302
『보살영락본업경』 / 282, 283
『본모송本母頌』 / 255, 270, 329

찾아보기 • 331

『본업경』/ 256, 320
부정성不定性 / 289
분소의糞掃衣 / 303
불계佛戒 / 256, 277

사사공양四事供養 / 329
사업思業 / 311
삼륜三輪 / 325
삼취정계三聚淨戒 / 253, 278, 289
상사차죄相似遮罪 / 285
상품의 번뇌 / 291
『섭대승론』/ 285
섭선법계 / 311, 314, 328
섭유정계 / 278, 314
성죄性罪 / 256, 285
세 가지 고통(三苦) / 301
소지장所知障 / 289, 327
손감집損減執 / 326
수분계隨分戒 / 294
수지하는 것(持) / 275
승乘을 느슨하게 행한 사람 / 324

아비지옥阿鼻地獄 / 287
아승기야阿僧企耶 / 312
아홉 가지 양상 / 308, 309
여러 가지 온蘊 / 302
열 가지 중계(十重戒) / 283, 313, 314
『열반경』/ 296

염오 / 316
왕사성王舍城 / 306
용의 새끼(龍章) / 270
위범 / 275, 292, 316
위범하는 것(犯) / 275, 292
『유가기瑜伽記』/ 329
『유가사지론』/ 283, 286, 291, 292, 307, 309
『유가찬요瑜伽纂要』/ 270, 329
『유식결택唯識決擇』/ 255, 270, 329
『유식판唯識判』/ 329
유有에 집착하는 종지 / 268
유정천有頂天 / 276
육도六道 / 282, 327
은덕恩德 / 328
응신應身 / 328
의지意地 / 313
의향(意樂) / 288
인아人我 / 302
인욕의 성품 / 311
일곱 가지 차죄遮罪 / 282, 283
일분보살一分菩薩 / 294
일분우바새一分優婆塞 / 294

자존慈尊 / 291
정계바라밀다淨戒波羅蜜多 / 325
정려의 성품 / 311
정진의 성품 / 311
종성種姓 / 278
『좌선삼매경』/ 308
중심부의 근원(中源) / 268

중죄重罪 / 283, 284, 318, 319
중품의 번뇌 / 292
증익집增益執 / 326
지덕智德 / 303, 328
진秦나라의 거울 / 271

천 부의 논서를 지은 세친世親(千部) / 269
천인사天人師 / 280
초업보살初業菩薩 / 323

하품의 번뇌 / 319
한밤중(中夜) / 307
행고行苦 / 302, 306
현행現行 / 285
협소한 감정(狹情) / 324
화신化身 / 328

의상화상일승발원문
| 義相和尚一乘發願文* |

의상義相 찬撰**
한명숙 옮김

---

* 윈 저본은 간행연대 미상의 국립중앙박물관 소장본이다.
** 윈 편찬자가 이름을 보충하여 넣었다. (편찬자)

의상화상일승발원문義相和尚一乘發願文 해제

한명숙
동국대학교 불교학술원 조교수

1. 개요

「의상화상일승발원문」은 신라 스님 의상義相이 지은 것으로 전해지는 예불 형식의 발원문이다. 일승원교一乘圓敎인 화엄에 의거한 발원문으로 모두 7언 20구 140자로 이루어졌다. 그 전승 과정이 불명확하고 의상이 접하지 못한 것으로 추정되는 80권본『화엄경』(699년 한역)과 관련된 용어가 보이는 점 등에 의거하여 의상의 진찬이 아니라는 주장이 제기되고 있다. 한편으로는 진찬이 아니라고 하더라도 의상의 저술인『일승법계도』에 나타난 화엄사상과 수행관 및 신앙을 담고 있기 때문에 의상계義相系 화엄가華嚴家의 찬술인 것은 분명하다는 주장도 제기되고 있다. 「의상화상일승발원문」은 화엄 수행에 있어서 발원의 중요성을 보여 주고 있고, 그 발원의 내용은『화엄경』의 보현행원普賢行願과 상통한다. 이를 통해 의상 화엄신앙의 중심이 보살도의 실천이라는 것을 확인할 수 있다.

2. 저자

의상義相은 신라 왕족 김한신金韓信의 아들로 진평왕 47년(625년)에 태어나 성덕왕 원년(702년) 입적하였다. 15세 무렵 황복사에서 출가하였다. 의상義湘 혹은 의상義想으로 표기되어 있는 문헌도 있다. 20세 무렵 원효元曉와 함께 고구려에서 망명한 보덕 화상普德和尙에게 가서 『열반경』, 『유마경』을 배웠다. 25세(650)에 원효와 함께 입당유학을 시도하였으나 실패하고 36세(661)에 다시 시도하여 당나라에 가서 화엄학의 대가였던 지엄智儼의 문하에서 지엄이 입적할 때까지 10년간 수학하였다. 671년 귀국하여 두루 활동하다가 676년 부석사를 창건하였고, 이후 본사를 중심으로 화엄교가 성행하게 되었다.

의상의 생애는 화엄행자로서의 실천적 행위와 제자의 교육으로 점철되었다. 그 저술이 당대 신라 학자들에 비해 상대적으로 적은 것은 바로 이러한 삶과 관련된 것으로 평가된다. 저술로 『화엄일승법계도華嚴一乘法界圖』(현존), 『입법계품초기入法界品鈔記』(일실), 『십문간법관十門看法觀』(일실), 『소아미타경의기小阿彌陀經義記』(일실), 「백화도량발원문白花道場發願文」(현존), 「제반청문諸般請文」(일실), 「의상화상일승발원문」(현존), 「의상화상투사례義相和尙投師禮」(현존)의 8부가 있었던 것으로 전해지지만 현존하는 것은 4부뿐이다. 다만 후대에 찬술된 『법계도기총수록』, 『일승법계도원통기』 등에는 의상이 제자와 나눈 문답이 기록되어 있는데, 이들 문헌을 통해 의상의 사상을 확장적으로 이해할 수 있다. 그 제자로 십대제자十大弟子로 일컬어지는 오진悟眞·지통智通·표훈表訓·진정眞定·진장眞藏·도융道融·양원良圓·상원相源·능인能仁·의적義寂이 있다. 시호는 원교국사圓敎國師이다.

3. 내용 및 특성

본 글의 내용은 크게 네 단락으로 나눌 수 있다.

첫 번째 단락은 두 가지로 나눌 수 있다. 첫째, 태어나는 곳마다 세 가지 세간(기세간·중생세간·지정각세간智正覺世間)을 자신의 세 가지 업(신업·구업·의업)으로 삼기를 서원한 것이다. 『화엄일승법계도』에 따르면 세 가지 세간은 해인삼매海印三昧에 의해 출현하여 정각正覺을 여의지 않은 것이다. 그러므로 이 구절은 자신의 모든 행위가 부처님의 가르침 혹은 행위와 일치하기를 서원한 것으로 이해할 수 있다. 둘째, 그것을 성취하는 것에 의해 공양구를 마음대로 지어내어 시방세계의 모든 삼보三寶에 공양하고 육도를 윤회하는 모든 중생에게 보시하기를 서원하였다.

두 번째 단락도 두 가지로 나눌 수 있다. 첫째, 한 생각에 불사佛事를 짓듯이 모든 생각도 그렇게 이루어질 것을 서원하였다. 둘째, 하나의 악을 끊으면 모든 악을 끊듯이 하나의 선을 이루면 모든 선을 이룰 것을 서원하였다. 이는 『화엄일승법계도』에서 "하나를 끊으면 모든 것이 끊어지고, 하나를 이루면 모든 것이 이루어진다."라고 한 단혹성불관斷惑成佛觀과 맥락을 같이하는 것으로 평가된다.

세 번째 단락에서는 모든 중생과 자신이 티끌처럼 많은 선지식을 만나 법문을 듣고 수지하여 선지식처럼 광대한 마음(大心)을 일으키고 광대한 행(大行)을 닦을 수 있기를 서원하였다. 여기에서의 선지식은 『화엄경』「입법계품」에서 선재동자가 친견한 선지식이다.

네 번째 단락에서는 광대한 보현행普賢行을 모두 갖추어서 화장연화계華藏蓮花界에 왕생하여 비로자나불毗盧遮那佛을 만나고, 이를 통해 자신과 모든 중생이 일시에 불도를 이루기를 서원하였다.

본서는 화엄 사상을 토대로 보현행원普賢行願을 빠짐없이 행하고, 그것에 의해 화엄 정토에 왕생하여 화엄 교주를 친견하고 모든 중생이 함께 성불하기를 바라는 화엄 정토신앙의 실체를 잘 드러내고 있는 것으로 평가된다.

4. 참고문헌

전해주, 「의상화상 발원문 연구」(『불교학보』 29권, 1992).

김상현, 「新羅華嚴思想史 연구」(동국대학교 박사학위논문, 1989).

정병삼, 『의상화엄사상연구』(서울대학교 출판부, 1998).

일러두기

1 '한글본 한국불교전서'는 문화체육관광부의 지원을 받아 동국대학교 불교문화연구원에서 수행하고 있는 '불교기록문화유산아카이브(ABC)사업'의 결과물을 출간한 것이다.
2 이 책은 『한국불교전서』(동국대학교출판부 간행) 제11책의 『의상화상일승발원문』을 저본으로 하였다.
3 번역문에 이어 원문을 병기하고 간단한 표점 부호를 삽입하였다.
4 원문의 교감 사항은 번역문의 각주와 별도로 원문 아래 부분에 제시하였다.
   ㉙은 『한국불교전서』 편찬자가 교감한 내용이다.
5 약물은 다음과 같다.
   『 』: 서명
   T : 대정신수대장경
   Ⓢ : 범어

원하옵건대 세세생생 태어나는 곳마다
세 가지 세간[1]으로 세 가지 업[2]을 삼아[3]
한량없는 공양구를 변화로 지어내어
시방의 모든 세계를 가득 채우고
모든 삼보께 머리 숙여 예배드리며 공양하고
여섯 가지 세계[4]에서 살아가는 모든 중생에게 보시하게 하소서.

惟願世世生生處。三種世間爲三業。
化作無量供養具。充滿十方諸世界。
頂禮供養諸三寶。及施六道一切類。

티끌 같은 한 생각에 불사佛事를 짓듯이
티끌 같은 모든 생각도 이와 같게 하소서.
모든 악은 하나를 끊으면 모든 것을 끊고
모든 선은 하나를 이루면 모든 것을 이루게 하소서.

---

1 세 가지 세간 : 첫째, 기세간器世間이다. 삼천대천세계를 가리킨다. 석가모니부처님이 교화하는 대상이 되는 세계이다. 중생이 의지하는 세계, 곧 대지·산하 등을 가리킨다. 둘째, 중생세간衆生世間이다. 석가모니부처님이 교화하는 대상이 되는 중생을 가리킨다. 셋째, 지정각세간智正覺世間이다. 무루지無漏智에 의해 정각을 얻은 사람, 곧 정보正報 가운데의 부처님이다. 혹은 이러한 경지를 얻은 지혜로운 사람이 의지하는 세계, 곧 윤회의 세계인 삼계를 초월한 출세간을 가리키기도 한다.
2 세 가지 업 : 업을 그 성격에 따라 셋으로 나눈 것. 몸에 의해 짓는 업(身業)·입에 의해 짓는 업(口業)·마음에 의해 짓는 법(意業)을 가리킨다.
3 세 가지 세간이 해인삼매海印三昧에 의해 출현한다는 화엄의 세계관에 따르면 "세 가지 세간으로 세 가지 업을 삼아"라는 것은 세 가지 세간은 정각을 여의지 않았고, 그것으로 세 가지 업을 삼는 것은 바로 부처님의 세 가지 업과 하나가 되는 것을 의미한다.
4 여섯 가지 세계 : 중생이 윤회하는 세계를 여섯 가지로 나눈 것. 지옥도·아귀도·축생도·아수라도·인도·천도를 가리킨다. 앞의 세 가지를 삼악도三惡道라고 하고 뒤의 세 가지를 삼선도三善道라고 한다. 여섯 가지 가운데 아수라도를 제외하고 다섯 가지 세계(五道)만 설하기도 한다.

如一念塵作佛事。一切念塵亦如是。

諸惡一斷一切斷。諸善一成一切成。

티끌처럼 많은 선지식을 만나

법문을 듣고 수지함에 싫증을 내지 않아

선지식이 광대한 마음(大心)을 일으킨 것처럼

저와 중생도 이 마음을 다 일으키고

선지식이 광대한 행(大行)을 닦은 것처럼

저와 중생도 이 행을 다 닦게 하소서.

值遇塵數善知識。聽受法門無厭足。

如善知識發大心。我及衆生無不發。

如善知識修大行。我及衆生無不修。

광대한 보현행普賢行[5]을 모두 갖추어서

화장연화계華藏蓮花界[6]에 왕생하여

---

[5] 보현행普賢行 : 보현보살普賢菩薩이 행한 것을 일컫는 말. 혹은 "보현"은 부처님이 지닌 성격, 곧 모든 것에 두루 미치고 어진 모습을 인격화한 것이기 때문에 이러한 정신을 충실히 계승한 대승의 보살행菩薩行도 보현행이라고 할 수 있다. 보현행을 포괄적으로 정의하면 위없는 깨달음을 증득하고 모든 중생을 남김없이 구제할 때까지 미래제가 다하도록 노력을 그치지 않는 것이다. 보현보살은 『화엄경』의 처음과 끝을 장식하면서 비로자나불을 대신하여 화엄의 세계를 제시한다. 실질적인 의미에서 『화엄경』의 설주說主라고 할 수 있다.

[6] 화장연화계華藏蓮花界 : 연화장세계蓮華藏世界·연화장장엄세계해蓮華藏莊嚴世界海(60권『화엄경』), 화장세계華藏世界·화장장엄세계華藏莊嚴世界(80권본『화엄경』) 등이라고도 한다. 『화엄경』의 주불主佛인 비로자나여래가 전생에 무수한 세계에서 무수한 기간 동안 무수한 여래를 공경하고 공양하며 무수한 서원행을 닦아서 이룬 정토, 곧 이상세계를 가리킨다. 60권본『화엄경』권3(T9, 412a)에 따르면 그 모습은 다음과 같다. 수미산 티끌 수 같은 풍륜이 연화장세계를 떠받치고 있다. 그 가장 아래에 있는 풍륜의 이름은 평등이고 그 가장 위에 있는 풍륜의 이름은 승장勝藏인데 이 풍륜은 일체향수해一切

비로자나불毗盧遮那佛[7]을 친견하고

저와 남이 일시에 불도를 이루게 하소서.

具足廣大普賢行。徃生華藏蓮花界。

親見毗盧遮那佛。自他一時成佛道。

지정 10년 경인庚寅(충정왕 2년, 1350) 2월에 적다.

시주 연안군부인延安郡夫人 이씨李氏는 자비로운 행을 하시는 부처님의 가르침을 공경하는 마음으로 수지하면서

돌아가신 남편 사경司卿[8] 김석金碩

香水海를 떠받치고 있다. 이 일체향수해 가운데에 향당광명장엄香幢光明莊嚴이라는 이름의 큰 연꽃(大蓮華)이 있는데 이 큰 연꽃이 연화장장엄세계해를 떠받치고 있다. 이 연화장장엄세계의 가장자리를 금강산金剛山이 둘러싸고 있다. 80권본 『화엄경』 권8(T10, 39a)도 그 구조는 동일하지만 번역용어가 다르다. 각주 7에서 서술한 저자의 문제와 관련될 수 있기 때문에 함께 제시하면 다음과 같다. "수미산 티끌 수 같은 풍륜이 화장장엄세계를 떠받치고 있다. 그 가장 아래에 있는 풍륜의 이름은 평등주平等住이고 그 가장 위에 있는 풍륜의 이름은 수승위광장殊勝威光藏인데 이 풍륜은 보광마니장엄향수해普光摩尼莊嚴香水海를 떠받치고 있다. 이 향수해 가운데에 종종광명예향당種種光明蘂香幢이라는 이름의 큰 연꽃(大蓮華)이 있는데 이 큰 연꽃이 화장세계를 떠받치고 있다. 이 화장세계의 가장자리를 금강륜산金剛輪山이 둘러싸고 있다."

7 비로자나불毗盧遮那佛 : '비로자나'는 Ⓢ Vairocana의 음역어로 노사나盧舍那라고도 한다. 의역어는 광명변조光明遍照·대일변조大日遍照·정만淨滿 등이다. 『화엄경』의 교주로 한량없는 겁 동안 공덕을 닦아 정각을 성취하고 그 공덕으로 연화장세계를 이루어 그곳에 머물며 큰 광명을 내어 시방세계를 두루 비추고 모공에서 구름 같은 화신을 나타내어 한량없는 경을 연설한다.
본 단어는 본서의 저자인 의상(652~702)의 생존 연대를 고려할 때 그 진찬인지 여부의 문제가 발생될 소지가 있기 때문에 이것과 관련된 문제를 서술한다. 60권본 『화엄경』(418~420)에서는 Ⓢ Vairocana를 노사나盧舍那·비루자나毘樓遮那라고 음역하였고, 80권본 『화엄경』(699)에서는 비로자나毗盧遮那라고 음역하였다. 의상은 80권본 『화엄경』을 보지 못하였을 것으로 추정되는데 80권본에 나오는 음역어가 사용되었다. 이는 본 글에 대한 의상의 진찬 여부에 의문을 갖게 하는 이유 중 하나이다.

8 사경司卿 : 고려시대 내시에게 내려졌던 원사院使의 벼슬이다.

돌아가신 어머니 진씨秦氏

돌아가신 아버지 재신宰臣[9] 이사온李思溫의 명복을 빕니다.

至正十年庚寅二月。日誌。

施主。延安郡夫人李氏。慈行敬受。

亡耦。司卿金碩。

亡母。秦氏。

亡父。宰臣李思溫。

---

[9] 재신宰臣 : 왕을 보필하여 관리를 지휘 감독하는 역할을 하는 이품 이상의 벼슬을 총칭하는 말이다.

찾아보기

광대한 마음(大心) / 339, 344
광대한 행(大行) / 344

보현행普賢行 / 339, 344
비로자나불毘盧遮那佛 / 345

세 가지 세간 / 343, 369
세 가지 업 / 343

여섯 가지 세계 / 343

화장연화계華藏蓮花界 / 339, 344

의상화상투사례
| 義湘和尚投師禮* |

의상義湘 찬撰**
한명숙 옮김

---
* ㉿ 저본은 간행연대를 알 수 없는 민영규閔泳珪 소장본이다.
** ㉿ 지은이의 이름은 편찬자가 보충하여 넣은 것이다.

의상화상투사례 義湘和尚投師禮 해제

한명숙
동국대학교 불교학술원 조교수

1. 개요

「의상화상투사례」는 신라 스님 의상義相(625~702)이 지은 것으로 전해지는 예불 형식의 발원문이다. 칠언사구七言四句로 된 25수의 게송으로 이루어져 있다. 의상이 지은 것으로 전해지는 「의상화상일승발원문義相和尚一乘發願文」 가운데 "모든 삼보께 머리 숙여 예배드리며 공양합니다.(頂禮供養諸三寶)"라고 한 구절을 의례화한 것으로 평가된다. '투사례'는 자신의 몸을 스승에게 던져 예배한다는 뜻인데, 본 글에서 예배의 대상으로 제시되는 스승은 바로 불·법·승의 삼보이기 때문이다.

「의상화상일승발원문」과 마찬가지로 본서도 의상 찬술설에 의문이 제기되고 있는데 그 근거는 다음과 같다. 첫째, 본 글이 처음 출현한 것은 16세기이다. 본 글은 1529년 개간한 『염불작법』에 수록되어 전해졌다. 수집자인 밀계密契의 생몰 연대는 알려져 있지 않지만 그 수집 시기는 고려 말에서 조선 중종 사이로 추정되고 있다. 따라서 『염불작법』에서는 의상이 저자임을 분명히 밝히고 있어도 그 진찬 여부를 확정할 수는 없다. 둘째, 본 글에 수록된 25수의 게송 중 마지막인 제25송은 40권본 『화엄경』 (795~798년 반야삼장般若三藏 한역) 끝부분에 나오는 보현보살의 게송을 그대로 인용한 것이다. 본 경은 의상이 입적한 후에 한역되었으므로 의상이 본 경을 접했을 가능성은 없다. 그러므로 본 글은 의상이 지은 것이라고 확정할 수 없다.

두 가지 의문점 중 후자와 관련해서는 다음과 같은 주장이 제기되었다. 첫째, 『염불작법』의 편찬 구조를 살펴보면 제25송은 「투사례」에 속한 것이 아닐 가능성이 있다. 곧 『염불작법』에서는 「투사례」 바로 뒤에 「아미타불찬阿彌陀佛讚」이 나오고 있는데, 제25송은 아미타불의 극락정토에 왕생하는 내용을 담고 있기 때문에, 실제로 이 구절은 「투사례」에 속하는 것이 아니고, 『염불작법』의 편찬자가 「아미타불찬」 앞에 관련 내용을 편입한 것으로 보아야 한다. 둘째, 앞의 24수의 게송은 모두 "제가 이제 정성스런 마음으로 목숨을 바쳐 귀의하고 예배드립니다.(我今志心歸命禮)"라는 구절이 들어가 있는데 제25송에는 해당 구절이 없다. 게송의 형식면에서 제25송은 나머지와 차이가 있고 이는 편입 가능성을 높여 주는 증거가 된다.

2. 내용 및 특성

이미 서술한 것처럼 본 글은 불보·법보·승보에 귀의하고 예배드리는 내용으로 이루어져 있다. 따라서 논란의 여지가 있는 25수의 게송을 제외한 앞의 24수의 게송은 크게 세 단락으로 나눌 수 있다.

첫 번째 단락은 불보께 귀의하는 것이다. 제1게송에서 제8게송까지가 여기에 해당한다. 노사나불, 시방삼세의 모든 부처님, 서른다섯 분의 부처님, 현겁의 천 분의 부처님과 쉰세 분의 부처님 등의 불보에 귀의하고 예배드렸다.

두 번째 단락은 법보에 귀의하는 것이다. 제9게송에서 제14게송까지가 여기에 해당한다. 『화엄경』, 『법화경』, 『원각경』, 『대승기신론』과 『석마하연론』 등의 법보에 귀의하고 예배드렸다. 각 경론의 성격을 간략히 제시하고 그와 관련한 서원을 일으켰다. 예를 들어 『대승기신론』과 『석마하연론』에 대해서는 불이不二의 가르침을 증득할 것을 서원하였다.

세 번째 단락은 승보에 귀의하는 것이다. 제15게송에서 제24까지가 여기에 해당한다. 『화엄경』 초회初會에 참여한 문수보살 등 마흔 부류의 대중, 『화엄경』에서 금강산에 상주하며 설법하는 것으로 설해진 담무갈 보살, 지장보살 등의 보살과 선지식, 조사祖師 등의 승보에 귀의하고 예배드렸다.

「투사례」에 속한 것인지의 여부가 문제시되고 있는 제25송은 목숨을 마칠 때 아미타불의 안락국에 왕생할 것을 서원한 내용을 담고 있다.

앞의 24수의 게송의 경우, 불보 중에는 화엄 교주인 노사나불에게, 법보 중에는 『화엄경』에, 승보 중에서는 『화엄경』의 초회에 참여한 대중인 문수보살 등의 40부류의 대중에게, 가장 먼저 예경을 하고 있기 때문에 화엄신앙에 토대를 둔 화엄 의례문의 성격을 가진 것으로 평가된다. 다만 제25게송이 본래부터 「투사례」에 속한 것이라면 해당 게송에서는 아미타 정토에 왕생할 것을 서원하면서 맺었으므로 정토 의례문의 성격도 함께 지니고 있는 것으로 보아야 한다.

3. 참고문헌

전해주, 「의상화상 발원문 연구」(『불교학보』 29권, 1992).
이만, 「新羅의 佛敎儀禮와 發達」(『불교학보』 55권, 2010).
한보광, 「정토 예불문에 관한 연구」(『한국정토학회』 6권, 2003).

김상현, 「新羅華嚴思想史 연구」(동국대학교 박사학위논문, 1989).

정병삼, 『의상화엄사상연구』(서울대학교 출판부, 1998).

일러두기

1 '한글본 한국불교전서'는 문화체육관광부의 지원을 받아 동국대학교 불교문화연구원에서 수행하고 있는 '불교기록문화유산아카이브(ABC)사업'의 결과물을 출간한 것이다.
2 이 책은 『한국불교전서』(동국대학교출판부 간행) 제11책의 『의상화상투사례』를 저본으로 하였다.
3 번역문에 이어 원문을 병기하고 간단한 표점 부호를 삽입하였다.
4 원문의 교감 사항은 번역문의 각주와 별도로 원문 아래 부분에 제시하였다.
   ㉠은 『한국불교전서』 편찬자가 교감한 내용이다.
5 약물은 다음과 같다.
   『 』: 서명
   T : 대정신수대장경
   Ⓢ : 범어

화장세계花藏世界[1]의 노사나불盧舍那佛[2]을
바다처럼 많은 보살들이 함께 둘러싸고 있습니다.
제가 이제 정성스런 마음으로 목숨을 바쳐 귀의하며 예배드리고
중생과 함께 항상 친근하기를 원하옵니다.

花藏世界盧舍那。海會菩薩共圍遶。
我今志心歸命禮。願共衆生恒親近。

시방삼세의 모든 부처님을
각각 모시는 보살들이 함께 둘러싸고 있습니다.
제가 이제 정성스런 마음으로 목숨을 바쳐 귀의하며 예배드리오니
삼세의 스승과 부모님께서 항상 안락하게 하소서.

十方三世諸如來。各有菩薩共圍遶。

---

1 화장세계華藏世界 : 연화장세계蓮華藏世界·연화장장엄세계해蓮華藏莊嚴世界海(60권본『화엄경』), 화장세계華藏世界·화장장엄세계華藏莊嚴世界(80권본『화엄경』) 등이라고도 한다. 『화엄경』의 주불主佛인 비로자나여래가 전생에 무수한 세계에서 무수한 기간 동안 무수한 여래를 공경하고 공양하며 무수한 서원행을 닦아서 이룬 정토, 곧 이상세계를 가리킨다. 60권본『화엄경』 권3(T9, 412a)에 따르면 그 모습은 다음과 같다. 수미산 티끌 수 같은 풍륜이 연화장세계를 떠받치고 있다. 그 가장 아래에 있는 풍륜의 이름은 평등이고 그 가장 위에 있는 풍륜의 이름은 승장勝藏인데 이 풍륜은 일체향수해一切香水海를 떠받치고 있다. 이 일체향수해 가운데에 향당광명장엄香幢光明莊嚴이라는 이름의 큰 연꽃(大蓮華)이 있는데 이 큰 연꽃이 연화장장엄세계해를 떠받치고 있다. 이 연화장장엄세계의 가장자리를 금강산金剛山이 둘러싸고 있다.
2 노사나불盧舍那佛 : '노사나'는 [S] Vairocana의 음역어로 비로자나毗盧遮那라고도 한다. 60권본『화엄경』(418~420)에서는 노사나·비루자나毘樓遮那라고 음역하였고, 80권본『화엄경』(699)에서는 비로자나毗盧遮那라고 음역하였다. 의역어는 광명변조光明遍照·대일변조大日遍照·정만淨滿 등이다. 『화엄경』의 주불로 한량없는 겁 동안 공덕을 닦아 정각을 성취하고 그 공덕으로 연화장세계를 이루어 그곳에 머물며 큰 광명을 내어 시방세계를 두루 비추고 모공에서 구름 같은 화신을 나타내어 한량없는 경을 연설한다.

我今志心歸命禮。三世師親常安樂。

중생이 지은 악을 소멸해 줄 것을 맹세하신
서른다섯 분의 뛰어난 보배와 같고 왕과 같은 부처님[3]께
제가 이제 정성스런 마음으로 목숨을 바쳐 귀의하고 예배드리며
모든 업장業障을 남김없이 참회합니다.

誓滅衆生所造惡。三十五佛大寶王。
我今志心歸命禮。一切業障盡懺悔。

가르침을 주는 스승이신 현겁賢劫의 천 분의 부처님[4]과
위대하고 성스럽고 존귀한 분이신 쉰세 분의 부처님[5]께
제가 이제 정성스런 마음으로 목숨을 바쳐 귀의하며 예배드리오니
마군의 무리를 항복시키고 정각正覺[6]을 이루게 하소서.

---

3 서른다섯 분의 뛰어난 보배와 같고 왕과 같은 부처님 :『대보적경』권90(T11, 515c)에서 보살이 오역죄·바라이죄 등을 지었을 때 행하는 참회법, 곧 먼저 삼보에 귀의하고 그 다음에 나무석가모니불南無釋迦牟尼佛, 나무금강불괴불南無金剛不壞佛에서부터 나무보화유보불南無寶花遊步佛, 나무보련화선주사라수왕불南無寶蓮花善住娑羅樹王佛에 이르기까지 서른다섯 분의 부처님의 명호를 부르는 것을 설하였다.
4 현겁賢劫의 천 분의 부처님 : '현겁'은 Ⓢbhadrakalpa의 의역어로 삼겁三劫 중 현재의 주겁住劫을 가리킨다. 나머지 두 겁은 과거의 주겁인 장엄겁莊嚴劫이고 다른 하나는 미래의 주겁인 성수겁星宿劫이다. 각 겁에 천 분의 부처님이 출현하는데 현겁의 부처님은 과거에 구류손拘留孫·구나함모니拘那含牟尼·가섭迦葉·석가모니釋迦牟尼의 네 부처님이 출현하였고 나머지는 미래에 출현하는데, 석가모니불 다음에는 자씨慈氏(미륵)가 출현하고 마지막에는 누지불樓至佛이 출현한다.
5 쉰세 분의 부처님 :『무량수경』에서 아미타불의 전신인 법장보살이 수행할 때 세상에 출현하신 세자재왕불世自在王佛 이전에 출현한 쉰세 분의 부처님을 나열하였다. 첫 번째 부처님은 정광여래錠光如來이고 마지막 부처님은 처세불處世佛이다.
6 정각正覺 : Ⓢsamyak-saṃbodhi의 의역어. 바른 깨달음. 부처님께서 증득하신 깨달음을 가리키는 말이다.

賢劫千佛教授師。五十三佛大聖尊。

我今志心歸命禮。降伏魔群成正覺。

영산靈山⁷의 교주⁸이신 석가존과

여러 분의 대보살大菩薩⁹과 아라한阿羅漢¹⁰께

제가 이제 정성스런 마음으로 목숨을 바쳐 귀의하며 예배드리오니

용맹스럽게 정진하며 불도를 부지런히 닦게 하소서.

靈山教主釋迦尊。諸大菩薩阿羅漢。

我今志心歸命禮。勇猛精進勤修道。

만월세계滿月世界¹¹의 약사존藥師尊¹²을

두 분의 대보살¹³이 둘러싸고 있습니다.

---

7 영산靈山 : ⓈGṛdhrakūṭa의 의역어로 영취산靈鷲山이라고도 한다. 음역어는 기사굴산耆闍崛山이다. 인도 왕사성 동북쪽에 있는 산으로 그 정상이 독수리(鷲)와 닮았고 산에 독수리가 많은 것에 의해 붙여진 이름이다.

8 영산靈山의 교주 : 석가모니부처님께서 영산에서 『법화경』을 설하였기 때문에 이렇게 표현하였다.

9 대보살大菩薩 : 보살 수행계위 중 특정 지위 이상의 계위에 도달한 보살을 가리키는 말이다. 초지 이상 혹은 8지 이상의 보살이다.

10 아라한阿羅漢 : Ⓢarhat의 음역어. 의역어는 무학無學·응공應供 등이다. 성문승이 수행하여 얻는 과果를 네 단계로 나눈 것 중 최상의 과위를 성취한 성자를 가리키는 말. 네 단계를 차례대로 서술하면 수다원須陀洹(預流), 사다함斯多含(一來), 아나함阿那含(不還), 아라한이다.

11 만월세계滿月世界 : 『약사경』의 주불인 약사존이 머무는 세계. 『약사경』에서는 정유리세계淨瑠璃世界라고 하였다. 이 세계에서 열 개의 갠지스 강의 모래알처럼 많은 불국토를 지난 곳에 있는 정토이다.

12 약사존藥師尊 : 동방 만월세계의 주불이다. 갖추어서 약사유리광여래藥師瑠璃光如來라고 한다. '약사'는 모든 고통을 치유하는 것을, '유리광'은 모든 근기에 두루 통하는 것을 나타내는 뜻이 있다.

13 두 분의 대보살 : 약사존의 두 협시보살을 가리키는 말. 왼쪽의 협시는 일광변조보살

제가 이제 정성스런 마음으로 목숨을 바쳐 귀의하며 예배드리오니
열두 가지 뛰어난 서원[14]을 모두 똑같이 이루게 하소서.

滿月世界藥師尊。兩大菩薩共圍遶。
我今志心歸命禮。十二上願皆同等。

극락세계極樂世界[15]의 아미타불阿彌陁佛[16]을
관자재보살觀自在菩薩[17] 등이 함께 둘러싸고 있습니다.
제가 이제 정성스런 마음으로 목숨을 바쳐 귀의하고 예배드리며
저의 돌아가신 조상님들이 피안彼岸[18]에 이르길 원하옵니다.

極樂世界阿彌陁。觀自在等共圍遶。

日光遍照菩薩이고 오른쪽의 협시는 월광변조보살月光遍照菩薩이다. 약사불과 이 두 보살을 합쳐서 약사삼존藥師三尊이라고 한다.

[14] 열두 가지 뛰어난 서원 : 약사불이 보살도를 닦을 때 일으킨 광대한 서원을 가리킨다. 정각을 얻었을 때 32상 80종호의 뛰어난 모습을 갖추고 모든 중생도 그렇게 될 것을 서원한 것, 정각을 얻었을 때 몸이 유리처럼 투명하고 청정하며 해와 달보다 밝게 빛나 모든 중생이 그 빛을 받아 모든 일을 다 이룰 수 있게 될 것을 서원한 것 등의 열두 가지가 있다. 『약사유리광여래본원공덕경』(T14, 405a)을 참조할 것.

[15] 극락세계極樂世界 : '극락'은 ⓢsukhāvatī, suhāmatī의 의역어. 음역어는 수마제須摩提이고 안양安養·안락安樂 등으로 의역한다. 아미타불의 정토로 이 세간에서 서쪽으로 10만억 불국토를 지난 곳에 있는 정토이다.

[16] 아미타불阿彌陀佛 : ⓢAmitā-buddha의 음역어. ⓢAmitā는 무량수無量壽라고 의역한다. 서방 극락세계의 교주이다.

[17] 관자재보살觀自在菩薩 : ⓢAvalakiteśvara의 의역어. 아미타불의 협시보살. 관세음보살觀世音菩薩이라고도 한다. 관세음보살은 왼쪽에서 협시하고 또 다른 보살인 대세지보살大勢至菩薩은 오른쪽에서 협시한다. 아미타불과 이 두 협시보살을 함께 묶어서 미타삼성彌陀三聖·서방삼성西方三聖 등이라고 한다.

[18] 피안彼岸 : ⓢpāra의 의역어. 상대어는 차안此岸이다. 미혹의 세계를 차안이라고 하고 깨달음의 세계를 피안이라고 한다. 불교는 생사의 세계인 피안에서 업과 번뇌라는 강을 건너 열반의 세계인 피안에 도달하는 것을 목적으로 삼는다.

我今志心歸命禮。願我先亡到彼岸。

현재 도솔천兜率天[19] 궁전의 회상에 머물고
미래에 하생下生하실 미륵존彌勒尊[20]께
제가 이제 정성스런 마음으로 목숨을 바쳐 귀의하고 예배드리며
용화수龍華樹[21] 아래에서 행해질 세 차례의 법회에서 만나 뵙길 원하옵니다.

現住兜卒[1)]天宮會。當來下生彌勒尊。
我今志心歸命禮。龍華三會願相逢。

1) ㉲ '兜卒'은 '兜率'인 것 같다.

『대방광불화엄경』은
삼세의 모든 부처님께서 설한 뛰어난 법장法藏입니다.
제가 이제 정성스런 마음으로 목숨을 바쳐 귀의하고 예배드리오니
미묘한 법문法門을 원만하게 통달하여 깨닫게 하소서.

19 도솔천兜率天 : '도솔'은 ⓢTuṣita의 음사어. '천'은 ⓢdeva의 의역어. 욕계에 속하는 여섯 하늘 중 네 번째 하늘. 지족천知足天·희족천喜足天 등이라고도 한다. 이곳의 중생은 자신이 감수感受한 것에 대해 기쁘고 만족하는 마음을 내기 때문에 붙여진 이름이다. 도솔천의 내원에 있는 궁전에 석가불을 이어 성불할 것이 예정된 미륵보살이 머물고 있다.
20 미륵존彌勒尊 : '미륵'은 ⓢMaitreya의 음역어로 의역어는 자씨慈氏이다. 현재 도솔천에 머물러 설법하고 있으며, 미래세에 한 번만 이 세상에 하생하면 용화수 아래에서 석가모니부처님의 뒤를 이어 성불한 후 세 차례에 걸쳐 설법하여 중생을 구제할 것이 예정된 보살이다. 이러한 의미에서 미륵존은 일생보처보살一生補處菩薩이라고도 한다.
21 용화수龍華樹 : 물레나무과에 속하는 식물. 미륵보살이 미래세에 하생하여 이 나무 아래에서 깨달음을 얻을 것이 예정되어 있기 때문에 미륵이 성불할 때의 보리수라고 한다.

大方廣佛華嚴經。三世諸佛大法藏。

我今志心歸命禮。圓通覺悟妙法門。

대승의 가르침인『묘법연화경』은
삼승三乘을 회합하여 일승一乘으로 회귀하게 하니 순금으로 이루어진
보배와 같습니다.
제가 이제 정성스런 마음으로 목숨을 바쳐 귀의하고 예배드리오니
불타는 집(火宅)[22]을 멀리 여의고 보배가 있는 곳(寶所)[23]에 오르게 하소서.

大乘妙法蓮花經。會三歸一純金寶。

我今志心歸命禮。遠離火宅登寶所。

위없는 법왕인『원각경』은
열두 명의 보살[24]이 차례대로 질문한 것입니다.

---

22 불타는 집(火宅) : 중생이 윤회하는 세계인 삼계三界를 비유한 말.『법화경』권2(T9, 12b)에서 "어떤 부유한 장자가 집에 불이 났지만 아들들은 놀이에 열중하여 불난 줄도 모르고 집밖으로 나오려고 하지 않았다. 아버지는 아들들을 밖으로 유인하려고 집 밖에 양수레·사슴수레·소수레가 있으니 밖으로 나와서 가지고 놀라고 하였고 이 말을 들은 아들들이 집을 나왔으나 수레가 보이지 않자 아버지에게 약속한 수레를 줄 것을 요청하였다. 아버지는 크고 흰 수레를 아들들에게 나누어 주었다."라고 하였다. 여기에서 "불타는 집"은 윤회의 세계인 삼계를, "그곳에서 놀이에 열중하여 불난 것도 모르고 놀이에 열중하는 아들들"은 고통에 빠진 중생을, "세 가지 수레"는 부처님의 방편의 가르침인 삼승三乘을, "크고 흰 소수레"는 부처님의 진실한 가르침인 일승一乘을, "장자"는 부처님을 비유한 것이다.

23 보배가 있는 곳(寶所) : 진귀한 보배가 있는 곳. 구경의 열반, 곧 진실한 깨달음의 경지에 안주하는 것을 비유한 말. 상대어는 화성化城, 곧 실제로 존재하지 않지만 변화에 의해 만든 성으로 소승의 열반을 비유한 말이다.『법화경』권3(T9, 25c)에서 "어떤 사람이 5백 유순 떨어져 있는 보배가 있는 곳으로 사람들을 이끌고 가는데, 도중에 사람들이 지쳐서 되돌아가려고 하자 3백 유순 정도의 거리에 변화에 의해 성을 만들어 놓고 그곳까지 가서 잠시 쉬게 한 후에 보배가 있는 곳으로 전진하게 하였다."라고 하였다.

24 열두 명의 보살 : 문수사리文殊師利·보현普賢·보안普眼·금강장金剛藏·미륵彌勒·

제가 이제 정성스런 마음으로 목숨을 바쳐 귀의하고 예배드리오니
광대한 법왕을 원만하게 통달하여 깨닫게 하소서.

無上法王圓覺經。十二菩薩次第問。
我今志心歸命禮。圓通覺悟大法王。

『금강반야바라밀경』은
처음과 중간과 마지막이 모두 훌륭한 법문으로 가장 뛰어난 가르침입
니다.
제가 이제 정성스런 마음으로 목숨을 바쳐 귀의하고 예배드리며
금강金剛[25]처럼 훼손되지 않는 몸을 얻기를 원하옵니다.

金剛般若波羅蜜。三善法門最上乘。
我今志心歸命禮。願得金剛不毁身。

수구주隨求呪,[26] 준제주准提呪,[27] 대비주大悲呪[28]와

청정혜清淨慧・위덕자재威德自在・변음辯音・정제업장淨諸業障・보각普覺・원각圓覺・현선수賢善首의 열두 보살을 가리킨다. 『원각경』은 열두 명의 보살이 차례대로 청정한 인지因地의 수행법 등과 같은 특정 주제를 질문하고 부처님께서 그것에 대해 답변하는 형식으로 이루어져 있다.

[25] 금강金剛 : ⓢ vajra의 의역어. 금속 중에 가장 강한 것. 경론에서 무기와 보석을 비유하는 말로 쓰인다. 무기를 비유할 때에는 견고하고 예리하여 모든 것을 훼손시키지만 어떤 것에 의해서도 훼손되지 않는 것을 나타내고, 보석을 비유할 때에는 가장 뛰어난 것을 나타낸다.

[26] 수구주隨求呪 : 수구보살隨求菩薩이 설한 다라니. 모든 죄와 장애를 소멸하고 악취를 제거하며 구하는 것에 따라 바로 복덕을 얻는 다라니陀羅尼(呪)이다.

[27] 준제주准提呪 : 불법을 호지하고 단명하는 중생의 생명을 연장하게 해 주는 보살인 준제관음准提觀音의 다라니이다.

[28] 대비주大悲呪 : 천수천안관음千手千眼觀音이 내증한 공덕을 설하여 보인 다라니. 태어날 때 15가지 좋은 일을 얻게 하고 죽을 때 15가지 나쁜 일을 받지 않게 한다.

불정존승경주佛頂尊勝經呪,²⁹ 보루각주寶樓閣呪³⁰께
제가 이제 정성스런 마음으로 목숨을 바쳐 귀의하고 예배드리며
깊고 비밀스러운 뜻을 수지하길 원하옵니다.

隨求准提大悲呪。佛頂尊勝寶樓閣。
我今志心歸命禮。願持甚深秘密意。

『대승기신론』과『석마하연론』은
마명보살馬鳴菩薩³¹이 앞서 설하고 용수보살龍樹菩薩³²이 화답한 것입니다.
제가 이제 정성스런 마음으로 목숨을 바쳐 귀의하고 예배드리며
불이不二³³의 이치를 설한 마하연摩訶衍³⁴의 가르침을 증득하여 들어가

---

29 불정존승경주佛頂尊勝經呪 : 존승불정尊勝佛頂이 내중한 공덕을 설한 다라니. 죄업의 소멸, 수명의 연장 등과 같은 한량없는 공덕이 있다.
30 보루각주寶樓閣呪 : 삼천대천세계를 금강으로 변하게 하고 모든 마군의 무기를 꽃으로 만들며 모든 마군의 무리를 항복시키고 깨달음을 얻게 하는 공덕을 가진 다라니. 갖추어서 대마니광박누각선주비밀다라니大麽尼廣博樓閣善住祕密陀羅尼라고 한다.『보루각경』에서 설한 것이다. 본경에는 두 가지 역본이 있다. 첫째는『대보루각선주비밀다라니경大寶樓閣善住祕密陀羅尼經』(No.1005)이고, 둘째는『광대보루각선주비밀다라니경廣大寶樓閣善住祕密陀羅尼經』(No.1006)이다. 전자는 불공不空(705~774)이 한역하였고, 후자는 보리류지菩提流志(562~727)가 한역하였다. 불공 삼장의 생존 시기는 의상이 죽은 뒤이기 때문에 본서가 의상의 저술이라면 의상이 참조할 수 없다. 후자는 보리류지가 장안에 들어와 번역을 시작한 연대는 아무리 앞서 잡아도 693년이고 본경을 번역한 연대는 706년으로 기록이 전해지기 때문에 이 경도 참조할 수 없다는 문제가 발생한다.
31 마명보살馬鳴菩薩 : [S] Aśvaghoṣa의 의역어. 중인도 마가다국 출신. 1~2세기경 활동하였으며 저서로『불소행찬佛所行讚』·『대승기신론』등이 있다.
32 용수보살龍樹菩薩 : [S] Nāgārjuna의 의역어. 인도 대승불교 중관학파의 창시자. 생존 연대는 2~3세기경으로 추정된다.『중론中論』등의 논서와『대지도론』등의 주석서를 지어서 대승 교학의 체계를 수립하였다.
33 불이不二 : 장단長短, 고락苦樂, 자타自他 등의 차별성을 전제로 하여 성립되는 현상계를 넘어선 실상의 세계를 나타낸 말. 장단·고락 등의 차별성은 인연에 의해 존재하는 것으로 그 실체가 없음을 나타내는 말이다.
34 마하연摩訶衍 : [S] mahāyāna의 줄인 음역어. 갖춘 음역어는 마하연나摩訶衍那이고 의

길 원하옵니다.

大乘起信并釋論。馬鳴首唱龍樹和。
我今志心歸命禮。願入不二摩訶衍。

문수보살文殊菩薩[35]과 보현보살普賢菩薩[36]을 비롯하여 마흔 부류[37]의
동생同生인 보살과 이생異生인 대중께
제가 이제 정성스런 마음으로 목숨을 바쳐 귀의하고 예배드리오니
널리 중생을 제도함에 지쳐서 싫증을 내는 일이 없게 하소서.

文殊普賢四十類。同生異生菩薩衆。
我今志心歸命禮。廣度有情無疲厭。

개골산皆骨山[38]에 상주하는 담무갈曇無竭[39]과

역어는 대승大乘이다. 부처님께서 가르침을 설파한 때로부터 4,5백 년 정도 지난 무렵, 곧 A.D. 1세기를 전후한 시기에 흥기한 것으로 추정되는 불교의 한 유파를 일컫는 말이다. 그 이전에 존재했던 전통적인 부파불교에 대해서 새로운 종교운동을 전개하여 다양한 부처님과 보살을 등장시키고 새로운 불타관을 구축하였다. 특히 『반야경』· 『유마경』 등은 공空·불이不二 등과 같은 새로운 사상을 제시하였다.

35 문수보살文殊菩薩 : '문수'는 ⓢMañjuśri의 줄인 음역어로 갖추어서 문수사리文殊師利라고 한다. 석가불釋迦佛의 왼쪽에서 사자를 타고 협시夾侍하며 지智·혜慧·증證을 나타낸다. 보현보살普賢菩薩은 석가불의 오른쪽에서 코끼리를 타고 협시하며 이理·정定·행行을 나타낸다.

36 보현보살普賢菩薩 : '보현'은 ⓢSamantabhadra, Viśvabhadra의 의역어로 변길遍吉이라고도 한다. 문수보살과 함께 석가불을 협시한다.

37 마흔 부류 : 『화엄경』 초회初會에 참여한 대중을 통틀어서 일컫는 말이다. 첫째, 보현보살을 비롯한 보살은 동생중同生衆으로 한 부류이다. 둘째, 그 뒤의 39부류, 신神·천天·인人·팔부중八部衆 등은 이생중異生衆이다.

38 개골산皆骨山 : 강원도 금강군·통천군·고성군에 걸쳐서 있는 산의 이름. 금강산金剛山의 다른 이름 중 하나. 불장佛藏에는 개골산이라는 말은 나오지 않고 우리나라에서만 쓰이는 용어이다. 이 용어가 담무갈과 연계된 이유를 추론해 보면 다음과 같

그 권속인 1만 2천 명의 보살 대중께
제가 이제 정성스런 마음으로 목숨을 바쳐 귀의하고 예배드리며
제가 속히 반야의 배를 타길 원하옵니다.

常住皆骨曇無竭。一萬二千菩薩衆。
我今志心歸命禮。願我速乘般若舩。

이미 정각을 이루어 여래라고 할 수 있지만
큰 자비에 의해 관자재보살의 모습을 나타내신 분께
제가 이제 정성스런 마음으로 목숨을 바쳐 귀의하고 예배드리오니
친히 말씀하시어 저에게 정법문正法門을 얻을 것이라는 수기를 주소서.

已成正覺名如來。而現大悲觀自在。
我今志心歸命禮。口親授記正法門。

다. 80권본 『화엄경』 권45 「제보살주처품諸菩薩住處品」(T10, 241b)에서 "바다 가운데 금강산이 있다. 현재 법기法起라는 보살이 그 권속인 보살 대중 1천 2백 명과 함께 항상 그 속에 머물며 설법하고 있다."라고 하였다. 여기에서 "법기"는 바로 담무갈의 음역어이다. 여기에서 담무갈의 주처를 금강산이라고 하였고, 개골산은 금강산의 다른 이름이기 때문에 이를 개골산으로 대체한 것으로 이해할 수 있다. 60권본 『화엄경』 권29 「보살주처품」(T9, 590a)에서 "네 개의 큰 바다 가운데 지달枳怛(금강)이라는 곳이 있다. 그곳에 현재 담무갈이라는 보살이 1만 2천의 보살 권속과 함께 머물며 그들을 위해 항상 설법하고 있다."라고 하였다. 두 역본에서 그 권속의 숫자에 차이가 있고, 「투사례」에서는 60권본 『화엄경』과 숫자가 동일한 것을 확인할 수 있다.

39 담무갈曇無竭 : ⓢ Dharmodgata의 음역어. 보살의 이름. 갖춘 음사어는 달마울가타達摩鬱伽陀이고 의역어는 법성法盛·법용法勇·법상法上·법기法起 등이다. 『대품반야경』에 따르면 동방에 있는 중향성衆香城의 주인으로 항상 반야바라밀다般若波羅蜜多를 설하고 있다. 상제보살常啼菩薩이 여러 부처님과 보살의 도움을 받아 이 보살에게 반야의 가르침을 들었다.

환희원歡喜園[40]에서 지장보살地藏菩薩[41]은 스승이 되어

미륵불彌勒佛께서 친히 수기를 주는 날까지 중생을 교화할 것을 부촉받았습니다.

제가 이제 정성스런 마음으로 목숨을 바쳐 귀의하고 예배드리며

죄의 뿌리를 소멸하고 악도를 여의기를 원하옵니다.

歡喜園中地藏師。親授佛記化群生。
我今志心歸命禮。願滅罪根離惡道。

문수사리와 덕운德雲[42] 등

쉰다섯의 계위를 상징하는 선지식[43]께

제가 이제 정성스런 마음으로 목숨을 바쳐 귀의하고 예배드리오니

---

40 환희원歡喜園 : 도리천에 있는 궁전의 이름. 『지장보살본원경』에서 "부처님께서 도리천궁에서 어머니를 위해 설법하실 때 무수한 대중이 모였다. 부처님께서 문수사리보살에게 지장보살은 여기에 모인 대중보다 훨씬 더 많은 숫자의 대중을 교화하였고 교화하고 있으며 앞으로도 교화할 것이라고 하고 지장보살의 인위因位에서의 서원을 설하였다. 이 말을 마치자 무수한 지장보살의 화신이 도리천궁에 모였다. 부처님께서 화신인 지장보살의 이마를 어루만지며 부촉하기를 '미래세에 미륵불이 하생할 때까지, 부처님이 계시지 않는 세상에서, 내가 아직 제도하지 못한 중생을 제도하여, 해탈하게 하고 고통을 여의게 하며 미륵불의 수기를 받게 하라'고 하였다."라고 하였다.

41 지장보살地藏菩薩 : '지장'은 ⓢ Kṣitigarbha의 의역어. 대지의 덕을 의인화한 바라문교의 지모신地母神을 불교에서 수용한 것. 석존의 부촉을 받아서 석존이 열반에 든 후에 미륵보살이 하생하여 성불할 때까지의 부처님이 없는 시대에 육도의 중생을 모두 제도하여 성불하게 할 것을 서원한 보살이다.

42 덕운德雲 : ⓢ Meghaśrī의 의역어. 선재동자가 문수보살의 지시에 따라 친견하여 설법을 들었던 53명의 선지식 중 첫 번째에 해당하는 비구. 선재동자는 승락국勝樂國 묘봉산妙峰山에 가서 덕운 비구에게 어떻게 보살행을 배우고 수행하는지를 물었고, 덕운 비구는 그를 위해 모든 부처님의 경계를 생각하여 지혜의 광명으로 두루 보는 법문(憶念一切諸佛境界智慧光明普見法門)을 설하였다.

43 쉰다섯의 계위를 상징하는 선지식 : 『화엄경』「입법계품」에서 선재동자가 수행의 과정에서 만난 55명의 선지식을 가리킨다.

먼저 문수 선지식을 만나게 하소서.

文殊師利德雲等。五十五位善知識。
我今志心歸命禮。初遇文殊善知識。

대대로 전등傳燈하신 모든 조사와
천하의 노화상老和尙에 이르기까지
제가 이제 정성스런 마음으로 목숨을 바쳐 귀의하고 예배드리오니
한 생각이 지나기도 전에 이 일대사一大事를 깨닫게 하소서.

歷代傳燈諸祖師。及與天下老和尙。
我今志心歸命禮。不越一念了此事。

모든 성문승聲聞乘과 연각승緣覺乘 등으로
사향사과四向四果[44]를 얻은 현명하고 성스러운 분들(賢聖衆)께
제가 이제 정성스런 마음으로 목숨을 바쳐 귀의하고 예배드리오니
복덕과 지혜를 구족하여 부지런히 불도를 닦게 하소서.

一切聲聞緣覺等。四向四果賢聖衆。

---

44 사향사과四向四果 : 소승불교의 수행자인 성문승의 수행 계위를 여덟 단계로 나눈 것. 팔현성八賢聖이라고도 한다. 곧 수다원향(須陀洹向 ⓟsotāpatti-magga)→수다원과(須陀洹果 ⓟsotāpatti-phala)→사다함향(斯陀含向 ⓟsakadāgāmi-magga)→사다함과(斯陀含果 ⓟsakadāgāmi-phala)→아나함향(阿那含向 ⓟanāgāmi-magga)→아나함과(阿那含果 ⓟanāgāmi-phala)→아라한향(阿羅漢向 ⓟarahatta-magga)→아라한과(阿羅漢果 ⓟarahatta-phala)를 가리킨다. 이 가운데 앞의 일곱 가지는 아직 배워야 할 것이 남아 있기 때문에 유학有學이라 하고, 마지막 한 가지는 더 배울 것이 없기 때문에 무학無學이라고 한다.

我今志心歸命禮。福智具足勤修道。

원만한 세계의 진실한 법장法藏과
세 가지 세간[45]의 모든 삼보三寶께
제가 이제 정성스런 마음으로 목숨을 바쳐 귀의하고 예배드리며
중생이 함께 친근하게 예배드리길 원하옵니다.

圓滿世界眞法藏。三種世間摠三寶。
我今志心歸命禮。願共衆生親近禮。

도리천궁忉利天宮[46]의 제석존帝釋尊[47]께서는
덕을 원만하게 갖추고 상호相好로 장엄한 몸을 갖추었습니다.
제가 이제 정성스런 마음으로 목숨을 바쳐 귀의하고 예배드리오니
저를 도와 서원의 바퀴를 굴려 정각正覺을 이루게 하소서.

---

45 세 가지 세간 : 세 가지의 세계. 『화엄경』 관련 주석서에 따르면 다음과 같다. 첫째, 기세간器世間이다. 삼천대천세계를 가리킨다. 석가모니부처님이 교화하는 대상이 되는 세계이다. 중생이 의지하는 세계, 곧 대지·산하 등을 가리킨다. 둘째, 중생세간衆生世間이다. 석가모니부처님이 교화하는 대상이 되는 중생을 가리킨다. 셋째, 지정각세간智正覺世間이다. 무루지無漏智에 의해 정각을 얻은 사람, 곧 정보正報 가운데의 부처님이다. 혹은 이러한 경지를 얻은 지혜로운 사람이 의지하는 세계, 곧 윤회의 세계인 삼계를 초월한 출세간을 가리키기도 한다. 『대지도론』 등에 따르면 다음과 같다. 첫째, 중생세간이다. 오온五蘊에 의해 성립된 모든 중생을 가리킨다. 둘째, 국토세간國土世間이다. 기세간이라고도 한다. 중생이 거주하는 국토를 가리킨다. 셋째, 오온세간五蘊世間이다. 오온, 곧 색色·수受·상想·행行·식識 자체를 가리킨다. 이는 앞의 두 가지를 모두 성립시키는 근거가 된다.
46 도리천궁忉利天宮 : '도리천'은 욕계의 여섯 하늘 중 두 번째 하늘로 제석천이 관장한다. 도리천궁은 제석천이 머무는 선견성善見城에 있는 궁전을 가리킨다.
47 제석존帝釋尊 : 욕계의 여섯 하늘 중 두 번째인 도리천忉利天을 관장하는 주인. 제석천帝釋天·석제환인釋提桓因 등이라고도 한다. 도리천의 선견성善見城(喜見城)에 있는 궁전에 머물고 있다. 본래 힌두교의 신이었으나 불교에 흡수되어 호법신이 되었다.

忉利天宮帝釋尊。滿德莊嚴相好身。
我今志心歸命禮。助我願輪成正覺。

토지와 가람伽藍을 수호하는 모든 선신善神들[48]과
천·용 등의 팔부중八部衆[49]께
제가 이제 정성스런 마음으로 목숨을 바쳐 귀의하고 예배드리오니
저를 도와 서원의 바퀴를 굴려 정각을 이루게 하소서.

土地伽藍諸善神。及與天龍八部衆。
我今志心歸命禮。助我願輪成正覺。

원하옵건대 제가 목숨을 마치려고 할 때
모든 장애들은 다 사라지고
그 자리에서 저 서방세계의 아미타불을 친견하여
바로 안락국安樂國(⒮ sukhāvati-kṣetra)에 왕생하게 하소서.[50]

願我臨欲命終時。盡除一切諸障碍。
面見彼佛阿彌陁。卽得徃生安樂刹。

---

48 가람伽藍을 수호하는 모든 선신善神들: 절을 수호하는 신이다.
49 팔부중八部衆 : 천天·용龍·야차夜叉·건달바乾闥婆·아수라阿修羅·가루라迦樓羅·긴나라緊那羅·마후라가摩睺羅伽 등으로 부처님의 위대한 덕에 의해 교화를 받고 귀의하여 불법을 지키는 신의 역할을 한다. 범부의 눈에 보이지 않기 때문에 명중팔부冥衆八部라고도 한다.
50 "원하옵건대 제가~왕생하게 하소서."라고 한 부분은 40권본『화엄경』권40(T10, 848a)에 동일한 문장이 나온다. 본경은 당나라 때인 795~798년에 반야 삼장般若三藏이 한역하였다. 본서가 의상의 저술인지 여부를 판명하는 데 근거로 삼을 만한 자료인 것으로 생각되어 밝혀 보았다.

찾아보기

개골산皆骨山 / 365, 366
관자재보살觀自在菩薩 / 360, 366
극락세계極樂世界 / 360
금강金剛 / 363
『금강반야바라밀경』 / 363

노사나불盧舍那佛 / 353, 357

담무갈曇無竭 / 365, 366
『대방광불화엄경』 / 361
대보살大菩薩 / 359
대비주大悲呪 / 363
『대승기신론』 / 364
덕운德雲 / 367
도리천궁忉利天宮 / 367
도솔천兜率天 / 361
두 분의 대보살 / 359

마명보살馬鳴菩薩 / 364

마하연摩訶衍 / 364
마흔 부류 동생同生인 보살과 이생異生인 대중 / 365
만월세계滿月世界 / 359
『묘법연화경』 / 362
문수보살文殊菩薩 / 365
문수사리 / 367
미륵불彌勒佛 / 367
미륵존彌勒尊 / 361

보루각주寶樓閣呪 / 364
보배가 있는 곳(寶所) / 362
보현보살普賢菩薩 / 365
불이不二 / 364
불정존승경주佛頂尊勝經呪 / 364
불타는 집(火宅) / 362

사향사과四向四果 / 368
삼승三乘 / 362
서른다섯 분의 뛰어난 보배와 같고 왕과 같은 부처님 / 358
『석마하연론』 / 364
세 가지 세간 / 369
수구주隨求呪 / 363

찾아보기 • 371

쉰다섯의 계위를 상징하는 선지식 / 367
쉰세 분의 부처님 / 352

아라한阿羅漢 / 359, 368
아미타불阿彌陀佛 / 360
안락국安樂國 / 370
약사존藥師尊 / 359
열두 가지 뛰어난 서원 / 360
열두 명의 보살 / 362, 363
영산靈山 / 359
영산靈山의 교주 / 359
용수보살龍樹菩薩 / 364
용화수龍華樹 / 361
『원각경』 / 362
일승一乘 / 362

정각正覺 / 358, 360, 369
제석존帝釋尊 / 369
준제주准提呪 / 363
지장보살地藏菩薩 / 367

팔부중八部衆 / 370
피안彼岸 / 360

현겁賢劫의 천 분의 부처님 / 352, 358
화장세계花藏世界 / 357
환희원歡喜園 / 367

대승대집지장십륜경 서
| 大乘大集地藏十輪經序[*] |

신라 사문 신방新羅沙門 神昉 찬撰[**]
한명숙 옮김

---

[*] ㈜ 저본은 『신수대장경』 제13권이다.
[**] ㈜ 저본에는 지은이의 이름이 없는데 편찬자가 집어넣었다.

대승대집지장십륜경 서 大乘大集地藏十輪經序 해제

한명숙
동국대학교 불교학술원 조교수

1. 개요

본 글은 지장신앙地藏信仰의 삼대 소의경전三大所依經典 중 하나인『대승대집지장십륜경』(『십륜경』제2역본, 곧 신역본)에 대해 신라 스님 신방神昉이 지은 서문이다. 지장보살은 석가모니불이 입멸하고 미륵불이 출현할 때까지 부처님이 계시지 않는 시대에 육도六道에 몸을 나타내어 고통 받는 중생을 구제할 것을 위촉받고 이들을 모두 구제하기 전에는 성불하지 않겠다고 서원한 보살이다.『대승대집지장십륜경』을 한역한 현장玄奘 (602~664)의 뛰어난 제자였던 신방은 본 글에서『십륜경』의 불교사상에서의 위치,『십륜경』구역본의 유통 상황, 현장이 인도 구법여행을 통해 불교경론을 중국으로 들여온 과정, 이후 구역본의 문제점을 보완하면서 신역본을 한역한 과정 등을 밝혔다.

2. 저자

 신방은 신라 출신의 당나라 유학승이다. 신라에서는 황룡사黃龍寺에 주석했다는 기록이 전해진다. 대승 방大乘昉·방 법사昉法師라고도 부른다. 법상종의 창시자인 현장의 사대제자四大弟子 중 한 명으로 꼽히며 645년 행한 대규모의 역경사업에 참여하였다. 대승경론에 두루 정통하였다. 특히 유식학에 능하였고 그와 관련된 글도 몇 부 지었지만 현재 전해지는 것은 없다. 역시 신라 출신의 당나라 유학승인 둔륜遁倫이 그 저술 『유가론기瑜伽論記』에서 신방의 설을 자주 인용하여 그 사상의 일면을 확인할 수 있을 뿐이다. 오랫동안 『십륜경』을 연구해 왔고 강의했으며 본 경이 현장에 의해 다시 번역이 이루어져 651년 완성되었을 때 그 서문을 지었다.
 저술로 『십륜경초十輪經抄』, 『십륜경소十輪經疏』, 『십륜경음의十輪經音義』, 『순정리론술문기서順正理論述文記序』, 『성유식론요집成唯識論要集』, 『현유식론집기顯唯識論集記』, 『종성차별집種性差別集』이 있었던 것으로 알려져 있지만 현재 모두 전하지 않는다. 다만 「『대승대집지장십륜경』의 서문」이 전해질 뿐이다.

3. 내용 및 특성

 본 글의 내용은 크게 다섯 단락으로 나누어 볼 수 있다.
 첫째, 부처님께서 중생을 교화한 일, 열반에 드신 일, 그 후 중생이 처한 상황을 서술하였다. 부처님께서 살아 계실 때는 먼저 일승一乘을 설하고, 다음에 아함부의 사제설 등 다양한 가르침을 설하였어도 모든 중생이 자신의 근기에 맞추어 저마다 이익을 얻었지만, 부처님께서 열반에 드신 후, 후학이 지혜가 부족하여 그 가르침을 제대로 이해하지 못하였고, 이로 인해 일승과 삼승이 서로 갈라져 조화를 이루지 못하는 상황이 일어났음을 밝혔다. 신방은 여기에서 부처님의 다양한 가르침을 다양한 근기의 중생이 모두 알아듣는 것을 『법화경』에서 설한 비유를 차용하여 설명하였다.

둘째, 불교에서 『십륜경』의 지위를 밝혔다. 부처님께서는 말법 시대에 근기가 하열하여 공견空見에 빠지고 오욕에 탐닉하며 열 가지 악을 저지르는 상황이 일어날 것을 알고, 이러한 시대에 이들을 모두 구제하기 위해 이 경을 설하였다고 하였다. 신방은 여기에서 『유마경』의 패근敗根(이승), 『십륜경』의 자갈밭(불법을 배우지 않는 사람) 등의 비유를 차용하였다.

셋째, 자신이 처한 시대 중생의 상황을 진술하였다. 삼보가 오래 머물러 현교가 말법 시대까지 전해졌지만 중생들은 번뇌에 사로잡혀 일승의 참뜻을 이해하지 못하였다고 하였다.

넷째, 『십륜경』의 구역 경이 세상에 유포되지 않는 현실을 한탄하였고, 현장이 인도에 가서 불법을 연구하고 경론을 가지고 돌아온 과정을 서술하였으며, 651년 현장에 의해 『십륜경』의 한역이 완성되었는데, 한역 과정에서 구역본과 대조하여 구역본에 없는 내용을 보충하였음을 밝혔다.

다섯째, 신역본 『십륜경』으로 인해 모든 사람들이 더 많은 이익을 얻게 될 것임을 밝혔다. 석가모니불은 이미 열반에 들었고 미륵불은 아직 오지 않은 세상에서, 본 경은 이미 불법을 배우는 사람들은 더 많은 공능을 얻게 하고 이제 불법을 배우려는 사람도 모두 구제할 것이라고 하였다.

4. 참고문헌

김태훈, 「한국지장신앙의 원류」(『한국사상과문화』 56권, 2011).
이만, 「신라 신방의 유식사상」(『한국불교학』 35권, 2003).
한보광, 「지장사상에 관한 연구」(『정토학연구』 15권, 2011).

일러두기

1 '한글본 한국불교전서'는 문화체육관광부의 지원을 받아 동국대학교 불교문화연구원에서 수행하고 있는 '불교기록문화유산아카이브(ABC)사업'의 결과물을 출간한 것이다.
2 이 책은 『한국불교전서』(동국대학교출판부 간행) 제1책의 『대승대집지장십륜경서』를 저본으로 하였다.
3 번역문에 이어 원문을 병기하고 간단한 표점 부호를 삽입하였다.
4 원문의 교감 사항은 번역문의 각주와 별도로 원문 아래 부분에 제시하였다.
　　㉙은 『한국불교전서』 편찬자가 교감한 내용이다.
　　㉕은 번역자가 교감한 내용이다.
5 약물은 다음과 같다.
　　『　』: 서명
　　T : 대정신수대장경
　　Ⓢ : 범어

예전에는 아침에 뜨는 해가 높은 산을 비추는 것[1]처럼 천궁天宮에서 일승一乘의 수레를 메어 인도하고, (그 다음에는) 흐르는 물이 높고 평평한 지대와 낮고 습한 지대로 내려가는 것처럼 녹야원鹿野苑[2]에서 사제四諦[3]의 법륜을 굴렸다. 비록 수레를 굴려 나아감에 사방으로 갈라졌지만 길에 어지러운 궤도는 없었으니 일시에 구름이 비를 뿌려 두루 적시면 초목이 제각각 무성하게 자라는 것과 같았다.[4] 곡림鵠林[5]의 색이 변하고 지혜의 해가 빛을 잃어버리면서부터 불도를 성취한 이(達學)는 번개처럼 빨리 사라져 교화의 짐을 벗어버렸고, 진인眞人은 오랜 세월 동안 가서 오지 않고 열반의 세계에 들어가 버렸다.

---

1 60권본 『화엄경』 권34 「보왕여래성기품寶王如來性起品」(T9, 616b)에서 "또 불자들이여, 비유컨대 해가 뜨면 먼저 ① 일체 대산왕一切大山王(높은 산)을 비추고, 다음에 ② 일체 대산을 비추며, ③ 다음에 금강보산金剛寶山을 비추고, 그런 뒤에 ④ 일체 대지大地를 두루 비추지만, 햇빛은 '나는 먼저 대산왕을 비추고 차례대로 비추면서 대지를 두루 비출 것이다'라고 생각하지 않는 것과 같다. 다만 그 산과 대지에 높고 낮음이 있기 때문에 그 비침에 있어서 먼저 햇빛이 드는 것과 나중에 햇빛이 드는 차이가 있을 뿐이다. 여래·응공·등정각도 또한 다시 이와 같다."라고 한 것을 참조할 것.
2 녹야원鹿野苑 : ⓢ Mṛgadāva의 의역어. 녹원鹿苑이라고도 한다. 부처님께서 불도를 이룬 후 처음으로 설법을 한 지역의 이름이다.
3 사제四諦 : 성문승을 깨달음으로 이끄는 네 가지 근본적인 진리. 고제苦諦(일체는 고통이라는 진리)·집제集諦(고통의 원인은 집착이라는 진리)·멸제滅諦(고통을 소멸한 경지인 열반이 있다고 하는 진리)·도제道諦(고통의 소멸로 이끄는 실천도가 있다는 진리) 등을 가리킨다.
4 『법화경』 권3(T9, p.19a)에서 "먹구름이 널리 퍼져 삼천대천세계를 두루 덮고, 일시에 비가 고루 내려 촉촉하게 적시면, 모든 초목과 숲, 그리고 약초들의 작은 뿌리·줄기·가지·잎과 중간 뿌리·줄기·가지·잎 그리고 큰 뿌리·줄기·가지·잎 등이며 여러 나무의 크고 작은 것들이 상·중·하에 따라 제각기 비를 맞는다. 동일한 구름에서 내리는 비를 맞고 그들의 종류와 성질에 맞게 생장하여 꽃이 피고 열매를 맺으니, 비록 같은 땅에서 자라나고 똑같은 비를 맞지만, 여러 가지 풀과 나무가 저마다 다른 양상으로 자란다."라고 한 것을 참조할 것
5 곡림鵠林 : 부처님께서 열반에 드실 때 그 주변에 있었던 사라수림沙羅樹林을 가리키는 말. 학림鶴林·백학림鶴鶴林 등이라고도 한다. 부처님께서 열반에 드실 때 이 나무가 흰색으로 변한 데서 유래한 이름이라고 한다. '곡'은 고니이고 '학'은 두루미로 모두 흰 새이다.

선대의 현자가 성인의 말씀을 서술하여 난해한 부분을 제각각 이해하게 하였지만 후학後學이 들은 것이 적고 안목이 좁아서 다시 친히 전승한 것을 다르게 전하였다. 하물며 정법正法이 이미 가버리고 오랫동안 상법과 말법이 유포되며, 중생의 정혜定慧와 복덕이 시대에 따라 달라지며, 순수하고 온화한 풍조와 천박한 풍조로 운수運數를 달리함에랴! 그러한즉 일승과 삼승의 수레가 어찌 그 궤도를 함께할 수 있겠는가? 만약 시대에 따라 운수가 있는 줄 알면 약의 성질을 어기지 않은 뒤에야 오랫동안 낫지 않는 고질병을 치유할 수 있는 것처럼 권교權敎[6]를 개시하여 실교實敎[7]를 나타내는 동귀교同歸敎[8]를 체득하게 될 것이다.

昔者旭照高山。天宮御一乘之駕。流暉原隰。鹿苑[1)]轉四諦之輪。雖復發軫分逵。而塗無亂轍。一雲普洽。而卉木各茂。自鵠[2)]林變色。慧日寢光。達學電謝以息肩。眞人長往而寂慮。[3)]且前賢述聖。難令各解。後進孤陋。更異親承。況乎正法旣往。久當像末。定慧與福德異時。醇化與澆風殊運。然則一乘三乘之駕。安可以同其轍哉。若識時來在數。藥性勿違。然後可以淸沈痼[4)]之宿疾。體權實之同歸矣。

---

1) ㉠ '苑'을 송본·원본·명본에서는 '菀'이라고 하였다. ㉡ 전자가 맞다. 이후 원문이 타당할 경우 별도로 어느 글자를 선택했는지를 밝히지 않는다. 2) ㉠ '鵠'을 송본·원본·구본舊本에서는 '涸'이라고 하였고, 명본에서는 '鶴'이라고 하였다. ㉡ 저본인『신수대장경』의 교감주에 따르면 '구본'은 '궁본宮本'이다.『한불전』편찬자의 오류인 것 같다. 이하 동일하다. 3) ㉠ '慮'를 송본·원본·명본에서는 '滅'이라고 하였다. 4) ㉠ '痼'를 원본에서는 '涸'이라고 하였다.

---

6 권교權敎 : 진실한 이치를 깨닫게 하기 위한 방편적 가르침이다.
7 실교實敎 : 방편적 가르침이 궁극적으로 드러내려고 하는 가르침이다.
8 동귀교同歸敎 : 중생의 근기가 성숙하지 않았을 때는 그에 상응하여 방편으로 권교, 곧 삼승교를 개시하고, 중생의 근기가 성숙하였을 때 실교, 곧 삼승이 결국 서로 다르지 않아 모두 일승으로 돌아간다는 가르침을 주어 진실한 이치를 드러내는 것을 말한다. 교판론에서는『법화경』의 가르침을 가리킨다. 여기에서는 권교인『십륜경』을 통하여 결국 진실한 가르침을 깨닫게 된다는 것을 말하는 것으로 보인다.

『십륜경』이라는 것은 이 세계가 말법 시대가 되었을 때의 가르침이다. 어떻게 이것을 증명할 수 있는가?

부처님께서, 말법 시대 악이 성행하는 때가 되면, 성인이 가신 지 오랜 시간이 지나서, 중생은 굽지 않은 그릇(坏器)처럼 부처님의 종자가 없는 근기(敗根)[9]를 가지고 시각장애인처럼 공견空見에 빠지며, 씨앗을 뿌려도 싹이 나지 않는 자갈밭(石田)[10]처럼 다섯 가지 욕망(五欲)[11]에 깊이 취하고, 오물이 묻어 악취가 나는 몸처럼 열 가지 악[12]에 찌들어 살아갈 것이라고 하였기 때문이다.

이 경은 악취가 나는 몸을 씻어 깨끗해지게 하고, 시각장애인의 눈을 뜨게 하며, 굽지 않은 그릇을 구워 단단하게 만들고, 자갈밭을 비옥해지게 한다. 따라서 보살이 성문의 모습을 보이고[13] 상왕象王이 출가자의 옷을 입은 이를 공경하여 이 법당法幢의 모습[14]으로 저 부끄러움을 모르는 이들을 교화하였다.[15] 두 가지 일로 불법을 수호하고 지켜서 삼승의 도과

---

9 부처님의 종자가 없는 근기(敗根) : 『유마경』(T14, 549b)에서 성문을 비유로 표현한 것이다.
10 씨앗을 뿌려도 싹이 나지 않는 자갈밭(石田) : 『대승대집지장십륜경』 권6(T13, 755a)에서 "자갈밭(石田)에는 아무리 좋은 종자를 뿌리고 부지런히 가꾸어도 끝내 그 열매를 얻지 못하는 것처럼, 중생도 이승의 법에 대하여 교만하고 게을러 부지런히 닦기를 좋아하지 않으면서, 오욕을 탐하고 구하여 만족할 줄 모른다면, 그 몸에 대승의 종자를 심고 부지런히 정진하더라도 끝내 이루지 못한다."라고 한 것을 참조할 것.
11 다섯 가지 욕망(五欲) : 색色·성聲·향香·미味·촉觸의 다섯 가지 대상에 대해 일으키는 다섯 가지 욕망. 차례대로 색욕·성욕·향욕·미욕·촉욕을 말한다.
12 열 가지 악(十惡) : 세 가지 악취에 떨어지는 원인이 되는 열 가지 악. 살생·투도偸盜·사음邪淫·망어妄語·양설兩舌·악구惡口·기어綺語·탐욕·진에瞋恚·사견邪見을 가리킨다.
13 『대승대집지장십륜경』 권1(T13, 721c)에서 "지장보살은 헤아릴 수 없는 대겁 이전에 부처님이 계시지 않는 세계에서 중생을 성숙시켰다. 지장보살은 권속과 함께 성문의 모양을 하고 이곳에 왔다."라고 하였다.
14 법당法幢의 모습 : 출가자의 옷과 관련된 말이다. 코끼리왕은 전다라들이 입은 가사를 보고 "법당의 모양을 하였으니 악을 떠나 중생을 해치지 않을 것"이라고 하였다.
15 『대승대집지장십륜경』 권4(T13, 741c)에서 "가사국迦奢國의 범수梵授라는 왕이 전다라旃茶羅에게 설산雪山에 있는 청련목青蓮目이라는 코끼리왕의 여섯 개의 어금니를 뽑

道果를 이루는 것을 나타내었다. 그러므로 경에서 "이 국토의 삼보三寶의 종성種姓으로 하여금 위덕이 왕성하여 오랫동안 세상에 머물게 하기 위해서이다."[16]라고 하였고, 또 말하기를 "모든 중생이 지닌 금강처럼 견고한 번뇌를 꺾어 없앤다."[17]라고 하였다.

그러한즉 삼보가 오래 머물러 현교顯敎[18]가 말법 시대에 전해졌지만 금강金剛과 같은 번뇌에 사로잡혀 일승을 다르게 이해하였다.

十輪經者。則此土末法之敎也。何以明之。佛以末法惡時。去聖浸遠。敗根比之坏器。空見借喩生盲。沈醉五欲。類石田之不苗。放肆十惡。似臭身之垢穢故。故此經。能濯臭身。開盲目。陶坏器。沃石田。是以菩薩示聲聞之形。象王敬出家之服。以此幢相。化彼無慚。顯二事之護持。成三乘之道果。故經曰。爲令此土[1]三寶種姓。威德熾盛。久住世故。又曰。摧滅一切諸衆生類。猶如金剛堅固煩惱。然則三寶久住。顯敎傳於末法。金剛煩惱驗障異乎一乘。

1) ㉝ '土'를 송본에서는 '七'이라고 하였다.

구역 경舊譯經[19]의 유래를 찾아보았더니 연대가 오래되어 단지 경록에

아오라고 하였다. 전다라들은 사문의 옷을 입어 위장하고 설산으로 왔다. 어미 코끼리가 두려움에 떨며 코끼리왕에게 이 사실을 알렸다. 코끼리왕은 전다라들이 사문의 옷을 입은 것을 보고 모든 부처님의 법당의 모양을 하였으니 사람을 해치지 않을 것이라고 굳게 믿으며 의심하지 않았다. 코끼리왕은 전다라에게 독화살을 맞아 죽어가면서도 악한 마음을 일으키지 않고 그들에게 무엇을 원하는지 묻고 스스로 여섯 개의 어금니를 뽑아 건네주며, 이것을 보시한 복으로 성불하여 중생을 구제할 것을 서원하였다."라고 한 것을 말한다.
16 『대승대집지장십륜경』 권2(T13, 728c).
17 『대승대집지장십륜경』 권2(T13, 728c).
18 현교顯敎: 밀교密敎를 제외한 나머지 모든 가르침을 일컫는 말. 밀교는 다라니 등과 같은 신비적 수단을 통해 궁극적 진리를 증득할 수 있음을 강조한 것이다.
19 구역 경舊譯經: 『대승대집지장십륜경』보다 앞서 번역된 경을 가리킨다. 현재 『大方廣

이름이 올라 제목만 남겨져 있고 전한 사람은 기록되어 있지 않았다. 번역한 사람은 이미 가버렸고 오늘날에 이르러서는 거의 들리지도 않는다. 나와 뜻을 함께하는 사람들은 불법의 진실한 광채에 마음을 빼앗기지만 나와 뜻을 달리하는 이는 담백한 맛을 크게 비웃는다. 도리에 천 리만큼 어긋나니 어찌 슬퍼하지 않을 수 있겠는가?

지극히 밝은 해가 하늘에서 빛나도 어떤 때에는 옅은 안개에 가려 잘 보이지 않는 것처럼 부처님의 지극한 말씀인 법(軌物)도 시대에 따라 삿된 변론에 의해 침몰하고 막혀 버린다. 의사가 돌로 만든 침을 한 번만 잘못 놓아도 죽을 듯한 큰 고통을 느끼는 것처럼 털끝만큼이라도 잘못 배우면 선도에 오르고 악도에 떨어지는 갈림길을 맞이하니 쉽게 생각해서야 되겠는가?

尋舊經之來。年代蓋久。但譜第遺目。傳人失記。翻譯之主旣往。來玆之日罕聞。同我者。失魄於眞彩。異我者。大笑於淡味。謬以千里。能勿悲乎。夫極曜文天。或蔽虧於簿霧。至言軌[1]物。時淪滯於廣[2]辯。鍼石一違。有死生之巨痛。纖毫錯學。有升墜之異塗。其可易乎。

1) ㉣ '軌'를 송본·원본·명본·구본에서는 '範'이라고 하였다. ㉠ '구본'은 '궁본'이다.
2) ㉣ '廣'을 송본·원본·명본·구본에서는 '邪'라고 하였다. ㉠ '구본'은 '궁본'이다. 문맥에 따르면 후자가 맞는 것 같다.

때마침 삼장三藏이신 현장 법사玄奘法師[20]라는 분이 계셨다. 처음에는

十輪經』(T13) 1부가 전해진다. 북량北涼 때(397~439) 한역되었고 역자는 알 수 없다. 모두 8권 15품으로 이루어졌다.
20 현장 법사玄奘法師 : 602?~664. 당나라 때 스님. 법상종의 개조이다. 경·율·논 삼장에 두루 밝았기 때문에 삼장법사三藏法師라고 불렸다. 법을 구하기 위해 인도에 가서 오랫동안 머물면서 당대의 뛰어난 논사에게 『유가사지론』·『구사론』 등을 두루 배웠다. 645년 많은 경론을 가지고 중국으로 돌아왔다. 이후 19년 동안 여러 사람들과 함께 75부 1335권에 달하는 경론을 번역하였다.

중국에서 배워 뛰어난 경지를 이루었고, 나중에는 서역西域으로 가서 불도를 구하여 일생의 생명을 가벼이 여기며 수만 리나 되는 힘든 길을 건너갔다. 끝내 큰 바다가 마를 때까지 물을 퍼내어 잃어버린 구슬을 찾고[21] 용궁龍宮에 가서 비밀스럽게 숨겨둔 경전을 끝내 찾아내어 탐구한 것처럼,[22] 지혜의 바다에서 법의 물결을 삼켜 병에 남김없이 담았고, 전단나무 숲(檀林)에서 도기道氣를 받아 향기로운 바람을 다시 널리 퍼뜨렸다. 인명因明[23]·삼량三量[24]·성론聲論[25]·팔음八音[26]에 이르기까지 바른 것을 세우고 삿된 것을 무너뜨리는 것의 근원을 연구하고 자전字轉의 근본을 궁구하지 않음이 없었다. 여래께서 설한 것과 보살이 전한 것으로 이미 전해진 것과 아직 전해지지 않은 것을 하루아침에 모아서 갖추었다.

---

21 『현우경』 권8(T4, 404b)에서 "석가모니불이 과거세 바라문의 아들 대시大施로 태어났을 때 무엇이든 소원하는 대로 얻을 수 있는 구슬을 얻어서 중생을 구제하려고 하였다. 온갖 고초를 겪으면서 그 구슬을 구하였지만 다시 잃어버렸다. 대시 태자는 중생을 구제하려는 일념으로 바닷물을 퍼내기 시작하였고 마침내 바닷물이 말라버릴 것을 염려한 용왕이 구슬을 내어 주었다."라고 한 것을 참조할 것.

22 『용수보살전』(T50, 184b)에서 "용수보살이 90일 만에 불경을 모두 터득하고 별것이 아니라는 교만한 마음을 일으켰다. 대룡보살이 그를 용궁으로 데려가서 한량없이 많은 경전을 보여 주었다."라고 한 것을 참조할 것.

23 인명因明 : ⓈS hetu-vidyā. 인도에서 논리학을 가리키는 말이다. '인'은 추리의 근거·원인·이유를 가리키고 '명'은 현명顯明·지식·학문이라는 뜻이다. 그러므로 인명은 이유를 들어 논증을 행하는 논리학을 가리킨다.

24 삼량三量 : ⓈS pramāṇa-traya. 세 가지의 척도. '양'은 지식의 근거, 인식 형식, 지식의 진위를 판정하는 표준이 되는 것이다. 첫째는 현량現量(ⓈS pratyakṣa)으로 직접지각에 의해 아는 것이고, 둘째는 성언량聖言量(ⓈS śabda)으로 성인의 말씀을 통해서 아는 것이다. 셋째는 비량比量(ⓈS anumāna)으로 감관에 현전하지 않는 대상을 그것의 존재를 나타내 주는 표징(因)을 매개로 하여 간접적으로 인식하는 방법이다. 곧 이미 아는 사실을 근거로 삼아 아직 알지 못하는 것을 비교하여 입증하고 바른 앎을 산출하는 것이다.

25 성론聲論 : 고대 인도의 학문 분류법인 오명五明 중 하나. 성명聲明(ⓈS śabda-vidyā)이라고도 한다. 음운·문법 등과 관련된 학문을 가리킨다.

26 팔음八音 : 범어에서 명사, 대명사, 형용사의 격이 여덟 가지로 변화하는 것을 가리키는 말. 팔전성八轉聲이라고도 한다.

屬有三藏玄奘法師者。始則學架東朝。末乃訪道西域。輕一生之性命。涉數萬之艱難。果能竭溟渤。以索亡珠。蹈龍宮而窮祕藏。呑法流於智海。瓶寫¹⁾無遺。受道氣於檀林。香風更馥。至於因明三量聲論八音。莫不究立破之源。窮字轉之本。如來所說。菩薩所傳。已來未來。一朝備集。

1) ㉈ '寫'를 명본에서는 '瀉'라고 하였다.

신방은 복덕을 쌓은 업이 옅어서 부처님의 진신眞身²⁷과 응신應身²⁸을 대면하지 못하였다. 다행히 깨달으신 성인께서 아주 오래전에 혼란한 세계를 바로잡았고 나중에 출현하신 현인은 깜깜한 세상에 등불을 전하였다.

마침내 죽음의 날이 얼마 남지 않은 사람들은 법의 약으로 넋을 돌이키길 바라고, 어두운 들판에서 길을 잃고 헤매는 사람들은 깨달음의 길로 수레를 돌릴 수 있기를 기대할 수 있게 되었다. 이에 먹물을 묻혀 종이를 잡고 외부의 일에 대한 생각을 막아서 끊고 힘써 지극한 가르침을 자세하게 살피는 것에 힘써 저 분쟁과 집착의 원인이 되는 것을 풀이하고 법주法主에게 자문을 받아 범문梵文을 거듭하여 열었다.

昉以薄業。不偶眞應。幸達聖制亂於未肇。¹⁾ 後賢傳燈於旣夕。遂使定死餘命。冀反魂於法藥。昏野迷方。期還轅於覺道。於是染翰操紙。杜絶外慮。務詳至敎。釋彼紛執。疇諮²⁾法主。重啓梵文。

1) ㉈ '未肇'를 송본·구본에서는 '米兆'라고 하였고, 원본·명본에서는 '未兆'라고 하였다. ㉇ '구본'은 '궁본'이다. 2) ㉈ '諮'를 송본·원본·명본·구본에서는 '咨'라고 하였다. ㉇ '구본'은 '궁본'이다.

---

27 진신眞身 : 법신法身과 같은 말. 이법理法 그 자체로서의 불신을 가리킨다.
28 응신應身 : 중생을 교화하기 위해 중생의 근기에 응하여 변화하여 나타낸 불신을 가리킨다.

영휘 2년(651) 세차 신해辛亥 정월正月 을미乙未에 시작하여 그 해 12월 갑인甲寅에 번역을 마쳤는데 모두 8품 10권으로 이루어졌다. 지금 번역한 것을 여러 구역본과 비교하여 구역본에 이미 있는 내용은 지금 여기에서 다시 자세하게 밝혔고 구역본에 없는 내용은 지금 여기에 갖추어 실었다.

이 경으로 인하여 자신이 처한 자리마다 불법을 두둔하던 사람들은 법의 우레를 울려 변론을 토할 수 있게 되고, 정려靜慮에 들어 신통하고 미묘한 것을 좇던 사람들은 거울처럼 고요하게 물결에 비추어 보듯이 마음을 비추어 볼 수 있게 되며, 정수리에 불을 인 듯이 세차게 불법을 배우던 사람들은 지혜의 해에 반딧불을 더할 수 있게 되고, 만족할 줄 알고 겸손한 마음을 가진 사람들은 청풍보다 더 높은 절개를 지닐 수 있게 될 것이다.

이전의 부처님은 이미 가셨고 뒤에 오실 부처님은 아직 오시지 않았다. 이 가르침이 길이 드리워져 앞으로 불법을 배우는 이들을 영원히 구제할 수 있기를 바란다. 도를 홍포하는 사람이라면 어찌 이 책을 마음에 품지 않을 수 있겠는가?

粵以永徽二年。歲次辛亥正月乙未。盡其年十二月甲寅。翻譯始畢。凡八品十卷。以今所翻。比諸舊本。舊本已有。今更詳明。舊本所無。斯文具載。於是。處座伉談者。響法雷而吐辯。靜慮 通微者。鏡玄波而照心。頂火暴腹之徒。戢螢暉於慧日。喜足謙懷之侶。騰高節於淸風矣。前佛旣往。後佛未興。庶此敎長懸。永濟來者。弘道之士。如何勿思。

찾아보기

곡림鵠林 / 379
공견空見 / 377, 381
구역 경舊譯經 / 382
권교權敎 / 380

녹야원鹿野苑 / 379

다섯 가지 욕망(五欲) / 381
동귀교同歸敎 / 380

법당法幢의 모습 / 381
부처님의 종자가 없는 근기(敗根) / 381

사제四諦 / 379
삼량三量 / 384

성론聲論 / 384
실교實敎 / 380
씨앗을 뿌려도 싹이 나지 않는 자갈밭(石田) / 381

열 가지 악 / 381
응신應身 / 385
인명因明 / 384
일승一乘의 수레 / 379

진신眞身 / 385

팔음八音 / 384

현교顯敎 / 382
현장 법사玄奘法師 / 383

대승유가금강성해만수실리천비천발대교왕경 서
| 大乘瑜伽金剛性海曼殊室利千臂千鉢大教王經序[*] |

혜초慧超[**] 찬撰
한명숙 옮김

---

[*] 윈 저본은 『신수대장경』 20권이다.(고려본) 갑본은 황벽판黃檗版을 정엄淨嚴 등이 교정하고 가필한 것이다.

[**] 윈 찬자가 이름을 보충하여 넣었다.

대승유가금강성해만수실리천비천발대교왕경 서
大乘瑜伽金剛性海曼殊室利千臂千鉢大敎王經序 해제

한명숙
동국대학교 불교학술원 조교수

1. 개요

「대승유가금강성해만수실리천비천발대교왕경 서」는 『대승유가금강성해만수실리천비천발대교왕경』(이하 『문수대교왕경』으로 약칭)에 대해 신라 출신의 당나라 유학승 혜초慧超(惠超라고 쓰기도 함)가 지은 서문이다. 본 글은 밀교 고승으로서의 혜초의 지위와 사상, 그리고 그의 활동 연대를 확인할 수 있는 귀중한 자료이다. 『문수대교왕경』은 밀교 경전으로 초기밀교적 성격의 다라니, 초기와 중기의 중간적 성격의 심지법문心地法門 사상, 중기밀교적 성격의 오불오지五佛五智 사상이 모두 들어 있다. 본 글에서 혜초는 직접 중국 밀교의 초조인 금강지 삼장金剛智三藏(669~741)과 그 제자로 밀교부법장 제6조인 불공 삼장不空三藏(705~774)에게 차례대로 사사하면서 본 경의 번역에 참여한 과정을 자세하게 설명하고, 『문수대교왕경』을 통해 얻는 이익, 본 경의 깊은 뜻, 만수실리보살의 덕을 밝히고 본 경의 제목을 해석하였으며 본 경에 서술된 내용을 일목요연하게 설명하였다.

2. 저자

혜초의 생애를 확인할 수 있는 독립된 자료는 전해지지 않는다. 따라서 그 생몰 연대를 확정할 수 없다. 현재 전해지는 혜초가 지은 한 부의 책과 몇 가지 글에 나타난 단편적인 기록을 통해 그 생애를 추정할 수 있을 뿐이다.

이들 자료에 나타나는 혜초의 행적은 크게 두 가지로 확인할 수 있다.

첫째, 구법승으로서의 행적이다. 이는 현재 전해지는 혜초의 유일한 저술인 『왕오천축국전』을 통해 확인된다. 본 서는 혜초가 723년 중국에서 출발하여 인도와 중앙아시아를 순례하고 728년 중국으로 돌아와 여행 기록을 정리한 책이다.

둘째, 밀교 고승으로서의 행적이다. 이는 네 가지 글에 의해 확인할 수 있다.

첫 번째 글은 혜초가 780년에 쓴 「『대승유가금강성해만수실리천비천발대교왕경』의 서문」이다. 733년 중국 밀교의 초조인 금강지 삼장에게 가르침을 받고, 740년 금강지 삼장을 도와『문수대교왕경』을 한역하였으며, 774년 금강지 삼장의 제자로 밀교부법장 제6조인 불공 삼장에게 가르침을 받았고, 780년 오대산 건원보리사에서 이전에 한역한 경을 교감하고 증의한 행적을 확인할 수 있다.

나머지 세 가지 글은 모두『대종조증사공대변정광지삼장화상표제집代宗朝贈司空大辨正廣智三藏和上表制集』에 실려 있다.

그 첫 번째 글은 「삼장화상유서三藏和上遺書」이다. 불공이 거명한 여섯 명의 제자 중 한 명으로 "신라 혜초新羅慧超"라는 이름이 등장한다. 그 두 번째 글은 「청어흥선사당원양도량각치지송승제請於興善寺當院兩道場各置持誦僧制」이다. 흥선사 내도량에서 행한 밀교의례에서 염송을 담당한 일곱 명 중 한 명으로 "혜초"라는 이름이 등장한다. 그 세 번째 글은 「하옥녀담기우표賀玉女潭祈雨表」이다. 774년 혜초가 황제의 명으로 옥녀담에서 기우제를 주관하고 나서 황제에게 올린 표문이다.

　이상의 문헌을 통해 신라에서 당나라로 유학을 간 혜초는 723년에서 728년까지 인도 구법여행을 다녀왔고 그 이후는 밀교 경전을 번역하고 유포하는 데 전념하였으며 해당 교단의 중심인물로 활동했다는 것을 확인할 수 있다.

3. 내용 및 특성

　본 글의 내용은 크게 네 단락으로 나누어 볼 수 있다.
　첫 번째 단락에서는 『문수대교왕경』의 한역이 이루어지기까지의 과정을 서술하였다. 금강지 삼장과 함께 번역을 마쳤으나 출간하지 못하였고 나중에 불공 삼장에게 본 경에 대한 자문을 구하고 가르침을 받았으며, 마침내 오대산 건원보리사에서 본 경의 교감과 증의를 마쳤다고 하였다. 현재 『문수대교왕경』은 불공이 한역한 것으로 전해지지만 본 글에 따르면 한역의 실질적 주체는 금강지 삼장이라는 것을 확인할 수 있다.
　두 번째 단락에서는 『문수대교왕경』의 의미를 서술하였다. 불도를 닦는 사람은 이 경을 빌려야만 깨달음을 이루고 삿된 집착을 제거할 수 있다고 하였다. 삼밀三密에 계합하여 계·정·혜에 통달하는 것을 밝혔고, 또 여래의 지위에 오르는 것은 믿음을 그 시초로 한다고 하여 믿음을 강조하였다.
　세 번째 단락에서는 만수실리보살(문수보살)의 덕을 서술하였다. 중생을 구제하려는 서원을 실현하기 위해 보리에 증득할 수 있는 지위이지만 보리에 머물지 않고 보살의 모습을 나타내어 청량산에 머물러 중생을 구제하는 덕을 찬탄하였다.

네 번째 단락에서는 먼저 경의 제목을 해석하고, 다음에 목차를 서술하며, 마지막은 목차에 해당하는 내용을 간략하게 설명한 후에 경의 내용을 게송으로 집약하였다.

목차를 서술한 부분에서는 경의 내용을 모두 다섯 가지 문으로 나누었다. 첫째는 비로자나여래가 설한 무생문無生門이고, 둘째는 아촉여래가 설한 무동문無動門이며, 셋째는 보생여래가 설한 평등문平等門이고, 넷째는 관자재왕여래가 설한 정토문淨土門이며, 다섯째는 불공성취여래가 설한 해탈문解脫門이다. 다음에 이 다섯 가지 문은 모두 아홉 품으로 나누어져 설해지고 있다고 하였다. 다음은 제1무생문은 아자阿字를 관찰하여 들어가는 것이고 해당 내용은 제1품과 제2품에서 설하였다고 하였다. 그 다음에 비로자나여래를 찬탄하는 내용을 담은 게송으로 설하면서 맺었다.

『문수대교왕경』 본문에서, 다섯 가지 문을 본 경에서 설한 아홉 품에 배대하여, 제1문은 제1품과 제2품, 제2문은 3품과 제4품, 제3문은 제5품과 제6품, 제4문은 제7품과 8품, 제5문은 제9품에 해당한다고 하였다. 그런데 본 글에서는 제1문이 제1품과 제2품과 상응한다는 것만 서술하고 나머지에 대해서는 언급한 내용이 보이지 않는다. 『불조역대통재』 권14(T49, 605c)에도 「대승유가금강성해만수실리천비천발대교왕경 서」가 수록되어 있는데, 여기에서는 세 번째 단락까지만 실려 있고 네 번째 단락에 해당하는 부분은 실려 있지 않다. 네 번째 단락은 완성되지 않은 문장으로 추정된다. 또 『불조역대통재』에 수록된 글에서는 보이지 않기 때문에 후대에 추가되었을 가능성도 고려할 여지가 있을 것으로 생각된다.

4. 참고문헌

정병삼, 「慧超의 활동과 8세기 신라밀교」(『한국고대사연구』 37, 2005).
이정수, 「밀교승 혜초의 재고찰」-『表制集』을 중심으로(『불교학보』 55, 2010).

일러두기

1 '한글본 한국불교전서'는 문화체육관광부의 지원을 받아 동국대학교 불교문화연구원에서 수행하고 있는 '불교기록문화유산아카이브(ABC)사업'의 결과물을 출간한 것이다.
2 이 책은 『한국불교전서』(동국대학교출판부 간행) 제3책의 『대승유가금강성해만수실리천비천발대교왕경서』를 저본으로 하였다.
3 번역문에 이어 원문을 병기하고 간단한 표점 부호를 삽입하였다.
4 원문의 교감 사항은 번역문의 각주와 별도로 원문 아래 부분에 제시하였다.
　㉑은 『한국불교전서』 편찬자가 교감한 내용이다.
　㉯은 번역자가 교감한 내용이다.
5 약물은 다음과 같다.
　『 』: 서명
　T : 대정신수대장경
　Ⓢ : 범어

서문을 진술한다.

대당大唐 개원 21년(733) 세차 계유癸酉 정월 1일 진시辰時에 천복사薦福寺[1] 도량에서 금강 삼장金剛三藏[2]이 승려 혜초에게 대승유가금강오정오지존천비천수천발천불석가만수실리보살비밀보리삼마지법교大乘瑜伽金剛五頂五智尊千臂千手千鉢千佛釋迦曼殊室利菩薩秘密菩提三摩地法教를 전수하였다. 이후 법을 수지하고 삼장 곁을 떠나지 않고 받들어 섬기면서 8년을 보냈다. 그 뒤 개원 28년(740) 세차 경진庚辰 4월 15일에 개원 시대의 성상황聖上皇 현종玄宗[3]이 천복사 도량道場에 행차하였기에 번역의 필요성을 아뢰었고, 5월 5일에 경을 번역하라는 칙명을 받고 묘시卯時에 향불을 태우고 번역을 시작하였다. 삼장이 범본梵本을 설명하면 혜초가 『대승유가천비천발만수실리경大乘瑜伽千臂千鉢曼殊室利經』의 법교法教를 받아 적었는데 그 뒤 12월 15일이 되어서야 번역을 마쳤다.

천보 1년(742)[4] 2월 19일 금강 삼장이 이 경의 범본과 오천국五天竺[5]의 아사리阿闍梨[6]에게 보내는 글을 모두 범승梵僧[7]인 목차난타파가目叉難陀婆

---

1 천복사薦福寺 : 중국 섬서성陝西省 장안현長安縣 서안성西安城 남쪽 영녕문永寧門 밖에 있는 절. 684년 측천무후가 고종의 명복을 빌기 위해서 세웠다. 처음에는 천복사라고 불렸는데 690년 절을 크게 꾸미고 대천복사大薦福寺로 개칭하였다.
2 금강 삼장金剛三藏 : 669~741. 중국 밀교의 초조인 인도 출신의 스님 금강지 삼장金剛智三藏을 가리킨다. 720년 장안에 들어와 밀교 경전의 번역에 종사하고 관정의 비법을 전수하였다. 제자로는 혜초·일행一行·불공不空 등이 있다.
3 현종玄宗 : 712~762. 당나라의 제6대 황제로 712~756년 동안 재위하였다.
4 천보 1년(742) : 금강지 삼장의 입멸 연대가 741년이기 때문에 이 기록은 잘못된 것이라고 지적되기도 한다. 대체로 개원 28년(741)일 것으로 추정하고 있다.
5 오천국五天竺 : 인도 전역을 다섯 구역으로 나누었던 시절에 인도를 통칭하는 말. 천축天竺은 인도의 다른 이름으로 동인도·서인도·남인도·북인도·중인도를 가리킨다.
6 아사리阿闍梨 : [S] ācārya의 음역어. 제자를 가르치고 그 자신이 그들의 모범이 되는 스님을 가리키는 말. 갖춘 음역어는 아차리야阿遮梨耶이고 궤범軌範이라고 의역한다. 수계의 의식을 진행하는 아사리, 수계자의 교육을 담당하는 아사리 등으로 세분화된다.
7 범승梵僧 : 서역 혹은 인도에서 온 스님을 가리킨다. 혹은 계를 청정하게 지키는 수행승을 가리키는 말로도 쓰인다. 출가자는 청정하게 수행하는 것을 본질로 삼기 때문에 출

伽에게 맡기고, 이 경의 범본과 아사리에게 보내는 글을 오인도五印度 남천축南天竺 사자국師子國의 본사本師 보각 아사리寶覺阿闍梨에게 보내도록 하였는데 경은 지금까지 돌아오지 않았다.

나중에 당나라 대력 9년(774) 10월[8] 대흥선사大興善寺[9]의 대사大師 대광지 삼장화상大廣智三藏和尙[10]에게 다시 자문을 구하고 가르침을 받아 대교유가심지비밀법문大敎瑜伽心地秘密法門을 분명히 알 수 있게 되었다. 나중에『천발만수경千鉢曼殊經』을 가지고 당나라 건중 원년(780) 4월 15일에 이르러 오대산五臺山[11] 건원보리사乾元菩提寺[12]에 도착하였다. 마침내 옛날에 번역했던 당음唐音과 범음梵音을 달은 경본經本을 절에서 교감하고 증의하였다. 5월 5일에 사문 혜초는 처음에 번역한 것을 다시 기록하였다.「일체여래대교왕경유가비밀금강삼마지삼밀성교법문一切如來大敎王經瑜伽秘密金剛三摩地三密聖敎法門」을 서사하고 경의 비밀스러운 뜻을 서술하였다.

叙曰。大唐開元二十一年。歲次癸酉。正月一日辰時。於薦福寺道場內。金

가자 일반을 가리키는 말로도 쓰인다. 여기에서는 전후문맥상 첫 번째 의미로 쓰인 것으로 보인다.
8　대력 9년(774) 10월 : 불공不空은 바로 이 해 9월에 죽었기 때문에 이 기록에 문제가 있다는 것이 학자들의 지적이다. 다만 이 일이 있고 한참 후에 본 서문을 지었기 때문에 이러한 연도의 착오가 서문의 가치를 떨어뜨리는 것은 아니라는 지적도 있다.
9　대흥선사大興善寺 : 중국 섬서성陝西省 서안시西安市(옛 이름은 장안長安)에서 남쪽으로 2.5km 떨어진 지점에 위치한 절. 흥선사興善寺라고도 한다. 수隋 문제文帝 때 창건된 절이다. 당나라 때 장안의 3대 역경 도량 중 하나로 꼽힌다.
10　대광지 삼장화상大廣智三藏和尙 : 705~774. 당나라 때 스님 불공 삼장不空三藏을 가리킨다. '대광지'는 765년(영태 1) 11월 대종大宗이 내린 시호인 대변정광지불공삼장화상大辨正廣智不空三藏和尙에서 유래한 이름이다. 당나라 때 역경가이고 밀교 부법장의 제6조이다. 남인도 사자국 출신으로 이른 나이에 중국에 와서 많은 업적을 남겼다.
11　오대산五臺山 : 중국 산서성山西省 오대현五臺縣 동북쪽에 위치한 산의 이름. 청량산淸凉山이라고도 불리운다. 중국 4대 영산의 하나이고 문수보살이 시현하는 도량이다.
12　건원보리사乾元菩提寺 : 여타 문헌에 이 절의 이름이 보이지 않는다. 따라서 현재 그 실체를 확정할 수 없다.

剛三藏。與僧慧超。授大乘瑜伽金剛五頂五智尊千臂千手千鉢千佛釋迦曼殊室利菩薩秘密菩提三摩地法敎。遂於過後受持法已。不離三藏奉事。經于八載。後至開元二十八年。歲次庚辰。四月十五日。聞奏開元聖上皇於薦福寺御道場內。至五月五日。奉詔譯經。卯時焚燒香火。起首翻譯。三藏演梵本。慧超筆授大乘瑜伽千臂千鉢曼殊室利經法敎。後到十二月十五日。翻譯將訖。至天寶一年二月十九日。金剛三藏。將此經梵本及五天竺阿闍梨書。並總分¹⁾付與梵僧目叉難陀婆伽。令送此經梵本并書。將與五印度南天竺師子國本師寶覺阿闍梨。經今不迴。後於唐大曆九年十月。於大興善寺大師大廣智三藏和尙邊。更重諮啓。決擇大敎瑜伽心地秘密法門。後則將千鉢曼殊經本。至唐建中元年四月十五日。到五臺山乾元菩提寺。遂將得²⁾舊翻譯唐言漢³⁾音經本。在⁴⁾寺。⁵⁾至五月五日。沙門慧超。起首再錄。寫出一切如來大敎王經瑜伽秘密金剛三摩地三密聖敎法門。述經秘義。

1) ㉾『불조역대통재』에 따르면 '分'은 연자이다. 2) ㉾ 갑본에는 '得'이 없다. ㉾『불조역대통재』에 따르면 없는 것이 맞는 것 같다. 3) ㉾『불조역대통재』에 따르면 '漢'은 '梵'이다. 4) ㉾『불조역대통재』에 따르면 '在''는 '於'이다. 5) ㉾『불조역대통재』에 따르면 '寺' 뒤에 '校證'이 누락되었다.

모든 부처님께서는 세상에 나와 중생의 근기에 응하고 형세를 따라서 가르쳤다. 불도를 얻는 것에 뜻을 두고 그것을 얻기 위해 노력하는 사람은 지혜의 거울로 현묘하게 통달하고, 이것을 늘 생각하는 사람은 그윽한 곳에 들어가지 않음이 없을 것이다. 근기와 연緣이 감感하고 나아감에 있어서 반드시 이 경을 빌려야만 보리의 산에 올라 삿된 집착을 제거할 수 있다.

삼밀三密¹³에 딱 맞게 계합하여 유가비요법문瑜伽秘要法門을 궁구하고,

13 삼밀三密 : 비밀스러운 세 가지 업. 곧 신밀身密(Ⓢ kāya-guhya), 구밀口密(Ⓢ vāg-guhya), 의밀意密(Ⓢ mano-guhya)이다. 구밀은 어밀語密이라고도 하고 의밀은 심밀心密이라고도 한다. 부처님의 세 가지 업은 체體·상相·용用의 삼대三大 중 용대用大(진

이치를 궁구하여 신업·구업·의업을 미묘하게 하며, 지혜를 닦고 지니면 계학·정학·혜학에 환하게 통달한다. 여래如來의 지위를 증득하려면 믿음을 시초로 삼아야 하니 그렇게 하면 반야의 배를 타고 속히 피안彼岸[14]의 세계로 나아갈 것이다.

> 諸佛出世。應物隨形。志求者。智鏡玄通。念之者。無幽不入。根緣感赴。必藉此經。登菩提山。除去邪執。契傳三[1)]密。得究瑜伽秘要法門。窮理微妙身口意業。用智修持。戒定慧學顯現通達。證如來地。以信爲首。乘般若舟。速超彼岸。
>
> 1) ㉯ 갑본에서는 '三'을 '二'라고 하였다.

지금 만수보살曼殊菩薩[15]의 덕을 서술하니 신령스런 자취가 갠지스 강

여의 작용)에 속하는 것으로, 그 작용이 매우 깊고 미세하여 범부의 생각으로는 미칠 수 없는 것이고, 제10지인 등각위等覺位의 보살도 보거나 들을 수 없기 때문에 삼밀이라 한다. 이 삼밀은 중생의 세 가지 업과 상응하여 부사의한 업용業用을 성취한다. 중생의 세 가지 업은 단지 부처님의 세 가지 업에 계합할 뿐만 아니라 자신의 내부에 그 세 가지 업을 포섭하고 있으니, 중생의 마음에 감추어진 비밀스러운 본성은 부처님의 삼밀과 동일하다. 곧 중생의 세 가지 업의 실상이 모두 육대법성六大法性(地·水·火·風·空·識)의 작용으로 부처님의 세 가지 업과 동일하기 때문에 삼밀이라 한다. 삼밀은 두 가지로 나눌 수 있다. 첫째, 유상삼밀有相三密이니 중생이 몸으로 인계를 맺고 입으로 진언을 염송하며 마음으로는 부처님을 관상하면서 자신의 세 가지 업을 부처님의 삼밀과 합일시켜 나가는 것을 말한다. 둘째, 무상삼밀無相三密이니 중생의 몸과 입과 마음에서 일어나는 모든 행위가 그대로 삼밀이 되는 것을 말한다. 곧 일거수일투족이 그대로 인계이고, 입을 열어 소리 내면 모두가 진언이며, 마음에 일어난 한 생각이 그대로 의밀이 되는 것이다.

14 피안彼岸 : Ⓢ pāra의 의역어. 상대어는 차안此岸이다. 미혹의 세계를 차안이라고 하고 깨달음의 세계를 피안이라고 한다. 불교는 생사의 세계인 피안에서 업과 번뇌라는 강을 건너 열반의 세계인 피안에 도달하는 것을 목적으로 삼는다.

15 만수보살曼殊菩薩 : '만수'는 Ⓢ Mañjuśrī의 줄인 음역어로 문수文殊라고도 한다. 갖춘 음역어는 만수실리曼殊室利·문수사리文殊師利 등이다. 석가불釋迦佛의 왼쪽에서 사자를 타고 협시夾侍하며 지智·혜慧·증證을 나타낸다. 보현보살普賢菩薩은 석가불의 오른쪽에서 코끼리를 타고 협시하며 이理·정定·행行을 나타낸다. 본 경에서는 비로

의 모래알처럼 많다. 성스러운 깨달음을 이룬 이(聖覺)는 일정한 방향이 있지 않고 신통력에 의해 조용히 운행한다. 먼지처럼 많은 겁이 지나도록 자비에 바탕을 둔 서원을 실현하기 위해 보리에 머물지 않는다. 한 명의 주인이 있을 뿐이고 두 명의 존귀한 분은 없으니 보살의 모습을 나타낸 것일 뿐이다. 이 금색세계金色世界(문수의 정토)에서 저 사바세계娑婆世界(忍土)[16]로 와서 청량산淸涼山에 머물며 중생을 인도하여 등불을 나타내고 구름을 나타내니 온갖 보살이 기특하게 여기며 믿음을 내었다. 광명이 나타나는 모습을 나타내 보이니 모두 정지正智를 일으켰다. 이로 인해 삼세를 이익되게 하고 중생에게 나갈 곳이 있게 하고 서원을 세워 보리에 이르게 하였다.[17]

今述曼殊之德。靈跡恒沙。[1)]聖覺無方。神力潛運。以多塵劫悲願。不住菩提。一主無二尊。見爲菩薩。自玆金色世界。來期[2)]忍土之中。於淸涼之山。導引群品。而卽現燈現雲。及萬菩薩。信生奇特。現光現相之[3)]身。皆發正智。爲因利益三世。蒼生有趣。願到[4)]菩提。

1) ㉾ 갑본에서는 '恒沙'를 '兢伽'라고 하였다. 2) ㉾ 갑본에서는 '期'를 '其'라고 하였다. 3) ㉾ 갑본에서는 '之'를 '人'이라고 하였다. 4) ㉾『불조역대통재』에 따르면 '願到'는 '悉證'이다.

다음에 간략하게 경의 제목을 거론하고 목차를 서술한다.

자나여래의 부촉을 받고 대중을 인도하는 스승이 되어 주요한 역할을 담당하고 있다.
16 사바세계娑婆世界(忍土) : '사바'는 Ⓢ sahā의 음역어. 석가불의 교화가 진행되는 현실세계. 인忍·감인堪忍 등으로 의역한다. 이 세계의 중생들은 열 가지 악惡에 안주하면서도 여기서 벗어나려는 생각이 없으므로 온갖 번뇌를 참고 견디어야 한다는 뜻에서 붙여진 이름이다. 본래 우리가 사는 염부제를 가리키는 말이었으나 후에 한 부처님의 교화가 미치는 영역인 삼천대천세계를 가리키는 말로 쓰이게 되었다.
17 "대당大唐 개원 21년(733)~보리에 이르게 하였다."는 『불조역대통재』 권14(T49, 605c)에 동일한 글이 실려 있다. 단 몇몇 글자는 차이가 있다. 문맥이 통하지 않을 경우 이 책을 참조하여 교감하였다.

"대승유가금강성해"는 모든 법을 총괄하여 섭수한다. 금강오정오지존金剛五頂五智尊은 대성 만수실리보살曼殊室利菩薩을 화현하여 천 개의 팔, 천 개의 손, 천 개의 발우를 나타내고 (발우마다) 천 명의 석가를 변화하여 나타낸다. 관정만다라의 모든 부처님은 여래의 금강보리金剛菩提를 닦아서 증득하고 일체법을 구족하여 비로자나오금강계毘盧遮那五金剛界에 들어간다. 성인의 지혜를 현묘하게 통달하여 여래불심如來佛心인 삼밀三密에 의한 삼십지三十支[18]의 금강지金剛智에 들어가 성도聖道의 성해性海를 거울처럼 비춘다.

> 次略舉經都[1]題序目。大乘瑜伽金剛性海。總攝一切法。金剛五頂五智尊。現大聖曼殊室利菩薩。顯千臂千手千鉢。化千釋迦。灌頂曼茶羅。一切諸佛。修證如來金剛菩提。具足一切法。入毘盧遮那五金剛界。聖智玄[2]通。入如來佛心三密三十支金剛智。鏡聖道性海故。
> 1) 옝 '都'는 연자인 것 같다. 2) 꽵 갑본에서는 '玄'은 '圓'이라고 하였다.

이때 여래께서 경교經教를 설하여 보였는데 법의 근본에 다섯 가지 문을 세웠고, 그 내용을 설한 것에 아홉 가지 품이 있다.

법의 근본으로 세운 다섯 가지 문은 무엇인가? 첫째는 무생문無生門이고, 둘째는 무동문無動門이며, 셋째는 평등문平等門이고, 넷째는 정토문淨土門이며, 다섯째는 해탈문解脫門이다.[19]

경교를 설한 아홉 가지 품은 무엇인가?

---

18 삼십지三十支 : 삼밀三密, 곧 신밀身密·구밀口密·의밀意密에 각각 10지가 있어서 모두 30지가 된다.
19 첫째 무생문은 비로자나여래의 설이고, 둘째 무동문은 아촉여래의 설이며, 셋째 평등문은 보생여래의 설이고, 넷째 정토문은 무량수불의 설이며, 다섯째 해탈문은 불공성취여래의 설이다.

첫째는 「일체여래금강비밀근본성교품一切如來金剛秘密根本聖敎品」이고, 둘째는 「제불출현증수금강보리수승품諸佛出現證修金剛菩提殊勝品」이며, 셋째는 「시방대보살출조증오성력품十方大菩薩出助證悟聖力品」이고, 넷째는 「일체현성입법견도현교수지품一切賢聖入法見道顯敎修持品」이며, 다섯째는 「비밀귀지관조법성결택심지품秘密歸止觀照法性決擇心地品」이고, 여섯째는 「일체보살수학여래삼마지성성잠통가피품一切菩薩修學如來三摩地聖性潛通加被品」이며, 일곱째는 「부사의법계성도여래진여법장자재성지품不思議法界聖道如來眞如法藏自在聖智品」이고, 여덟째는 「삼현보살입법위차제수행회향보리품三賢菩薩入法位次第修行迴向菩提品」이며, 아홉째는 「십성보살입지등묘이위수학진입성도성불보리해탈품十聖菩薩入地等妙二位修學進入聖道成佛菩提解脫品」이다.

> 爾時如來說示經敎。法本五門。演有九品。云何法本立爲五門。一者無生門。二者無動門。三者平等門。四者淨土門。五者解脫門。云何經敎說有九品。一者一切如來金剛秘密根本聖敎品。二者諸佛出現證修金剛菩提殊勝品。三者十方大菩薩出助證悟[1])聖力品。四者一切賢聖入法見道顯敎修持品。五者秘密歸止觀照法性決擇心地品。六者一切菩薩修學如來三摩地聖性潛通加被品。七者不思議法界聖道如來眞如法藏自在聖智品。八者三賢菩薩入法位次第修行迴向菩提品。九者十聖菩薩入地等妙二位修學進入聖道成佛菩提解脫品。

1) ㉮ 갑본에서는 '悟'를 '寤'라고 하였다.

이 다섯 가지 문 중 제1문에서 어떤 차례에 의해 무생문을 증득하여 들어갈 수 있는 것인가?
첫째는 아자阿字를 관찰하여 본래 고요하고 생겨남이 없는 이치를 깨닫는다. 비로자나여래毘盧遮那如來가 설한 근본청정무생문根本淸淨無生

門이다. 이 문에서 본 내용을 설한 것에 두 품이 있다. 첫째는 먼저 「일체여래금강비밀근본성교품一切如來金剛秘密根本聖教品」을 설하고, 둘째는 나중에 「제불출현증수금강보리수승품諸佛出現證修金剛菩提殊勝品」을 연설한다.

就此五門之中。從第一門云何次第得入無生門。一者入阿字觀。本寂無生義。毘盧遮那如來說根本淸淨無生門。就此門中。演有二[1]品。一者先說一切如來金剛秘密根本聖教品。二者後演諸佛出現證修金剛菩提殊勝品。

1) ㉲ 갑본에서는 '二'를 '三'이라고 하였다.

다음에 경을 게송으로 설한다.

次說經頌。

여래의 법성신法性身[20]인
비로자나毘盧遮那의 청정한 체에 머리를 숙여 예배드립니다.
보신報身, 화신化身으로 허공과 같이 응하여 나타남에
반야般若가 자재하여 변제가 없습니다.

稽首如來法性身。毘盧遮那淸淨體。
報化應現等如空。般若無邊得自在。

20 법성신法性身 : 법성에서 유출된 진실한 지혜를 가리킨다. 상대어는 응화법신應化法身으로 법성신으로 말미암아 응하여 나타난 모든 몸을 가리킨다.

네 가지 지혜(四智)²¹의 신령스런 작용으로 은밀히 가지加持²² 하고

바다와 같은 지혜는 일체에 두루 미쳐 다함이 없습니다.

법계와 진여眞如와 공空과 무상無相이

본래 중생의 체성에 깃들어 있습니다.

四智神用密加持。慧海無窮遍一切。

法界眞如空無相。本在有情體性裏。

성인의 지혜와 신통력으로 식識의 종자에 들어가

금강신질金剛迅疾과 체를 함께하게 합니다.

여래께서 법경法經을 만수보살에게 부촉하며

비밀스럽게 유통하여 장애가 없게 하셨습니다.

聖智力入識種中。金剛迅疾同等體。

如來法經囑曼殊。秘密流通無障礙。

---

21 네 가지 지혜(四智) : 불과佛果를 증득함으로써 얻는 네 가지 지혜, 곧 대원경지大圓鏡智와 평등성지平等性智와 묘관찰지妙觀察智와 성소작지成所作智를 가리킨다. 첫째, 대원경지란 거울과 같은 지혜이다. 아뢰야식 안에서 모든 오염이 제거되어 마음이 깨끗하게 닦인 거울처럼 된 상태이다. 따라서 사물을 주체와 객체가 분화되지 않은 상태에서 있는 그대로 인식한다. 둘째, 평등성지란 평등한 본성을 보는 지혜이다. 말나식에서 근원적인 자아의식의 작용이 없어져서 자신과 타인이 평등하다고 보는 지혜이다. 이로써 대자비를 일으켜 중생을 구제하는 활동에 나아간다. 셋째, 묘관찰지는 관찰하는 지혜이다. 의식의 개별적이고 개념적인 인식 상태가 변화하여 모든 사물의 자상自相과 공상共相을 있는 그대로 관찰한다. 설법하여 중생을 구제한다. 넷째, 성소작지란 해야 할 일을 해서 마치는 지혜이다. 안식, 내지 신식身識의 감각 작용의 상태가 변화하여 중생을 구제하기 위해 여러 장소에서 온갖 형태의 변화한 몸을 나타낸다.

22 가지加持 : ⓢadhiṣṭhāna. 피차가 서로 포섭하여 지닌다는 뜻인데 나중에 가호加護의 뜻으로 쓰이게 되었다. 소지所持·호념護念이라고도 한다. 부처님의 자비가 수행자의 마음에 비추어져 부처님의 지혜와 자비가 그대로 수행자의 마음이 되는 것이다. 부처님과 보살이 불가사의한 힘으로 중생을 보호하는 것을 신변가지神變加持라고 한다.

만다라曼茶羅를 세우고 관정灌頂을 하여 직위를 주고
모든 여래께서 정수리를 어루만지며 수기를 주시니
유가삼밀瑜伽三密[23]에 뜻을 두어 완성을 추구하면
빨리 본원本源에 통달하여 불지佛地에 오를 것입니다.

曼茶灌頂授職位。一切如來摩頂記。
瑜伽三密志求成。速達本源登佛地。

천 개의 팔을 가진 만수보살은 연화회蓮華會[24]에서
금강등지金剛等持를 이루어 일체를 부촉 받았습니다.
다섯 가지 지혜[25]에 은밀히 통하고 마음을 가피하여
삼계를 벗어나 보리에 이르러 실제實際[26]를 증득하게 할 것입니다.

千臂曼殊蓮華會。金剛等持付一切。
五智潛通加被心。出到菩提證實際

---

23 유가삼밀瑜伽三密 : '유가'는 ⓢyoga의 음역어로 마음을 통일하고 뜻을 제어하는 것이다. 유가삼밀이란 유가에 의해 신·구·의의 세 가지 업이 부처님과 일체가 되게 하는 것을 말한다.
24 연화회蓮華會 : 비로자나불이 머무는 세계인 연화장세계蓮華藏世界에서 열리는 법회를 가리키는 말이다.
25 다섯 가지 지혜 : 대일여래大日如來의 지혜의 체를 다섯으로 나타낸 것. 첫째, 법계체성지法界體性智이다. 제9 아마라식阿摩羅識이 유루有漏에서 전변하여 무루無漏가 될 때 얻는 지혜이다. 둘째는 대원경지이다. 제8식이 유루에서 전변하여 무루가 될 때 얻는 지혜이다. 셋째는 평등성지이다. 제7식이 유루에서 전변하여 무루가 될 때 얻는 지혜이다. 넷째는 묘관찰지이다. 제6식이 유루에서 전변하여 무루가 될 때 얻는 지혜이다. 다섯째는 성소작지이다. 전오식前五識이 유루에서 전변하여 무루가 될 때 얻는 지혜이다.
26 실제實際 : ⓢbhūta-koṭi. 진실하고 궁극적인 것이라는 뜻. 허망한 것을 떠난 열반을 가리킨다. 또 진여의 이체理體를 가리킨다.

찾아보기

가지加持 / 405
건원보리사乾元菩提寺 / 392, 398
공空 / 405
금강 삼장金剛三藏 / 397
금강오정오지존金剛五頂五智尊 / 402
금색세계金色世界 / 401

남천축南天竺 / 398
네 가지 지혜(四智) / 405

다섯 가지 지혜 / 406
대광지 삼장화상大廣智三藏和尙 / 392, 398
대흥선사大興善寺 / 398

만수보살曼殊菩薩 / 400, 405
만수실리보살曼殊室利菩薩 / 391, 402
목차난타파가目叉難陀婆伽 / 397
무동문無動門 / 394, 402

무상無相 / 405
무생문無生門 / 402, 403

범승梵僧 / 397
법계 / 405
법성신法性身 / 404
보각 아사리寶覺阿闍梨 / 398
보신報身 / 404
비로자나毘盧遮那 / 404

사바세계娑婆世界 / 401
사자국師子國 / 398
삼밀三密 / 399, 400
삼십지三十支 / 402
식識의 종자 / 405
실제實際 / 406

아사리阿闍梨 / 397, 398
아자阿字 / 403
연화회蓮華會 / 406
오대산五臺山 / 398

찾아보기 • 407

오인도五印度 / 398
오천국五天竺 / 397
유가비요법문瑜伽秘要法門 / 399
유가삼밀瑜伽三密 / 406

평등문平等門 / 394, 402

해탈문解脫門 / 402
화신化身 / 404

정토문淨土門 / 402
진여眞如 / 405

천복사薦福寺 / 397
청량산淸凉山 / 401

하옥녀담기우표
|賀玉女潭祈雨表*|

혜초 慧超** 찬撰
한명숙 옮김

---

* ㉟ 저본은 『신수대장경』 제52권(당唐 원조圓照가 찬집한 『代宗朝贈司空大辯廣智三藏和上表制集』 권6에 수록되어 있다.)이다. ㉡ '권6'은 '권5'의 오자이다.
  ㉟ '表' 밑에 저본에는 '一首'가 있는데 편찬자가 이것을 없앴다.
** ㉟ 지은이의 이름은 편찬자가 보충하여 넣었다.

하옥녀담기우표賀玉女潭祈雨表 해제

한명숙
동국대학교 불교학술원 조교수

1. 개요

「하옥녀담기우표」는 신라 출신의 당나라 유학승 혜초慧超(8세기 경 활동)가 대종代宗의 칙명에 의해 옥녀담에서 기우제를 지내고 나서 황제에게 그 전말을 보고하고 경하하는 내용을 담은 표문[1]이다. 혜초는 『왕오천축국전』으로 인해 구법승으로서의 행적은 널리 알려져 있지만, 밀교 고승으로서의 행적은 잘 알려져 있지 않다. 본 글은 인도 여행을 마치고 돌아온 후 오랫동안 밀교 연구에 전념하여 밀교 고승으로 활동한 혜초의 행적을 보여 주는 중요한 자료 중 하나이다.

---

[1] 표문 : '표表'는 문체에 대한 명칭의 하나로 신하가 임금에게 올리는 글을 일컫는 말이다. 임금에게 자신이 품고 있던 생각을 적어 올린다는 뜻에서 붙여진 이름이다.

2. 내용 및 특성

혜초 자신이 기우제를 주관하게 된 과정, 기우제를 시행하여 비가 내린 광경, 기우제가 성공한 원인 등을 서술하였다. 곧 774년 대종代宗이 중사 이헌성을 통해 혜초의 주관으로 기우제를 시행할 것을 명하였고, 혜초가 그 명에 따라 옥녀담에서 기우제를 행하였으며, 그 결과 바로 비가 산천초목을 두루 적셔 윤택하게 하였는데, 이는 모두 황제의 은덕에 하늘이 감동한 것이라고 하며, 황제에게 경하하는 마음을 표문을 올려 나타내었다.

중국 밀교의 초조인 금강지 삼장金剛智三藏(669~741)의 제자로 밀교부법장 제6조인 불공 삼장不空三藏(705~774)이 남긴 유서遺書에 따르면 혜초는 불공이 거명한 그의 뛰어난 제자 여섯 명 중 한 명이다. 함께 거론된 나머지 다섯 명은 모두 밀교 대가로서 그 행적이 뚜렷이 나타나고 있다. 예를 들어 함광含光은 인도 출신으로 불공을 따라 인도에 가서 범본을 구해 오고 오대산에서도 함께 수행했고, 혜과慧果는 중국 밀교를 집대성하였다. 이를 통해서 밀교 고승으로서의 혜초의 위상을 확인할 수 있지만 이는 역시 간접적인 것이다. 본 글은 밀교 행사를 주관하면서 중심인물로 활동한 혜초의 행적을 직접적으로 보여 주는 것으로 의미가 자못 크다.

3. 참고문헌

정병삼, 「慧超의 활동과 8세기 신라밀교」(『한국고대사연구』 37, 2005).
이정수, 「밀교승 혜초의 재고찰」-『表制集』을 중심으로(『불교학보』 55, 2010).

일러두기

1 '한글본 한국불교전서'는 문화체육관광부의 지원을 받아 동국대학교 불교문화연구원에서 수행하고 있는 '불교기록문화유산아카이브(ABC)사업'의 결과물을 출간한 것이다.
2 이 책은 『한국불교전서』(동국대학교출판부 간행) 제3책의 『하옥녀담기우표』를 저본으로 하였다.
3 번역문에 이어 원문을 병기하고 간단한 표점 부호를 삽입하였다.
4 원문의 교감 사항은 번역문의 각주와 별도로 원문 아래 부분에 제시하였다.
   ㉠은 『한국불교전서』 편찬자가 교감한 내용이다.
   ㉡은 번역자가 교감한 내용이다.
5 약물은 다음과 같다.
   『　』: 서명
   ⓢ : 범어

사문 혜초는 아뢰옵니다.

지난달 26일 중사中使[1] 이헌성李獻誠[2]이 구두 칙령을 받들어 선포한 것을 엎드려 받들었습니다. 폐하께서는 저에게 주질현盩厔縣[3] 옥녀담玉女潭[4]에 가서 향불을 태우고 기우제의 행법을 시행할 것을 명하셨습니다.

저는 행법을 정밀하게 닦지 못하여 폐하의 뜻을 잘 드러내지 못하였지만 산천山川의 신령스런 감응은 기도를 잊지 않았습니다. 처음에 단장壇場[5]을 세우자 계곡에서 흐르는 물소리가 갑자기 울부짖듯이 커졌고, 사리舍利[6]를 던지자 빗줄기가 실처럼 흡족하게 쏟아져 내렸습니다. 하루 저녁이 지나자 초복에 꽃이 무성하고 이틀이 지나자 바닥이 드러난 강에도 물이 흘러 넘쳤습니다. 마른 못이 윤택해지고 사람과 신들이 모두 기뻐하고 흡족해 하였습니다.

엎드려 생각하건대 폐하의 성스러운 덕이 하늘을 움직여 하늘의 은택이 먼저 내린 것입니다. 어찌 저와 같은 미물의 정성이 감통한 것이겠습니까? 감당할 수 없을 만큼 기쁘고 경사스러워 손뼉을 치고 춤을 추어도 부족한 듯합니다.

삼가 중사 이헌성이 궁중에 들어가서 폐하에게 아뢰게 된 것으로 인하여 표문을 받들어 감사의 말씀을 진술하여 아뢰옵니다.

사문 혜초는 진실로 두렵고 진실로 두려워하는 마음으로 삼가 말씀드

---

1 중사中使 : 환관宦官이 담당하던 직책 중 하나이다. 환관은 생리적 특성에 의해 붙여진 이름이고 직무에 의거할 때에는 중사 이외에도 중궁中宮·내관內官·내시內侍 등으로 불린다.
2 이헌성李獻誠 : 당나라 때 스님 불공不空의 재가 제자. 불공에게 가르침을 받았고 불공을 적극적으로 후원하였다.
3 주질현盩厔縣 : 중국 섬서성陝西省에 속한 지방의 하나. 현재 명칭은 주지현周至縣이다.
4 옥녀담玉女潭 : 중국 섬서성陝西省 주지현周至縣에 있는 흑수곡黑水谷에 비정된다.
5 단장壇場 : 의식을 거행하기 위해 세운 제단을 가리키는 말이다.
6 사리舍利 : [S] śarīra의 음역어. 부처님의 유골遺骨을 가리키는 말. 본래 쌀알이라는 의미였는데 전성되어 부처님의 유골을 일컫는 말로 사용되었다.

렸습니다.

沙門惠[1]超言。伏奉前月二十六日。中使李獻[2]誠。奉宣口勅。令惠超。往盩屋[3]縣玉女潭。修香火祈雨。惠超。行闕精修。謬揚天旨。山川靈應。不昧禱祈。初建壇場。谿聲乍吼。及投舍利。雨足如絲。一夕而草樹增華。信宿而川原流潦。澤深枯涸。慶洽人神。伏惟。陛下聖德動天。天澤先降。豈惠超微物精誠感通。無任喜慶。抃躍之至。謹因中使李憲誠入奏。奉表陳賀以聞。沙門惠超。誠惶誠恐謹言

---
1) ㉠ '惠'는 '慧'와 통한다. 이하 동일하다. 2) ㉠ '獻'은 '憲'인 것 같다. ㉡ 바로 뒤에 나오는 글에 따르면 후자가 맞는 것 같다. 3) ㉡ 저본에 따르면 '屋'은 '厔'이다.

대력 9년(774) 2월 5일에 내도량 사문 혜초가 표문을 올립니다.

大曆九年二月五日。內道場。沙門。惠超上表。

찾아보기

단장壇場 / 415

주질현慶座縣 / 415
중사中使 / 415

사리舍利 / 415

옥녀담玉女潭 / 415
이헌성李獻誠 / 415

한글본 한국불교전서

신·라·출·간·본

신라1 인왕경소
원측 | 백진순 옮김 | 신국판 | 800쪽 | 35,000원

신라2 범망경술기
승장 | 한명숙 옮김 | 신국판 | 620쪽 | 28,000원

신라3 대승기신론내의약탐기
태현 | 박인석 옮김 | 신국판 | 248쪽 | 15,000원

신라4 해심밀경소 제1 서품
원측 | 백진순 옮김 | 신국판 | 448쪽 | 24,000원

신라5 해심밀경소 제2 승의제상품
원측 | 백진순 옮김 | 신국판 | 508쪽 | 26,000원

신라6 해심밀경소 제3 심의식상품 제4 일체법상품
원측 | 백진순 옮김 | 신국판 | 332쪽 | 20,000원

신라7 해심밀경소 제5 무자성상품
원측 | 백진순 옮김 | 신국판 | 536쪽 | 27,000원

신라8 해심밀경소 제6 분별유가품 상
원측 | 백진순 옮김 | 신국판 | 480쪽 | 25,000원

신라9 해심밀경소 제6 분별유가품 하
원측 | 백진순 옮김 | 신국판 | 340쪽 | 20,000원

신라10 해심밀경소 제7 지바라밀다품
원측 | 백진순 옮김 | 신국판 | 568쪽 | 28,000원

신라11 해심밀경소 제8 여래성소작사품
원측 | 백진순 옮김 | 신국판 | 434쪽 | 24,000원

신라12 무량수경연의술문찬
경흥 | 한명숙 옮김 | 신국판 | 800쪽 | 35,000원

신라13 범망경보살계본사기 상권
원효 | 한명숙 옮김 | 신국판 | 272쪽 | 17,000원

신라14 화엄일승성불묘의
견등 | 김천학 옮김 | 신국판 | 264쪽 | 15,000원

신라15 범망경고적기
태현 | 한명숙 옮김 | 신국판 | 612쪽 | 28,000원

신라16 금강삼매경론
원효 | 김호귀 옮김 | 신국판 | 666쪽 | 32,000원

신라17 대승기신론소기회본
원효 | 은정희 옮김 | 신국판 | 536쪽 | 27,000원

신라18 미륵상생경종요 외
원효 | 성재헌 외 옮김 | 신국판 | 420쪽 | 22,000원

신라19 대혜도경종요 외
원효 | 성재헌 옮김 | 신국판 | 256쪽 | 15,000원

신라20 열반종요
원효 | 이평래 옮김 | 신국판 | 272쪽 | 16,000원

신라21 이장의
원효 | 안성두 옮김 | 신국판 | 256쪽 | 15,000원

신라22 본업경소 하권 외
원효 | 최원섭·이정희 옮김 | 신국판 | 368쪽 | 22,000원

신라23 중변분별론소 제3권 외
원효 | 박인성 외 옮김 | 신국판 | 288쪽 | 17,000원

신라24 지범요기조람집
원효·진원 | 한명숙 옮김 | 신국판 | 310쪽 | 19,000원

신라25 집일 금광명경소
원효 | 한명숙 옮김 | 신국판 | 636쪽 | 31,000원

신라26 복원본 무량수경술의기
의적 | 한명숙 옮김 | 신국판 | 500쪽 | 25,000원

신라27 보살계본소
의적 | 한명숙 옮김 | 신국판 | 534쪽 | 27,000원

신라28 집일 경론소기
원효 | 원과 외 옮김 | 신국판 | 374쪽 | 22,000원

고·려·출·간·본

고려1 일승법계도원통기
균여 | 최연식 옮김 | 신국판 | 216쪽 | 12,000원

고려2 원감국사집
충지 | 이상현 옮김 | 신국판 | 480쪽 | 25,000원

고려3 자비도량참법집해
조구 | 성재헌 옮김 | 신국판 | 696쪽 | 30,000원

고려4 천태사교의
제관 | 최기표 옮김 | 4X6판 | 168쪽 | 10,000원

고려5 대각국사집
의천 | 이상현 옮김 | 신국판 | 752쪽 | 32,000원

고려6 법계도기총수록
저자 미상 | 해주 옮김 | 신국판 | 628쪽 | 30,000원

고려7 보제존자삼종가
고봉 법장 | 하혜정 옮김 | 4X6판 | 216쪽 | 12,000원

고려8 석가여래행적송·천태말학운묵화상경책
운묵 무기 | 김성옥·박인석 옮김 | 신국판 | 424쪽 | 24,000원

고려9 법화영험전
요원 | 오지연 옮김 | 신국판 | 264쪽 | 17,000원

고려10 남명천화상송증도가사실
□련 | 성재헌 옮김 | 신국판 | 418쪽 | 23,000원

고려11 백운화상어록
백운 경한 | 조영미 옮김 | 신국판 | 348쪽 | 21,000원

고려12 선문염송 염송설화 회본 1
혜심·각운 | 김영욱 옮김 | 신국판 | 724쪽 | 33,000원

고려13 선문염송 염송설화 회본 2
혜심·각운 | 김영욱 옮김 | 신국판 | 670쪽 | 32,000원

고려25 백화도량발원문약해 외
체원 | 곽철환·박인석 | 신국판 | 348쪽 | 21,000원

조·선·출·간·본

조선1 작법귀감
백파 긍선 | 김두재 옮김 | 신국판 | 336쪽 | 18,000원

조선2 정토보서
백암 성총 | 김종진 옮김 | 4X6판 | 224쪽 | 12,000원

조선3 백암정토찬
백암 성총 | 김종진 옮김 | 4X6판 | 156쪽 | 9,000원

조선4 일본표해록
풍계 현정 | 김상현 옮김 | 4X6판 | 180쪽 | 10,000원

조선5 기암집
기암 법견 | 이상현 옮김 | 신국판 | 320쪽 | 18,000원

조선6 운봉선사심성론
운봉 대지 | 이종수 옮김 | 4X6판 | 200쪽 | 12,000원

조선7 추파집·추파수간
추파 홍유 | 하혜정 옮김 | 신국판 | 340쪽 | 20,000원

조선8 침굉집
침굉 현변 | 이상현 옮김 | 신국판 | 300쪽 | 17,000원

조선9 염불보권문
명연 | 정우영·김종진 옮김 | 신국판 | 224쪽 | 13,000원

조선10 천지명양수륙재의범음산보집
해동사문 지환 | 김두재 옮김 | 신국판 | 636쪽 | 28,000원

조선11 삼봉집
화악 지탁 | 김재희 옮김 | 신국판 | 260쪽 | 15,000원

조선12 선문수경
백파 긍선 | 신규탁 옮김 | 신국판 | 180쪽 | 12,000원

조선13 선문사변만어
초의 의순 | 김영욱 옮김 | 4X6판 | 192쪽 | 11,000원

조선14 부휴당대사집
부휴 선수 | 이상현 옮김 | 신국판 | 376쪽 | 22,000원

조선15 무경집
무경 자수 | 김재희 옮김 | 신국판 | 516쪽 | 26,000원

| 조선 16 | 무경실중어록
무경 자수 | 성재헌 옮김 | 신국판 | 340쪽 | 20,000원

| 조선 17 | 불조진심선격초
무경 자수 | 성재헌 옮김 | 신국판 | 168쪽 | 11,000원

| 조선 18 | 선학입문
김대현 | 성재헌 옮김 | 신국판 | 240쪽 | 14,000원

| 조선 19 | 사명당대사집
사명 유정 | 이상현 옮김 | 신국판 | 508쪽 | 26,000원

| 조선 20 | 송운대사분충서난록
신유한 엮음 | 이상현 옮김 | 신국판 | 324쪽 | 20,000원

| 조선 21 | 의룡집
의룡 체훈 | 김석군 옮김 | 신국판 | 296쪽 | 17,000원

| 조선 22 | 응운공여대사유망록
응운 공여 | 이대형 옮김 | 신국판 | 350쪽 | 20,000원

| 조선 23 | 사경지험기
백암 성총 | 성재헌 옮김 | 신국판 | 248쪽 | 15,000원

| 조선 24 | 무용당유고
무용 수연 | 이상현 옮김 | 신국판 | 292쪽 | 17,000원

| 조선 25 | 설담집
설담 자우 | 윤찬호 옮김 | 신국판 | 200쪽 | 13,000원

| 조선 26 | 동사열전
범해 각안 | 김두재 옮김 | 신국판 | 652쪽 | 30,000원

| 조선 27 | 청허당집
청허 휴정 | 이상현 옮김 | 신국판 | 964쪽 | 47,000원

| 조선 28 | 대각등계집
백곡 처능 | 임재완 옮김 | 신국판 | 408쪽 | 23,000원

| 조선 29 | 반야바라밀다심경략소연주기회편
석실 명안 엮음 | 강찬국 옮김 | 신국판 | 296쪽 | 17,000원

| 조선 30 | 허정집
허정 법종 | 성재헌 옮김 | 신국판 | 488쪽 | 25,000원

| 조선 31 | 호은집
호은 유기 | 김종진 옮김 | 신국판 | 264쪽 | 16,000원

| 조선 32 | 월성집
월성 비은 | 이대형 옮김 | 4X6판 | 172쪽 | 11,000원

| 조선 33 | 아암유집
아암 혜장 | 김두재 옮김 | 신국판 | 208쪽 | 13,000원

| 조선 34 | 경허집
경허 성우 | 이상하 옮김 | 신국판 | 572쪽 | 28,000원

| 조선 35 | 송계대선사문집·상월대사시집
송계 나식·상월 새봉 | 김종진·박재금 옮김 | 신국판 | 440쪽 | 24,000원

| 조선 36 | 선문오종강요·환성시집
환성 지안 | 성재헌 옮김 | 신국판 | 296쪽 | 17,000원

| 조선 37 | 역산집
영허 선영 | 공근식 옮김 | 신국판 | 368쪽 | 22,000원

| 조선 38 | 함허당득통화상어록
득통 기화 | 박해당 옮김 | 신국판 | 300쪽 | 18,000원

| 조선 39 | 가산고
월하 계오 | 성재헌 옮김 | 신국판 | 446쪽 | 24,000원

| 조선 40 | 선원제전집도서과평
설암 추붕 | 이정희 옮김 | 신국판 | 338쪽 | 20,000원

| 조선 41 | 함홍당집
함홍 치능 | 성재헌 옮김 | 신국판 | 348쪽 | 21,000원

| 조선 42 | 백암집
백암 성총 | 유호선 옮김 | 신국판 | 544쪽 | 27,000원

| 조선 43 | 동계집
동계 경일 | 김승호 옮김 | 신국판 | 380쪽 | 22,000원

| 조선 44 | 용암당유고·괄허집
용암 체조·괄허 취여 | 김종진 옮김 | 신국판 | 404쪽 | 23,000원

| 조선 45 | 운곡집·허백집
운곡 충휘·허백 명조 | 김재희·김두재 옮김 | 신국판 | 514쪽 | 26,000원

| 조선 46 | 용담집·극암집
용담 조관·극암 사성 | 성재헌·이대형 옮김 | 신국판 | 520쪽 | 26,000원

| 조선 47 | 경암집
경암 응윤 | 김재희 옮김 | 신국판 | 300쪽 | 18,000원

| 조선 48 | 석문상의초 외
벽암 각성 외 | 김두재 옮김 | 신국판 | 338쪽 | 20,000원

| 조선 49 | 월파집·해봉집
월파 태율·해봉 전령 | 이상현·김두재 옮김 | 신국판 | 562쪽 | 28,000원

| 조선 50 | 몽암대사문집
몽암 기영 | 이상현 옮김 | 신국판 | 348쪽 | 21,000원

| 조선 51 | 징월대사시집
징월 정훈 | 김재희 옮김 | 신국판 | 272쪽 | 16,000원

| 조선 52 | 통록촬요
엮은이 미상 | 성재헌 옮김 | 신국판 | 508쪽 | 26,000원

| 조선 53 | 충허대사유집
충허 지책 | 성재헌 옮김 | 신국판 | 296쪽 | 18,000원

| 조선 54 | 백열록
금명 보정 | 김종진 옮김 | 신국판 | 364쪽 | 22,000원

| 조선 55 | 조계고승전
금명 보정 | 김용태·김호귀 옮김 | 신국판 | 384쪽 | 22,000원

| 조선 56 | 범해선사시집
범해 각안 | 김재희 옮김 | 신국판 | 402쪽 | 23,000원

| 조선 57 | 범해선사문집
범해 각안 | 김재희 옮김 | 신국판 | 208쪽 | 13,000원

| 조선 58 | 연담대사임하록
연담 유일 | 하혜정 옮김 | 신국판 | 772쪽 | 34,000원

| 조선 59 | 풍계집
풍계 명찰 | 김두재 옮김 | 신국판 | 438쪽 | 24,000원

| 조선 60 | 혼원집·초엄유고
혼원 세환·초엄 복초 | 윤찬호 옮김 | 신국판 | 332쪽 | 20,000원

| 조선 61 | 청주집
환공 치조 | 성재헌 옮김 | 신국판 | 416쪽 | 23,000원

| 조선 62 | 대동영선
금명 보정 | 이상하 옮김 | 신국판 | 556쪽 | 28,000원

| 조선 63 | 현정론·유석질의론
득통 기화·지은이 미상 | 박해당 옮김 | 신국판 | 288쪽 | 17,000원

| 조선 64 | 월봉집
월봉 책헌 | 이종수 옮김 | 신국판 | 232쪽 | 14,000원

| 조선 65 | 정토감주
허주 덕진 | 김석군 옮김 | 신국판 | 382쪽 | 22,000원

| 조선 66 | 다송문고
금명 보정 | 이대형 옮김 | 신국판 | 874쪽 | 41,000원

| 조선 67 | 소요당집·취미대사시집
소요 태능·취미 수초 | 이상현 옮김 | 신국판 | 500쪽 | 25,000원

| 조선 68 | 선원소류·선문재정록
설두 유형·진하 축원 | 조영미 옮김 | 신국판 | 284쪽 | 17,000원

| 조선 69 | 치문경훈주 상권
백암 성총 | 선암 옮김 | 신국판 | 348쪽 | 21,000원

| 조선 70 | 치문경훈주 중권
백암 성총 | 선암 옮김 | 신국판 | 304쪽 | 19,000원

| 조선 71 | 치문경훈주 하권
백암 성총 | 선암 옮김 | 신국판 | 322쪽 | 20,000원

| 조선 72 | 월저당대사집
월저 도안 | 김두재 옮김 | 신국판 | 504쪽 | 26,000원

※ 한글본 한국불교전서는 계속 출간됩니다.

무량수경의소

법위 法位 (생몰연대 미상)

신라 스님으로 생몰연대는 6세기 중엽~7세기 후반일 것으로 추정된다. 신라 때 찬술된 『무량수경』 관련 주석서에 의거할 때 원효元曉와 동시대의 선배였을 것으로 추정된다.

본원약사경고적 · 보살계본종요

태현 太賢 (생몰연대 미상)

신라 스님으로 태현은 휘諱인데 대현大賢이라고 쓰기도 한다. 법상종 학자 원측圓測(613~696)의 제자로 후에 신라에 귀국한 도증道證의 제자일 것으로 추정된다.

의상화상일승발원문 · 의상화상투사례

의상 義相 (625~702)

의상義湘 혹은 의상義想으로 표기한 문헌도 있다. 당나라 유학승으로 중국 화엄종이 2조인 지엄智儼에게 수학하고 귀국한 후 부석사를 창건하고 화엄종을 전파하였다. 우리나라 화엄종의 초조로 일컬어진다.

대승대집지장십륜경 서

신방 神昉 (생몰연대 미상)

신라 출신의 당나라 유학승으로 대승방大乘昉 · 방법사昉法師라고도 부른다. 법상종의 창시자인 현장玄奘의 사대제자四大弟子 중 한 명으로 유식학에 뛰어났고 후대에 많은 영향을 미쳤다.

대승유가금강성해만수실리천비천발대교왕경 서 · 하옥녀담기우표

혜초 慧超 (생몰연대 미상)

신라 출신의 당나라 유학승으로 723년~728년까지 인도로 구법여행을 다녀온 후 중국에서 밀교경전의 번역 및 유포에 전념하였으며 해당 교단의 중심인물로 활동하였다.

옮긴이 한명숙

고려대학교 철학과를 졸업하고 동대학원에서「길장吉藏의 삼론사상연구三論思想硏究」로 박사학위를 받았다. 현재 동국대학교 불교학술원 조교수로 재직 중이다. 역주서로『집일 금광명경소』,『복원본 무량수경술의기』등이 있다.

증의
은정희(전 서울교대 교수)